白色台灣下的
紅色記憶

龍紹瑞 編著

謹以此書紀念賴丁旺先生
一位平凡而偉大的戰士

——龍紹瑞

　　賴丁旺出生於貧農家庭，只讀了日本時代的公學校，就必須自立謀生。憑著他的積極向上、刻苦努力和善於交朋友，光復初期已被地方的有力人士推薦為代理鄉長。然而就在這個時候，在白色恐怖的氣氛下，他卻被誣告參加「匪黨」，在找不到任何證據的情況下判刑十年。要是別人，可能會呼天搶地，怨天尤人。但他在綠島的十年中，卻誠心誠意地跟他所佩服的左翼政治犯悉心學習，終於了解了中國革命的意義。出獄以後，雖然必須在最艱難的條件下謀生，但還是把握機會學習，隨時掌握國際資訊，並且注意中國的發展。他在自傳的開頭就說：

> 我這一生很幸運。在我出生時，台灣被日本占領，祖國非常衰弱，看不到希望在哪裡。現在我已是老年人。中國在共產黨領導之下，度過了革命最艱苦的階段，今天祖國的實力，已經可以說是世界的強國。目前中國所面臨的各種問題，一定能夠克服，國家統一也是早晚的事。儘管我是付出了代價，但回憶起來，還是很欣慰的。（頁 23）

　　自己被冤枉關了十年，完全喪失了一般人觀念下的「前途」，可以說一生都毀了，卻認為「我這一生很幸運」，就是因為這十年在綠島的學習，讓他張開了眼睛，了解了世界大勢，知道自己跟祖國同其命運，自己的小我已經匯入祖國的大我之中，一生沒有虛度，所以他是幸福的。他又從反方向檢討自己的一生，說：

有時候我想，如果當時沒被逮捕，而是繼續留在楠西，很可能我在做了鄉長，就去參加地方上的派系，跟別人爭奪利益，然後一直墮落下去。（頁 202）

他所謂的墮落，其實就是一般人心目中的成就；他所謂的幸福，在別人看來是大大的不幸。這就是老同學 *，雖然他們一輩子充滿了苦難，但他們認為他們過得很有意義。

現在我們也許都覺得，台灣是在沒落之中，而我們一向仰慕的美國和日本也在沒落，似乎世界已經沒有什麼希望了。但如果我們向著老同學的思想方向去改變，說不定我們就會跟老同學一樣，感到未來的希望是我們的。老同學之所以值得佩服，不只是他們的人格，還有他們對歷史的把握，和對思想、理想的堅持。

—— 呂正惠

---

* 「老同學」是五〇年代台灣左翼老政治犯彼此之間的稱呼。

目錄

代序　六十五歲感想

　　我是 1955 年生的，今年（2020）正好六十五歲。到了六十五歲，這個台灣法律所界定的老年的起點，我覺得自己心理上應有準備：在無法預期的某一時日，我就要從這個世界「退場」了。為了紀念這人生的門檻，我想做一件「儀式性」的事情，幾番盤算，決定寫篇文章，記錄我當下的感受。如果我在什麼時候突然就羽化成仙，掰掰了，這些文字也可以留給我女兒，讓她知道她爸爸究竟心裡裝的是什麼。

　　一直以來，我喜歡思考歷史，也關注世界的局勢。大約在十年前，逐漸有一幅意象在我心裡浮現出來，竟然是，我生在一個偉大的民族之中，也出生於一個偉大的時代。這讓我相當意外。開始查覺到這個現象，並沒有叫我「喜出望外」，反而我是主動去找相反觀點的文章來讀（台灣本土派的、藏獨疆獨的、自由主義西化派的，甚至是基督教的），想要弄清哪方面的論述才是最接近於真相。我一向不欣賞自嗨、自我欺騙的人，自然我也不容許自己成為那樣的人。到了現在，我更加確定，我看到的圖像不僅僅是願景，更逐漸地變成現實，而且此一事實不但改變了歷史軌跡，也很可能，為這個灰暗的人類世界注入了希望。

從前的中國

我是中國近代史上，沒有遭受苦難的第一代人。在我出生的前十年，抗日戰爭才以「慘勝」為結束，之後就是全面性的國共內戰，這是決定中國命運的大決鬥，也就是說，在我出生前不太久，中華民族經過不斷的沉淪再沉淪，來到歷史的最低點。[1] 孩童時期聽來的種種災難的故事，讓我至今還能感受到深陷在困境裡，一步步走向滅亡方向的舊中國。

在我的兒童時期，因父親是國民黨幹部，我們家住在台灣省黨部宿舍，小學、初中也是念國民黨氣息十分強烈的學校，所以我完全是在那種文化氛圍裡長大的。我的記憶裡，十二、三歲之前，很多次從同伴、老師、鄰居口中聽到一種笑話，有時也在報紙雜誌上看到，大致的套路是這樣：一個美國人、一個英國人、法國人……，還有中國人，他們一起搭乘飛機，但不幸飛機故障，要墜毀了，這時才發現救命用的降落傘少了一個，不夠分配，於是，每個人都做出他的行為：美國人說了什麼、日本人又做了什麼……。故事要表現的就是：美國人最富裕、大方、有幽默感，英國人最嚴肅，法國人最浪漫，意大利人天性樂觀不在乎，德國人嚴謹守紀律，俄國人有侵略性，日本人對天皇愚忠；最後出場的一定是中國人，他表現得最猥瑣、狹隘、自私自利。

就如同某些小說被稱為「類型小說」，這種笑話也可以叫

1　當時，中國的崩解趨勢仍在繼續，新疆、西藏、西康等地很有可能分裂出去；1945 年 9 月，內蒙也出現了「內蒙古人民共和國臨時政府」。

「類型笑話」，故事的情節也可能是：眾人經過一棵蘋果樹，枝頭上只有一個果子，但每個人都很想吃；或是眾人去商店買東西，卻發現每個人都沒帶錢；或是大家去體育場看籃球賽，可是只剩最後一張門票……，不一而足，但邏輯是同樣的，中國人必定是最沒出息的那樣的素質。

我很幸運的是，我的父母從未拿這類笑話來說笑，我聽這種故事，也從未覺得好笑，但它會在民眾間流傳，一定是有社會基礎的。與這類笑話相對應的，就是對美國的無限崇拜；例子太多了，我輕易就能說出十個、二十個。

大約小學四年級時，那時台灣有美國駐軍，我們經常看到高頭大馬的美軍，當時台北還沒有計程車，公共汽車也少，人們出行是用走路，或坐人力三輪車。某天老師在課堂上提到，新聞報導說：有個美軍開車，撞死了一個三輪車夫。我記得很清楚，原本教室裡的輕微的吵雜聲立刻消失，一片沉默，我能查覺同學們是一樣的心思：偉大的美國，讓人仰望的美國人，代表的是多麼的真善美、高大上，可是好人怎麼會撞死人呢？老天爺不能這樣安排吧。這個矛盾對孩童是嚴重的，大家不知要如何處理內心的不安。

教室安靜了一會兒，可能半分鐘，我左邊座位的男生說話了：「美國人在美國，每個人都開汽車，他在台北開車，看到前面的三輪車，以為也是汽車。三輪車自己走太慢，所以就被撞到。」還是這男孩聰明：美國人是不會犯錯的，一定是中國人做得不好。我也記得周圍的幾個同學點頭稱是，附和他；眾人的焦慮解除了，教室又恢復常態，再度出現輕微的聒噪聲。

中國與世界

我近來很容易回想起這些圖像，它們鮮活地標記了那個時代。國民黨的社會基礎在於地主階級，又依附外國勢力，它沒有能力領導民族的復興。如果中國在 1949 年不發生改朝換代，中國必將延續那種沉淪的狀態，無法自救。

過去的中華大地，與非洲、阿拉伯、南亞、拉美處於同一水平，現在的中國如何呢？不妨拿印度作為對照物，因為二者具有可比性。

印度建國於 1947 年，新中國在 1949 年成立，幾乎是同一時候。[2] 印度採用西方制度，中國走自己的路，而且它的處境比印度要來得艱困凶險，到了今天，中國的生產力大幅度領先，甚至引起美國的極度不安，季辛吉也承認：今天的中國，比當年的蘇聯還要強大。

四十年前有位作家，我記得是白樺，說過以下的話：「我們這個民族，以江河那樣的鮮血沖開了一條民族生存的路。」誠然，這是中國近代史、革命史的真實寫照。在數百年帝國主義肆虐之下，全球眾多弱小民族深陷於苦難，中國的成功也為他們提供了奮發圖強的典範。

帝國主義發展到今天，其本質上的殘忍性依舊，而且更加偽善，更懂得用民主、人權、普世價值來忽悠平庸大眾。全世界已形成一個幾近牢不可破的剝削體系，美國居於這個金字塔

2　當時印度還優於中國；鐵路是國家現代化的重要指標，那時印度已形成鐵路網，中國卻十分落後。拉美的巴西、阿根庭、智利也比中國好得多。

的最高層，而掌控美國的，又是少數的大資產階級。不妨用這樣直白的、略帶驚悚的方式來描述：他們每隔一段時日，就要找個地方大規模地殺人（數十年來，被設定的最「理想」的區域，就是西亞、北非的阿拉伯諸國），製造戰爭、死亡、災難以攫取更多財富，並測試新式武器的殺人效率，為下一次行動作準備；這就是資本帝國主義的本質。

對於上述眾多民族而言，他們被強權剝奪了發展的權益，中國是他們盼望改變、實現公義的唯一希望；中國在世界上的角色，從來沒有這麼重要過。南非前總統曼德拉曾經講述，他在獄中二十多年間，每年到了十月一日，政治犯們會自動聚集起來，慶祝新中國的誕生。委內瑞拉前總統查維斯也說：「感謝上帝，這個世界有中國共產黨。」

曾經好幾次，我和朋友在聚會的人群裡，有人向大家介紹我：「龍紹瑞是統派。」當時我都是笑一笑，沒多說話。我當然贊成中國統一，但我不會自我介紹說「我是統派」，這不是我最根本的東西。為什麼中國應該統一和強大，簡要地說，因為這個世界需要中國，如果沒有中國的制衡，帝國主義就會逐漸把數十億被壓迫者，推向更可怕的境地；美國想要營建的，是一個新型的奴隸制的世界。

一百多年來，我國追求真理的愛國者，或多或少都帶著魯迅式的痛苦和茫然；現在不需要了。當今的中國年輕人，由於前輩的努力，他們可以用自信的態度面對挑戰。中國儘管缺點仍然不少，有些還不好處理，但在整體上是欣欣向榮，人民安居樂業，它的某些成就真是令人驚異。我常常想，如果我的父母親和幾位長輩能活到今日，看到目前的中國，那會是多好啊，他們的不幸就有所補償了。

應該感謝誰

我只是很普通的人，是中華民族傳承中的滄海一粟，卻在我存活的這個時間點，見證到重大事件的發生。我不僅是普通，而且是不勞而獲，今日祖國的成就，是無數人付出的結果，我並不屬於其中。所以我曾經想過，我如今的慶幸之感、欣慰之感，應該歸功於誰呢？

有兩個群體是我應該要致謝的，一是中國共產黨。中共黨內的確混入了許多的動機不純者，黨史上也出現過像康生、江青等十分卑劣之人，這一部分在此不討論；我要說及的是正常的黨員幹部。

在中國這樣龐大、複雜、落後的國度裡，它的勞動階級和全民族，不能沒有中共這個先鋒隊。我對中共黨史相當熟悉。西晉歷史家陳壽評論曹操，說是「非常之人，超世之傑」。在新民主主義革命過程中，中共隊伍裡的非常之人在各個戰線中湧現，前仆後繼，可說是歷史的奇蹟。二戰後的台灣本土也有中共地下黨，我對其中一些人是熟識的，例如林書揚、許金玉、劉建修等，他們是世界左翼運動中的台灣之光。沒有中共革命者的卓越貢獻，中國如今的命運是不可想像的。

第二個要感謝的群體，是中國的勞動者，主要指農民，他們承擔了最多的災難，換來的補償就是中華民族的重生。

我關注中國革命史、世界社會主義運動史，原本認同不少人對農民的觀點。農民是被拘束在土地上的人們，這個階級雖受到嚴酷的壓迫，但因處於小生產、小私有的狀態，具有保守習性，所以革命必須依靠工人階級，農民只是工人隊伍的同路人，而不是同盟軍。後來我有機會和幾位朋友交流，才認識到

了另一個視角。

中國農民的奉獻不僅是在戰爭年代（上述白樺所說的「江河那樣的鮮血」），在和平建設時期亦然。新中國建政後的三十年裡，農民忍受「工農產品剪刀差」的損失，物質利益幾乎被壓縮到極致，以此來挹注國家建設所需的資金。中國不像美日英法等國，靠著對外殺戮掠奪以進行積累，而是用委屈農民，「一不怕苦，二不怕死」的精神，建成了完整的工業體系。網路上有人說道：「億萬農民救中國」，我猜他可能也是這個意思。

我看了有關農村、農民的書籍和視頻，對於中國（大陸和台灣）農民的刻苦耐勞，真讓我嘆為觀止，對這個群體充滿敬意。他們的侷限性，是任何人都能查覺的；毛澤東對農民十分了解，他在救國找不到出路的情況下，卻能獨具慧眼，看到農民階級潛在的能量，並引導此一力量贏得戰爭、達成初步的工業化。毛澤東改變了全球板塊，確實是歷史巨人、世界級的戰略家（人無完人，毛的錯誤面也是令人扼腕）。

回看台灣

先說說我的家世。我是所謂的「外省第二代」，父親在大陸時，是國立大學畢業生，這批人是被國民黨重點培養的青年才俊，他曾擔任立法院長的秘書。我的外公是軍統局少將，外婆未嫁給外公時，曾有一段婚姻，她前夫是蔣經國的親戚。我才四歲左右，還不知道自己是哪一國人，鄰居們（他們是國民黨職業黨工）就教導我們這群小孩：「我們是國民黨」。在台灣有一群人被稱為「深藍」，即傳統國民黨的死忠者。我的這

種背景，相較於韓國瑜、龍應台這些標準深藍，應該說是「比深藍更深藍」吧。

但我十五歲就對國民黨厭惡了，我發現它是騙子。比方說，國民黨有個順口溜：「一二三，到台灣，台灣有個阿里山，阿里山上有神木，明年一定回大陸。」我念高二時是1971年，聯合國通過 2758 號決議，承認北京政權是中國唯一合法政府，並把蔣介石的代表驅逐出去。消息傳來，我們正要上數學課，那位老師走進教室卻沒講課，而是在黑板中央寫下兩個很大的字「國恥」，接著他說了很長時間的話，十分悲憤，內容是諸多國家怎樣對不起中華民國。可是坐在台下的我非常高興：「國民黨終於有報應了。」全班同學都是靜默，很沉重的樣子，我必須努力掩飾內心的負罪感，在外表上假裝同他們一致。

念中學時，我在思想上是個叛徒，真實的我是異常的，疏離於眾人之外，上了大學才結識十幾位同志。現在我偶而遇到少數年輕人，他們在反中、親美媚日的潮流中感覺孤獨，我總是鼓勵他們：與大多數人觀點不同，這很正常，不要因畏怯而否定自己；這種觀念上的尖銳對立，不正好顯示當前是個偉大時代嗎？一般民眾的認識是庸俗的，「賢者識其大，不賢者識其小。」很多人其實就是飼料雞，別人餵給他什麼，他認定的就是什麼。

雖然國民黨在台灣也做了一些好事，但它仍屬於不義的政權。從高中時起，我一路看著它靠著詐術和白色恐怖統治台灣，逐漸衰敗，被民進黨打趴。民進黨是在抗爭中成長的，在公平正義方面，理應比國民黨要更有體會；頗為意外的是，目前的台灣局勢讓我又是鄙夷，又覺悲哀。日據時期、二戰後的

台灣諸多志士是何等英雄，現在台灣卻這樣的沒出息，彷彿是個歷史荒謬劇。

中國屢屢受到美國的打擊誣陷，從本質上講，就是中國與改頭換面的殖民主義的鬥爭；民進黨面對到處作惡的美國帝國主義，全然是奴僕、幫凶的角色，這太可恥了。台獨勢力在大是大非上，站在壓迫者的一邊，這不僅是有無左翼觀點的問題，更是有無良知的問題。台灣許多人的表現，真是使我羞愧（就像大陸許多人在文革中的表現，叫我羞愧一樣）。

1917 年俄國列寧的革命，曾被譽為人類歷史的新篇章，可是蘇聯迅速墮落為社會帝國主義，這個期望落空了。今後中國的復興如果成功，則必會改變長久以來白種人宰制全球的格局，矯正他們的謊言體系，到了那時，受壓迫者才有機會發出自己的聲音，公正的世界史論才會出現；這是讓人期待的真正的新篇章。中華民族是世界諸民族中平等的一員，歷史又賦予它特殊使命，這個難得的榮耀，中國人應勇於承擔。我也相信，台灣人的後代也會以中國人的身分為榮，並唾棄他們2020 年代的某些長輩們。

恩格斯在 1845 年寫下的一段文字，我覺得剛好可以送給當今的中國人：「繼續前進吧！還有許多困難需要克服，要堅定，要大膽。你們前進的每一步，都將有助於我們共同的事業，全人類的事業。」

賴丁旺回憶錄

無辜受難者賴丁旺的非凡人生

「國民黨監獄培育的共產黨人」

賴丁旺　口述

龍紹瑞　整理

日據時期

我這一生很幸運。在我出生時，台灣被日本占領，祖國非常衰弱，看不到希望在哪裡。現在我已是老年人。中國在共產黨領導之下，度過了革命最艱苦的階段，今天祖國的實力，已經可以說是世界的強國。目前中國所面臨的各種問題，一定能夠克服，國家統一也是早晚的事。儘管我是付出了代價，但回憶起來，還是很欣慰的。

故鄉楠西

1928 年（昭和三年），我出生在日本霸占下的台灣，當時家鄉叫作「台南州新化郡茄拔庄」，光復後名稱是「台灣省台南縣楠西鄉」[1]。我家住在楠西村，整個村子大約幾百人。家鄉人叫我「旺仔」。

楠西是個美麗的地方，因為它位置在「楠梓仙溪」的西邊，所以稱為楠西。從我家向東看過去、香蕉山[2]的方向，那是阿里山脈的一個分支的南端。村子北方是狹長的山谷，現在成為台灣最大的水庫──曾文水庫。楠西是山區中的小盆地，從前有很多野花。我記得小時候所看見的環境，家鄉到處都是

1　2010 年改為「台南市楠西區」（台南縣被撤銷）。
2　現在改名為「梅嶺」，規劃成為風景區。

綠色。

台灣南部的著名河流——曾文溪，從家鄉的西邊經過。我對這條河十分熟悉，只要有空，我喜歡跑到河邊去玩：游泳、抓魚，或者向河裡丟石頭。曾文溪向南流到玉井，這一帶是山地和丘陵，它再流到大內，在這裡開始進入平原地區。然後曾文溪經過善化、官田、麻豆，從台南市區的北方流進台灣海峽。雨季時，曾文溪的水很大，泥沙多，漂浮著樹枝、樹木。如果不是雨季，河水很乾淨，容易釣到魚。我還是兒童的時候，很多日子是在這條河裡，和同伴們度過的。

台南是台灣省開發最早的地方之一，不過只有在市區附近，以及沿海、平原等地，生產才比較發達。楠西屬於台南的東部山區，靠近嘉義和高雄，經濟落後。我小時候，一般民眾的生活很辛苦，不管是大人、小孩，除了過年，沒有人穿鞋子的。他們所需要的日用品，必須老遠從台南市區運進來。

當時的楠西，主要是一條小街，做簡單的買賣。即使後來到了 1950 年，也才有三、四家小店舖。我記得一家是雜貨店、一家布店、一家餅店。附近的玉井區比我們好，有棺材店，在以前社會，棺材店是一個標誌，這代表當地人口、經濟達到一定的規模；住在左鎮、北寮、楠西、南化的人，假如要買棺材，都必須到玉井去。

也有挑著擔子的人，在各個村子之間走動，做點小生意。最常見的是補雨傘、修皮鞋、補鍋子的。在楠西機關、學校裡的日本人是穿皮鞋，所以有修理皮鞋的需要。補鍋子的人，他們嘴裡喊著一種特別的聲音，並且用幾個鐵片串起來，一邊走一邊抖動，弄出「嚓、嚓、嚓」的響聲。這些有手藝的人在工作時，小孩子很喜歡圍著看。這是兒童們快樂的時候。

村子裡有幾戶地主，其他幾十家是佃農。地主能夠住磚造的房子，當時叫作「磚仔厝」，是最好的房屋，他們也有多餘的土地，可以租給別人耕種。

農民住的房屋，則是用竹子做建築材料，稱為「壁仔厝」，這種房子最多。人們把大竹子豎在地上，這是柱子，在柱子上打幾個洞，用細竹子穿過去，形成一排支架。然後把稻草剪碎，和泥巴混合，糊到支架上，就是成為牆壁。有錢的農民在牆壁上塗白石灰，這樣好看一些。錢更多的人，他們的牆壁是用泥土打成的，叫「土角厝」，是相當好的了。

一般人居住的條件很差。不少房屋是沒有窗子的，即使有，也很簡陋。那些窗戶，只是牆壁上的小洞，用木條撐住。老百姓把竹子編成四方形的一片東西，需要關窗時，拿它來擋住窗口。蓋屋頂的時候，也要用到竹子：先把竹子編成一個支架，鋪在樑上，再用茅草覆蓋上去。很多人家沒有門板，連門都是竹子編的。這種房子的缺點是怕火災，不過在夏天很涼爽。我 1989 年要退休時，很想再蓋一棟這樣的房屋，但是已經找不到會施工的師傅。

在以前農村，竹子的使用很普遍。一些商人從事竹子的買賣，也有工人是專門拿竹子作材料，做成雞籠、簍子等各種物品。

楠西有一個草藥舖，我們叫它「草藥頭」；有人身體不舒服，就去「草藥頭」抓藥材。在日據時代和光復初期，西藥開始逐漸在楠西普及。街上沒有西藥房，商人推廣「寄藥」的方式：他們製做一種袋子，叫「藥包仔」，裡面差不多有十種西藥，例如紅藥水、碘酒，放在村民家裡。萬一人們肚子痛、頭痛、受傷流血，就到袋子裡找藥品，自己治療。

從我家鄉向東方眺望，可以看到阿里山脈一個分支的南端，那一帶叫作「香蕉山」。

曾文溪的河灘地（楠西附近）。

　　每個家庭的牆壁上，幾乎都掛了藥包仔，商人定期來查看。假如有某一種藥品被用掉，他向那家人收錢，並把缺少的藥品補齊。這個行業看起來簡單，其實工作也蠻累，因為農民平常不在家，只有中午天氣很熱時，才從田裡回家休息。商人利用中午的有限時間，到每家拜訪，或晚上去補貨、收錢。

　　我小時候，楠西農民一般是種植木薯，少數人種水稻，還有人上山砍伐竹子去賣。台南市的中盤商人會來收購土產。家鄉也種甘蔗，甘蔗由糖廠收購。日本人在玉井設立糖廠，它的原料來源是楠西、南化、左鎮一帶。現在楠西的農作物，和以前完全不一樣，今天到處看到的是楊桃、芒果等水果。在我印象中，從前的楠西更好看；鄉下人很窮，買不起化學肥料，所以對環境沒有造成汙染。我到山上去，好天氣時，所看到的大自然真是美麗啊。

　　楠西很封閉，交通不方便，村民往來是用走路。那種道路只要下雨天，到處是爛泥巴。街道的一小段，舖了小石子，這在當時是很好的。家鄉有一條泥土路通到玉井，牛車也可以走。大約在 1940 年，我「公學校」[3]畢業時，那條路被稍微拓寬，如果遇到河流，也建造了木橋。橋墩是水泥做的，柱子和橫樑是粗的木頭，上面再舖厚木板。那時又開辦公共汽車，是小型的客運車，從楠西到台南一天三班。客運車很舊，是燒木炭的，後來改為燒煤球。在日據時期雖然生活很苦，但只有極少的人會離開家鄉。1945 年台灣光復後，外出工作的現象才比較普遍。

3　　相當於小學。日本殖民政府對台灣人實施差別待遇：日本孩童就讀於「小學校」，台灣人孩童就讀於「公學校」。

我家住在楠西村檳榔腳地區、今天的東勢路一帶。這個村子在曾文溪旁，距離山區不遠，鄰居都是福建移民，也就是一般所謂的「閩南人」。家鄉有少數客家人，他們靠近山坡那邊。村子裡的「北極殿」是供奉「上帝爺」（玄天上帝）的廟，我們也叫他「上帝阿公」。廟前面的走廊、空地，是大人們閒坐和聊天的地方，小孩子經常在那裡玩。

北極殿後面是曾文溪，那裡水比較深，叫作「火炭潭仔」。大人說，從前有碼頭，小船會來裝載木炭運到台南去賣；在我小時候，就沒有看到船了，可能是因為河道淤積。

以前的楠西，儘管人民普遍貧窮，我不記得那時有人乞討，1960 年我從火燒島（綠島）坐牢回來，卻看到了乞丐。

楠西有一個原住民部落，他們屬於平埔族，位置在山的裡面。閩南人不跟原住民來往，長輩禁止年輕人和他們通婚，經濟上也不發生關係。我讀「公學校」時，班裡沒有平埔族的同學，長大後，在家鄉也從來沒遇見過。那時看過原住民的楠西人都說，平埔族在臉上畫著圖案，他們的女人皮膚白。原住民的生活習慣跟漢人不同，連穿的衣服也不一樣，而且信仰天主教。現在一般人的印象是，原住民很純樸，漢人有心機；當時長輩說他們很狡猾，不好相處。

童年

在我出生之前，父親已經去世。聽說父親的個性相當倔強，他身體不舒服，但不接受別人的建議，結果病死。我對祖先、長輩的事情，知道得很少，只曉得家族是閩南人，不清楚是從泉州或漳州來的。曾聽祖母講過，我家從前很有錢，可能

是小地主吧，也許剝削過別人。我們賴家在「噍吧哖事件」[4]以後，就沒落了。

我問過母親，我的名字是誰取的？她說，去「役場」[5]辦理出生登記時，一個職員幫她想的；我們家情況不好，試試看「丁旺」這名字能不能讓家裡興旺起來。

噍吧哖起義抗日烈士紀念碑（位於南化區）。

4　噍吧哖事件是 1907 年至 1915 年間，台灣民眾抗日鬥爭中，範圍最廣、規模最大、犧牲最為慘烈的一次起義。組織這次起義的領導人是余清芳、羅俊、江定等，範圍包括台南等地。1915 年 7 月 6 日，起義軍與日軍在台南的噍吧哖（玉井）首次交鋒，此後多次交戰，由於寡不敵眾，隊伍退入山林，遭到日軍的圍攻。8 月 22 日，余清芳被捕，起義失敗。日軍為了消滅抗日力量，對民眾進行誘捕，把許多人殺害。

5　相當於現在的「鄉公所」。

噍吧哖紀念碑旁邊的紀念館，實際是一間小廟。

抗日烈士余清芳紀念碑（在玉井區虎頭山）。

　　父親是農民，在他活著的時候，我家已經沒有土地。我和祖母、母親住在一起，家裡還有一個同母異父的弟弟，全家四個人的生存，就是靠她們打零工，勉強過日子。她們多半是到別人的田裡勞動，這樣換來一點點的收入。我記得以前的生活很苦。按照階級成分來說，我家是貧農，沒有田，也沒有牛和犁，只有鋤頭、鐮刀。祖母和母親辛苦一輩子。她們兩位都是在我被關到火燒島時，生病去世了。

　　母親身材不高，稍微胖一點，沒有嗜好，個性很隨和，人緣不錯。她體格健康，又勤快，只要打聽哪裡有做工的機會，就想辦法去賺點錢。母親對我的管教並不嚴格，可以說是很疼我的。

　　祖母比較高、比較瘦，個性很慈祥。她和鄰居相處得還好。小時候，我沒有見過鄰居們吵架。一般鄉下人愛看野台戲，但我祖母、母親很少看。她們跟鄰居的來往也不多，這可能是因為家裡窮，有自卑感。

　　她們每天為生活操心。在我記憶裡，祖母、母親從來沒有向我講過故事，只是曾經告訴我：不可以偷別人的東西。許多年之後，我有了自己的思想，對農村教育很有感受：鄉下人並不笨，只是環境不好，做父母的人也缺乏必要的知識，很多孩子沒機會受教育。這非常可惜。

　　母親好像沒有給過我零用錢。有一次我為了向她要一分錢，在屋裡、屋外跟來跟去，一直纏著她；母親煩了，推我一下，我跌倒，撞到大門外面的石頭。我的後腦殼現在還是很明顯地有一個疤。

　　祖母和母親很窮，幸好祖先留下一棟「壁仔厝」，儘管很破舊，畢竟有個地方可以住。房屋在村子的馬路邊，屋裡是泥

土地，地面比外頭要高一尺（三十公分），而且門口有屋簷。屋簷下方的土地上，用大石頭舖成一排，這樣有個好處：遇到雨天，水不會流進來，家裡的地面只是變得潮濕，不至於成為爛泥巴。房屋是用竹子蓋的，沒有窗戶，很黑暗。屋頂是茅草，每兩年要補強一次，所以它變得很厚；我們用茅杆、竹片把茅草壓住，然後紮緊。做這屋頂要有技巧，下雨時，水才不會漏到屋子裡。這種茅草屋頂很怕颱風，還好楠西的颱風不是很嚴重。

家裡面極為簡單。靠近門口的一個空間，放置了祖宗牌位，兩邊隔成的小房間，是我們睡覺和燒飯的地方。廚房的爐灶在地上，十分簡陋，是用石頭堆起來，再糊上泥土。母親只能蹲著煮飯。廚房沒有窗子，沒煙囪，只開一個小門，燒飯時那房間全都是煙。廚房的牆壁薰得黑黑的。現在的小孩子，如果看到飯菜是在這種地方煮的，恐怕不敢吃。

我們有一個小的竹櫃子，裡面放著鍋、碗，沒吃完的菜也收在那裡。這櫃子主要是防老鼠。吃飯時，我們坐在一張簡陋的竹板凳上，把櫃子當作桌子來用。

床也是竹子做的，人在上面翻個身，就吱吱喀喀地響。我們沒有什麼家具。在佃農中間，我家也是最差的一級，甚至連地主都不願意把土地租給我們。

每天晚上，整個村子是漆黑的，只有街上的小店舖點煤油燈，其他人家幾乎不點燈，因為捨不得花錢。我們家的習慣是，吃過晚飯不久就去睡覺，一般人都是這樣。我家也有一個燈，那是像小罐子的東西，大約十公分高，裝了煤油，上頭有蓋子，蓋子中間是一個小洞。有一根綿紗，一頭浸在煤油裡，另一頭穿過小洞伸出來；把綿紗點燃，會發出很暗的光線。我

在公學校快要畢業時，因為準備升學，晚上想複習功課，去用煤油燈。那次我被母親罵「太浪費」，挨了打。

在親戚中間，和我接觸最多的長輩是姨媽。她家的經濟狀況相當好，姨丈有很多土地，後來 1967 年興建曾文水庫，她家土地被征收，拿到一百多萬元的補償，這在當時是很大的數目。我從火燒島被釋放回來之後，姨媽是我最親近的人。

姨媽經常來我家；有時我也去她家，要走兩個鐘頭。姨媽住在現在的曾文水庫那邊，很靠近山區。她的房子是「磚仔厝」，屋頂用瓦片搭蓋，柱子是木頭。牆壁很堅固：先用磚塊做成一米高的矮牆，矮牆上面是竹片和泥土牆；這種房屋有小窗子，和木頭的門板。屋子裡，地面是石灰和其他材料，比水泥要差，比泥土好；它是硬的，掃地時不會弄出很多灰塵。姨媽家雖然不如日本人的宿舍，但已經是很好的了。

她家前後的空地很大，種植番藷、花生。姨媽生了三個兒子，我很多次和這些表弟在那裡玩。我們也常在屋裡捉迷藏，她家房間很多，有八、九間，不容易找到人。姨媽的體型像我母親，是個很平常的婦女。有一次我去姨媽家，看到她婆婆給她「挽面」，這是稀奇的事，可見她和婆婆相處得很好。一般是同輩的女性，才互相挽面的。

姨媽對待我，比對她自己的兒子更好。我喜歡去姨媽家，也喜歡在她家吃飯，她會為我殺一隻雞。一直到我二十三歲被逮捕以前，她都把我當作孩子。我小時候沒有零食吃，只要姨媽看到我，總是給我一、二分的零用錢。每次我拿到錢，就去買一種小小圓圓的糖果。一分錢只能買那個零食，還有「冰枝」，也是一分錢一個。它類似後來的冰棒，不過冰枝幾乎沒有味道。

　　我經常到山上、河裡去玩，特別是釣魚和游泳，是我最喜歡的。幾個男孩住在我家附近，他們年齡和我差不多，我們玩各種遊戲，或是去跳水溝。有時大家把椅子搬到空地中間，利用它來練習跳高。女孩子們所玩的，和男孩不同，她們喜歡跳圈圈，或者玩「小包包」，那是用一塊布包著小石頭或豆子，玩的方法我不記得。

　　有一種遊戲，叫作「走直」。小孩子在地上畫出一種棋盤，用小石頭當棋子，兩個人輪流下棋。如果有人能把棋子先排成直線，他就是贏了。我很喜歡玩這個。

　　我也有做一些勞動，給大人幫忙，例如和祖母到鄰居的田地，去撿別人剩下的番薯。番薯是生長在土裡的東西；農民收成了，總是有很少數的被遺漏掉，下雨過後，地裡面的番薯會發芽。我們根據小小的嫩芽，把番薯挖出來，拿回家當作糧食。這件事情祖母一個人不好做，她看不清楚，所以都是和我一起去。祖母拿著鋤頭，走在我後面，我個子矮，慢慢走，能夠看到嫩芽。我每次找到，就高興地叫她：「阿嬤阿嬤，這裡有啦。」

　　家裡的生活很簡陋。我們吃不起白米飯，主要是吃番薯簽，那種味道很不好。有時母親把番薯簽、稀飯一起煮。祖母、母親把飯粒、番薯簽撈出來，讓我吃，而她們自己吃剩下的；這樣的東西，已經沒有多少飯粒，幾乎跟米湯差不多。

　　在日據時代，窮人常吃番薯簽和木薯簽。一般人比較願意吃番薯簽。它有甜味，不硬，又可以搭配竹筍醬，但番薯簽帶著一種臭味，有人如果經常吃，會受不了。大多數人覺得木薯簽更難吃；我寧願吃它。木薯不臭，很硬，沒有甜度，它沒有什麼味道，不適合配竹筍醬。

　　我家配飯的菜，最常見的是竹筍。我們先把筍拿去煮，再沾鹽水，這就是菜。竹筍醬也是窮人經常吃的食物。我也見過一個有錢人，平時大魚大肉吃多了，他反而喜歡把香菜、香油加到竹筍醬裡，用來配乾飯、稀飯。

　　當我們家裡有一點錢，母親會買小魚乾，用來配飯吃。那時的人很難得吃到豬肉，我家更是吃不起。豬肉是有配額的，最多一次可以買四兩。農民想要養豬，必須先到「役場」登記，假如母豬生了小豬，也要去登記。

　　偶爾我家可以吃鱸魚、鰻魚，是去曾文溪釣來的，如果運氣好，一個晚上能抓到幾條。母親有養雞，但家裡吃不到雞肉，那是養大了要拿去賣的，一隻可以換幾毛錢。我們能夠吃到的都是死雞。以前發生雞瘟，很多雞死掉，窮人捨不得把它們丟棄，於是拿來吃。病死的雞，它的肉是紅色，不好吃。

　　我們家拜拜的時候，母親就儘量想辦法，把飯菜弄得好一點。每年的中秋、端午，和春節「天公生」那天，要拜神明，父親的生日、忌日也要拜。我每年很盼望除夕、新年趕快來到，因為母親會殺一隻雞，買一條魚，也有豬肉，是我們吃得最好的幾天。當時台灣人對食物的處理方法，和現在不大一樣：從前配飯的菜多數是煮在湯裡，現在是用炒的。

　　五、六歲時，不記得是什麼事情，我惹得母親非常生氣。我怕被打，晚上躲藏到雞籠裡，為了擔心它們叫，我把母雞、小雞全部捏死。這樣看來，我不是個好孩子。

　　我的身高比同伴們要矮，但個性強，常常打架，不管是我的事，或朋友的事，遇到打架的場合我一定衝在前面。讀「公學校」時，有一次我和別人衝突，一直打到天黑，兩個人都沒吃飯。

　　在記憶裡，我小時候經常是又固執，又懶惰。鄰居也知道我這個毛病。曾經有人跟我母親打賭：他要求我到不遠的街上，替他拿來一件小東西，代價是給我母親一斗米。我就是懶得去，不管別人說什麼好話，我都不肯。

　　日據時期，一般人的衣服是皺皺的，顏色很雜亂。我們窮苦人穿得更差。在夏天，楠西的男人經常打赤膊。我冬天穿的衣服，幾乎和夏天是一樣。窮人是用裝米的麻袋來做衣服，那種質料，不是現在所看到的麵粉袋子，而是很粗糙的，穿在身上不舒服。米店有多餘的麻袋，母親去買來當作布料；一般的布太貴了。

　　每隔一段時間，有生意人到鄉下，向村民詢問：你家要不要給布染色？他把要做衣服的麻袋集中起來，拿出一個大鍋子，用柴火燒開水，然後把麻袋、顏料丟下去一起煮。在日據時期，他們多數是把布染成綠色。染好了，先把麻袋晒乾，再用水洗。要經過這種程序，才能拿去做衣服，因為顏色不會滲透出來。窮人用這方式做衣服穿。

　　像我們這種穿麻袋衣服的，還不算最差。有的窮人連麻袋都穿不起，全身上下沒有一件衣服，完全是光著身子。我家隔壁鄰居生了三個男孩、兩個女孩，他家只有最大的女孩，和第二個男孩有穿過衣服。如果天氣太冷，他們那家人就不出門，在房子裡烤火。一直到我坐牢之前，那個小女兒已經十三、四歲，仍然沒穿過褲子。我對那女孩印象比較深。十年後我從火燒島回來，沒有看見她，聽說有人把她介紹到台南，跟一個美國軍人同居。一天，她和美國男人回楠西，不知道那男的是不是她丈夫。她沒受過教育，我看她和美國人有說有笑，就問：「月霞，妳會英語啦？」她說：「我不能寫。」「可是妳這麼

會講。」她回答：「習慣了嘛。」

楠西的冬天偶爾也很冷。老百姓缺少厚衣服，很多人家準備「火籠」，用它來取暖，我家也有一個。火籠是用竹子做的小籠子，出門時，可以提在手上。它裡面放了一個陶土燒的小鍋子。假如遇到寒流，我們煮飯，會把爐灶中燒過的柴火，撿一小塊出來，放在那小土鍋裡。等那塊木頭冷卻，它就變成木炭。要使用火籠時，先把木炭燒熱，手放在火籠上面，這樣感覺暖和一些。

家裡有一把剃頭刀；當我頭髮變長，祖母、母親為我理髮，用那刀子刮。我們沒有肥皂，洗頭時用「無患子」代替肥皂。無患子是植物的種子，外面有一層皮，內部是一個硬核，如果把外皮在水裡搓一搓，就產生泡沫。母親和祖母是用一塊破布，包「無患子」的外皮來洗東西，之後她們撿到一隻破襪子，利用它包著無患子。我的印象中，好像自己沒有在家裡洗澡過。我常到曾文溪玩水，那就等於洗澡。

回憶起小時候，我覺得祖母、母親是很愛我的。家裡雖然吃得不好，她們還是讓我每天能吃到三頓飯。我有幾個好朋友，大家一起玩，一起長大，現在只剩下我一個，其餘的人都去世了。他們很頑皮，沒有讀書，因為經濟差。在我七歲以後，祖母和母親一直強迫我去讀公學校，以她們的處境，能夠想到要讓我受教育，很了不起。

村子裡有兩間廟。一個是上帝爺的「北極殿」，這是大廟，相當有錢，所以房子好，在那時已經是很漂亮的了。它有「廟產」，包括一些土地，又有不少人願意捐錢給上帝爺。廟裡住著一個「廟公」，他早晚上香，打掃環境，以及做其他的事，例如每年農曆的三月三日、九月九日要演戲。那時候，北

極殿請來戲班子。大多數是歌仔戲，有時也演布袋戲，內容是《三國演義》等民間故事；吃過中飯開始表演，一直到傍晚，吃完晚飯後再繼續。

很多人希望去那裡作廟公；想成為廟公並不容易，必須要地方上的「老大」同意才行。老大就是幾個大地主。在鄉下，有一個看不見的勢力，不管日本人或國民黨，都和這個勢力互相利用。每年九月，廟公挑著擔子，到每一戶去收錢。村民願意給多或少，是自願的，不給也可以；幾乎每一家都捐給他。廟公所募捐來的錢，是他一年的生活費。

距離我家大約兩百公尺，還有一間小廟，神明是土地公。這個廟很簡陋，五、六坪大，沒有神桌，用一塊石板代替。土地公沒錢，他的廟裡沒有專門服務的人，是由附近居民輪流為他上香、泡茶。有人幫土地廟做了一塊木牌，寫上這些人家的名字，我家也是其中之一。幫土地公做事很輕鬆，長輩叫我去做。

我家買不起茶葉；輪到的當天早上，我提一壺白開水給土地公，再為他點一枝香。茶壺是土地公的。傍晚我再去點香，然後把木牌和茶壺拿給下一戶人家。那石板上放著一包神香，是好心人樂捐的，如果神香用完了，看到的人就去再買一包，送給土地公。

小時候我很同情土地公，自己雖然懶惰，但還是願意為他做點事。我常常覺得：北極殿裡的上帝爺有好衣服穿、有好房子住，有很多其他神明陪伴，而土地公差得多了，只有孤單一個。這實在不公平。幸好也有別人關心土地公。每年他過生日，有人會捐錢，請戲班子表演給土地公看，只是那些演員的表演，往往比不上「北極殿」的。從前我還是小孩時，一直到

現在老了，我都是同情窮人。這種心理，說不定是受到土地公的影響。

經常有人來村子裡賣藥，聽說這要向警察報備，日本人在鄉下也是管得很嚴。商人通常是帶兩個大箱子，晚上在路邊擺地攤，點燃煤油燈，賣的東西有中藥、西藥，有時也賣其他的。做生意之前，商人總是先敲鑼，村民聽見了就聚集過來。賣藥的人安排一些人出來唱歌跳舞。在楠西沒有什麼娛樂，這些花樣算是很好看。

我喜歡觀察商人怎樣說話、怎樣推銷和騙人。有幾次的晚上，我看到村民向商人買了藥，可是那村民第二天清早就在罵：「×伊娘，錢被騙去了。」我心裡想：「是你自己願意買的，為什麼要說他騙你？」我覺得商人不簡單，很想學他們這種說話的本事。

以前在家鄉，曾聽大人們講過「火燒島」，我不曉得這個島在什麼地方。大家認為那非常可怕，也知道壞人、土匪、流氓，被送到島上的監獄。

我的生活很封閉，許多知識都沒有機會接觸。台灣歷史上重要的噍吧哖事件，發生在家鄉附近，但我也不記得聽到長輩有談論這事。很多年以後，一位老鄰居對我說：「如果你一直留在楠西，你這輩子就完了。」他說的沒錯。我自己主要的思想，是在火燒島的十年中，由於接觸到馬克思主義、毛澤東思想才逐漸形成的。

日本人

楠西有少數日本人，他們是庄長[6]、警察，以及校長、老師等，沒有日本兵。庄長留著鬍子。後來台灣經常可以看到日本「翹鬍子仁丹」的廣告，庄長就像廣告裡的那個樣子；楠西人偷偷叫他「翹嘴鬚仔」。

殖民政府在家鄉設立學校，叫作「楠西公學校」，就是現在的楠西國民小學，所以我經常可以見到日本人。我對日本人印象很壞，似乎在他們眼中，台灣人沒有一個是好的。他們對待台灣人，高興要怎樣就怎樣，十分囂張，讓我反感。楠西的庄長也很兇，他很少在村子裡出現。一些台灣人向庄長打小報告，大家曉得有這種事；當時不叫「小報告」，是說「偷報官」。

日據時代，家鄉的政府單位、學校，集中在楠西街區的南部，它們的宿舍也在附近。那一帶是日本人集中的地方，房子前面掛著日本國旗。日本政府不強迫每一家掛國旗，反而是國民黨喜歡這麼做。

每年三月有一個節日，我現在忘記是什麼紀念日，楠西的學校、機關，有遊行活動，學生由老師帶領，並且動員村民參加。隊伍在前進時，每人手裡拿著一枝小小的日本太陽旗。

大家都怕日本人。殖民政府很嚴厲，台灣人非常恐懼，也不敢談論。長輩們遇到小孩的哭鬧，會說：「日本仔來了！」用這個嚇小孩子。

楠西只有兩個日本警察，就把那地方鎮壓得很平靜。如果

6　等於現在的鄉長。

有人偷東西，警察根本不必去抓小偷，他只要對路過的人說，你去把某某人給我叫來。路過的人不敢不去傳話，某某人也不敢不來。沒有台灣人敢問警察為什麼是那人、有什麼證據，因為大家害怕，知道日本政府會關人、毒打、殺人。人犯被警察拘捕後，先送到玉井，再押送到大目降（新化），他的下落是怎麼樣，台灣人也不敢多問。

對於警察，台灣人不叫他們「警察」，是說「大人」。比方某人對另一個說：大人要你去。很多老百姓見到「大人」，會向他鞠躬。警察對那老百姓有時根本不理，有時點點頭。我以前很怕警察，老遠看到他們，趕快走開。

在日據或國民黨時期，台灣人長久生活在恐懼中。「二二八事件」之後的幾年，只要村民老遠看到有紅色吉普車，家家戶戶就把門關起來，這是國民黨來抓人的車子。日據時代的社會氣氛，雖不像後來二二八、白色恐怖那樣可怕，但也是普遍有恐懼感。一般老百姓看到日本人，經常是躲得遠遠的，儘量不跟他們發生關係。

有少數台灣人勢利眼，主要是甲長[7]、保正[8]等，故意巴結日本人。老百姓也看不起這些狗腿子。日本警察不直接管小事，衛生、清潔方面的雜務，警察交待給保正，保正就找甲長。

我以前在家鄉很清楚地感覺到，日本人很兇，他們和台灣人不一樣。兩邊的人很明顯是兩個階級：統治民族和被統治民族。我常看見日本人穿白上衣；男人穿黑褲子，女人穿黑裙

7　等於現在的鄰長。
8　等於現在的村長。

子。日本警察的服裝是黑色的，而且配帶了刀，戴大盤帽，表情很嚴肅。日本老師們衣服相當整潔，在特別的日子，還穿起制服。節日的時候，日本文官、老師配著短劍，校長掛著長刀。

楠西的台灣人孩子，不跟日本小孩玩，雙方一見面就打架，我也打過很多次，有時我主動去打。日本孩子不是和我們一樣在「楠西公學校」，他們到玉井去，進「小學校」。附近四個鄉鎮的日本兒童，都集中到玉井讀書。也有極少數的台灣地主的孩子，去讀那個小學校，他們家是和統治者很好的。

在生活上，日本人和台灣人的差別也很大。日本人住警察宿舍、學校宿舍，比我們要舒服得多。他們吃的穿的也很好，比楠西最有錢的人還要高級。

警察每天吃的魚、肉、菜，他們自己不用花錢買，是由生意人輪流送進去，而且是挑選最好的。警察不需要跟台灣商人打交道，他們有什麼意見，或想要什麼東西，是警察局裡的「工友」出來傳話。工友是台灣人。如果有人想要到警察局當個工友，也不是簡單的事，要有好的關係才能進去。工友也能夠吃肉、吃魚，甚至我看到他把多餘的豬肉拿出去賣。現在台獨分子經常說，日本公務員多麼清廉，其實日本人也有貪汙，但我不曉得是不是只在鄉下才會這樣。

楠西有日本的「神社」，在警察局院子裡。神社前面搭著木架子，是幾根木頭做成的框框，可能這就是它的大門。框框後面一個平台，台上蓋了木造的小房子，木頭是原來的顏色，沒有油漆。我跟很多人一樣，都把神社叫作「雞籠」。

遇到新年這一類節日，殖民政府鼓勵台灣人去拜日本神。到神社的人，要向它鞠躬三次，不用拿香。在我的印象裡，日

本人拜神社，態度很恭敬，也有少數台灣人去拜，主要是在政府機關工作的那些人。我由於好奇，跑到神社外面去看，也跟著別人做三鞠躬。讀「公學校」時，老師帶我們去拜，我不記得神社裡有沒有神像，也忘了那「雞籠」裡頭還有什麼東西。

每次過年，日本人把神社做一些裝飾：在「雞籠」前面，拉起草繩，又在那平台上放了三個橘子。儘管殖民政府為神社做宣傳，台灣人還是拜中國的神明和祖先。日本政府對這些現象，一定是不高興的，因為大約在太平洋戰爭的時候，警察把我們廟裡的神像拿走，騙老百姓說，神像由他們保管。可是大家聽到消息：日本人把神像燒掉了。被派去燒神像的，是一個台南人，他一直在幫警察做事。村民偷偷地罵：「這種燒神像的錢，他也敢賺！」後來我聽說那人發瘋了。

當時的台灣社會，除了有日本統治者的壓迫，還有階級的不平等。這些現象，我在小時候就能體會。「公學校」班裡有個同學，是開店舖的有錢人家。中午休息，大家在教室吃便當，是冷飯冷菜。我幾乎沒有菜吃，只能帶「竹筍醬」，這是最便宜、沒有營養的醬菜；那同學帶的菜，是荷包蛋、虱目魚等，屬於最好的東西。他對於魚、肉吃得發膩了，反而想吃我的竹筍醬，居然要用虱目魚跟我交換。我從小感覺到，少數人擁有很多財產，同時多數人又很窮，人和人之間有很大的差別。我羨慕有錢人，也妒忌他們。

我對日本人是最反感的，不但自己被他們歧視，而且我的祖父被日本人殺害。祖父在「噍吧哖事件」時過世，我不知道詳細的情況。有長輩說，我祖父和一群人被日軍抓去，每個人手臂上綁了紅或白的帶子。祖父原來綁的是白帶子，有一個紅帶子的人要和他換。祖父可能認為紅色吉利，所以跟那人交

換，不料日本人的做法是：紅帶子的一律處死。祖父就這樣犧牲了。

聽說我祖父體格很好，不像我是矮個子。後來我被國民黨抓走，有鄰居說：「難怪啦，他阿公是被日本人殺的。阿公這樣，孫子也這樣。」意思是，我跟祖父是同一種人，都反抗政府。鄉下人對這點很相信，認為有因果關係。

家鄉的某些人有民族意識。有位讀書人辦了一間私塾，利用晚上教兒童讀「漢文」，也就是中國的古文。一些人家把孩子送去學漢文。我家沒有錢，但我也去旁聽幾次。

在日據時期，我沒看過台灣人公開反抗日本，也許有的人被統治已經習慣，有的是敢怒不敢言。至於我的祖國應該是中國，或者是日本？這種問題沒有人教導我，自己也搞不清楚，那時只是討厭人和人之間的不平等。

我不願意給日本當奴隸，是從小孩到長大成人，沒有改變過的。後來，台獨思想變得很普遍；我從來不隱瞞自己的觀點。許多鄰居、親戚、朋友知道我主張中國統一，他們覺得很奇怪。我有很多次被問到：「你以前是日本兵，應該贊成台獨才對呀，怎麼你會是共產黨呢？」

我痛恨人欺侮人的現象，以及強國把弱小民族看成下等人，不停地剝削他們。現在這個世界，美國帝國主義的黑手伸到哪裡，哪裡就有災難，一定要把這黑手剁掉。我希望中國趕快強大起來，其他弱小民族也都要能抬頭挺胸，這個世界才有公平。

現在我回想起殖民時代，日本人的統治技術，比國民黨要厲害得多。在台灣光復之前，我有階級、民族的被壓迫者的情緒，然而水平很低，對事物的道理也不明白。

公學校

日本人在台灣辦的教育，是一種奴化教育，要使台灣人作為它的工具，以便更有效率地被它剝削。我七歲時進入「楠西公學校」，那時雖然不懂這些，卻也一直是不甘願的。母親、祖母經常對我又拉又打，勉強把我趕進教室。

我的第一位老師是個日本男人，他年紀比較大。在日據時代，女老師不多。第一次上課學習日語的「五十音」。我年紀小，已經是個造反派，老師帶領全班唸「阿伊屋嘿呵」，我大聲說「愛你阿母呵」，惹得同學哈哈大笑。那老師非常憤怒；不管他怎麼罵、怎麼打，我就是不改這種個性。

校園裡的建築是木造的，有教室、校長和老師的宿舍，還有一塊平地作為運動場。學校沒有圍牆，只是用竹籬笆圍住。雖然這裡的設備很簡單，在家鄉已是高級的建築物了。學校規模不大，一共六個年級，一個年級只有一班，每班大約三、四十人。低年級的學生，只有上午要去學校。高年級全天有課，學生必須自己帶便當。

在學校，每天上午要升旗，下午降旗。升起日本國旗時，我們必須唱一首歌「kimigayo」，可能是日本的國歌。唱完以後，大家面向東方鞠躬三次，校長、老師也這樣做。

每個上午有「早會」，全體老師、學生要參加，聽日本校長訓話。他所講的是和「修身」有關的內容。校長年紀大約四、五十歲，瘦瘦高高的，有點蒼白，留著八字形的小鬍子，戴著眼鏡。那時候戴眼鏡的人很少。他的衣服相當講究，讓學生感覺到嚴肅：經常是白色襯衫，打領帶，穿皮鞋。如果那校長穿起制服，同時就戴著一個大盤帽。校長對學生很嚴厲，我

們看到他，心裡會緊張。

我那時所看見的日本人，不管是校長、老師，或其他人，幾乎全是矮的。台灣人遇到他們，普遍都害怕；日本搞的那種殖民統治，的確是有一套。不過大約三十年後，興建曾文水庫時，我認識了幾個日本朋友，他們就不一樣，很隨便。

才進入「楠西公學校」不久，我有逃學的念頭，經常為了這事被母親、老師打罵。我從小就常被處罰；在火燒島監獄裡，也幾乎天天被罰。我對這種事情，一直很習慣。

過了一段時間，我勉強願意到學校上課，我並不是想要學習，而只是為了舒服。我小時候很懶得勞動，不想晒太陽；去學校的好處，就是可以不勞動。

由於農民家裡缺乏勞動力，一般父母不肯把孩子送到學校。校長鼓勵大家去拉人來上課。每拉到一個人，學校給一份獎品，例如筆記本、鉛筆、橡皮擦，只有這件事情我願意去做，做得很起勁。我的心得是，如果直接向那些家長勸說，一定是行不通的，必須用騙的才可以。我一年可以拐來十個以上的孩子，所以我各種文具用品都有；我去學校讀書，不必用到家裡的錢。很多年之後，我在火燒島有了自己的思想，才知道這等於是幫了殖民者的忙，並不是光榮的事。

楠西公學校在每一年當中，有三次放假：暑假、寒假、春假。上課期間，學校安排的科目有國語（日語）、算術、修身、歷史、地理等等。修身課是告訴我們不要搶、不要偷、不說謊，要聽話、對別人好，強調要效忠天皇。

每次開學，老師把各個科目的課本發下來，我們不必用錢買。我對所有課程都沒興趣，成績也不好。學校有音樂課，上課時老師彈風琴，但我不願意唱日本歌。我喜歡體育課，老

師教體操、吊單槓、在單槓上翻滾,也有躲避球、跳遠、跳繩等。

我讀公學校時,很希望長大以後能成為一個大將軍,而且要騎在馬上。因為老師曾經拿照片給我們看,那是一位騎馬的將軍,我們孩子感覺他很威風。印象中,老師好像說他的名字是「乃木大將」。

教過我的幾個日本老師很認真,對日本很忠心。我起先排斥他們,時間久了,慢慢也覺得有的人還不錯。高年級時,我的一個親戚向我建議:畢業後去讀「高等科」[9]。我們班的女老師知道我想升學,自願給我補習。那老師是日本人,她的姓卻像中國人,姓林。

林老師個子不高,稍微瘦一點,沒結婚。她長得蠻好看,很樸素,比起別的日本人,她是不兇的,不隨便處罰學生。林老師曉得我家很窮,對我相當照顧,當時我認為她是日本人中間最好的一個。我們學生不叫她「林老師」,而是稱呼「先生」(shense),並且不可以把姓唸出來。

她有時在放學後,把我叫到她的宿舍裡,幫我複習功課。老師們住的宿舍在運動場旁邊,是很好的房子。有眷屬的老師,一家人住一戶,單身老師是一個人住一戶。每戶有院子,種了樹和花,各個院子用矮牆隔開;整個宿舍區,被一個大的圍牆圈在裡面。

宿舍房子的外牆,有點像我姨媽家:下半部也是磚頭,大約一米高,不過它的上面是木板牆和窗子。地板是架高的,距離地面兩尺,全部地板都鋪了日本式的疊蓆。林老師不用椅

9　類似於現在的初中,但只學習兩年。畢業後有機會當小學教師。

子，人就坐在疊蓆上。那些窗子很大，是玻璃的，比姨媽家的要高級得多，室內光線、通風很好。它的大門也很特別，下半部是木板，上面是玻璃。房間的門，是先用木條做成架子，再把紙糊上去。屋子裡寬敞，有廚房、浴室、廁所。這樣的房屋，在楠西可說是最好的了，讓我很羨慕，所以我想將來自己也作老師。

林老師不但教我功課，還拿糖果、餅乾給我，使我對日本人產生一些好印象。她在宿舍裡給我講過故事，並且說：「你家裡窮，這個不要緊，這只是暫時的。你要努力。」

有一個時期，我受到林老師的影響，差點把自己的姓名改為日本式。日本在台灣推動「皇民化運動」，鼓勵台灣人改名字，用物質來引誘。老百姓吃的豬肉是配給的，改成日本名字的人，拿到的肉會比較多。我聽說如果在公家單位工作，改名的人容易升遷。殖民政府也叫學校的教師為這個政策做宣傳，可是我的同班同學，沒有一個人去改名字。

儘管在公學校沒讀到什麼書，可能是因為個性活潑吧，高年級時我擔任班長。現在的我已經是老年人，目前還健在的幾位小時候的同學，他們仍然叫我「班長」。林老師指定我這班長作為「皇民化」的示範，把我名字改為「瀨川治雄」（Sedukawa Haruou）。從那之後，她都是叫我「瀨川」。

林老師要我到派出所旁邊的「戶籍股」，正式去登記新名字；我對她印象不壞，有一陣子真的想去改。幸好後來沒去，要不然就是人生的一個汙點。我有了知識以後，常想起這件事。殖民時期的台灣，日本人是上等人，台灣人是下等的；但統治階級面對被統治者，除了必須鎮壓之外，也需要另一個手段，才能麻痺被統治者的不滿心理。日本人的很多措施，就使

用兩手策略。

後來我在火燒島監獄，看到的也是這樣。國民黨鼓勵人犯信基督教，經常送來罐頭、奶粉，是教會提供的，要我們去拿。政府希望人們信教，就不去注意政治上的不公平和罪惡，這樣不會反抗它的統治。也的確有人犯受到引誘，配合了國民黨的企圖。商人也懂得這一手。我小時候，楠西剛剛出現「味素」這種新產品。雜貨店的老板起初送我一點點，我回家把它放在菜裡一起煮，覺得好吃，這樣經過了幾次，我習慣那口味，就自動向他買了。

在高雄

小時候，我很不聽話。鄰居常常說：「你是個沒人要的。」大約七歲，我溜到別人的果園裡偷吃水果，對於那些吃不下，或者還不能吃的果子，我用竹竿、樹枝把它們打壞。我回家，看到果園主人坐在屋裡等我，他用髒話大罵。我家很窮，惹不起有錢人；這次我闖下大禍。母親請求一位親戚出面調解。親戚跟果園主人談好條件：我每天為他牽牛，作為賠償。

每天上學前，我先到那人的家裡，把牛牽出來。曾文溪在我們村子的西方，我沿著河岸的斜坡走下去，在溪邊找一塊青草比較多的空地，拿兩根繩子互相連接，將近十五米長，繩子的一頭綁住牛，另一頭繫在木樁上，這樣牛只能在範圍裡吃草。放學後，我第一件事就是把牛牽回，或移到別的地方。牽牛這種勞動，我一直做到公學校畢業。

後來這事情被叔叔知道。他說，既然是牽牛，牽一條或兩

條牛，並沒有差別。他要我也為他牽牛，並對我和母親說，我
「公學校」畢業之後，他願意出錢讓我去善化讀「高等科」。
那時小學的教師不足，日本政府規定：想讀高等科的人，只要
申請入學就可以，不需要經過考試，而且高等科讀完可以教小
學。我如果將來作小學教師，有一份穩定的收入，這對我家是
很大的誘惑。

　　然而在我快要畢業時，叔叔卻不承認他說過的話。我非常
生氣，過了很久，還是會憤怒。現在回憶我的一生，認為這件
事影響很大，應該是我思想形成的開始。從那時候起，我不願
意見到有人被欺侮，樂意去協助被壓迫的人，幫他們反抗；也
提醒自己：不要去占別人的便宜。

　　我在公學校最後的那段時間，教我的老師是台南人，對我
很好。他看到我家的情況，知道我被人欺騙，就說，他有位親
戚是醫師，在高雄開醫院，可以介紹我去做助手。家裡經濟不
好，我願意去做那個工作。

　　出發的當天，母親、祖母都哭了。我不記得自己有沒有
哭，但同時也有高興的心情，因為想到大城市去看看。我家太
窮，到高雄也許有賺錢的機會。

　　我沒有準備多餘的衣服，母親也沒給我錢。那位老師拿出
幾塊錢，讓我搭客運車到台南。我在楠西一向是赤腳，那天我
穿著木屐去台南。

　　客運車相當小，是燒木炭的，要不斷地加水，開動起來
一路上嘎嘎地響，玻璃窗震動得很厲害。車子裡有一位「車
掌」，也就是服務員，在車上賣票。車掌是女性，台灣人；日
本人不做這種事情。那時能夠作個車掌，已經是叫人羨慕的
職業。

從前我牽牛吃草的地方，現在開闢了道路，有人在這裡種果樹。再過去就是曾文溪了。

　　到了台南火車站，這是我第一次看到火車站，覺得它很偉大。現在人們所看見的台南站，還是那個樣子。車站附近人多、車子多，馬路又大，跟楠西完全不同。我也感覺當天是大日子；很多村民一輩子沒走出楠西，從來沒看過家鄉以外的地方。

　　我從台南坐火車去高雄。以前沒有離家這麼遠，也沒見過熱鬧的大城市，所以整天很興奮。在台南、高雄，我頭一次看到用人拉的人力車。

　　當時高雄火車站不在今天這個位置，是在港口旁邊、去旗津的渡船頭附近。車站一帶有很多商店和行人。我向人問路，在市區邊緣找到了醫院。因為身上沒有錢，中午沒吃；我在醫

院裡吃晚飯，有魚、肉、白米飯。在家裡，即使是拜拜，也不會吃這麼好。能在高雄有個職業，又有吃和住的地方，心裡非常高興，可是第一天晚上還是哭了。

那時候高雄的市區正在擴展，而且高雄居民很少是本地人，幾乎都是外地來找賺錢機會的，最多的是澎湖和台南北門過來的人。我工作的「重光醫院」，主持的醫師是洪文生。他三十多歲，台南人，在日本東京的一個醫藥學校畢業，這在台灣是很少見的。

重光醫院的建築是磚造的兩層樓房，二樓是宿舍，樓下隔成三塊：一間診療室、一小間手術室，另外一間是藥房。洪醫師要我做藥劑的事情，這種職務叫作「藥劑生」。我有時也做洪醫師看診、開刀時的助手。當時台灣的醫生、醫院很少。我們醫院治病的範圍，包括了一般的內、外科。

醫院裡原來有五個助手，我報到後，才曉得這裡並不缺乏人力。男的只有我一個，其餘是女生。她們年紀比我大，沒結婚，主要是做護士的業務。

那幾位資深的人對我不友善。在日本社會有個不好的現象，他們過度強調所謂的「先輩」（senbai）；老資格的人，會欺侮新進者。聽說各個行業都是這樣。他們最不願意做的，就丟給我做，例如外科手術中最髒的部分，或是去處理很臭的中耳炎病人。做這些事要很有耐心，我又沒有對象可以說話，只能偷偷地在夜裡流眼淚。

洪醫師很照顧我，可能是我的老師向他打過招呼的關係。他的父親是泥水工。洪有一個哥哥，兩兄弟感情很好，互相幫助。先是他哥哥去工作，讓他念書。等到他自己就業，再用金錢支持哥哥讀書，去學化學的課程，他哥哥畢業後在台南開工

廠，製造籃球。後來我從綠島出獄，到高雄看望洪醫師。洪先生很害怕，不大歡迎我，他太太的態度好一點。我在綠島時認識一位難友，叫王荊樹，王的大姨子剛好住在重光醫院隔壁，所以洪醫師知道我坐牢。

在高雄做事，我每個月薪水是七元，吃的、住的全部由醫院提供，因此我的生活比起在楠西時要好得多，沒有被壓迫的感覺，心裡很滿意。醫院的利潤很高。那時不少人感冒，來醫院打一針，要八毛錢。得了梅毒、淋病的人很多，來看病的幾乎都是男人，治療的方法也是打針；一個針藥成本才二、三毛，醫院向病人收三塊錢，真是太好賺了。

洪醫師僱了一位小姐負責伙食，醫院裡總共有十個人一起吃飯。早餐是稀飯、醬菜，午餐、晚餐很豐富。開飯時，我們坐在椅子上，小姐把米飯裝在碗裡，拿到每個人的面前。我從來沒有這麼享受過。

醫院裡安裝了電燈，樓上有一台收音機。大家吃飯時，洪醫師把收音機打開，讓我們聽。我記得收音機有報告新聞、音樂等節目，是講日語的。我也聽到有關學習的節目。

住在宿舍很舒服，我經常可以洗澡，也能用到肥皂。浴室裡有泡澡的木桶。泡澡前，必須先在旁邊把身體洗一遍，然後才能到木桶裡泡溫水。我以前在楠西，不知道什麼是洗澡；夏天時，利用到河裡玩水的機會隨便洗一洗，冬天則根本不洗。

我也喜歡高雄。到這裡以後，我有了自己第一雙皮鞋，也有襪子，平時捨不得穿，仍然是穿木屐。那時高雄市區很小，集中在港口一帶，馬路是泥土路或碎石路。醫院門口只要車子經過，空氣中就有很多灰塵，我用雞毛撢子清理房間，因為灰塵太多。不過，高雄的環境，對我已經是好得不能再好了。

　　對於這個學習技術的機會，我很珍惜，每天認真做事，所以很忙。什麼樣的病人都有，有的很有錢，有的很窮。「重光醫院」主要是治療內科、小兒科的疾病，有時也做小手術，遇到開盲腸等大的病，洪醫師不處理。醫院沒病床，沒有人在這裡住院。

　　我想一輩子做醫院的工作。那個年代，台灣的醫生數量不足，殖民政府舉辦「乙種醫師考試」：報考的人不必去醫藥學校學習，只要考試及格，就具有醫師資格。洪醫師鼓勵我走這條路，買了書籍讓我讀。我原來的文化程度，幾乎等於是沒念書，還好那些日文書並不很難，慢慢地我也能懂一點。我是很辛苦地在自修，碰到不明白的地方，就問洪醫師。當時日本已經侵略中國，我對這些事情不了解，也沒有想很多，只是每天做準備，希望將來有機會參加考試。洪醫師的太太常誇獎我很乖、肯上進。

　　在高雄我一直很安分，休假時也很少出去，住了幾年，我只認得附近的幾條街道，距離醫院稍微遠一點的地方就沒去過。我對工作熟練之後，洪醫師給我增加薪水。這段時間，只有每年春節我才回家。印象很深的一件事，是吃到「烏魚腱」，它很鹹，要用火烤，但很好吃。烏魚腱比烏魚子更少，不容易吃到。

　　有一次我出去玩，是到小港海邊。醫院隔壁住著一個年輕人，是從小港來的，他帶我去海邊看「牽罟」捕魚。那是很長的一個魚網，很多人一起把它拉到岸上，我也下去拉。每個拉網的人都可以分到魚。

　　我知道日本和美國打仗；在高雄港口，也看過日本海軍的軍人，和很大的軍艦。我對這些沒有感覺，不羨慕他們，也

不認為光榮。日本政府對戰爭的鼓動很厲害，我經常可以見到宣傳「皇軍」的東西。也許日本人支持政府作戰，我所見到的台灣人，對戰爭並不喜歡，因為打仗會死人，他們也怕自己受害。

高雄正在建造新的火車站。新站的地點在北方，就是目前建國路的位置，當年是一片稻田，沒有什麼人。台灣人私底下議論說：車站搬到那裡去，表示日本快要打敗仗。可見台灣人對殖民者是不大認同的，跟日本人不一樣。

有一次，我回楠西過新年，聽到老百姓在說，日本警察把家鄉廟裡的神像拿去燒掉。很多人偷偷地講：日本快要打敗仗，差不多了，他們連神明也敢得罪。

我在高雄工作幾年。一天，洪醫師來告訴我：「你不能在這裡了。」他解釋說，日本政府發布〈男子就業禁止令〉，規定十八歲以上的男人不能就業。制定這個法令的企圖，是要把人趕到軍隊去。從洪醫師這件事也可以看出，台灣人對日本十分畏懼。這個政策只是制定了內容，還沒有用行政手段去落實，人們已經感到害怕，會自動地去配合政府。

這消息使我很失望；洪先生對我一向很好，他也是不得已。本來我打算參加考試，可是這條路走不通。沒有別的辦法，我只好回到楠西。

我當時非常不甘願，現在則覺得，幸好我沒有成為醫生。如果我順著原來的路子走下去，是不大可能接觸到進步思想的。

日本航空隊

　　回到家鄉後，祖母和母親說這樣很可惜，我心情也不好。日本政府很有效率，我才不過回來幾天，沒想到要做什麼，警察就來找我了。他問我想參加什麼部隊，叫我做出決定。那時日本政府在台灣還沒發布徵兵的法令，台灣人不能當兵，只能作「軍伕」，在部隊裡做工，例如當挑夫、打雜。

　　很多人看得出來，日本在這場戰爭中要失敗了。日軍開始組織「神風特攻隊」。特攻隊就是把人當砲灰，開著飛機去撞海上的美國軍艦。特攻隊員一個月可以領到一百三十多元，是不得了的。家鄉的日本人庄長，每個月才三、四十元，已經是高等收入；在公學校的老師才二十多元。

　　有人告訴我，高雄的岡山有海軍航空隊，以及海軍正要招考「海軍工員」。我沒考慮太多，就到警察局報名。既然日本政府不讓我就業，我又被逼著參加軍隊，不如乾脆去考「工員」碰碰運氣。

　　我想考「海軍工員」的消息傳出後，家鄉有二十多個青年也跟著我去報名。楠西是偏僻的農村，當地人有一種想法：城市的孩子比較聰明。我因為從高雄回來，所以受到村民的重視，他們認為我的判斷一定是有道理的。

　　考試當天，庄長把我們召集起來，送到台南的一個部隊。那單位好像是航空隊基地，我們被安排去檢查身體和考試。大家坐在一間教室裡，考的科目有國文（日語）、算術、修身，題目不難。考試結果，包括我在內，共有三個人被錄取。

　　到了入伍的時候，庄長為我們舉辦送行活動，又集合小學生，在道路兩旁排隊歡送。我們三個當兵的走在最前面，身上

披著紅帶子，庄長走在後面，然後是公所的員工和其他人。很多人拿著日本的小國旗。庄長親自帶領大家，唱日本軍歌，弄出一種熱鬧的氣氛。那首歌在當時常常聽到，我記得第一句是「替天行事……」。後來我八十歲，在台南的「億載金城」看見台獨分子唱這個軍歌。

那天，一路上都有人接待我們。我和另外兩人到達台南，跟其他台灣青年會合，他們是從各地方來的。

辦理報到時，日本軍官問我們想去什麼單位。有三個地方可以選擇：一是到飛機工廠做工，我現在已忘記是修理飛機，還是製造飛機。二是進入「航空隊」，第三是到南洋戰場。

對於將來要在哪裡當兵，我無所謂，只是想去薪水最多的單位。那兩位楠西年輕人也跟我一樣；三個人都選擇航空隊，因為薪水很高。台灣有一句俗話：「愛錢死好」，我就是這種心情。

我本來就對飛機有好奇心。小時候在家鄉，曾看到飛機從天上飛過，它們飛得很高。我心裡很羨慕，也希望自己能飛到天上去。在高雄工作時，常看到馬路邊有宣傳海報，是日本政府貼的，上面畫的海軍、航空隊的人員，很神氣的樣子；陸軍的就差很多，對我沒什麼吸引力。

像我這一類要去航空隊的人，被集合起來，由日本軍官帶到新竹。那個單位的接收人員已在火車站等著，他們用大卡車把我們載到航空隊基地。

新竹基地的大門很簡單。門口有個哨所，好像是用鐵皮蓋的，一個衛兵站在那裡。從大門進去，要經過一段路，才到我們的營房。

剛進入基地，我感到很新鮮。這裡有很大的空地，以及一

些房屋，有的房子好像是倉庫。泥土地和草地的上面，停放了飛機；有一條水泥跑道。我們這個隊大約一百多人，全部是不到二十歲的青年，台灣各地的人都有。到達基地的第一件事，就是每個人剃光頭，然後上級把衣服發給我們。

航空隊是木頭的營房，朝向東方，前面不遠是一排鐵絲網，網子外面有幾戶種田的農家。基地的跑道在營房北方。營房的後面再過去，也就是海邊的方向，是飛機庫的位置。新竹基地建造了圓弧形的飛機庫，那等於只是一個屋頂，它的下方並沒有牆壁和門窗；飛機藏在裡面。屋頂上有一層泥土，種滿了草。

大家被分配住在幾棟營房裡。進了寢室，就看到一個大通鋪，鋪位上放置了疊蓆。在生活小事上，例如整理棉被等，上級不大管我們，要求不多。我記得每個人要自己洗衣服。我們和正式的飛行員不一樣，他們叫作「紫連隊」，訓練、睡覺在基地的其他地方，和我們完全隔離。

一個房間好像是住十二人，由我們選出一位「室長」。以後每次發薪水時，室長先向上級領來十二個薪水袋，再叫每位隊員簽名，我們拿到自己的薪水，都很高興。那袋子是牛皮紙做的，很堅固，裡面放了鈔票和銅板。當時的鈔票，沒有印著人物的頭像，而是用檳榔樹作圖案。

一位隊長在負責航空隊事務。我忘了隊長的階級，連他的相貌也不記得。隊長並不管我們日常的事，平時不跟大家說話。他在我們面前，是一副很威嚴的樣子；我的印象裡，只有在報到時，他才向隊員們講話。我第一次聽到「神風特攻隊」的名稱，就是隊長講出來的。

隊裡有三個分隊長；一般要做的工作，隊長都交待給他

們。分隊長是實際管理大家的，每天的早、晚點名，也是分隊長在主持。分隊長要輪流擔任值星官，那時披著一條紅帶子作為標誌。隊長、分隊長是軍官，穿著航空隊的制服，是深咖啡色。軍官穿的是高筒皮鞋，經常掛著長刀。在日本部隊裡，軍官和士兵的差距很大。

分隊長的下面，設置了「助教」，也就是「教育班長」（kyoiku hanchio），隊員叫他們 hanchio。他們不是軍官。大約七、八個隊員被編成一個組，每組有一位 hanchio 負責。我印象中的 hanchio，好像大多是台灣人，他們會欺侮人，很兇。分隊長不直接處罰我們；扮演黑臉的事情，由 hanchio 來做。

我們每天早上六點鐘起床，集體做「lagiotaisou」的運動，就是依照收音機的廣播做體操。完畢以後，才開始當天的活動。

在航空隊，長官叫我 Lai Te Oh，也就是用日語發音的「賴丁旺」。新竹的風砂大，把我吹得眼睛很痛，從南部來的隊員，特別不能適應，不少人眼睛發炎。天氣太熱，所以大家覺得日子難熬。在軍事的動作方面，日本教官很兇，要求嚴格。隊員沒有自由活動的時間，整天很緊張。有一根棒子，好像叫作「海軍精神棒」，長官、教官用它打人，我們被罵、被打得很厲害。

日本軍隊有很多處罰、磨練的方法。在很熱的天氣裡，長官經常要我們躺在發燙的水泥地上，簡直是叫人沒辦法忍受。基地「防空池」貯存很多水，我們常被命令跳到池子裡，這對那些不會游泳的人來說，是痛苦的事。訓練的目標，主要是加強體能，以及培養對上級長官的服從。教官誇獎我們，說「你

們是國家的英雄」這樣的話，其他長官也這麼講。大家年紀小，那時聽起來是蠻爽快的。

有的科目是在教室裡聽講，「修身」課強調要效忠天皇。教官講了「日支親善」、「支那事變」的內容，也放映幻燈片給大家看，多半是關於戰爭和飛機的。我在新竹一共受訓六個月，不記得在基地有沒有看過電影。

教官說，大日本帝國的海軍很強大、擊沉美國軍艦……等等。我始終對這個沒有驕傲的想法，可能是由於我有點骨氣，不認同日本。別的隊員也不見得認為自己是日本人，因為被欺侮得太厲害。同伴中間，向日本人拍馬屁的也不少，有人向上級「打小報告」，偷偷在做監視、告密的事情。

過了一些時候，有人在想：我們可能就是「神風特攻隊」，是要去死的。我現在已經忘記同伴們的感覺了。日本人控制得很嚴，沒有人敢逃亡。我當然不願意死，但也不是太害怕，心想，如果我沒有參加這個部隊，而被強迫派到陸軍、海軍去，也不一定能活著。

有的隊員家裡狀況好，他們向部隊付出一筆錢，就可以離開。沒錢的人，即使心裡再怎麼不願意，也無法退出了。

跟我一起到新竹的兩個家鄉同伴，都很不幸。其中一個受不了訓練時的痛苦，家裡又湊不出錢，他趁著休假回家，在房間裡上吊。另一個是在訓練期間，因為生病也死了。受訓結束時，我們隊裡不到一百人。

那段日子我有一個想法：我要利用「出征」的機會，開著飛機到台北，去撞總督府 [10]，替祖父報仇。在高雄工作時，我

10　就是現在的「總統府」。

從報紙上看過總督府的照片。對於那些壓迫我們的統治者，我心裡還是會反抗。白天沒時間想這些，晚上睡覺，或被處罰的時候，就有「大家一起死」的念頭。祖父被日本人殺害，這件事叫祖母很痛苦。既然日本人要我去死，我就向它報仇。

我們訓練時使用的是「練習機」，飛機裡面的結構是鐵架、木板，外面用類似帆布的材料包住，塗上油漆。日本政府只是把我們當做工具，教官其實教得不多。在我印象中，連機械常識、飛行原理，好像都沒有什麼講解；現在記得的是，「方向舵」叫作 Hokoda，「兩翼」是 Liouyi。

操縱那種飛機並不難。練習起飛時，學生坐在駕駛艙的前面座位，教官坐在後面，他發出命令，學生照著做動作。發動飛機不是我們的事，地面上有一個班，他們用手轉動馬達，讓發動機運轉。在艙裡的飛行員可以拉動三根桿子：一個是讓飛機滑動，一個使飛機向上，另一個向下。這些桿子又用鋼絲連接到其他零件。飛行員的下方，有兩個踏板，如果想使飛機在天空轉彎，就需要用腳踩踏板。

教官所講的內容主要是告訴我們：出任務時，要怎樣拉起飛機頭，使它起飛，還有左右轉向的方法。對於自殺式的攻擊，他們好像有做講解。教官似乎說過：要去撞軍艦的側面，而且衝向敵人時，飛機不能熄火。

我心裡很想體驗一下飛到天空的感覺，也有同伴建議教官帶我們飛上去。教官不要大家問這種事情，他的意思是：到時候就明白了。在整個訓練期間，上級沒有安排我們起飛，隊員們只是在地面做練習，有時讓飛機在跑道上滑行。跑道旁邊放了幾個油桶，漆成黃顏色，是指示我們做動作的記號。最後一個油桶，代表的是起飛的位置。

　　部隊長官要求我們，必須反覆記住教官示範的那些動作。每個人都要通過考試。我們也學習一種類似羅盤的儀器，以及其他的操作，這些功課很簡單，但要背得很熟。

　　有一個課程是最苦的。為了訓練隊員的平衡能力，基地做了一個空心的大球：骨架是木頭做的，外面用帆布包住。一個隊員從球表面的小門鑽進去，在外面的幾個人，根據教官的指示推動那個大球，讓它滾動。起先隊員被綁在球的裡面，訓練一段時間後，改為隊員自己抓住球裡的木架子。在過程中，被訓練的人受不了，就要大聲喊叫，推球的人必須趕緊舉起手臂，讓教官看見。

　　其他課程也很不好受。晚上回到寢室睡覺，常常大家坐在床上，你看看我，我看看他，沒過多久時間，每個人眼淚都流下來。我們這樣哭，還不能被日本人知道；熄燈後「寮長」會偷偷來查看。上級對我們不信任，經常監視隊員，有時軍官派人偷聽台灣人的談話。

　　這個航空隊的制服是淺咖啡色，不是正式的軍服。我們戴著帽子，穿半筒式黑布鞋，Hanchio 和我們隊員的服裝是一樣的。訓練時雖然嚴肅，但伙食很好，能吃到白米飯，我在口味上也能適應。

　　軍官定期發給我們餐券。餐廳在寢室的後面，每次到了吃飯時間，大家拿餐券過去。要進餐廳時，必須經過一個走道，寬度不到一米，走道的地面上畫了一個蔣介石的頭像。有日本軍官躲起來偷看我們。凡是有意不去踩那頭像的人，都被記下來，晚點名以後，這些人被叫出去毒打或虐待，整得半死。其實，有的人為這件事被打是冤枉的，他們沒聽過蔣介石這個名字，更不知道是當時中國的領袖。

進入餐廳時，我們把餐券交給一個日本兵，就去拿盤子，盤子是木頭做的。大家按照順序過去，廚房的人把飯菜放在每個人的盤子上。伙食固定是三菜一湯。那個收餐券的日本人，表面上是做這個工作，實際也監視我們，他偷看隊員中有誰不去踩蔣介石的像。

餐廳裡有長條形的桌子、長板凳，我們隨便找位子坐。廚房的人平時會打掃，餐廳十分整潔。隊員們吃飯，如果讓飯菜掉到桌上，也要把它弄乾淨，日本人在這方面的規矩是很嚴格的。吃過飯，每個人要自己洗盤子。不過，在航空隊吃飯的氣氛蠻輕鬆，不像國民黨軍隊，要軍官喊口令，才能一起開動。

在新竹基地裡，那些配飯的菜，和台灣人的習慣差別不大。日本軍隊吃的東西，肉類比較多，例如牛肉或豬肉，往往搭配著紅蘿蔔。我們常喝味噌湯。航空隊的早餐是依照日本習慣，也是吃乾飯，早餐相當單調，很少變化。但我對伙食也有不習慣的，比方說茄子，他們不用熱炒，而是醃漬。

廚房做的是大鍋菜；魚、肉等材料，全部切成一大塊，和我們現在見到的日本料理很不一樣。比起以前在我的家裡，航空隊的伙食是好得太多了。日本人對待我們的手法，可說是鎮壓和攏絡都有。

日本軍隊的人力不夠，他們把台灣人弄到部隊裡，有的年紀很小，大約才十五、六歲。他們是「學徒兵」（gagudouhe），被分配去做雜事和跑腿，我在基地就看過他們。有些孩子連大卡車也爬不上去，必須由車上的人拉他們上車。我同情學徒兵，他們待遇很差。

我們常看到鐵絲網外面的農民，他們是客家人，不會說閩南話，跟我們只能用日語溝通。隊員想和他們聊天，他們不

敢，並且說，警察有交待，不許他們這樣做。客家人叫我們
「兵仔」，這是很瞧不起的稱呼。

在新竹這段時間，我沒有交到很好的朋友，也不清楚同伴
們心裡在想什麼。大家心情不好，互相的談話也不深入。

每個星期天是休假日。隊員可以在星期六吃過晚飯，離開
營區，也可以在星期日早飯之後才外出。我們出去，上級並沒
有規定要穿什麼服裝，幾乎每個人都不願意穿軍服；日本憲兵
管得很嚴，我們不想惹麻煩。日本很注意軍人的儀容。在我的
印象中，憲兵是日本人。

隊員休假外出，通常是走路去新竹市區。新竹比不上台
南、高雄那麼熱鬧，只是城隍廟一帶好玩。我沒有別的娛樂，
都是和幾個同伴閒逛，或者到書店，站著看書。我程度不好，
看不大懂，但卻愛看小說，糊裡糊塗地讀下去，可能是因為生
活枯燥吧。

我們有幾次偷了店裡的書，現在已忘記為什麼要這樣做，
可能是想省錢，也可能心裡有怨氣，找不到地方發洩，就把偷
竊當作一種遊戲。那書店老板是台灣人，店裡有一個女店員，
他們不歡迎我們，後來也知道我們偷書。

去那家書店，每人手裡拿著草蓆編織的提袋。偷竊時，是
幾個人合作。其中一個對店員說：「小姐，上面的那本書請你
拿下來。」她爬梯子上去，別的人趁機偷書，把書放到手提袋
裡。這種花樣做得久了，就被老板發現。那時大家才十幾歲，
是個大孩子，做這些事情可能是為了好玩。我們也常把書看過
後，利用下次休假，又偷偷放回去。

大家也喜歡去街上吃冰。有一天晚上，十多個人到新竹城
隍廟去玩，那裡附近是很熱鬧的店舖，其中有冰店。當時的刨

冰機是用手搖的，速度很慢。我們這麼多人一起進去吃冰，兩個女店員手忙腳亂，根本應付不過來。

同伴中幾個先拿到冰的人，都已經吃完了，有的人卻還沒吃到。那兩位小姐對我們的態度一向不好。我們催她們動作快一點，大家用湯匙把碗敲得叮叮咚咚地響，鬧成一團。老板娘在樓上聽到，趕忙下來看看發生什麼事。一位隊員說：「老板娘，你多僱幾個人啦。」因為我們是軍人，老板娘不敢得罪，她只好說：「今天你們吃冰，全部不要錢。」少年人喜歡起哄，我們這樣子就可以高興一番。這是在那半年受訓的日子裡，最好笑的一件事。我們那次等於是欺侮了人家。

我以前在高雄工作，不怎麼想家，然而到新竹受訓，精神上被壓迫，就很想回家。有時我星期六吃完晚飯，從營區外出，走一個多小時的路，到新竹火車站，再搭車超過四小時，到達台南的新市，然後在夜裡半走半跑，經過四個多鐘頭才回到家裡。整個晚上趕路，沒有睡覺，到家時天已經快要亮了。我在家裡只能停留幾小時，還沒到星期天的中午，就必須去坐那班客運車趕到台南火車站。我搭火車回新竹，很少有空位子，經常是站著。

從新市回家的路上，在黑夜裡要走很長的時間，而且很多時候是荒涼的山地。走那條路，要經過幾個墳墓地區，鄉下常有鬧鬼的傳說，但我不怕。很多次在夜裡趕路，所以我現在印象很深。我在路上經常是又餓、又渴，幸好當時年輕，身體好，這些都可以忍耐。

只有一次是例外。那天半夜，走到現在的「山上區」附近，我實在太餓，餓得受不了，剛好小路邊是甘蔗田，種的是紅甘蔗，而不是白甘蔗。白甘蔗是給糖廠作原料的，不好吃。

我站在田裡，大聲喊了幾遍：「有人在嗎？」沒有聽到回答。

我拿出一塊錢的鈔票，綁在甘蔗葉子上，然後拔起一根甘蔗，剝掉葉子和外皮。正準備要吃，田地的主人出現了，可能他原來就躲在一個地方，偷偷監視我。他對我大罵，並且說，經常有人偷他的甘蔗，這次終於被他抓到。

那位主人非常生氣，我趕快向他說對不起，並且帶他去看葉子上綁的鈔票。他看到那是一塊錢，很吃驚。當時買一根甘蔗頂多只要一毛；航空隊的待遇好，一塊錢對我算不了什麼。那人看見這個情形，知道我是真的肚子餓，還叫我跟著他回家，拿出稀飯給我吃，那是預備要作早飯的番薯簽稀飯。他也拿來配飯的鹹魚、竹筍醬；那主人家裡的生活不差。我聽到他的太太在罵他：「半夜怎麼帶人到家裡吃飯？」幸好我事先放了那個鈔票，要不然被送到警察局，就嚴重了。

新竹基地的訓練結束時，隊員們被打散，分發到各地部隊。我被分配在台南市郊外的紅瓦厝，那裡有一個航空隊營區[11]。結訓的當天，新竹基地並沒有安排聚餐或同樂會。我感覺相當平淡，同伴們好像也沒有特別的心情。

受訓完畢，上級讓我們回家休息幾天，然後各自去部隊報到。去紅瓦厝那天，我從楠西出發，走五個多鐘頭才到。我帶了午飯在路上吃。

紅瓦厝基地的大門是鐵絲網做的，有衛兵站崗。從門口進去，附近幾棟平房是辦公室，我在那裡報到。這個基地很大，有飛機跑道，和一些木頭房子和茅草屋，基地周圍是荒地、竹筍田，有人種植綠竹筍和芒果。現在的紅瓦厝已經變得熱鬧，

11　位置在歸仁區北方的「陸軍輕航空基地」。紅瓦厝是歸仁的舊名稱。

到處蓋了樓房。

從新竹分發來紅瓦厝的隊員們，只有一個小隊的規模，十二人。我覺得，這裡的長官比新竹的好一點，沒有那麼兇。十二個隊員到齊，有人叫我們集合、點名，把隊伍交給一位軍官。那軍官是隊長，他把我們帶走。

報到後的第一件事，就是新單位發給我們正式的軍服，以及半筒式的咖啡色皮鞋。那些裝備的質料都很好，帽子、上衣、褲子也是咖啡色。軍服比原來在新竹的好看。我們胸前配戴一個徽章，上面有個日本太陽，圓圓紅紅的，好像還有其他圖案，我已經忘記了。那帽子的式樣，和現在台灣軍隊的差不多，上面也有一個太陽圖案的徽章。

穿那套軍服，繫在腰部的不是皮帶，是用布做的帶子，那帶子也是很硬。我們穿上制服，覺得很威風。以後休假時，我神氣地穿著軍服回楠西。我不記得制服上有沒有階級標誌，也想不起來隊員們是什麼階級。之後上級發給大家一個證件，坐客運車可以買半票。

我們十二個台灣人中，家住台南的有兩個：一個是我，另一個是北門人，姓邱，長得胖胖的。嘉義的有一個，姓何。其他地區的有台中、新竹、台北的青年。隊長的名字是森田（Molida），在軍官裡面，他算是和氣的。台灣兵遇到日本軍官，心裡會怕，但我們對 Molida 不怕。他身材比較矮，有一點瘦，相貌端正，蠻關心我們的生活；隊員感冒了，他也照顧一下。

以前在新竹基地，我們被管理得很嚴格，這裡的隊長卻是不管我們。大家也不可能犯法，因為待遇好。Molida 每天主要的事，就是早晚點名，他當隊長很輕鬆。早點名時，全體隊

員要集合。晚點名不用集合，而是每個人在自己床舖上；到了點名時間，隊長來寢室巡視一遍。

Molida 好像是少尉。在我的印象中，對於軍官，日本人比國民黨要尊重得多。日本軍官分為尉官、佐官、將官。我所見到的日本少尉軍官，都有汽車可以坐，是那個類似吉普車的小型汽車，它的上面一半包著帆布，由專門的駕駛兵開車。車上插著旗子：尉官的旗子是藍色，佐官是紅色，將官黃色。

隊長從來不訓練我們，也沒讓大家複習軍事的動作。Molida 自己就是飛行員，但沒有向隊員提過飛機或空戰的事情。我們這個航空隊的人，單獨在一個區域裡活動，跟正規的飛行員「紫連隊」沒有接觸。這段期間，大約有幾個月，隊員們過得像老太爺，生活非常舒服，整天沒事。一般部隊的軍人要輪流站衛兵，可是我們連「衛兵勤務」也不必做。

在航空隊，隊員們唱過兩、三首軍歌。早點名要唱歌，好像也唱「神風特攻隊」的歌，現在我完全不記得它的內容了。

當時我覺得軍歌蠻好聽的；離開了航空隊，我不再唱日本軍歌，甚至連日本話我都不願意講。很多年後，我已經老了，台南永康「代表會」要去沖繩玩，我也參加那個旅遊團。一路上我不說一句日語。有一天，大家住進旅館，發現其中一個房間沒有打掃，裡面亂七八糟。幾個團員到樓下向服務員理論，雙方語言不通，扯了很久還是沒搞清楚。這時我只好出面，為他們做翻譯。團員們說：「賴先生，原來你會講日語啊。」

我們在紅瓦厝，同伴的年齡很接近，感情不錯，常常一起聊天，但好像並沒有談太平洋戰爭、女朋友之類的事。現在回憶那段時間，似乎每個人都有點呆呆的。大部分同伴的學歷比我好，他們讀過高等科。

偶爾大家遇到紫連隊的飛行員，雙方很少說話。我們台灣人叫他們「shilian」（日語的「紫連」）。他們是成年人。有一次，一個 shilian 對大家說：「你們這些不知死活的孩子……。」我不曉得他對我們是欽佩，還是可憐。

有一些「高山族」的學徒兵，他們年紀小，替 shilian 打雜。我們按照日本人的習慣，叫他們「高砂」（Takasa Ou）。隊員們和高砂之間，互相會說話和來往。這是我第一次接觸到台灣的原住民。

我們只有在報到的那天，是去基地的營房裡辦手續，其他時候，大家不住營房，而是在營區邊緣的綠竹子樹林。上級說，這個航空隊很寶貴，所以要疏散，不能和其他部隊太靠近。在樹林裡，有人替我們搭建了臨時的克難房子，屋頂是茅草，床是竹子做的。那棟屋子有一個小房間，讓隊長單獨使用。這裡沒有自來水，也沒有電。如果隊員們需要用水，就到旁邊的村子裡去，借用村民的水井，用手搖的方式把井水打出來。

除了房子簡陋之外，部隊給我們很多福利。隊員幾乎天天出去玩，隨便怎樣玩都可以，沒有任何約束。基地派出軍用卡車，載隊員們出去。從紅瓦厝到台南市區，大家約定了幾個站；每天出去和回來，卡車是固定時間到達每個站。那一陣子，我有時回到楠西家裡，是用走路的。

住在紅瓦厝時，我們常到台南市的戲院看電影，片子是日本人拍的故事，沒有彩色，也沒有聲音。銀幕很小，旁邊站著一個人，負責向觀眾做解說，他主要是用日語在講，有時插幾句閩南話。那個時代的娛樂很少，所以我喜歡看電影。

航空隊的伙食很好，廚房在基地那邊，每天把飯菜送過

來。我們除了一天吃三頓，在睡覺前還有吃點心的習慣。幾乎是每個晚上，同伴們輪流作東，到紅瓦厝街上買點心回來，請大家吃。大多數隊員像孩子一樣，愛吃甜食，買來的是芝麻粔、米粔、花生粔，或麥芽糖做的「白糖葱」等食品。本來這些零食主要是孩子喜歡，大人通常是不吃的。

年輕人的行為也很有趣：買點心這種小事，也要互相競爭。起初去買的人，只是買一點零食，而後來輪到去跑腿的人，帶回的分量就越來越多。他們覺得這樣花錢請客很大方，在同伴面前有面子。這也和航空隊員的薪水有關，我們不在乎多花一點錢。

經常在半夜裡，大約一、兩點鐘，部隊派人送來吃的東西。那是廚房做的，有時是飯和菜，有時是點心，我記得還有幾次是稀飯。宵夜的分量不多，有的隊員起床來吃。那時大家體力好，也有人半夜不想睡覺或肚子餓，要吃宵夜。以後我年齡大一些，知道這也是日本人查看我們的方法之一。這個單位沒有和正規部隊在一起，上級需要掌握情況。

我們隊員還有其他的好處。每人每天有一包香煙、一包餅乾，幾個星期領一次。那種餅乾做得像乾糧，不怎麼好吃。我現在抽煙很兇，就是當時在紅瓦厝學的。我原來是不吸煙的；發下來的香煙，我都送給同伴，因為某些人的父親愛吸煙，他們要拿回家去。有時我給了這個人，沒給那個人，他們認為我不公平，後來我乾脆自己抽煙，免得讓別人抱怨。我第一次吸煙時，沒有經驗，用力吸一大口，被嗆得很厲害。

部隊派了人來伺候我們，每位隊員搭配一個。他們是五十多歲的退伍人員，類似現在的後備役，是「血統高貴」的純正日本人。更特別的，他們原來並不是士兵，而是曾經擔任過軍

官、在日本社會受到尊敬的人；上級派這些人來服侍，很不正常，可見日本政府心機很深。不過我當時沒有思考能力，不會想這麼多。

服侍的人和隊員們，穿著同樣的軍服，我們穿新的，他們穿得很舊。那些人把我們的皮鞋擦得發亮，又把井水打來，用火加溫，讓我們洗臉、洗澡。隊員們的生活，他們全部負責包辦，態度非常謙卑。

他們什麼事都做，可以這樣說，只差沒有把飯餵進我們嘴巴裡。每天吃飯時，廚房的人送食物過來，他們就去把飯菜放在盤子上，拿到隊員的位子；盤子裡有幾個碗，有的裝飯，有的裝菜。隊員們吃飽了，把碗一捧，他們拿去洗，樣子很恭敬。我們睡覺，他們先掛好蚊帳，我們早上起床，他們馬上端來洗臉水。很多隊員還要挑剔，如果水太熱，不行，太冷也不行。洗澡時，他們為我們擦背。對於其他大大小小的雜事，也是服侍得很周到。

現在回憶起來，當時我們其實也被他們監視著。寢室的中間是一條走道，兩邊是床舖。隊員們睡在一邊，服侍的人睡另一邊，一個對著一個。我們的每一舉動，都被他們看在眼裡。

這類人員可以作我的長輩，我沒有對他們不禮貌；他們一些人，比我父親的年紀還要大。可是我覺得有的台灣人真是悲哀：只要他有一點辦法，要怎樣就怎樣。那些日本退伍軍人的胸前縫了一塊布，寫著名字；隊員是直接喊他們的姓氏。有很多次，我看到這些日本人站在床舖前，被台灣人打罵、連續甩耳光。隊員這麼做，完全是為了好玩，沒有任何理由；日本人仍然很有禮貌，不管怎樣被打，還是不頂嘴，反而不斷地說：「阿里阿多，阿里阿多。」（謝謝）有人沒道謝的，則被隊員

叫回來再打。

　　我反對這種野蠻的做法，好幾次勸告同伴，對他們說：「不要這樣，我們都可以做他兒子了。」打人的現象並沒有停止，這種囂張的人不少。我在日據、國民黨時期，看過一些台灣人素質不好：他們巴結有勢力的人，或欺侮弱小。對於打耳光這種事，我在多年後回想起來，也不得不佩服日本政府攏絡手法的高明。

　　那時我年輕，對很多東西好奇。有一次，紫連隊的戰鬥機停在跑道旁邊，沒人看守，我想爬進駕駛艙瞧瞧，因為這種飛機比起我們航空隊的，性能要好得多。沒想到那飛機外殼有很多露水，我不小心滑倒，從上面摔下來，造成腰部受傷，幸好我身體強壯，很快復原了。後來我被國民黨逮捕、毒打，腰部又再度受傷，所以現在我老年的時候，腰椎有病，生活上很不方便，走路有困難。

　　隊員們最高興的，仍然是領薪水；我們家裡的經濟普遍不好。薪水是由隊長發下來，也是每人一個袋子。我通常在第二天，就把錢拿回家，別的隊員不一定用我這方式，因為他們的家人有時來營區。我母親、祖母從沒到過紅瓦厝基地，她們不會坐客運車。

　　有天，上級把「清酒」發下來，用一個木桶裝著，記得是三十斤重。那是很大的一桶，桶子到達人的腰部。這是為了犒賞航空隊，我們的森田隊長喝了酒。服侍我們的日本人想喝，但不敢向我們要，我們也沒問他們。台灣人都沒喝；我們年輕，沒有喝酒的習慣，只是用那清酒來漱口。

　　當時日本的飛機被疏散到各個地方，有幾架停在老百姓的屋子附近。飛機上，一個類似羅盤的儀器，裡面有酒精，聽說

把那種酒精加上水，也可以當酒喝。某一天，居然有人來說，那幾架飛機的儀器被偷走，可能是為了要喝裡頭的酒精。飛機如果沒有那個儀器，是不能飛行的；日本軍隊似乎有點散漫了。

我覺得這個戰爭，日本一定輸掉。在新竹時，我沒有遇到美國飛機來轟炸，在紅瓦厝基地，就聽說台南被炸。一個日本部隊的人對我們說，被轟炸最厲害的，是岡山一帶。他說：「岡山基地被炸成許多大洞，基地的人用圓鍬、泥土把洞填滿，用掃帚弄平，再塗上油漆，畫成飛機的形狀；美軍看到，又來再炸一遍。」

有一次休假，我和兩個同伴到岡山去玩。岡山是個大鎮，在紅瓦厝的南方，有很多日本部隊和軍方的工廠。岡山的街道蠻熱鬧，店舖、路邊攤也很多。

我們正玩得高興，突然空襲警報響了，大家趕緊躲到防空壕裡。當地的防空壕，是在地上挖出一個下陷的範圍，再用木頭作支撐，上面覆蓋著泥土。防空壕可以容納幾個人進去躲藏。沒想到那防空壕是一戶老百姓挖的，主人不讓我們躲進去。我們被他趕出來，只好跑到一條大的水溝，三個人趴在裡面。很快地美國飛機過來，附近也落下炸彈。那聲響非常大，很可怕，震動得很厲害。

平靜之後，我爬出水溝，看見炸彈剛好落在防空壕的位置。那戶人家應該是全部死亡。有一個女人的頭皮飛到一條電線上，掛在那裡，風吹過時，還在搖來搖去，像風乾的香蕉皮似的，把我嚇壞了。後來我七、八十歲了，李登輝做總統以後，在台獨勢力的影響下，有不少人稱讚日本殖民統治。我聽到這類言論，就會想起那個掛在電線上的女人頭皮。

　　我看到其他轟炸的情形。有個被炸到的地方，地面出現一個大坑洞，相當的深，地下水立刻就冒出來，那坑變成一個水池。大家傳說，丟下來的是五百公斤炸彈。

　　台南也被轟炸了幾次，但沒有岡山那麼厲害。我們航空隊疏散做得很好，幾乎沒有損失；基地附近很多牛被炸死。台灣是農業社會，本來台灣人是不吃牛肉的；在那時候，隊員們卻吃了很多牛肉。

戰爭結束

　　1945 年 8 月的一個晚上，大概十一、二點，那位去街上買點心的隊員回來，高興地對大家說：「日本投降了！」我和在場的其他人都很興奮。那隊員解釋說，是別人從收音機聽到的。立刻有同伴把這消息告訴不在場的台灣人；很多人談論這個事情。

　　半夜，部隊派人送來宵夜，那人也在說日本投降的事。第二天清晨，就有同伴跑到街上，急忙去買報紙。他們回來告訴大家：這消息是真的。

　　本來我們每天早上七點鐘，要做一個重要儀式「宮城遙拜」（kyujyo yauhai）：每個人向著東方，也就是日本宮廷的方向，做 90 度鞠躬的敬拜。以往大家表現得很主動，好像是甘願的樣子，然而那天早晨居然沒有人願意去做。日本軍官喊了幾次，沒人理他。這件事給我印象很深。在一個壓制的環境裡，不容易看出群眾真正的內心想法，萬一形勢發生大的變化，人們的行為可能就立刻改變。

　　當天大家在議論，心情很好，突然有一位紅瓦厝的台灣

人找上門，要向隊長說話，那人是當地的「保正」。保正說，他在基地旁邊有一塊土地，被隊長侵占，他是來向隊長討回公道。保正拿著一根扁擔，要闖進來，一個同伴對他說：「你在門口等，我幫你去找隊長。」同伴到隊長房間報告，但沒有看見森田。大家分頭去找，才發現隊長竟然偷偷溜了，而且把行李都帶走。

我們很吃驚。有人說，隊長早上還跟大家一起吃飯，中午就沒來吃。另一個同伴說，既然隊長走了，我們也解散吧。聽到有人這樣提議，隊員們就收拾隨身的東西。

大家各自回去，沒人再理會什麼紀律不紀律。我帶走了四套制服。大家分手時，可能當時太興奮，忘記互相留下地址，所以就沒再連絡。我拿的那些衣服很有用，因為後來我去採收甘蔗；甘蔗有毛，碰到皮膚會癢，相當難受，穿著長袖的航空制服做工就很適合。

日本投降後，日本人立刻變得垂頭喪氣，不再有那種驕傲的樣子。我好幾次看到日本人被打。打人是有行情的：任何人只要拿出兩塊錢，可以僱人去打，叫他打誰就打誰，保證打得讓出錢的人滿意。有一次，我在「沙卡里巴」[12] 附近看到打人，是打得最厲害的，又是揍，又是踢。日本人已經倒在地上，如果不是旁邊人阻止，那個人會當場被打死。

在戰爭時期，殖民政府把很多台灣青年送到南洋作砲灰。戰後回來的，往往不是活人，而是一個個四寸大小的骨灰盒。那時我們把祭拜用的桌子叫作「紅格桌」。我看到別人家裡紅

---

12 以前台南市最著名的小吃、商販的集中場所，位址在海安路、中正路、國華街附近，現已拆除。

格桌上的骨灰盒，以及每天早、晚的「拜飯」[13]，也聽見哭叫的聲音：「兒子啊，你歹命死得這麼早，這麼慘……。」

13　依民間習俗，人死了之後，要供奉一個月的飯。

回歸祖國

台灣光復

回家之後不久，日本航空隊來通知說，原來那單位已經結束，要我到台南基地去上班。我沒理它。在家鄉的工作機會不多，我只好到處打零工。玉井有糖廠，我去採收甘蔗，做了幾個月。這工作太苦啦，早知道就去航空隊上班。

原來在生活中遇見的那些日本人，包括農場的、糖廠的、公所的、學校的，不知不覺地消失了，一個個逃走。我們聽說中國政府派人來接收台灣。

楠西人很封閉，不像別地方的民眾到碼頭、車站、大路上，去迎接國民黨的人員。對於回到自己的祖國，我所見到絕大多數的人都很興奮，經常聽到人們在談論。大家不但盼望，更是有信心，認為不會像日據時期那樣苦了，一定比日本好，因為是自己的祖國嘛。我也在想：「日本簡直不把我們當作人，祖國那邊的同胞，才是我的兄弟。」

也有極少數的人對台灣光復並不高興，那是有地位的，或在日本時代得到利益的人。他們酸溜溜地說：「中國政府來了，台灣會更慘。」我聽到這種話，很不舒服，也不相信。台灣也真是太不幸；事情的發展，竟然被他們說對了。我這一生經歷過很多次的失望。當初聽到台灣光復的消息，好高興啊，盼望著祖國，誰知道以後變成那樣。

　　我們在鄉下，看不到國民黨幹部。小學、鄉公所、警察局裡的工作人員，原來的台灣籍員工繼續被任用，所以老百姓暫時感覺不到太大的差別。

　　光復後有次去台南，看到一個大陸人在賣食物，我買了一杯豆漿、兩個饅頭。我把豆漿喝了，但覺得饅頭樣子很奇怪，白白圓圓的，不大敢吃它。

　　鄉公所、學校有人在教大家唱國歌。我沒去學，不記得是為什麼，也沒注意去學的人多不多。某天經過楠西警察局，看見它升起國民黨政府的國旗。這是我第一次看到，很稀奇，而且認為是自己祖國的旗子，有一種親切感；「青天白日滿地紅」比日本旗子漂亮，藍白兩色的「國徽」也好看，日本的只有一個紅紅的，太單調，或許這是由於我的愛國心情吧。可是後來對蔣家和國民黨太反感，有一種厭惡的心理，就不認為它的旗子和國徽好看。

　　一般民眾用最大的善意來看待祖國。國民黨軍隊到了台灣，僅僅是在外表上，就讓台灣人非常失望；很多老百姓熱愛祖國到一個地步，他們自動想出各種理由，為國民黨開脫。當時軍人是打綁腿的，日本兵的綁腿打得很高，接近膝蓋，中國兵的綁腿則低得多，只到小腿中間。有的國民黨軍人打綁腿不確實，很邋遢，於是社會上出現一個說法：「中國兵的綁腿裡塞進鉛塊，因此是鬆垮垮，他們平時走路就是在鍛鍊，只要拿掉鉛塊，每個兵都可以飛簷走壁。」

　　有些中國傳統的東西又出現了，大家開始拜中國的神明。農村裡比較大的廟，成立「宋江陣」，這原來是民間的習俗。以前日本政府不准我們搞這種活動；在光復之後，年輕人已經不懂這些。

　　楠西的那間廟「北極殿」也有宋江陣，參加的是二十歲左右的人，我也去報名。家鄉幾位五、六十歲的老師傅，還記得宋江陣的動作和隊形，北極殿請他們來教大家。

　　宋江陣的人員有四、五十個，「陣頭」在操作時，大約需要二十人。團體剛成立的時候，每天晚上要練習，過了一個多月，大家對動作就很熟練。以後有節慶，或舉辦廟會，北極殿提早幾天叫宋江陣集合，讓我們複習。

　　一個人剛參加宋江陣時，老師傅會看他的體格，決定他應該拿什麼兵器。我是拿鐵做的雙棍，其他人使用雙槍、雙刀、斧頭、盾牌等。每種兵器都是兩人一組。指揮整個陣頭的人，拿的是「頭旗」，這是最辛苦的，他必須又高又壯；實際運作的時候，還要兩個人輪流，否則太累。隊伍的最後面，是一個人拿「丈二」，那是一種尖頭的木棍，長度一丈二，用樹根做的，一般是用松樹。這種兵器的材料，很不容易找到。丈二有一點彎曲，被舞動時，它的尖頭會抖。

　　靠近楠西有兩個村子：口肖和頭社。它們各有一間廟，也搞起宋江陣。這三個團體互相支援，例如口肖舉辦廟會，就邀請楠西、頭社的宋江陣參加。大家聚在一起，都是年輕人，覺得好玩。「陣頭」動起來時，每個人穿著日本式的布鞋，操作得很賣力，雖然累，但相當有趣。我們按照不同的鼓聲，做各種動作，還有銅鑼的聲音，又有人放鞭炮，大人、小孩圍著看，場面十分熱鬧。

　　每個廟的宋江陣，有自己的特色，衣服也不相同。我們楠西的制服，和現在的運動服差不多。宋江陣所需要的裝備，名義上是大家樂捐，實際是由本村的地主出錢，這樣才能把團體搞好。

　　加入這種團體很不錯，能夠鍛鍊身體，又可以交朋友。大多數參加的人，有一點英雄氣概，如果看到不合理的事，會打抱不平。我和那些同伴常常來往，有時聊天，一起吃飯。我受到宋江陣的影響，自己性格也是豪爽、講義氣，後來在綠島坐牢，被欺侮的時候，心裡想：如果有宋江陣，看你能把我怎麼樣。

　　宋江陣裡，很多人的個性都不一樣，這對我是一種學習。團體做活動時，我的心情比較好。在鄉下，宋江陣是一股力量，能幫助村民做點事，有錢的人、地方派系和國民黨，也想利用它。

　　台灣光復不久，物價就開始上漲。我在甘蔗田做工非常勞累，辛苦了三天，賺不到一斗米，而一斗米也只夠四個人吃三天。[1] 其他物品的價格也變得很貴，農民的生活更苦了。

　　當時我收入太少，經常沒工作，曾經有段時間去深山裡抓野牛。南部很深的大山裡，有不少野牛，聽說原來是放牧的，後來沒人管，它們繁殖起來。一個老人聽說我們想去抓牛，告訴大家說：「如果抓到小牛，可以賣一些錢，抓老牛沒有用，因為野性太重，賣不到錢。」

　　我和幾個朋友去過兩、三次，是在雨季，那時牛的行動不靈活。每次大約去一個星期。進入山區之前，大家帶了鍋子、鹽巴、以及風乾橘子皮，這是用來作調味料；沒有帶米。

　　要想抓野牛也不容易。野牛看到有人過來，就會跑掉，我們很難攔住它。山裡的地形複雜；野牛跑到後來，摔死了，或摔斷腿。我們每天是切下大塊的牛肉當飯吃，我的經驗是，牛

1　那時在農村，人的勞動量大，飯量也大。有的人一餐要吃六碗飯。

肉越大塊，就越好吃。本來台灣人是不吃牛肉的，大家認為它是幫我們耕田，所以農民對牛有感情。不過，我從前在日本軍隊裡常吃牛肉，對這個已經習慣。

抓牛的日子很辛苦。深山裡蚊子多，撿來的柴火是濕的，很不方便。我們晚上利用樹洞，作為睡覺的地方，每個人去割下茅草，舖在地面，或蓋在自己身上。

大家本來想抓牛去賣，可是一條牛都沒抓到，但也沒有虧錢，至少每個人有食物可以吃。我後來也利用時間到山上去，開墾山坡地，主要是種木薯，也種過稻子。

我也曾幫人挑東西，賺一點錢。有幾次到大埔去，把筍乾和黑糖挑回楠西；大埔有製造黑糖的小工廠。工錢是依照重量計算的，事先老板就講好：一斤有多少錢。如果去大埔，要經過曾文溪的峽谷，那時還沒有建造水庫。現在水庫大壩的位置，是曾文溪最窄的地方，風景很漂亮。我來回一次，要走一整天，因為在山裡沒有路。

做這種工作很累，其中最擔心的是：在過河的時候跌倒。這樣會把貨物弄濕，不但要被老板責罵，而且擔子變得增加很多重量，挑起來更難了。

生活辛苦的人很多，窮人是最不幸的，過得比日據時代更慘。他們吃不到米飯，甚至是，有番薯簽可以吃的人，就是不錯的，很多人只能吃木薯簽。慢慢地，壞消息在老百姓中間流傳：官員貪汙、軍隊紀律太差……。即使像我這個文化程度很低的人，也覺得「台灣光復」好像不大對勁，心裡擔憂。

中華民國派到台灣來的軍隊真是太糟糕。本來大家認為，日本人已經夠壞了，然而國民黨帶來的人，更是讓人看不起。有人從台南來楠西，他對大家說一個故事：國民黨軍人住進旅

館，那人發現房子後面有自來水可以用。晚上，服務員聽到房間裡有敲打牆壁的聲音，趕快過去看看，居然是那個軍人自己弄來了水龍頭，要安裝在他的房間裡。軍人還向服務員抱怨，為什麼沒有水流出來。

我不知道這故事是真是假，它在當時，可說是每個人都聽過。也有一個人從台南航空隊基地到楠西來，對我說，國民黨部隊去基地接收，看到飛機和設備，他們沒有一點起碼的常識，完全是很無知的樣子，現場的台灣人對他們非常失望。

有一天，我去台南辦事情。在街上，我第一次看到國民黨軍人，讓我吃驚，心想：這樣是「阿兵哥」嗎？他們幾個人穿著骯髒的軍服，走路姿勢很散漫，腳上穿的是草鞋，綁腿鬆垮垮的，實在太不像話。看到那幾個兵的腐敗樣子，我絕對不相信他們會什麼「飛簷走壁」。後來我發現，台灣人凡是曾在日本軍隊待過的，幾乎都特別瞧不起國民黨。

我接到台南基地的通知，內容是：像我這種從前的日本兵，因為在航空隊服役過，所以能夠領取一筆補償金。這對我是太好的消息。那通知說，申請人需要先交手續費五元（或七元）[2]；我特地到玉井郵局把錢匯過去。沒想到這件事居然是騙人的。

後來，家鄉出現國民黨的人員，主要在學校和糖廠。有傳言說，被派到糖廠的大陸人是沒背景的。過了一段時候，我們又聽說：在糖廠其實可以撈到油水，那裡經常有原料、產品的買賣，搞錢的機會多得很。

對於整個台灣的局勢，我們在鄉下還不那麼敏感，但已

2　以當時的物價，五塊錢是很大的，可買四分多的金子。

經知道情況很壞。從外面傳過來的消息，很多是關於國民黨亂七八糟的事，大家聽了很痛心，感覺到我們的社會越來越差了。

國民黨很無能，連簡單的交通秩序也管理不好；以前火車是準時開車的，光復後，火車往往不能按時出發。政府做其他業務，好像也隨隨便便。它在楠西成立「義勇警察隊」，找年輕人去參加，我沒有報名。那單位雖然沒有亂搞，可是我從來沒看過它做了什麼事。

家鄉有一個女孩子，她家住在香蕉山那邊，是客家人。她竟然同時嫁給三個（或五個）男人。那時有幾個國民黨軍人想「結婚」。這些人先讓長得最帥的一個人出面，想辦法認識那女孩。他們兩個結婚之後，女的才發現，被迫要服侍其他幾個人。國民黨的人連這種事都做得出來，我們對它是既痛恨，又看不起。

那女孩子長得很漂亮，本來還有別人追求，後來她自殺死了。光復後我聽到的幾個不幸的事情，受害者大多是客家人。因為他們的語言，跟那些國民黨的人比較接近，來往多，這樣反而造成他們自己的災難。

又發生一件案子。有個國民黨上尉軍官，要娶玉井國民小學的女老師，女的不肯，他就在女孩子父母面前，用槍把她打死。這一類的案件，讓老百姓很震驚。國民黨在台灣，有很多這樣的事。「二二八」不是輕易發生的。人民被逼到這種地步，再也不能忍下去了。

國民黨固然很惡劣，我覺得某些台灣人也有責任，他們拍馬屁，為非作歹。從日據時期以來，小人始終都是有的，例如我在紅瓦厝基地看到的那樣。

　　老百姓看到了社會上的壞現象，就批評、咒罵。有人本來是「開口祖國好，閉口還是祖國好」，現在都大罵國民黨政府。我也沒想到，這個祖國跟我原來想像的祖國，是這麼不一樣。之後國民黨在大陸打了很多敗仗，政府於是推廣一首歌〈保衛大台灣〉，我和朋友們故意把它唱成「包圍打台灣」，用這方式來發洩心中的憤怒。

　　關於那個國民黨，我聽到有些人私下在說：「我們是拿你沒辦法，但還是有人對你有辦法的。」果然不錯，共產黨和大陸人民把蔣介石政權推翻了。後來我所讀過的《毛澤東選集》，好像有類似的話：「在反動政權的統治下，群眾裡自然會產生合格的領袖。」二二八事件和白色恐怖中，台灣確實出現了一些英雄人物。

　　有個國民黨的逃兵跑到楠西，他姓蔣，年齡已經不小，不知道是哪一省的；他偷偷幫人做工，換一點飯吃。那逃兵還不錯，樂意給村民幫忙，本地人也不排斥他。這是我第一次接觸到大陸人。當時在台灣，沒受教育的人經常講髒話，那個逃兵也是。閩南人的髒話是「×你娘」，他則是說「媽啦個B」。整個楠西沒有人會聽普通話，因此人們不懂他說什麼，只是覺得有趣，大家學他。那句髒話被人傳來傳去，音調就變了，我常聽人們隨口亂講「馬拉B」、「比鼻B」。光復後的氣氛一直是不好的，這句隨便亂講的髒話，是唯一叫人感到好笑的事。以後聽說他娶了一個賣檳榔的女人。1960 年我從綠島出獄回來，沒有再看過他。

我的二二八

1947 年的一天下午，我去找朋友玩。他家經濟還好，有一台收音機。

突然從收音機傳出講話的聲音，內容是說，台北發生了群眾抗爭的騷亂。我馬上注意這消息。廣播的那人又說「台灣人民要起來」、「把豬趕跑」等等。廣播提到，抗爭已經蔓延，中、南部也在行動，有的群眾被政府鎮壓。我很激動，可是當天跟我在一起的幾個年輕人，並沒有感覺。

一直到了傍晚，楠西的人對台北的事好像都不清楚，或者是不關心。我覺得人民應該響應，於是去找幾個朋友商量。在楠西年輕人中間，我有點影響力，因為我在外面生活過，光復之前又曾經是軍人。那時許多人說：「當過日本兵的，走路的姿勢就不一樣。」所以像我這種人，在鄉下受到重視。

我向那幾位青年建議：「大家到台南去，先看一看，再決定要怎樣支援抗暴的民眾。」他們同意這個做法，我們立刻出發。

大家的行動被「保正」知道了。從楠西要到外面，只有一條路，必須通過一座小橋。我們沿著路走到河邊，看見保正站在橋的前面，擋住我們。他說：「你們是老實人，不要去碰那些事情。」可能上級政府已經有命令給他，要他防止事態擴大。

我們向保正解釋，但他還是很堅持。既然大家無法通過，就假裝放棄了念頭，回到村子裡。其實我們是騙保正的；幾個人從別的方向繞過去，走了一、兩個鐘頭的山路，到達玉井的街上。

從前玉井警察局的位置；二二八時，我們打算搶奪這裡的武器。現在改建為警察宿舍。

　　玉井警察局在馬路旁邊。我當過兵，膽子大，心想：「政府已經用武力鎮壓，我們也要有武器，才能抵抗。」就帶領大家進去，看見一個台灣人警察在裡頭。

　　我向他開口，要求他把槍交出來。他說：「剛剛才來一批人，把槍拿走了。」我不相信。他又說：「你不信，我帶你們去看。」

　　那警察帶著大家走到後面，我看見牆上寫了「槍庫」兩個字，門被鎖著。我從來沒見過這麼大的鎖頭。他打開門，裡面果然是空的。

　　我們離開警察局，打算去搭車，要到台南；客運站在警察局斜對面。沒想到，那天去台南的客運車也不開了。政府一定

是有準備，阻止群眾向大城市集中。看到這個情形，大家討論一下，決定先回家再說。

二二八事件是全台灣的大暴動，台中、嘉義的民眾建立了武裝。一直到這件事被鎮壓下去，楠西都很平靜；家鄉的人非常單純，對整個形勢不了解，像我這樣的人是例外。那時的農村太封閉，收音機很少，也沒有雜誌、書籍，只是偶爾可以看到國民黨辦的《中華日報》。人們雖然普遍討厭政府，但沒有台灣獨立的想法，仍然認為自己是中國人。

事變之前，楠西的村子裡，幾乎從來沒有陌生人。二二八之後，經常可以看到外地來的人，而且是台灣人。他們忽然出現，過一陣子又消失了，看樣子是逃亡的，或許有特務混在裡面。可見二二八對台灣的影響是很大的。

當初那些要去反抗政府的同伴們，經過六十多年，現在只剩下我和另一個，兩人都八十多歲。有時候我們見面，還拿這事開玩笑：「你有沒有參加二二八？」「有啊，到玉井。」兩個人哈哈哈地笑了起來。

楊鬧雲

光復後的那幾年，楠西的行政體制是「台南縣新化區楠西鄉」。因為鄉鎮級行政區還沒有實施選舉，楠西鄉長是上級政府指定的；國民黨對地方不熟悉，所以實際的做法是：先由當地有力人士協商，上級就依照他們所推薦的人，任命官員。

楠西的有力人士一共五位，他們都是有錢人：江清風、江慶元（村長）、江萬吉（村長）、蘇登旺（村長、商人）、顏騰（土地代書）。那時鄉村裡的社會風氣還好，這些人不做壞

事，也不亂搞錢，遇到事情或糾紛，也講求是非和原則。後來鄉下的狀況惡化，貪汙、政客與黑社會掛鉤、地方派系互相鬥爭等等，主要是國民黨操縱基層選舉，才把風氣弄壞。

那五個人在我家鄉很有名，村民們模仿《三國演義》，把他們叫作「五虎將」。在殖民時代，甚至日本警察也對「五虎將」比較客氣。警察也有不乾淨的事，為了他自己方便，會攏絡極少數的台灣人。

我和五虎將是好朋友，常在一起聊天，或者到他們家裡喝酒。五虎將是中年人，我比他們年輕得多。我是窮人，有自卑感，自己能和他們來往，心裡是很滿意的；我崇拜古時候的英雄好漢，對人喜歡講義氣。五虎將認為我從高雄回來，是住過大城市、見過「世面」的人，所以也願意和我做朋友，大家交情很好。

這幾位朋友當中，江清風有些特別。他的個子瘦瘦高高，講話速度很慢，很清楚。他是鄉長，經常跟我們幾個人商量楠西鄉公共的事情。

本來我是靠採收甘蔗過日子。甘蔗田的勞動是季節性的；採收完畢，我沒有工作了，只好到處找機會打零工。當時國民黨和共產黨在大陸打仗，國民黨於是在台灣招募士兵。對於內戰的事，鄉下人不了解，只是聽見國民黨宣傳說，當兵的待遇很好。

我為了賺錢，想去鄉公所報名，參加國民黨軍隊，母親不准。她說：「大陸太遠了，你還是在台灣做工吧。」幸好我沒去當國民黨軍人。那些台灣兵後來被強迫到中國北方的戰場，遭受政府欺騙。我們隔壁村子有一個人去當兵，他沒有回台灣。

楠西有一個姓李的，我認識他。那人很窮，去報名當兵，聽說他在軍隊很不習慣。一般來說，當兵的人失去自由；不知道他用什麼方法，居然能夠又回楠西。那人每次提到當兵的情形，就表現得非常生氣，一副「恨透了」的樣子。因為時間經過太久，我不記得他在軍隊裡，究竟發生什麼事。

江慶元有點胖，蠻健壯的，開了一家澱粉工廠。他讓我去那裡做事，每個月拿固定薪水，從這時候開始，我的生活才穩定下來。工廠是以木薯作為原料。楠西和附近嘉義、高雄的鄉鎮，當年種植很多木薯。台灣人有些食物的材料，會用到澱粉，所以江慶元的生意不錯。

那個工廠在村子的西方，也就是曾文溪河灘附近，一個下坡的左邊。全部場地相當大，因為要用很多地方晒澱粉和渣子。廠房是用竹子和茅草蓋的，雖然看起來簡陋，但裡面安裝了馬達等設備，這在當時是很稀罕。

工廠裡有幾座倉庫，是很大的房間，還有一個大廚房。工人們吃飯的地方，有兩排長桌子，以及木頭的板凳，而那時許多家庭的桌椅，只是用竹子作為材料。老板也準備了宿舍，每間至少睡四個人，床是用木板釘的，有草蓆、蚊帳。這種條件已經是很好的了。

澱粉的製造程序並不複雜：有人用牛車載來木薯，工人先把這些原料洗乾淨、攪碎、加水、打成漿、沉澱，然後晒乾、磨成粉，就是成品。在沉澱的過程中，最上面一層的東西是不能用的，要把它去掉。這個副產品可以賣給人家餵豬。

老板僱有五、六十個人，大多數是臨時員工，每天計算工資。我主要是做後段的事情，例如包裝；平時吃飯、住宿都在工廠裡。這比起原來在甘蔗田的勞動，輕鬆得太多了。我在那

裡一直工作到 1950 年被捕。

有天，一個外地人來做工。他大約三十歲，身材比我高，臉色白白的，長相很斯文。那人的衣服、鞋子乾淨，不像是工人；他做工不輸給其他人，不偷懶，對同事也很好。

老百姓很少見過外面的人；大家不跟他來往。他主動找同事閒聊。我很習慣和陌生人相處，所以我們成為朋友。他介紹自己是「楊鬧雲」，當過小學老師。我和他住在工廠；下班的時間，或是吃過晚飯之後，經常聊天。

過了一些時候，我發現他有見解，對外面的狀況懂得很多。在談話中，我對當時的事情，會說說自己的想法。楊鬧雲雖然沒有把他的思想全部表現出來，但在聽了我的意見後，就依照我的程度，說幾句重點的話，稍微給我提醒、引導一下。後來我在監獄裡也遇過不少這樣的人；我認為，楊鬧雲應該是做革命工作的。

有工人講：「國民黨帶來的人，沒一個是好的。」楊鬧雲就說，國民黨的人也不是全部都壞。他並且分析中國、台灣的問題，在場的工人聽了，認為他對。

工人之間經常有吵架的事，連女工也吵架。楊鬧雲看到了，會出面勸解，很耐心地講道理，到後來，吵架雙方都覺得他公正，對楊鬧雲很服氣。我見到幾次這樣的情形，對他相當佩服，也有工廠同事說他是「活菩薩」。

楊鬧雲每隔十天，領一次薪水。他說，因為忘記把身分證帶出來，所以每次請我幫他領。由於那些錢不多，我幫他這麼做了。我當時不夠敏感，沒有想到他也許正在逃亡，國民黨可能要抓他。

有一個晚上，我看到他在宿舍裡讀書，就問是什麼書。他

順便把書借給我。我記得那封面印著「我們中國人⋯⋯」幾個字。自己教育程度差，很多字不認識，我不知道那本書的內容在寫什麼。

過了幾個月，大家突然沒看到楊鬧雲。那天是發薪水的日子，他沒領錢就消失了，可能是有人緊急通知他，要他逃走。

幾十年後有消息說，台北六張犁亂葬崗發現了楊鬧雲的墓碑和骨骸，他被國民黨殺害，原因是牽涉到「大內案」。當時是李登輝做總統，蔣家的政權已經結束。我託人去找楊鬧雲的家人，好不容易才連絡到他太太。我用電話向她詢問，才曉得楊家是在玉井的一個偏僻的地方；楊有一個女兒，住在台中。我也聽說，楊太太在她丈夫死後，又和別人結婚。

我打算去探望楊的太太，很想了解楊鬧雲過去的事情，但那陣子我身體不好，而且她似乎有白色恐怖的陰影，好像很害怕。我後來沒去看望她。

楊鬧雲是我懷念的朋友。他有這樣的遭遇，使我難過。在台灣的許多年裡，被國民黨殺掉的，很多是優秀的好人，他們本來對台灣、中國可以做出貢獻。這是我們民族的損失，太叫人痛心了。

白色恐怖

被捕

我在澱粉工廠做了二、三年。1950 年，「五虎將」想推薦我當鄉長。楠西鄉長江清風，常和我們幾個討論地方上的事務，所以我對鄉長的職責，也有一些了解。

正好這時台南縣在新化舉辦「民眾反共抗俄基本幹部訓練班」第一期，召集各地的鄉長、鎮長去上課。江清風對我說，他要向上級報告，讓我擔任「代理鄉長」，然後以鄉長身分參加受訓。這個訓練班結業時，參加的人可以獲得少尉的資格。我想，自己是沒有學歷的人，如果能有個軍官的身分，以後作鄉長比較方便。我同意了江清風的建議。

那年 7 月我去新化報到。新化在台南縣的各鄉鎮中，是蠻熱鬧的。我們受訓地點在警察局，一起上課的人，大約有二、三十個，全是台南縣的地方首長。大家穿著便服，每天上、下午坐在教室裡，晚上沒有事。吃得不錯，受訓的日子很輕鬆。

我現在已經忘了有哪些課程，只記得每個講課的都在說共匪有多壞多壞。我對這些完全沒興趣，不大相信國民黨宣傳的東西，也不覺得其他上課的人有興趣。講課的人說普通話，另外安排一人用日語、閩南語做翻譯。

受訓期間，我遇到家鄉的一個警察，綽號叫「矮仔黃」，他提醒我要注意安全。那時國民黨已經在台灣亂抓人，社會上

這是新化警察局，當初我被逮捕的地方。現在看到的是改建後的房子。

有恐怖的氣氛，大家害怕看到「紅頭仔車」，也就是政府用來
抓人的吉普車。

　　我聽懂了矮仔黃的意思，但心裡想，自己根本沒做壞事，
應該是不必擔心，後來我回想，認為他當時得到消息，政府將
要逮捕我。他暗示我應該逃走。想不到的是，幾年後矮仔黃也
被抓，判刑五年。在那個年代，被冤枉的人太多了，不曉得他
是不是冤案。

　　8 月 5 日下午，黃昏的時候，全部課程結束了。因為是休
息時間，我們隨便散步，有人抽煙，也有人聊天。大家在等待
最後的結訓典禮。

　　這時有一個人來到教室，要找賴丁旺。他對我說：「賴先

生，有事情要和你商量一下，我們去隔壁談談。」我跟著他到旁邊一棟房子。走進去時，看見牆上寫著「拘留所」，我吃了一驚。一個警衛把鐵門打開。那人說：「賴先生，請你委屈一下。」我就這麼容易地被抓進來。

被關押之後，我並沒有受到虐待，也沒人來問話，可能是自己有鄉長身分的關係。拘留所是新化警察局管理。警察局的刑事組長姓黃，是我很早就認識的，以前我們常在一起喝酒。在拘留所裡，我對於生活上有什麼要求，他都答應。

拘留所供應的飯菜很差。房間裡的人不多，有一點光線，比起我未來所遭受的虐待，這裡是最好的。我心裡雖然很擔心，但晚上可以睡得著。

第三天早晨，我從牢房出來洗臉，想利用這機會逃跑。那洗臉台的位置，在新化警察局的最前面，它的上方有個窗戶，窗子沒安裝鐵欄杆。窗外左邊有幾棟房子，右邊一片空地，再過去是圍牆。我站到洗臉台上，一隻腳已經從窗戶跨出去，這時剛好被黃組長看見。

他把我叫住：「不要啦，最好不要這樣。」我只好放棄逃跑，對他說：「抱歉啦。」幸虧黃組長阻止；如果逃亡，以國民黨斬草除根的政策，很可能我再被抓住，那樣一定是死刑。

很久以後我才曉得，國民黨在逮捕我的第二天，來家裡搜索。我家的人沒有錢，也沒知識，所以非常驚慌，完全不懂該怎麼辦。我去受訓時，家人還為這件事高興，他們以為我結訓了就是軍官。

我被捕的消息傳開後，楠西、大內等地的一些人士，聯合起來為我陳情。他們向政府說：「賴丁旺不是壞人，應該是這中間有誤會。」黃組長聽到陳情的事，由於他了解狀況，勸阻

大家：「如果賴仔是殺了十個人，也許還可以想辦法，但發生這種案子，反而不行。你們最好不要插手，少惹麻煩。」

有一天，大內區一位朋友來看我，說：「旺仔，我們不是沒有友情，實在是沒辦法啊。你多保重啊。」他還懷疑地問：「你是不是真的那麼厲害？偷偷去作共匪！我們在一起那麼久都不知道。」我苦笑著說：「什麼厲害？我自己根本莫名其妙啊。」

我被關押的時候，陸續有兩個人被送進來，這兩人是住在香蕉山一帶的農民，是沒受過教育的文盲。他們一直在說：「倒霉，倒霉。」一個星期後，我們三人被押送去新營。上車前，警察把每個人扣上手銬。

這是我第一次到新營，它是大的城鎮，比玉井、新化熱鬧。下午，三個人被關進牢房。新營的拘留所和警察局，是在同一個圍牆裡，分開的兩棟房子。拘留所的大門，是用很多根的長條形木頭做的，相當堅固。

隔天上午，大約十一點，我被叫去接受審問。警察把我帶進一個房間，命令我站著。幾個人在我面前，大陸人、台灣人都有，他們坐在一張桌子的後面。

其中一個問我：「你有沒有參加共產黨？」我假裝不懂，反問他：「什麼是共產黨？」他生氣，要我跪下。我說：「為什麼要跪？」另外一人對我吼叫：「這裡是什麼地方，你敢不跪下。你是什麼東西？」他們年齡和我差不多，我堅持不肯跪，何況自己還是代理鄉長。

有人用髒話大聲說：「你們這些共產仔。」罵我是「假仙」（裝傻）。這時，一個人靠近我，伸手摸摸我的下巴。他突然用了很大力氣，一巴掌打到我臉上。我感到嘴裡有一股鹹

味，而且流出鮮血，一滴一滴落在地板上。我心裡很憤怒，覺得他這種偷襲的手段，比以前所見到的日本人更卑鄙。

幾個人對我又打又踢，有皮鞋踢到我的腰部和肚子；倒在地上後，呻吟中聽見他們說：「他媽的，這傢伙裝死。」我感覺到胸部被人用鞋子踩踏，全身疼痛，眼睛好像有白光、黃光，很快就昏過去。

醒來的時候，外面有雞在叫，才知道已經是隔天的清晨。我發現褲子濕了一大片，都是尿和糞便。

新營拘留所的環境很壞。我被關在牢裡，那整個房間是黑的，好像是洗照片的暗室，完全看不見。有時警衛帶我出去，我的眼睛一見到光，就受到很大的刺激，立刻流眼淚。

伙食太差，分量也太少，我一直在挨餓。牢房的門板的下方，開了一個小洞。每天吃飯時間，警衛把鋁製的飯盒從那小洞送進來，我看不見飯盒裡裝的是什麼。把那些食物吃到嘴裡，有魚刺、骨頭，米飯的味道也很不好。

有一次我餓得受不了，把手上戴的戒指取下，請警察幫我賣掉。那戒指有一錢重，記得賣了十一元，只換到三個便當；那三盒飯菜也是很糟糕，好像是餐廳不要的東西。

這段日子對我是一個訓練。我以後能夠過很艱苦的生活，即使吃的、住的非常簡單，也能讓自己心情平靜。當時我在想：「國民黨迫害人的手段，居然這麼下流，是我想像不到的。政府的宣傳不是在說『我們都是中國人』嗎？既然大家是同胞，怎麼這樣呢？」

幾天後，警衛叫我出去，這次他們安排了人，要我去對質。我到那房間一看，檢舉我的人，竟然是顏××，他是楠西「五虎將」顏騰的兒子，我們常見面。顏××是普通身材，皮

膚黑，新化農業學校畢業，在楠西鄉公所作職員。從前我覺得，他這個人不壞，沒想到自己是被他害的。

我在多年後聽別人說，顏××跟一位叫林瑞慶的人認識。可能是林瑞慶出事了，顏很害怕，向政府「自首」。國民黨特務逼他講出幾個同黨，顏××也許過不了關，只好隨便亂說，把我扯出來。

國民黨為了鞏固政權，就用恐怖手段逼得老百姓服服貼貼，他們亂抓人、亂殺人，牽連得非常可怕。[1]它搞了一個〈自首條例〉，鼓勵老百姓向它自首。甚至國民黨的幹部宣傳說：「做錯事的要去自首，沒什麼事的，或沒把握的，也可以自首。不管有或沒有，只要去政府那裡講一講，以後保證清白。」然而實際上，凡是去自首的人，都被辦案人員逼著問口供，以作為擴大株連的材料。

有很多國民黨的特務，為了獎金而瘋狂地抓人。遭到逮捕的人，如果被法官定罪，辦案人員就能記功、升官，有獎金可以拿，聽說是三千元，這是很大的錢，所以白色恐怖時期酷刑極為嚴重。特務亂抓，法官亂判，遇難的人很多。

那天顏××見到我，表現得不好意思。我仍然不承認自己是共產黨，顏也沒說我是共產黨。他好像有點無奈，只是說：「你看看有沒有什麼可以講的，說了就沒事。」儘管國民黨人員在逼我，我堅持不肯承認。

被送回牢房後，我很氣憤，自己居然被顏××陷害。那個晚上我心情很壞，睡不著。我以前和顏××是朋友，怎麼搞成

1　據謝聰敏估計，在「白色恐怖」期間，受到迫害的人數在十四至十五萬人。（謝聰敏《談景美軍法看守所》）

這樣？他對不起我，可是他又不算壞人。社會真是太複雜了。然而命運的安排也是奇妙：這次他害了我，我出獄之後，他又幫了我。

我在新營大約被關十天。那房間擠了十多個人，別的牢房也關押不少人犯，每天都有被抓進來的，被關的人越來越多。老百姓常把嘴唇有缺陷的人，取綽號叫「缺嘴」，當時政府到處在抓一個「缺嘴」的共產黨，新營警察局至少抓一百多個嫌疑犯。和我一起被關的，也有普通刑事犯，例如小偷。我大概是因為個性，有時和別人開開玩笑。跟我在一起的難友說：「賴仔，你忘記你是被關在這裡了。」

有天，我們一部分人被叫出去，警察把大家集合起來。我和那些從楠西、玉井抓來的人，一共十二個，每兩人用一副手銬。警衛叫我們排成兩行，跟著走。他們把前後人犯的腳，用繩子綁住，整個行列像一串螃蟹。這樣走在路上很危險，只要有人步伐稍微跟不上，整排人都跌倒，這時警衛用棍子打、或用腳踢我們。

大家就這樣被押上火車，每個人的眼睛被黑布矇住。我那時結婚才一年，太太已經懷孕。我很擔心家裡，不知道她們要怎樣過下去。

軍法處

我在火車上，可以聽見其他旅客的說話，以及小販叫賣的聲音，警衛不准我們人犯開口講話。時間很長，很難熬。每一次火車要靠站停下，會事先廣播，報告那個車站的名字，這是我唯一能得到的消息。

　　大家搭的是慢車，每站都停。在車上感覺過了很久，還好我們有位子坐。中午時候，警衛把食物發給每個人，我手裡拿著飯盒，眼睛看不見，只能慢慢摸索，把飯菜一口一口吃下去。要上廁所時，警衛就帶人犯過去；我利用這個機會，把矇眼睛的布弄開一點點，向外面看一下。

　　人犯之間偷偷地開玩笑說：「國民黨雖然殘忍，但也有一點好心。它不讓你用眼睛看，還是讓你用耳朵聽。」

　　我們後來聽見廣播：「台北站到了，旅客不要忘記攜帶的行李。」警衛拿開我們眼睛上的黑布，叫大家下車。台北是台灣最熱鬧的城市，我是第一次到這裡。我沒心情觀看風景，心裡很緊張、擔憂。

　　下車之後，我們被士兵押著，走向「刑警總隊」。馬路兩旁站滿了看熱鬧的人，好像看廟會一樣。我聽見一個人說：「南部有土匪在活動。」又聽到另一人說：「這些是小孩嘛，相貌也很好，怎麼會是土匪？」

　　我們走在路上，一位白頭髮的老婆婆靠過來，也跟著人犯們一起走。她距離我很近，嘴裡一直講個不停。老婆婆說，她兒子原來在台中農學院[2]教書，一個月前被政府抓去，她正要去看兒子。又說：「國民黨很壞，很厲害，會騙人。你們不要隨便講話，如果它逼你們，你要說不知道。不可以承認……。」老婆婆也鼓勵大家：「我知道你們是好人，千萬不要上當。」她說了很多。

　　這件事被押解的士兵發現，用很兇的口氣罵她：「老太婆，幹什麼……。」老婆婆向士兵回嘴：「我這麼老，不怕

2　就是現在的中興大學。

軍法處看守所。

軍法處看守所的外觀（難友陳孟和繪）。

了。」後來她被士兵趕走。我很感謝這位好心的婆婆，她所提醒的話，的確增加了我的勇氣，也讓我心裡多一些準備。

　　刑警總隊的位置在大稻埕，也就是現在大同區一帶，靠近圓環。我可能在南部鄉下生活久了，第一眼看到這個機構，覺

得房屋很高大。

我在刑警總隊被關了幾天，又被押到軍法處，關進它的看守所。軍法處在青島東路旁邊，門口站著衛兵。從外頭看去，軍法處像是一個工廠。它裡面的範圍很大，有很多棟房子，靠近圍牆的房子是磚造的，中間部分有一些木頭房屋。有人說這地方以前本來就是工廠，也有人說，這原來是日本政府關押政治犯的。

軍法處非常恐怖，給許多人帶來身體、心理的傷害，我在那裡被關一、兩個月。國民黨搞了很多酷刑，也殺害很多優秀的人，或無辜的人。蔣介石、蔣經國這兩個統治者，對人民犯下的罪惡，實在是太大了。

國民黨在摧殘人犯，喜歡用嘲笑的態度戲弄我們。例如每次逼供，他們會說：「我們是民主國家，一切好商量。只要你聽話，就有救了。」那些人用所謂的「老虎凳」強迫人犯受刑時，還說：「上去呀，別客氣，自己來嘛。反正是自己人。」他的口氣，好像是在家裡招待朋友一樣。從這種說話方式，可以看出他們品格的下流。

那裡發生了很多可怕的事情，人犯們痛恨蔣介石和蔣經國。後來 1975 年蔣介石死掉，有人說：「這個王八蛋死得太早！太便宜他了！我們還沒報仇呢。」在軍法處、軍人監獄和綠島，人犯們不稱呼他「蔣介石」，更不會說「蔣總統」，而是叫他「烏龜精」、「老烏龜」或「臭頭仔」，有人把總統府叫作「烏龜洞」。

軍法處的看守所是兩層樓，我的牢房在樓下。樓下似乎又分成兩個區。我被關在五號房間，屋裡是黑的。天花板有個小電燈，光線很弱，我們看東西十分吃力。有一面牆壁靠著外

邊，它好像有一個小窗戶，窗子很高，我伸手碰不到。

許多人被抓進來，軍法處的牢房很擁擠，比沙丁魚罐頭還擠。房間裡實在太熱，溫度高，人犯不穿衣服，連內褲也不穿，只有在出去洗臉、放風，才把內褲套上。放風就是每天把人犯放出來，讓他們稍微透透氣，走動一下。

國民黨對人犯監視得很嚴，任何時候，都有十幾個警衛在牢房門口，或者站在走道。我們稱呼他們是「看守」或「守衛」。在軍法處，看守和一般的「衛兵」不同：衛兵戴鋼盔，拿卡賓槍，看守戴著帽子，腰部掛一枝手槍。許多看守的態度很壞，他們習慣用很粗魯的言語來侮辱人犯。我們常聽到看守在喊難友的名字，那個情形很恐怖。被叫出去的人如果沒回來，就是被送到馬場町[3]處決了。

房間關了將近二十人，聽說有的大一點的牢房，會擠進三十多人。地面是用木板鋪的，我們夜裡睡在地上，人犯實在太多，所以無法躺下來。每天晚上，我們是分成兩班，輪流睡覺。

監牢裡太熱，沒有人可以睡得著。我們用一個辦法：把毛毯掛在牢房的中間，下端綁著一塊薄薄的木板，毯子的兩邊站了人。不睡覺的那一班難友，就負責推動毛毯，讓空氣產生一點流動。即使是只有微弱的風，也總比沒有好。

每個牢房都是用這種做法，大家把它叫作「搖風」。不知道怎麼會有毯子和木板，可能是一代代的難友傳下的。環境雖然可怕，但大家都是被迫害的人，彼此相處還是很好。

軍法處每天給我們喝的水，實在太少了，這也是一種虐

3　在台北市「青年公園」旁，現已規劃為「馬場町紀念公園」。

待。人犯們只好偷偷利用洗澡時，拿毛巾吸一點水，回到牢房後，把它擠在罐子裡，留著慢慢喝。

　　房間裡面，情況很糟糕；在角落有個馬桶。馬桶一天只倒兩次，經常是滿的，幾乎要溢出來。監牢有規矩：最後一個被關進來的人，睡覺位置是最靠近馬桶的地方。我剛坐牢的那一陣子，晚上睡覺時，常醒過來，因為別人的小便噴濺到我臉上。

　　我們平常吃飯，身邊就有人在大小便，這種事聽起來有點噁心，然而我並不認為有什麼不能忍受。人的適應能力是很強的。我現在看到有些人，夏天裡沒有冷氣就受不了，所以我覺得，當時到牢裡體驗一下也好。那些經驗，對別人會產生什麼結果，我不敢講，對我自己是有意義的，不一定是壞事。

　　不斷有新的人犯被關進看守所，也一直有難友被叫出去處決。其他房間的人被押去刑場時，會經過我門口。很多時候是在清晨槍斃人，有時又不一定，上午、下午、晚上都可能發生。因此難友們在猜想，國民黨殺人的時間不固定，也許是避免人犯被劫走。

　　我心情很不好，擔心自己被殺掉。我想到在鄉下演野台戲時，看過冤屈的故事，常聽到戲台上講「被奸所害」四個字。我很不甘心，也痛恨政府這樣亂搞。

　　國民黨迫害的對象，主要是跟中共有關的人，以及很多被冤枉的。我所見大多數面臨死亡的人犯，都相當勇敢，有的還唱著歌，例如唱日本兵將要出征的軍歌。不少人喊：「中國共產黨萬歲」，我也看到一些人對難友說：「交給你了」。

　　現在有台獨分子說，當時被槍斃的人在喊：「台灣國萬歲」。我在軍法處，從來沒聽過這種事情。我想到以前航空

隊的朋友，那些同伴算不上是什麼勇士，軍法處的難友才是
勇士。

印象最深的是下營鄉長姜炎坤。他很英俊，而且身體健
壯，個子高，人又豪爽。大家喜歡他，叫他「黑狗兄」，就是
現在「帥哥」的意思。我和姜的身分相同，都是台南縣的鄉
長。姜炎坤大我一歲；那個時代，他二十多歲能當上鄉長，是
很特別的。他沒有參加「反共抗俄基本幹部訓練班」，而是在
那之前已經被捕。我被送來軍法處還不到兩天，姜炎坤就知
道我了，可能是有人傳話給他。在一次放風時，我見到姜，兩
個人成為朋友，互相很親近。我的牢房是五號，靠近看守所大
門，姜的房間在後面；他每次去洗澡，必須經過五號房間，我
們都打招呼。

姜炎坤那天早上被押去槍斃，路過我的門口。他說：「旺
仔，以後就交給你們囉。」完全沒有害怕的樣子。他跟我握
手，我拍拍他的肚子。姜炎坤真是一位了不起的人。姜是共產
黨，可能他以為我也是，所以才對我說那句話。

有一個軍法處的看守，綽號叫「紅面仔」，只要他去參
與槍斃人犯，回來就把看到的情形告訴我們。紅面仔說，他所
見過被處決的人當中，最勇敢的是「郵電案」的兩個女孩子。
她們在刑場，還罵劊子手「笨蛋」。[4] 當時曾被關在軍法處的
人，之後只要向他們提到紅面仔，每個人都記得；紅面仔很愛
錢，讓大家印象深刻。他會賣香煙給人犯，用這個方法賺了不
少錢。

4　可能是計梅真、錢靜芝（錢勤）二人。有人說，她們是第一槍沒被打
　　死，所以才罵了劊子手。

　　紅面仔說，他們去槍斃一個人，可以領到一份津貼，我記得他說的好像是五塊錢。有些看守，在事後得意地對大家說：今天又殺了幾個共產黨。

　　也許紅面仔殺人多了，心裡也會不安。聽說後來他在睡覺中做噩夢，打死自己的老婆。這是過失殺人，要面對官司，紅面仔為了這案子而自殺。這是從他鄰居那裡傳出來的。

　　軍法處發生過烏龍事件：看守把人犯弄錯了。這件事讓人覺得非常意外。有一位難友叫李朝金，他跟我是同案，後來兩人的名字在同一份判決書中。李的牢房距離我房間不到一米，平時我們會互相說話。

　　那天看守在叫名字，喊到了他。李朝金蠻勇敢的，對我說：「怎麼連我也有？」我說：「有就走吧。不走又怎麼辦？」他被叫出去後，手腳被綁得很牢，加上手銬。沒想到，不到一個鐘頭他又回來。李朝金笑著說：「不是我啦！叫錯人了。」他那房間和我這邊的人，都對他說：「恭喜喔，恭喜喔。」

　　我們被抓到軍法處的時候，雙手、雙腳要沾上油墨，蓋在一張紙上；人犯將要被槍斃前，必須先核對那張紙。李朝金就是因為不符合，才被送回來的。

　　在刑場上，即將處決人犯時，會先弄一頓好吃的，只要人犯吃得下，連高粱酒也有供應。李朝金回來，有人跟他開玩笑：「照你這麼說，你沒吃到那頓大餐囉？」李說：「沒有啦！」他做出的那個表情，好像還很遺憾。

　　我們人犯被監視得很嚴密。從牢房到開庭的地方，一定要先穿過很小的門，並且彎著腰、慢慢地才能通過。經過這個門，又有其他關卡；到達開庭的地方之前，還有一個小門。統

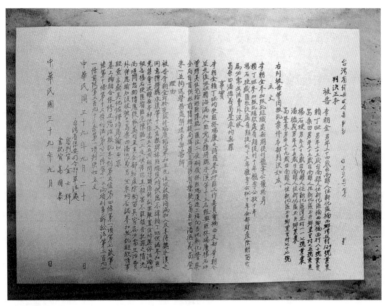

我的判決書。

治者用這種設計，來防止人犯衝出去。

關於我的案子，只有開庭一次，而且很可笑。法官問：「有沒有被用刑？」我說有。他居然笑了：「有才對！」可見法官也明白實際的狀況。他問：「你有沒有參加共產黨？」我說：「什麼是共產黨，我不知道啊。」

法官又問：「你有沒有參加集會？」我說：「去聽過一次，是鄉公所辦的，宣導『三七五減租』[5]，在廟的外面。」沒想到我這個回答，竟然被法官認定是「參加共匪集會」。按

5　1949 年，國民黨政府頒布《台灣省私有地租佃管理條例》，設立「租佃委員會」，負責推行「三七五減租」。所謂「三七五減租」是指：地主之地租所得，不能超過 37.5%。

照道理來講，法官看得多了，人犯是什麼樣的人，他們心裡面是有數的。法官這樣子胡亂給人定罪，應該是他能得到好處吧。

我在軍法處看守所裡，很多次聽到難友說：「只要是沒死就好了，不要上訴。上訴更慘。」這些話我一直記在心裡。

開庭之後，過了幾天，看守把我和另外兩位難友從牢房叫出去，三個人犯被軍人押到法官面前。他們命令我們站著，旁邊有衛兵在警戒。法官還沒宣判時，先說了一句：「沒有死，就好了。」他等於是先給我們暗示。

法官拿起一張紙，那是判決書，他照著上面的文字唸出來。我的判決是：有期徒刑十年，褫奪公權十年。我有點麻木，說不出是難過或是什麼感覺。法官問：「要不要上訴？」我說不要，因為怕上訴會變成死刑。

我回到牢房裡。難友們知道這個判決後，說：「十年就十年吧，判一百年也一樣啦！只要沒有死就好。」我心想：「我怎麼這樣倒霉？沒辦法，認命算了，反正沒死。」除了這樣想，還能有什麼辦法呢。

我是被判了重刑。一般人如果判十年徒刑，褫奪公權往往是七年，而我褫奪公權也是十年。聽說有些人犯的家屬，利用某種關係去活動、走後門。我們這個案子，被押到台北的有七個人，其中四個在刑警總隊就放回去了。我沒有能力走後門，也沒錢送紅包。我不認命的話，只會讓自己更痛苦。

軍人監獄

判決以後，我被押送到軍人監獄，它距離軍法處看守所

不遠。那監獄警戒得很嚴格，聽說在戰爭時，是日本關押戰俘的。才不過幾年前，我盼望著回到祖國，沒想到國民黨來了，我竟然要坐牢。

在軍人監獄裡，統治者不會用刑，我們可以鬆一口氣；人犯們已經被判決，命運確定了，所以大家的精神狀態比較好。一般情形是，十七、八人關在一個房間，大多數是政治犯，也有少數是貪汙的軍人、或逃亡的士兵。

那裡的環境不好，伙食很差：一天只能吃兩餐，每次是一碗飯、一碗菜。飯是很粗糙、陳舊的糙米，有發霉的味道。管理人員騙我們說，這種飯可以預防腳氣病，是為了大家的健康。我們吃的副食，往往只是幾根豆芽，再加上一、兩片冬瓜。飯菜是從門板下半部的一個小洞送進來。那種東西，恐怕現在有錢人的狗都不願意吃，還好我苦日子過慣了，不太在乎這些。

據說人犯的伙食費，和國民黨官兵是一樣的。我不知道國民黨軍人吃的是什麼，可是，監視我們的「看守」來接班，常是喝得醉醺醺的。監獄裡伙食實在太糟，人犯一再反映，總算每天由兩餐改為三餐。一個管理人員認為這是冒犯了他們，就罵大家：「你們犯人不懂事，沒有同情心。」

在監獄裡，我們很盼望「放風」。只有坐過牢的人才能體會到，短短的放風時間是多麼寶貴。人犯們利用這個機會，以口頭傳遞消息，甚至有人偷偷傳紙條。

放風時間的長短，並沒有明確規範，完全由看守決定，所以人犯們觀察看守的臉色，希望他有好心情。每次看守來打開鐵門時，我們像小學生問候老師一樣，一齊開口說：「班長好。」用這方式捧一捧他。

　　有一次放風，遇到一個我認識的人，他家在大內區。他有點意外地說：「你沒有去啊？」意思是我運氣不壞，沒有被判死。

　　另一個讓大家非常盼望的，就是跟家裡通信。那時一般人沒學過中文，常請大陸籍的難友幫忙寫信。很多信的內容是騙騙家人，說在這裡能吃飽，日子過得還可以……。

　　連我們寫信這種事，也受到剝削。管理人員要檢查每一封信。他們隨便沒收人犯寫的信，結果造成很多寄不出去的「死信」；死信的郵票，都被檢查的人拿去。我聽說，那些人光是靠沒收來的郵票，就足夠買他們的日用品。

　　國民黨的監獄很黑暗。我在軍法處，那裡的看守以剝削人犯來賺錢，例如，他們賣一根香蕉要五塊錢，而在外面賣不到五毛錢。軍人監獄規定，人犯不准吸煙；人犯如果吸煙被抓到，看守用木板打那人的手掌。荒唐的是，看守會賣香煙給人犯。那時的煙，最便宜的是「香蕉牌」，如果在外面向雜貨店買，一包只要五毛錢；在監獄裡向看守買，一包要二十元。在牢裡假如想偷偷抽煙，必須注意規矩。看守的輪值是兩個小時一班，如果有人向某看守買煙，就只能在他的輪值時間裡抽煙。

　　監獄是個人壓迫人的地方。難友們在惡劣的環境中，所發揮的創造力，真是叫人驚訝。例如，看守只是賣香煙給人犯，不肯賣火柴，但人犯有辦法自己弄出火來。他們用汽水瓶的金屬蓋子，再加上從棉被抽出的棉絮，就能點燃香煙。我看見他們的操作，太叫我佩服了。

　　難友們一般都很團結，大家互相幫助，可能因為被關押的是政治犯，所以好人多，壞人少。我那間牢房，有一些是經濟

條件好的人，像學生、醫師等，他們家裡會送來吃的、用的。有些送進來的東西，甚至是他們在南部的家人，搭很久的火車，花不少錢買來的。收到的人，並沒有獨自享受的念頭，而是把它拿出來，讓大家共同使用。

我家很窮，沒東西可以提供給別人，我一直是吃人家的。窮人可能有自卑感，像我就是。既然我吃了難友的，因此牢房裡的一些雜事，起先是我自願去做，後來難友們對我說：「這樣不好，應該大家輪流做，共同分擔勞務。」

牢房的人們輪流當「公差」。當難友家裡送來食物，公差就把它平均分配。那一年的冬至，我在監獄吃到熱的湯圓，有甜也有鹹，是住在附近的某難友家裡送來的。還有一次是一條大魚，五、六斤重，炸得很酥，很好吃。我有時想：「在家裡我能吃到這種東西嗎？」如果不是有外面來的接濟，很多人犯會營養不良。

現在我年紀這麼大了，遇到適合的時機，就把自己這段經歷告訴年輕人。在軍人監獄那樣的環境裡，即使原來是一個什麼也不懂的人，只要還有一點良心，他看到裡面難友的勇敢、互助、平等的現象，在思想上也會受到教育。那些送來東西的家人，原本的想法是：這些食物可以讓受難的親人吃上三、五天，但每次都是當天被全部分光，吃光。這種受壓迫的人團結友愛的事情，給我的衝擊力是強烈的。我後來接受毛澤東思想和社會主義革命，跟這段日子所見識到的，有很大的關連。

我也曾寫信回家，問問看能不能寄點錢來；家裡沒有能力支援我，他們自己生活也太辛苦。我在軍人監獄，以及後來在綠島，幾乎身上永遠沒錢，是靠難友幫忙。

牢房裡有一個人的表現，跟別人完全不同，是唯一的例

外。他以前在鳳山的陸軍單位作參謀長，因為貪汙被關。他家人每天送東西進來，他絕不會拿出去和大家共享。其他難友家人送來的，我們分給他，他不要。

那參謀長吃得太好了，連捶背、洗腳，也有一個人犯自願為他服務。難友開玩笑說，這是他的勤務兵。服侍參謀長的，是一個坐牢的國民黨士兵，姓呂，他好像是逃兵。只有那姓呂的能吃到參謀長的東西。監獄裡什麼人都有，有的人要被別人伺候，有的人願意自己做奴才，也有人具備了平等、共有共產的觀念。我聽難友說，那個參謀長很有錢，會給姓呂的一些錢。他們兩人的不合理、不平等的關係，也是啟發我思想的一個事件。

跟我一起被關的難友們，有的實在冤枉。比方說，某人為了逃避追捕，剛好走到難友家的門口；因為天黑了，難友家收容這位逃亡的人，在屋裡過夜，不料這樣就判刑十二年。從另一方面來說，這難友也是幸運。那個時代不知道有多少無辜的人，在殘忍的酷刑之下，不得不承認自己有罪，而被處決。

難友中多數是大陸人，他們有學問，又熱忱，幾乎每個人都可以作我的老師。我是在監獄裡學習普通話的。有人教注音符號、漢字，也有難友請家人買了書、筆記本送給我。我每天坐在地板上，把棉被疊起來當作書桌，在棉被上面寫字，也開始練習寫家信。

我在這時候才發現「學習」是件很好、很有趣的事，這段日子還學了英語、KK 音標，讀完初中英語課本的一、二冊。和我一起學習的，有三、四個人。教過我的老師當中，只有黃嘉祥這一位，是我現在仍然保持連絡的。黃是本省人，被判五年徒刑。他有點矮胖，相當黑，身體很好，本來是橄欖球運動

員，坐牢前在中學教體育。

他鼓勵我學習，並且教我注音符號等知識。黃嘉祥在台北有位姑姑，每星期來探望，他託姑姑買文具給我，後來黃也在火燒島，屬於第一隊。黃嘉祥很讓人佩服。過了許多年，蔣經國死掉，政府同意發給白色恐怖受難人的「補償金」，他堅持不要。黃嘉祥用這個行動，來表明他對國民黨反動政權的唾棄態度。

在軍人監獄期間，我生一場大病，不曉得是什麼疾病。我整天腹瀉不停，全身難受，沒力氣。監獄沒有給我治療，只是把我移到另一個房間。那房裡已經住了一個人，名叫彭竹修，是湖南人。

彭也是病號。我們兩人相處的時間很長，卻互相不能溝通，那時我還不會講普通話。監獄裡把傾向共產黨的人，叫作「紅頭仔」或「紅帽子」，彭就是紅頭仔。

那次生病，我沒有受到醫療照顧，也沒有營養的東西吃。監獄唯一的做法，就是把病人隔離。我以為自己快要死了，曾向一位「大內案」的難友說，我死後，請他通知我的家人：我是病死的，不是被槍斃的。

國民黨害我坐牢，把我家也毀掉。我被抓之後，家裡少了最主要的經濟收入。我離家大約八個月，太太生下一個男孩，他們更苦了。

楠西有個大陸人警察，打我太太的主意，經常對她說：「你丈夫回不來了。」到了第八年，那時我在綠島，有人寫信告訴我：「你太太決定去跟那警察結婚。」我很難過，也覺得對不起她。太太離開後，兒子由我姨媽帶去照顧。姨媽一直騙我兒子：「你爸爸在外面做生意。」我被釋放回到家裡的那

天，姨媽對我九歲的兒子說：「你不是一直要找爸爸嗎？爸爸回來啦。」沒想到他指著我大罵：「他是共匪！他不是爸爸。」

國民黨固然害了我，但對它自己是不划算的，它讓我得到學習的機會。我後來在綠島監獄學了很多，從一個不認得多少字的半文盲，成長為一個共產黨人。我也不再認命了。共產黨人的生活就是：不斷地學習、勞動和鬥爭，直到把剝削人民的東西消滅為止。

火燒島（上）

新生訓導處

我在軍人監獄被關了六個月。1951 年我們被移送到火燒島，也就是現在的綠島。

那天半夜，差不多一、兩點鐘，「看守」把我們叫醒，命令大家分組、集合。一個組大約二十多人，全體人犯可能有七、八百個。我們被軍人押著，每兩個人銬在一起，又用繩子綁著人犯的腳，幾個人連成一串。大家走路到華山火車站，從那裡搭車到基隆港。

碼頭一帶，很多士兵拿著槍，把那地方圍起來。人犯們被帶到一艘船的旁邊。那船很舊，黑黑的，軍人叫大家依照次序上船。我雖然在日據時代屬於海軍，這次卻是自己第一次坐船，而且航行在海上，但我好像很麻木，沒什麼感覺。

軍官沒有告訴我們要去什麼地方。有傳言說，國民黨可能把我們丟到海裡，許多人很害怕。我當時的心情，似乎任何事都不大在乎，對未來也不去想。我不是勇敢，是因為沒有辦法，沒有希望。

船開得很慢，在海上走了兩天。我仍然是生病，身體不舒服，擔心自己會死在船上。軍官向我們宣布：「人犯不能到甲板上去，全部時間必須待在船艙裡。」在船上那段時間，人犯們吃什麼東西，我現在已經忘掉，只記得伙食很差。軍官也不

為我們安排床位，大家自己找地方睡覺。對人犯來說，只要是有個能躺下的地方，就是很好的了。[1]

第二天下午，船停在一個島的旁邊。我記得那天的陽光很強，山坡上有很多綠色的植物。大家猜想，這裡可能是火燒島。

後來我們才知道，這是火燒島的中寮村；海岸邊擠了很多人，他們來看熱鬧。軍官對大家下命令，把我們編成一個個小組。人犯分組坐著小舢舨，用接駁的方式上岸。

那時候是 1951 年 5 月，我們是到火燒島監獄的第一批人犯。這島是個比楠西更偏僻的地方，突然來了這麼多人，當地老百姓一定覺得是很大的事情。我們大多是二十來歲，三十以上的很少。

綠島很熱。全體人犯到齊了，大家按照軍官的口令，在海邊整理隊伍。我們很容易就感覺綠島的落後，因為所看到的當

1　賴丁旺的難友劉建修回憶：去綠島時，每人拿著一個包袱，裡面裝了衣服、臉盆、牙刷等。那艘船是平時用來運煤的登陸艇。人犯們原本以繩子綁成一串，上船後，繩子被解開，但仍是每兩個人銬在一起。去廁所時，也是兩人共同行動。

劉先生說，人犯都在甲板下面，出口處被封起來，衛兵拿著槍監視著。船艙裡的情形，很像電影中所呈現的「奴隸船」；空氣很壞，很悶。因為艙裡有很多煤渣，所以他才知道原來是裝煤炭的。大家剛進到船艙時，聞到煤和重油的味道，有人就開始嘔吐。登陸艇開動後，人犯更是吐得厲害。每個人衣服都弄得很髒。

在船上，如果要喝開水，人犯可以自己去拿。航行途中，供應過一次伙食，那是發給每人一個白饅頭，但幾乎沒有人吃它。抵達綠島時，人犯們普遍很虛弱，有的人連走路都很困難。

那次去綠島，與登陸艇一同航行的，還有另一艘船，載著煤炭、黃豆等物資。到達後，這些物品被卸下，堆在海邊。

鬼門關。

地人，穿得很差：不管是男或女，都沒穿上衣。

　　人犯們被軍官押解，沿著海邊步行前進，太平洋在我們左邊，右邊是山地。來到綠島，國民黨對我們的監視比較鬆了。這地方只是一個小島，人犯即使想逃，也跑不掉。

　　隊伍從中寮出發。那條路是沙土舖成的，很窄，只能容納牛車和小吉普車。有不少人體力差，幾乎不大走得動，很多難友原來是穿著拖鞋，他們走在那種路上，拖鞋往往會壞掉，結果變成赤腳的。當人犯們經過沙灘等地方，地面溫度太高，他們的腳被燙得受不了，有人只好一跳一跳地勉強移動。

　　大家走了相當長的時間，經過柴口、公館，我看到左邊靠海的方向，有一塊非常大的石頭，形狀是尖尖的，很高。它的右方是山地和懸崖，兩邊相隔只有十幾米，泥土路從中間穿過

去。我們把這裡叫作「鬼門關」；外地人來到這邊，一定不是好事。國民黨關押我們的監獄，就在鬼門關後面。現在人們去綠島所看到的「人權紀念碑」[2]，它的位置在鬼門關前面。早期，鬼門關有士兵站崗，後來撤掉了。

通過鬼門關，我們又走了不到兩百米，看到右邊的監獄。它蓋得像是部隊住的營房。營區的大門朝向太平洋，門口站著衛兵。

監獄的名稱是「新生訓導處」，也有人犯把它稱為「恐怖陰陽城」，當時是用鐵絲網圍起來，把裡面和外面做個簡單的區別，看上去並不嚴密；後來國民黨命令我們到海邊打石頭，把那些「咾咕石」挑到營區，做成圍牆。它這種做法，是很侮辱人的，等於強迫我們把自己圍住。現在那圍牆已被拆除，只剩下一小段。

營區

我們排隊走進大門，來到一塊空地。抵達這裡，大家覺得稍微輕鬆了，人犯蹲在地上，接著是開始編組。有軍官拿著名冊，喊每個人的名字，被叫到的人就站在一邊。我被分配在第四隊第四班。

全部人員編組為七個隊。我們這一批被送來綠島的人犯中，一共有五個楠西人，其中三個在第四隊。這個隊的難友，是判刑比較嚴重的，後來在綠島被槍斃的人，大多是第四隊。

2　「人權紀念碑」是作家柏楊和「人權教育基金會」於 1999 年建立，
　　最初名為「綠島垂淚碑」。

別隊的值星官不帶槍，只有四隊值星官腰上掛著手槍。

第一、二隊的人犯，有的並沒被判刑，只是接受「感訓」。第三隊的人最複雜，有主張台獨的，有託管派[3]，也有紅頭仔。這個隊人犯的刑期也差別很大，有的很短，有的很長。女性人犯的數量不多，大約六十人，附屬在第六隊，那裡專門成立了女生分隊。

營區的範圍蠻大的。我們來到之前不久，新生訓導處剛蓋好營房。國民黨那時已在台灣實施戒嚴，也就是搞軍事統治，所以我們被納入軍事化管理。這裡的一個隊，等於軍隊的一個「連」，人犯們生活上的事情，幾乎都在隊裡面進行。

一個隊大約一百多人。主要幹部是隊長（少校或上尉）、副隊長、指導員（上尉，相當於國民黨軍中的「連輔導長」）。第四隊把人犯編組為兩個分隊。分隊長等於排長，階級是中尉。兩個分隊長輪流擔任值星官。值星時，分隊長斜披著紅帶子，管理一般的事務。

我們第四隊有一百二十人左右。來到這裡的第一天，大家被叫到寢室，隊長向我們講話。他是中等身材，黑皮膚，態度還好，不特別嚴肅，也不太隨便。那天他對大家說一些安慰的話，告訴我們綠島環境不差，比軍人監獄好。隊長可能是顧慮我們心裡不安，會有騷動。

這個隊分成六個班，一個班大約二十人。每班有一個「幹事」，他是政工軍官，中尉或少尉。各班的班長和副班長，是軍官從人犯中指定的，他們大多是受到軍官所指使或收買的人。我們隊的十二個正副班長中，幾乎都向國民黨告密，只有

3　他們反對台灣回歸中國，主張應由聯合國託管。

一個班長是可以信賴，他不會打小報告。每隊分配了幾個士兵或士官，他們有的年輕，有的年紀大；一個士官長對我們說，他參加過「北伐」。

監獄設立兩個大隊。第一大隊管轄一到四隊，第二大隊管轄五、六、七隊。兩個大隊偶爾一起上課，平常幾乎是不發生任何關係，所有活動是各做各的。在我坐牢的十年裡，每隔一段時間，有零星的人犯從台灣被押送到一、二大隊，後來「新生訓導處」成立第三大隊。過幾年又成立第四、五大隊，位置在現在的「綠洲山莊」，專門關押那些在台灣被逮捕的流氓。

新生訓導處的大隊長是中校，大隊指導員是中校或少校。整個監獄由一位處長在負責，少將編制，實際是上校軍官擔任。女生分隊的分隊長，是女軍官。

在我的印象中，如果沒有記錯的話，營區大門是朝向北方。從那裡看過去，海的對面是台灣島的台東海岸山脈。在大門口，有一個衛兵站崗，他的旁邊是碉堡，如果遇到下雨天，衛兵站在碉堡裡。從營區門口往前不到一百米，就是太平洋。

當人們走進營區大門，裡面的左手邊，可以看到「處本部」和勤務連的營房。勤務連的士兵很散漫，素質差，士兵之間的年齡差距也很大。甚至這單位還有幾個台灣人。他們本來是老百姓，因為在外面遊蕩，又沒有身分證，就被抓到軍隊裡，變成國民黨的兵。

東邊的房子是第一大隊部，以及一到四隊，南邊是第二大隊部、福利社和五、六、七隊。女生分隊在西南方向，它的營房屬於第二大隊的範圍，單獨區隔開來，用籬笆圍著，男人不能到那裡去。所以我們人犯住的房子，一共有八棟。

營區西邊已經蓋了房子，但沒有人住，後來那裡成立第三

大隊，聽說關押的是國民黨俘虜的中共軍人，他們和一、二大隊的人犯是完全隔離的。第三大隊被鐵絲網圍住，那個營房後方是空地，監獄舉辦運動會時，就利用這場地。

　　新生訓導處的南面是山坡。一大隊的東邊後面，也是一片空地，有時作為人犯們全體集合的場所，每星期的「週會」也在那裡舉行。空地邊緣建了「司令台」，附近有籃球場。司令台再過去，是一道圍牆，牆的那頭是處長宿舍。

　　營區東方有一條小溪，它從南面的山區下來，一直流到不遠的海裡，大家叫它「流鰻溝」。聽說以前小溪叫作「流氓溝」，因為這個營區在日據時代是關押流氓的。沿著溪流往上面走去，可以看見兩棵椰子樹。有人說，這就是〈綠島小夜曲〉裡面提到的椰子樹。

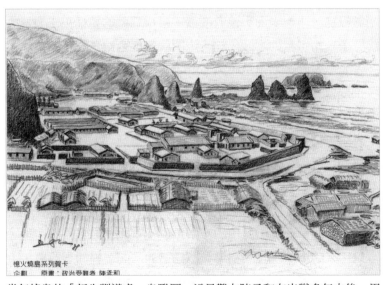

憶火燒島系列賀卡
企劃　原畫：政治受難者 陳孟和

當年綠島的「新生訓導處」鳥瞰圖。這是難友陳孟和在出獄多年之後，用鉛筆畫的。

　　新生訓導處和流鰻溝之間，有一排鐵絲網，後來改建成圍牆。流鰻溝的對面是個小村子，住著十幾戶人家。我們人犯在生活上所需要的水，是從流鰻溝拿來的，小溪裡鰻魚很多。現在流鰻溝已經消失，那地方建造一個小水庫。

　　監獄設立了「醫務所」，在流鰻溝附近、司令台的斜對面。它只是一個小房子，十坪左右，用鐵絲網圍起來，和營區其他單位是分開的。「醫務所」有自己的廚房，我曾經被派到那裡，做一些打雜的事。

　　營區有一個木工的工廠，也在流鰻溝旁邊。那時生活上的很多東西，例如修理營房所需要的物件，是木頭做的。監獄把幾個有手藝的人犯，派到那工廠做木工。

　　新生訓導處的營房是木造的，一個隊住一棟，它類似以前我見過的日本式軍營。在外表上，每棟房子都是長長的一排，相當粗糙，木板表面也沒有油漆。營房牆壁的結構，主要是兩排柱子，用很粗的木頭，柱子之間就做成窗戶。營房的窗子很多，光線還好，通風也不錯。

　　那種房子沒有玻璃窗，而是用兩組長條形的木板，來構成窗戶。這兩組木板可以左右移動；互相錯開時，剛好把窗子完全封閉，重疊時，就有空隙讓光線、空氣進入屋內。綠島的冬季偶爾也會冷。冬天的風沙大，木條窗戶被吹得不停地震動，聲音很響。

　　營房內部的配置，也跟軍隊相同：它的一端，是軍官住的幾個小房間、士兵們共用的寢室，以及一塊比較寬大的空地，可以用來開會。隊長、指導員有自己的房間，裡面很簡單，主要是一個兩層的床舖，上面放東西，下面睡覺；有一張桌子，沒有椅子，如果要利用桌子寫字，人必須坐在床上。幹事房間

是兩人一起住，屋裡有兩張床，一邊一個，桌子放在中間，讓兩個軍官共用。

從軍官房間這一頭看過來，整個營房很長，那是人犯的大寢室，還設置了鐵門。寢室中間一條走道，兩旁是大通舖，分為上下層。最遠的那一頭，是人犯使用的廁所。

新生訓導處的環境，比軍人監獄要好得多。我當過兵，又是窮苦家庭出身，所以很能適應。剛到綠島的那幾天，國民黨怕我們情緒不穩定，把人犯關在寢室裡，即使是吃飯時間，也不讓我們出去，飯菜由士兵抬進來。

2005 年時，我和幾位學者回到「新生訓導處」，那環境已經完全不一樣了。營房被拆光，只剩下以前那個司令台還在。營區以西靠近鬼門關的「綠洲山莊」，我們當時沒有這房子，是後來蓋的。處長宿舍現在變成平地，種了植物。

我在綠島被關的時候，有一年蔣緯國來巡視，監獄把人犯全部趕到寢室，連鐵門都鎖起來。國民黨士兵告訴我們，那天從中寮到營區，路上分布著很多衛兵。也有人在想：「綠島有什麼值得蔣家人巡視的，他恐怕是想來玩的吧。」

家鄉楠西是在山區；我坐牢以後，在綠島海邊將近住了十年。我在這營區還蠻習慣。1960 年出獄回家，有朋友對我開玩笑說：「綠島是你的第二故鄉。」我對綠島的印象很深。記得颱風要來時，島上的空氣中有一種特別的味道，是海水的鹹味。

在綠島的第一個颱風，讓我覺得很可怕。家鄉雖然也有颱風，但影響不大；楠西是山谷地形，綠島就完全不同。那個颱風的晚上，我們睡覺時，第四隊的房子倒塌，屋頂被掀走，橫樑垮下來，整個營房斜到一邊去，還好沒壓到人，大家的衣

服、床舖都濕了。因為第四隊在大隊的最旁邊，受到的颱風壓力最大。那段時間，我們搬到第三大隊後面的空營房，住一陣子。

從「新生訓導處」大門口出去右轉，距離一公里、靠近海邊的一個地方，是埋葬死去難友的墳地，大家叫那裡為「十三中隊」。我們人犯的船剛到綠島，彭竹修就死了。他是第一個去十三中隊報到的人。

彭竹修在台灣沒有親戚。被國民黨迫害的大陸人，比台灣人更可憐。我在軍法處的牢房，見過不少大陸來的學生被槍斃。他們離開家鄉到台灣，年齡不大，往往是單獨一個人在這裡，死了沒人知道。我聽過一些事件：有人在火車上被推下而摔死，也有人被設計淹死在高雄的愛河裡。這些在政府的檔案中，是不可能記錄的。

根據統計，國民黨在戒嚴期間，由軍事法庭處理的「叛亂案」有 29,407 件。實際上國民黨所殺死的人，絕對不只那些表面的數字。從這些難友的遭遇，可以看出事情的本質。「二二八」和「白色恐怖」不是台獨分子所宣傳的族群問題，而是反動政權迫害人民的問題。

囚犯生活

在生活待遇上，人犯和士兵的伙食費是一樣的，只是我們沒有薪水。進入監獄的第一天，軍官給每個人發一個鋁碗，大小和現在的「碗公」差不多，還有蓆子、毛巾、襪子、內衣褲。後來別人送我一個「牙杯」，是鋁做的，我漱口、喝水時就用它，沒有牙杯的人如果要刷牙，就拿鳳梨的空罐頭代替。

　　我們在「新生訓導處」是穿灰色的制服，樣子跟軍服很類似。剛到綠島，戴的是小帽子，之後換成大盤帽，帽子式樣和國民黨軍人不同。

　　人犯們制服上衣的胸前，繡了各自的名字以及「新生」兩個字，但女生隊不繡名字，她們是繡著號碼。我衣服上有「愛」和「賴丁旺」幾個字。各隊的代號是按照「忠孝仁愛信義和平」順序，所以第四隊又叫「愛隊」。那制服的質料不錯，我在家裡從來沒穿過那麼好的衣服。甚至在日據時代，我的衣服是用裝米的麻袋做的，那比起綠島所穿的，差得更遠了。

　　其他東西的品質也蠻好，可能是我容易滿足。人犯本來用又舊又破的毯子，後來美國援助的物資運到，軍官叫大家拿舊毯子去換成新的，那批美國毯子就很好。

　　我們每天的活動，都被軍官掌握著，很受拘束，只有在吃過中飯、晚飯後的時間，稍微自由一些。廚房附近的「中山室」比較陰涼，有一個乒乓球桌和幾張桌子、椅子。我經常是中午吃過飯，去中山室打乒乓球。

　　每個隊使用一棟營房，房子跟房子之間有一塊長方形的空地，那裡樹立了水泥柱，拉上鐵絲，用來作人犯們的晒衣場。大家利用洗澡的時候，順便洗衣服。起先我們晾晒的東西不會遺失，後來「新生訓導處」收容流氓，常有衣服被偷走。

　　新生訓導處叫人犯做了一個洗澡池，位置在流鰻溝旁邊。剛好有幾個從桃園被抓來的難友，原來的職業是水泥工，這事就讓他們負責。我們其他人被派去打石頭、抬石頭，工程所需要的水泥，則是由監獄提供。

　　那洗澡池大約有五、六米寬，十幾米長。池子上面是個斜

坡，可以讓我們放衣服，洗澡池周圍用咾咕石做成圍牆。本來監獄規定：必須幹部帶隊，大家集體去洗澡；後來放鬆了，在晚飯前後，人犯們可以自己去洗。我在綠島生活很刻苦，連洗澡也是，因為沒錢買肥皂；有時難友送我一塊肥皂。

　　人犯把「洗澡池」叫作「游泳池」。夏天時，我喜歡到海裡；冬天就偷偷去那池子，游泳以後，身體有一種辣辣的感覺，很過癮。小時候，我常到家鄉的曾文溪玩水。當自己在「游泳池」裡，兒童的快樂經驗，立刻又回來了。

　　難友們被指派去施工，做一個堤壩，地點在洗澡池的上方。堤壩很小，才兩、三米寬，這是為了要抬高流鰻溝的水位，好讓人們取水更方便。

　　第四隊營房的廁所附近，也用混凝土做兩個水池，大家可以在那裡洗手。人犯們每天早晨洗臉，是拿門口的大桶子裡的水。值星官控制得很嚴，大家洗臉時間太短，而且很多人擠在一起；不少難友早晨是不洗臉的。

　　晚上九點鐘睡覺，那時整個大寢室是黑暗的。我原來的床位是在上舖；有些人犯不喜歡固定睡上面或下面，覺得不公平，軍官就規定：上下舖的人要輪替，每三個月換一次。

　　當時營房裡沒有電燈，是用「電土燈」。電土又叫電石，是一種土灰色的東西，像石頭一樣，硬硬的。它如果被燒過，會變成白色，很像粉末。電土被燃燒的前後，氣味很臭，使用時相當的不方便。那電土燈的構造，是個上下兩層的鐵罐子，下層放電土，上層是水；水慢慢往下滴，滴到電土上，它就開始溶解，並產生氣體。氣體被一條管子引出去，可以燃燒。

　　晚上罐子裡的電土燒完了，第二天要把渣子倒掉，再裝上新的，人犯輪流做這件事。沒燒過的電土很硬，要用鐵鎚打成

小塊；弄得太碎也不行，那樣溶解得太快。後來綠島監獄有了煤油燈，就方便得多，也沒有味道，一直到我十年後出獄，那裡還沒有電燈。

我們做每一件事的時間，都由監獄規定。早晨五點鐘，營區的擴音器發出聲音，人犯必須起床。沒有聽到聲音時，任何人不可以離開床鋪。每天是五點半集合，早點名，六點鐘吃早飯，然後在軍官的監督下進行「小組討論」，這是日本軍隊所沒有的。大約「討論」一到一個半小時，人犯才開始當天的集體活動。

在生活的一些方面，軍官對我們規定得很嚴，比我從前在日本部隊裡更嚴格。有時他們想出各種辦法，給人犯增加壓力。比方說疊棉被，每天早上我們都被要求，把它摺疊得像豆腐干，有稜有角的。軍官認為誰疊得不好，就要處罰那個人。監獄也會找事情叫人犯做，逼我們接受一種服從的生活，例如每天早、晚點名後，命令大家出操，做立正、稍息等動作。

新生訓導處很注重每天的清點人數。我們第四隊的營房，剛好是籃球場旁邊，所以就在籃球場點名。其他隊則在各自的隊部門口點名。

點名時，人犯們依照規定排隊，像部隊一樣，前後左右要對齊。第四隊的全體人犯，一共站成六排，我站的位置是第四排的尾巴。在白天，因為有事要做，我不是很想念家裡，但晚點名的時候就會。晚上的營區很黑暗；綠島的天空中，星星又多又亮，我看著星星，特別想家。

後來我們在綠島坐牢久了，有時軍官稍微放鬆一點，用變通的方式代替晚點名：快要睡覺時，叫人犯們到寢室裡，每個人坐在自己床鋪上。

1954年元旦，在綠島監獄。

綠島監獄的點名程序，比軍隊囉嗦。一般部隊是用統計人數的方式來點名，而「新生訓導處」是值星官拿著冊子，一個個按照順序，喊人犯的名字。被喊到的人，要大聲回答：「有」。

某一天，我們隊來了新的人犯，叫作蔡×塗。值星官不認得「塗」字，唸不出來，於是就跳過去。點名完畢後，值星官問：「沒點到名字的人舉手。」蔡舉手了。值星官問他：「你叫什麼名字。」許多幹部在人犯面前，很愛面子，怕我們看不起他。

軍官經常在點名時，向人犯強調，不准和老百姓接觸，否則會被嚴厲處分。他們每次都命令人犯唱歌。指導員要求每個人必須大聲唱；除了那些做走狗的「狗仔」之外，難友普遍有抵制心理，不願意唱。指導員和幹事經常偷偷走到人犯背後，查看我們有沒有開口；他們處罰不唱歌的人。難友們互相幫忙，如果有人看到軍官來了，他就用腳踢旁邊或前一排的人，作為提醒。

人犯被要求唱最多的是〈新生之歌〉[4]。它的歌詞很長，

4　〈新生之歌〉內容是「三民主義的洪流，粉碎了我們的迷夢，我們不做共產黨的奴隸，我們要做反共的英雄，起來，新生同志們！起來，新生同志們！……」

我一直到出獄，仍然沒記住。我們根本不相信什麼騙人的「三民主義」，難友也不願意學習這首歌。大家互相開玩笑：「每天給你三頓飯吃，連一首歌也學不會。」

每天的夜間，在晚點名之後，值星官九點鐘準時熄燈。那時寢室的鐵門就關上，我們被反鎖在裡頭。莫名其妙的是，人犯被關在寢室，軍官還要我們在裡面輪流「站衛兵」。寢室是長條形，同時安排了兩個「衛兵」站崗，兩端各有一個。每晚熄燈之前，士兵點燃一枝香，交給第一個站衛兵的人，那枝香快要燒完時，衛兵叫醒下一個值勤的人，再點燃另一枝香。我們用這方式作為交接的依據。

有人用取巧的辦法：站衛兵時，就對那枝香的頭頭，大力吹氣，叫它很快燒完。這讓衛兵勤務變得很不公平。好像只有我們第四隊搞這種無聊的事情，大家沒聽說別的隊也要站衛兵。過了幾個月，我們向軍官反映，這個勤務被取消。

監獄設立了福利社，裡面有「照相部」。新生訓導處安排楊新丑、陳孟和兩人負責照相。楊是普通的鄉下老百姓，陳孟和很愛喝酒，他們對攝影有興趣。我從來不去那裡，因為沒錢，而且我過的是沒有未來的日子，不知道自己能活到哪一天，後來偶爾遇到別的難友要照相，他們拉著我一起去。靠著這些難友的幫助，我才有很少數的綠島照片。

人犯們想回家，也希望接到家人的來信。許多難友認為在監獄很難過，生活枯燥。我比起一般人，心情還算好一點，尤其以後有學習知識的機會，感覺這些日子也蠻寶貴。

不過，有時我到營區的外面，看見海那邊的台東的山，心裡怨恨，偷偷地罵：「×你娘，把我抓到這個地方來。」天氣好的時候，那些山看得更清楚，更容易激動。我平時很少用髒

話罵人。之前生活在鄉下，不罵髒話的人，可能被大家看成傻瓜。我是到了綠島，才開始學罵人的；為了要練習各種髒話，甚至自己還做筆記。

我們如果生病，可以向上級報告，軍官就帶人犯到醫務所看病。難友中有幾位，在被捕前是作醫生的，於是被派到醫務所去。在綠島給人治病過的有：王荊樹、蘇友鵬、以及姓胡和姓呂的。監獄派兩、三個看護兵協助他們。

醫務所附設了簡單的病房，是上下兩層通舖，可以睡四、五人。第四隊有兩個人犯，長期在那裡住院。監獄裡面，舞弊、走後門、送紅包是很平常的；大家不曉得他們是真病還是假病。

綠島民眾生病，向「新生訓導處」請求幫助時，軍官也會帶醫生到村子裡去看診，其中王荊樹出去的次數最多，他是婦產科。有幾次他從外頭回來，難友對他開玩笑：「你今天又看到哪個漂亮的小姐？」他故意嘆著氣說：「唉，生病的東西，有什麼好看。」

伙食

我們剛到綠島，伙食很差，飯菜是用臉盆裝著。吃早餐時，用來配飯的是花生米，每個人大約分到三、四顆。中餐和晚餐，幾乎都是吃冬瓜湯和黃豆，豆子是用炒或煮的，後來人犯們去種菜，大家才開始吃到蔬菜。

一、二大隊各有一個廚房。我們大隊的廚房相當寬敞，光線很好，在靠牆的地方，排列著八個爐灶。人犯的伙食是各隊自行辦理的，每隊分配到兩個灶，分別用來煮飯和燒菜。在廚

房附近，每個隊搭蓋了一間克難的儲藏室，把雜物放在裡面，所以廚房不會很亂。

每隊派兩個士兵作伙伕，負責在廚房做飯。同時到廚房工作的，還有「伙食委員」和「幫廚」。伙委是人犯們自己選舉的，一個月選一次，幫廚是軍官派遣的公差，由人犯輪流擔任。伙委有兩人，一個到外面買菜，另一個在廚房監督。每天的幫廚共有四人，負責做洗菜、切菜、洗米等雜事。

在廚房幫忙的人，要到山上去找黏性的黃土，挑下來堆在廚房裡，因為監獄用的煤炭太細小了，有的甚至像粉末一樣，好像那是台灣不要的煤，才把它送給綠島。我們把煤炭和黃土混合，一起扔進灶裡去燒。如果不這樣做，煤炭會燒得太快。

大家都希望去當幫廚；新生訓導處的廚房，等於是死角，我們在那裡覺得自由，可以吃吃喝喝、賭錢。軍官有時也到廚房查看。我們經常觀察廚房外面的動靜，最要提防的是，注意處長有沒有來巡視。

在綠島監獄擔任伙伕的士兵，是個好差事，比軍官要舒服得多。他們很懶，只管煮飯，幾乎不炒菜。伙伕每天的工作就是煮三頓飯：早上是稀飯，中午晚上是乾飯。他們其實也不大懂得做菜。我們作伙委、幫廚的，寧可自己來炒菜，免得伙伕們隨便亂做。

當伙伕的，也有額外的油水，比方說飯鍋裡的鍋巴，按照慣例那是屬於伙伕的。他們故意把鍋巴煮得很厚，每天有兩、三斤重的鍋巴。伙伕常拿鍋巴去養雞，等於他自己多一個收入。他們也把鍋巴送給村子裡的老百姓，做一點利益交換。那些鍋巴只是輕微烤焦了，其實可以吃，如果用來煮稀飯，也蠻好吃的。

　　我們人犯也喜歡被派出去買菜，這樣可以到外面逛逛，是難得的機會。每天上午，有一個幹事帶著伙食委員、公差，走路去中寮或南寮買菜。食物材料由公差用籮筐抬回來，以後第四隊有了牛車，就用牛車運回。出去幫忙買菜的公差，平時是兩個人，遇到過年過節，軍官多派一些人。

　　營區沒有為我們搭建餐廳，各隊自己找地方吃飯，我們第四隊通常是利用籃球場，下雨天則在教室或寢室。開飯前，廚房把煮好的菜先做分配，放進一個個鋁製的小盆子裡。人犯們派公差去拿菜、打飯；軍官的飯菜，則是叫士兵去拿。用餐完畢，「幫廚」清洗小盆子。

　　吃飯時，六個人一組，飯菜放在地上，大家蹲著圍成一圈，後來我們想辦法，弄出各種樣子的簡單板凳、木箱子，讓自己能坐著吃，這樣舒服一點。綠島有時刮風，吹來很多沙子；人犯們吃飯，常有沙土被吹到碗盤裡。女生分隊開飯比較特別。她們的飯菜，是第六隊派人挑到門口，女生出來，把食物提進去。

　　我這個窮人，對綠島監獄的伙食很滿意。每天的兩頓正餐，是二菜一湯，後來改為三菜一湯。中飯和晚飯，分別是一餐有肉，一餐有魚。1960 年我出獄，又回到原來那澱粉工廠做事；有時候我在工廠裡吃到的，還沒有綠島的好。不過一些家裡有錢的難友，並不認為監獄的飯菜有什麼好。

　　在「新生訓導處」吃飯，讓我不喜歡的，是氣氛嚴肅。伙食準備好之後，大家蹲在地上。每次都是值星官喊口令，人犯們起立，值星官向隊長敬禮，下命令「開動」，大家才能蹲下去一起吃。這一套規矩，比我在日本航空隊時更嚴格。

　　廚房也會變些花樣，讓我們吃炒麵。台灣光復以前，我從

來沒看過麵條，我是到了綠島，才變得愛吃麵食的。每次過年過節，監獄給我們加菜，特別是春節，從除夕到初五，吃得更是豐富。軍官從人犯中挑出將近十人，派他們到廚房幫忙，每人負責一個拿手菜。將要過年時，隊裡就先確定了菜單，伙食委員去買材料。春節那幾天，我們用臉盆裝著菜，每個人大吃一頓。

第四隊辦伙食，不只是用「新生訓導處」發下來的伙食費，還自己找野味，那是不要錢的。我們到達綠島的前幾年，常被派出去撿田螺、抓田雞（田蛙）來吃。田螺肉很補，如果吃上一碗，第二天糞便中有血。

大家把田螺撿回來，先要洗好，讓它吐出沙子，再把水燒開，把田螺倒下去。燙過以後，從殼裡挖出螺肉，加辣椒下去一起炒。螺肉簡直是太好吃了。如果有酒喝，那味道就更好。

同樣好吃的是田雞，綠島人不吃這個。那裡的田雞太多了，尤其是下雨過後，在林投樹底下。我們出去抓田雞，都是兩個人一組。前面的人用竹竿伸進樹下、草叢，把它們刮出來，後面的人帶著大麻袋，撿起田雞就往袋子裡裝。

我們吃田雞的方法，也是加上辣椒一起炒，我很喜歡那個口味。人犯們到了綠島，島上的田螺、田雞，幾乎被大家吃光，後來舉行伙食比賽時，已經不容易找到這兩樣東西。

除了田螺和田雞，有一種東西也很好吃，就是山羌。我吃過幾次，記得它的味道。綠島的山羌很多，它是一隻大狗那樣的大小，跑得很快。我們追它時，有幾次它跑進老百姓的屋子。綠島居民說：「山羌如果跑到家裡，就是要人救命，所以不能吃它。」

不但我們人犯愛吃山羌，綠島人也喜歡吃。有一次我當

「採買」，到雜貨店去，那是李村長開的店；遇到一個楠西人，他姓葉，家住龜丹村，我祖母娘家也在那裡。他在楠西找不到工作，居然老遠到綠島來討生活，平時用陷阱抓山羌，有時候也做豆芽。那天他拿豆芽來雜貨店，要賣給李村長。我能在綠島看到楠西同鄉，感覺蠻難得。

大約是我到綠島的第四、五年，監獄舉辦伙食比賽，那段時間吃得太好了。原來早餐是很稀的稀飯，再加上一點點花生米；比賽開始以後，有燒餅、豆漿、油餅，甚至大家還吃過牛奶、八寶粥。

我們第四隊鼓勵廚房把飯菜搞好，又把吃不完的黃豆、白米賣給老百姓，換成金錢，派幹事到台東買牛回來。殺牛的那天，其他隊的伙食委員，以及附近的老百姓，也來向我們買牛肉。

伙食比賽期間，各隊花錢去買蛋、雞、鴨，所以綠島的菜市場裡，這些食物都變得少了，不好買。我們隊派出公差，到野外、海裡找東西來吃。我曾經被派去抓田雞。那時田雞很難找得到，它的味道又特別好；在比賽評分時，有田雞的那一頓飯，分數會很高。有的公差搞不清楚田雞是什麼，一些人抓錯了，把蟾蜍也抓回來。蟾蜍是有毒的，不能吃。

我們幾個抓田雞的公差，每人帶著饅頭到野外去，上午出發，晚上才回來。我對於有沒有抓到田雞，根本無所謂，好幾次回來是兩手空空，反正就在外頭待一天。我們不是在外面玩，而是利用這個時候，做口頭的傳授和交談，一起學習社會主義、共產黨的知識。

那一陣子，在伙食方面，各隊之間互相競賽。每個隊把做好的菜，拿到大隊部，在桌子上擺開來，讓大家比較。大隊

長、大隊指導員也出來看。評比時，分為「官長組」和「新生組」，分別由軍官和人犯打分數，然後綜合算出各隊的成績。

第四隊有一次集合點名，隊長說：「你們儘量吃。如果錢不夠，我回台北去把房子賣掉。」比賽連續搞三個月，一些人吃胖了。有個人犯的家屬從台灣來探望，驚奇地說：「怎麼氣色這麼好。」這不但是因為伙食改善，和我們經常勞動也有關係。

監獄舉辦這個活動，究竟是什麼原因，我們人犯並不知道。幹部私下聊天時，曾對我們講，軍官之間有內鬥，伙食比賽的事情也跟內鬥有關，所以各隊競賽，某些軍官很緊張。人犯們不懂這些內幕，我們只是在比賽中，的確享受到利益。

我後來回想，一些難友對伙食不很滿意，也是有他們的道理。我們每天吃的主食，是存放很多年、很陳舊的稻米，吃到嘴裡沒有香味。廚房的人不講究衛生。伙伕們要洗米時，把米放在籮筐裡，抬到流鰻溝，整個籮筐浸下去，再拿起來，這樣就是洗過了，而籮筐中間的米還是乾的。洗菜也在流鰻溝，同樣是馬馬虎虎，有洗跟沒洗差不多。幸好當時農民種菜不用農藥，那種伙食，我吃了十年也沒事。

在綠島我記得有兩次，新生訓導處的糧食供應中斷。聽說是天氣不好，從台東來的船不能靠岸，那時政府會派飛機投下食物，主要是餅乾和大米。

國民黨安排了牧師來綠島，向人犯傳教。我們很多次接到監獄的通知：天主教、基督教送來禮物，要給綠島的人犯，願意拿的人可以去領。從國民黨的這些舉動中，大家也看得出來，它希望我們信教，因為信教的人通常不會反抗。

教會送的物品主要是吃的，有奶粉、餅乾、豬肉牛肉罐

頭。一個罐頭大約有三公斤。我們雖然知道國民黨的企圖，但去領取的人還是很多。大家開玩笑說：「有什麼東西可以拿，就信什麼教啦。」

這些罐頭對我們有好處，吃完的空罐子可以利用。大家拿它來裝碗筷等雜物，很方便，平時收在床底下。

在「新生訓導處」，我養成兩個習慣。一是吃蒜頭。我現在到了老年，每天仍然要吃它，中飯、晚飯各一顆。那是由於綠島的難友中，不少是大陸北方人。他們向我介紹：蒜頭是個好東西。那些難友說，北方人有時出遠門，就帶上烙餅和蒜頭，如果路上口渴，就喝河溝裡的水。這樣可以挑著行李，在外面走十多天。

我另一個習慣是愛吃狗肉。狗肉是用燉的，加上辣椒、醬油、葱花等調味料。第四隊有幾個廣東人，老廣一向是喜歡吃狗。我們躲在廚房裡面，配著高粱酒吃狗肉。

冬天時，大家想辦法去外面抓狗，同時派人到村子裡，向老百姓買母鹿；一隻母鹿五十塊錢。綠島有人養鹿，他們只要留下公鹿，不留母的。第四隊想吃狗肉的人多，肉不夠分配，所以我們把鹿肉和狗肉一起煮。經過這樣處理的鹿肉和狗肉，一般人分不出來。

我不但愛吃狗肉，殺狗的技術也好，很多次大家叫我動手。不過，狗肉太補，不能多吃，只能嚐一嚐。

思想控制

寢室旁邊是教室。人犯在綠島的集體活動是：一天做勞役，一天上課；一、二大隊輪流這樣做。我們第一大隊，好像

是星期一、三、五在教室。有幾次女生分隊和我們一起聽課，她們坐在最前面。

上課的方式和學校很類似，一節課四十多分鐘，每節課後有十分鐘的休息時間，可以讓大家上廁所、抽煙。上下午都有課程。上課時，我們大隊的好幾百人，全部集中到教室裡；各隊值星官輪值，負責管理人犯，幹事們也在現場維持秩序。

監獄安排的科目有：領袖言行、國父遺教、三民主義、共匪暴行、中國歷史、中國革命史、蘇俄在中國[5]、馬克思主義批判、毛澤東思想批判、三民主義與共產主義……，也有歷史、地理。講課的教官是國民黨政工人員。我記得教「蘇俄在中國」的人，曾經分發書本給大家；其他科目沒有課本，只給我們簿子和筆，好像是原子筆。

新生訓導處對這種教學，相當嚴格，要求每個人犯要做筆記。難友們有這段共同上課的經歷，所以出獄後我們互相稱呼「老同學」。

人犯的文化程度相差很大。某些難友很有學問，但我們隊裡也有不少不識字的。監獄在晚上開辦「補助教育」，讓程度不高的人有一個加強的機會。補習的課程有數學、國文、英語三種；參加補習的人，分成三個學習班。高級班和初級班由教官講課，另外有一個識字班，是容納文盲和半文盲，由程度好的難友擔任教員。我就是在識字班中，學習認字、寫字。

起初，在白天集體上課時，那些課程當然是聽不懂，我

5　在蔣家統治時期，這是台灣很普遍的一本書，全名是《蘇俄在中國──中國與俄共三十年經歷紀要》。封面印有「蔣中正著」，實際上不是蔣寫的。

也知道講課的、聽課的都在混時間。有一次，教官在講台上談保險套。當時的處長是唐湯銘，剛好他走到教室的後門旁邊，聽到教官的說話。唐問坐在門口的一位難友：「這節是什麼課？」那人回答：「中國革命史。」處長只是說：「怎麼在講這個？」並沒有表示什麼。教官發現處長來了，也是一副無所謂的樣子，他的態度似乎是「這單位不歡迎我，我也不喜歡這裡。」之後那教官被調走。

一起聽課的人太多，教官在黑板上寫的字，坐在後面的人就看不見。那時沒有用擴音器，我經常聽不清楚台上所講的話。教官們各省的口音都有，我們很難聽懂他在講什麼。有一個浙江教官，是教「蘇俄侵華史」的，曾經說：「如果不聽話，豬油不給你過年。」大家覺得這個人簡直是亂七八糟，後來才知道他是說「自由不給你個人」。

教室很簡陋，沒有桌椅，每人坐在自己帶的板凳上。如果要抄筆記，就利用自己的膝蓋頭當作桌子。軍官定期檢查人犯的筆記，每個月一次。我並不討厭寫筆記；我總是利用上課的機會，來練習寫字。

有個第三隊的難友黃新球，是台南玉井人，他跟我個子差不多，也是矮矮瘦瘦的。黃和李媽兜[6]有關係，因為「糖廠案」被捕。國民黨在糖廠抓了一些人，有的被槍斃。黃新球從來不寫筆記，每次在我們隊檢查以後，他把我的本子借去，撕掉封面，再貼上他的封面。我們沒有漿糊，是用米粒黏住的。

6　李媽兜是中共「台灣省工作委員會」南部地區的負責人，二二八事變時，擔任「台灣自治聯軍」（嘉義一帶的民眾武裝）副司令員（司令員是張志忠）。後來他被國民黨逮捕處決。

等到第三隊檢查過了，他再把本子給我。軍官都蓋章在封面上；他用這個方法鑽漏洞。黃新球是五年徒刑；一直到被釋放回去，他沒有被軍官發現。

由於自己想練習寫字，我做筆記很認真；有人比我更認真。第四隊一個人犯是國民黨少將，姓周，他的筆記是用毛筆寫的，而且字很漂亮。

監獄不但要我們上課，也舉行考試。他們比照學校的方式，每月有月考，每學期有期考，題目是採用選擇題，完畢後還製作成績單。那種考試實在太輕鬆。考試時，教官比我們學生緊張；我們如果成績不好，就表示他教得不行。「同學」之間會作弊，監考的教官也幫我們作弊，他們技巧地講出答案。比方地理科考試，教官說：「從高雄出發，往北先到台南，再往北，到嘉義。」他所講的就是考卷的答案。這種考試對我們來說，一點意義也沒有。

我和大多數難友一樣，雖然人是坐在教室裡，但不聽課，心裡想著自己的事。一般教官所講的，不值得去聽，只有極少數例外。

教官中有一位名叫洪國式的，個子很高，又瘦又黑。他講課時不偷懶，讓人感覺很特別。他是「新生訓導處」處本部的人員，穿著軍服，可是他沒有配戴階級標誌。洪國式教「馬克思主義批判」等科目。他講解得相當認真，許多人專心聽課，連國民黨軍官也來旁聽。

洪國式上課有個習慣：開始很小聲，聲音慢慢變大，講到重點時，聲音更大。他教「毛澤東思想批判」，說到「毛澤東」三個字，就放大聲音，又經常把馬克思、毛澤東著作的原文抄在黑板，然後再寫上批判的句子。這在那白色恐怖時代，

1997 年在黃新球家中。左起：賴丁旺、林賜安、梁良齊、黃新球。

是很危險的做法。不知道洪國式是不是有什麼意圖。

　　我到綠島監獄後，一些難友把社會主義的理論，私下講給我聽。我怕忘記，寫在小紙條上。有幾次在聽洪國式講課，我把他的內容和紙條互相對照，發現是一樣的。第四隊人犯中有大學生，他們說，洪國式教的東西很豐富，連大學裡都學不到。

　　洪是大陸人，我不了解他的背景。照理說，一定是政府信任的人，才能教這種課程，但我聽到傳言：洪的思想似乎「有問題」。那個時候，常有這種可怕的小道消息。

　　1960 年我出獄，搭船離開綠島，剛好洪國式也搭同一班船去台灣。他由一位幹事陪同；洪是被監視的，不曉得他們發生了什麼事。在船上，我和洪國式坐在一起聊天，洪對於自己這次回台灣，感到很悲觀。他說：「我是完了，結束了。」後

來，我聽說他被處死。[7]

過了很多年，有人告訴我說，洪國式被國民黨逮捕後，願意「自新」，於是政府派他到「新生訓導處」作教官，可是洪國式在綠島的表現，沒有讓國民黨滿意。

在對人犯的思想控制方面，國民黨除了用講課的方法，還有就是「週會」和「小組討論」。政府搞的這些宣傳和洗腦，大家很厭惡。每個星期一上午要開週會，第一、二大隊全體集合，聽處長講話。副處長、政治處主任也可能講話；兩個大隊的指導員，輪流上台做報告。

小組討論是每天早晨都要舉行的，時間在早飯之後。大家覺得這種事情，和上課比起來，更叫人不耐煩；上課的人數很多，我們還可以敷衍。

監獄的統治者對於人犯們，各有不同的做法：對某些人用打擊、威脅的手段，而對另一些人，是用收買。小組討論是國民黨觀察我們思想狀況的一個機會，他們統治者很重視。即使人犯當天已被分配去做勞役，也必須在討論完畢，才能單獨走開。

我們討論時，是以「班」為單位。各班在籃球場、教室或寢室，自己找合適的地方，人犯們坐在板凳上，圍成一圈。那一班的幹事宣布了題目，就站在旁邊，讓人犯輪流發言。幹事拿著小筆記本做記錄，有時他也發表意見，或者主持「討論」的進行。

所討論的題目，是由指導員規定的，和政治有關，例如：

7　謝聰敏《談景美軍法看守所》（前衛出版社，2007 年）中寫道：洪國式被「亂刀砍死」。他是被國民黨以暗殺方式所謀害。

這是某一年春節時，在第四隊寢室門口照的。當時布置成牌樓，還掛了蔣介石的相片。

擁護政府、反對共產黨。那時在台灣內外雖已有少數人搞台獨，但綠島從來沒有以「反對台獨」作為題目。國民黨不願公開提出台獨的問題，應該是它不想刺激到某些人。一直到多年以後，蔣經國在美國差點被台獨分子暗殺，國民黨才逐漸公開批評台獨。

我非常討厭這種小組活動，因為每個人都要發言。通常大家是說統治者愛聽的話。某些人有文化，他們能講得多一點，像我這種農民出身的，每次大約只講兩三句就結束。很多時候，在輪到我發言之前，我請一位叫陳奕雄的難友幫忙。他在

紙上簡單寫幾句話，我照著唸。

後來我反抗國民黨的心理更強烈，所以參加這個活動，對統治者不是很服從。有一次幹事問大家：「三民主義好，還是共產主義好？」輪到我發言，我說：「兩個都一樣。」

幹事對我很不滿，認為是在找他麻煩，馬上反駁我。可是他文化程度差，講不出一個道理，說得亂糟糟，簡直講不下去，只好說：「好啦好啦，下次再討論。」當天的小組活動草草結束。很多難友覺得好笑。

這種局面對他們統治者來說，是很尷尬的。那天幹事沒有對我翻臉。其實國民黨迫害人，有各種手段，經驗豐富，如果幹部對我們嚴厲處置，第四隊會死很多人。我的猜想是，軍官們和人犯相處久了，某些幹部有一點情感。他不是很想升官的話，就可能放我們一馬，不那麼計較。

有一次，幹事發給每個人一張紙，要我們畫圖；他說，你們隨便畫什麼都行。他們用這種方式來觀察人犯的思想狀況。我在紙的中間，從上到下畫兩條平行線，寫著：「康莊大道」，兩旁分別寫「三民主義」、「共產主義」。

指導員把我叫去，問：「這是什麼意思？怎麼畫這樣？」我說：「不知道啊。」他問：「你自己想的？」我說是。指導員笑了笑，不再說什麼。我運氣好，沒有因為這事情被處罰，但後來軍官常找我麻煩，某些人也想陷害我。

當時我年輕，個性強，對於看不慣的人，我敢跟他衝突，不大在乎危險不危險。有難友說我是「瞎子不怕槍」。在一次討論中，我說了幾句話，惹得幹事不高興。他指著我說：「你思想有問題。」我頂嘴：「你思想也有問題。」他問：「你說我有什麼問題？」我也說：「你說我有什麼問題？」幹事更加

生氣。旁邊的人勸他：「賴丁旺是個粗人，不要理他吧。」其實那天我也不是有意去頂撞，而是自然的反應。

小組討論也有想不到的利益。在我坐牢期滿之前的一天，那次討論題目是「美國總統選舉」，當時美國剛好是艾森豪和另一個候選人，在競選下一屆總統。不久我被釋放回到楠西，還記得難友們發言的內容。他們所發表的意見，居然後來讓我在家鄉得到不少好處。

管理幹部

那時國民黨部隊的習慣，對軍官、幹部是稱呼「官長」。有些官長的階級高，例如大隊部和處本部的幾個軍官，他們和人犯很少有碰面的機會。我們如果看到大隊長、大隊指導員，老遠就躲開，萬一沒辦法躲避，只好向他們敬個禮，趕快走掉。

在「新生訓導處」，職務最高的是處長。第二任處長叫唐湯銘。他是湖北人，體型矮小，瘦瘦的，講話有精神，對我們還算客氣。他所說的普通話，容易聽得懂。唐湯銘經常在營區巡視；廚房、醫務所等地方，他也去看。我們人犯如果遇見他，按規定向他敬禮，唐總是點點頭。後來一些難友出獄，在社會上碰到困難，唐幫助過他們。

唐湯銘的太太也來綠島，住在處長宿舍。一般難友對她印象不壞。唐太太長得白白胖胖，有點「貴婦人」的樣子，說話和氣。我曾經和三個人犯，被派到處長宿舍去打掃。那天她拿出一個盤子，上面放了四杯開水，要我們喝，而且用的是玻璃杯，在當時，玻璃杯是高級的東西。我們看到這種茶杯，不大

習慣；人犯平常是用很粗糙的「牙杯」喝水。那天唐太太送來開水，看到我向外面走去，就問：「你去哪裡？」我說：「我手髒，要洗手。」她說：「不用洗啦。拿起來喝啦。」唐太太作為統治者那邊的人，在態度上比較尊重人犯。她能夠做到這樣，也是很少見。

綠島的管理幹部，跟我們關係密切的，是隊裡的軍官。每天清晨要集合點名時，可以聽到那些幹部催促、叫罵的聲音：「快點！快點！幹什麼的？」因為有的人犯年紀大，或身體不好，動作難免慢一些。

這些幹部是從各部隊調來「新生訓導處」，他們雖然是軍官，但水準不整齊，很多人素質低落。有一個軍官對大家說：「邱吉爾是我們在國外的華僑，他在世界上很有名。」這一類的笑話還有許多。

我們人犯的內心裡面，對幹部也很輕視。幹部幾乎都是大陸人，說話的口音各不相同，有的很難聽懂，最難懂的是浙江軍官所說的話。

在外表上，國民黨軍人比起日本兵，差得太多了。我在綠島看到的國民黨軍官，很多人是一副散漫的樣子，士兵比軍官更糟糕，他們的服裝也很隨便，不讓人民尊重。日本的軍服是土黃色，國民黨是草綠色。

有的軍官很壞，故意找麻煩。比方說，他們命令大家做立正、稍息的動作，一次又一次地不斷重覆，逼得難友發脾氣。這樣，人犯掉進圈套，讓國民黨有藉口迫害人。

第四隊的隊長姓張，河北人，主要是管理行政方面的事。他和人犯接觸不多，跟我們的矛盾比較少。每天的早晚點名，他雖然到場，但很少講話。張隊長的樣子，並不凶狠，好像也

不怎麼害人。在「新生訓導處」的幹部中，不害人的，就算是好人。

指導員姓陶，山東人，是個可怕的傢伙。他監管人犯的思想，是國民黨的鎮壓工具，甚至陷害我們。可能指導員這樣做，對他自己有利益，可以拿到獎金或升官。對於陶指導員，我後來始終是不合作的，一直到我離開監獄。

分隊長和幹事，是跟我們最接近的軍官。每個分隊長管理幾十個人；因為值星官由分隊長擔任，所以他們的作風，對人犯的生活和心情會有影響。每位幹事負責一個班，對班裡的成員隨時監視著。我們做小組討論時，他們在現場；人犯上課，他們在教室「監堂」。

有一陣子，派到我們第四班的幹事姓「時」，廣西人。他年輕，長得體面，個頭很高，而且身體強壯。時幹事做人不錯，對我們比較尊重。人犯是被強迫關到監獄的，是被壓迫者，因此很多人不願意遵守規矩，大家跟幹事之間，難免產生矛盾。時幹事有修養，他不在公開場合指責我們，通常是私底下和人犯做個別談話。他這樣的處理方式，在幹部中是很難得的。我那時在想：如果國民黨的人都像時幹事這樣，就不致於發生「二二八」。

他監督我們做勞役，看到大家在混日子，也不對我們囉唆。人犯被派去抬煤炭，他不像別的軍官那樣，硬性規定每個人勞動的份額。我們第四班能夠遇到他，運氣不壞。否則像我這種人，如果碰到品德很差的幹事，可能被陷害，說不定連命都沒了。

別人也覺得時幹事容易相處，我們會跟他聊天。有一次在山上做勞役，難友問他：「你為什麼姓時？這個姓太稀奇。」

他開玩笑說：「我也不知道。是不是祖先做了什麼事，不想讓人發現，就改成這個姓。」

有一位張幹事被派在第五班。他的家庭經濟很好，常收到家裡寄來的東西。張幹事來綠島監獄之前，正是台灣海峽局勢緊張的時候，當時他在桃園的一個部隊。由於金門前線缺乏幹部，而一般人不願意去，國民黨於是制定一個政策，鼓勵軍官到金門工作。張心裡想，自己是吃不開的人，留在台灣沒意思，去前線說不定有升遷的機會，所以他自願請求到金門。沒想到報告送出之後，上級不讓他去，反而把他調來很荒涼的火燒島。這是張幹事自己對我們說的。他講這些事情的用意，是提醒大家：不要太相信國民黨所說的話。

還有一位幹部，讓我印象很深刻。他姓洪，擔任中尉幹事，是軍官中唯一的本省人。洪是彰化人，體格和我一樣，很瘦小。他沒到綠島之前，本來讀農業學校，後來去「政工幹校」。

一個第四隊的軍官說：「洪幹事在政工幹校表現不好，才被派到綠島。」隊長的傳令兵也告訴我們：「洪幹事很可憐，他能力不行。開會時，隊長、指導員罵他『農校混不下去，到幹校。幹校混不下去，到綠島。』」我聽到這些，才知道綠島在他們軍官的心目中，原來是那麼糟糕的地方。我們人犯說：「在火燒島這種爛地方，管人的和被管的，都是國民黨不要的。」

洪幹事來到第四隊以後，過了一段時間，我發現他每天中午去中山室。我以為洪是因為那裡涼快，想要睡午覺。我常到中山室打乒乓球，每次看見他趴在一個小桌子上。

有一天我靠近他，發現洪不是睡覺，竟然是在哭。原來他

每天躲在這裡哭泣。我沒有驚動洪幹事，回寢室告訴幾個談得來的難友，他們也很驚訝，要我多注意，看看發生了什麼事。

我又去中山室，拍拍他：「洪幹事，不舒服嗎？」他說：「沒有沒有。」我說：「如果有什麼事，或身體不舒服，跟我們講，大家可以幫忙。」「沒有啦。謝謝你。」我看洪這個樣子，有點同情他。

洪幹事這樣躲起來哭，是因為國民黨的軍官和士兵，都瞧不起他。洪自己也對我說，被派到綠島，心裡本來就不是味道，現在長官常常罵他，跟同事的關係又搞不好，日子很難過。

他的處境確實很困難；人犯也把他看成是統治者，是敵對的人。當時我和洪幹事，兩個人都不大會講普通話，所以容易接近。我經常安慰他：「你比我們好，你還有薪水可以領。」我們接觸的次數多了，有些信賴感，後來監獄方面發生什麼狀況，洪幹事有時向我透露，讓我得到不少方便。從他那裡，可能聽到寶貴的消息，包括國民黨怎樣整肅我們，甚至它們想要害人，洪也對我說一些，提醒我注意。

後來我被釋放回家，有時想起洪幹事，覺得自己太早離開綠島。如果我被多關幾年，可能讓綠島多一個「紅頭仔」，也就是洪幹事。以我對洪的了解，以及彼此的交情，我有相當把握，能讓他認識到社會主義的理念。

過了很多年，我在楠西家鄉居然遇到洪幹事。那時一個鄰居嫁女兒，他家距離我家不到一百公尺。當天是中午請客，洪是新郎的親戚，他也來了。洪幹事已退伍，由行政院的「國軍退除役官兵輔導委員會」派到台北馬偕醫院，作「安全室」主任。那天我們沒有多說什麼，我想，他可能日子很好過；大家

都怕這種「管安全」的人。

在綠島，有一天我們大隊集合上課，發生抗議的事，給了我很好的教育。那時維持秩序的值星官是別隊的，他一向作風不好，平常難友們就不喜歡他。他指揮大家做動作：「板凳拿起來」「板凳放下」。幾百個人犯中間，難免有少數人不是那麼整齊，稍微弄出聲音。值星官不滿意，再下一次命令：「板凳拿起來」「板凳放下」，還是有雜音。他不高興，又再命令一遍，這次人犯發出的聲音反而更大。值星官就再下命令，大家更是不滿，這樣重覆七、八次。正好處長在附近，他聽到有吵鬧，急忙進來查看。大家看見處長來了，故意把板凳摔得很響，聲音非常大。處長生氣地說：「你們要幹什麼？要造反啦？」他問人犯怎麼回事。把原因弄清楚後，處長當場責備值星官：「你是怎麼管理的？」後來那軍官被調走。

這是我們囚犯在反抗行動中，很難見到的一個勝利，它讓我體會到「眾怒難犯」的意義。被壓迫的人們如果能團結，壓迫者就讓步。自從那次事情以後，幹部對我們的態度是好多了。

我到綠島過了幾年，監獄成立第四、五大隊，叫作「職訓總隊」，成員是從台灣送來的流氓。聽軍官說，四、五大隊的人被管得很嚴，例如，吃飯時有飯粒掉到地上，幹部會命令那人撿起來吃掉。軍官常對我們說：「同樣是被送來綠島，你們是很舒服的。」

在人犯中，我是個有點特別的人。幹部們起先討厭我，他們知道我很隨便，不大聽話。我許多次被軍官處罰，但仍然不改。

綠島四面是海，人犯是逃不出去的，所以在管理上，比一

般監獄要鬆懈。我儘量找機會溜掉，不上課，去海裡抓龍蝦、游泳，也利用退潮時撿小螃蟹，或到流鰻溝抓鰻魚，到野外抓田雞、撿田螺。我抓來的東西都送到廚房，給大家吃，對於自己抓的，我卻不太想吃。我這麼做，主要是喜歡那種自由的感覺。廚房的人愛吃我的東西，我們隊的鄭分隊長也喜歡那些野味。

我靠著這個本事，後來和鄭分隊長混得蠻熟。有的人就是這樣：原來他跟我相處不好，可是多給他一點利益，他也習慣了。鄭對我的不守規矩，往往假裝沒看見。

如果幹部存心想打擊某個人犯，十分容易，只要逮住他一次違規就夠了，可以把他整得很慘。我獨自一個人去海邊這件事，是違反規定的，但鄭分隊長不說什麼。每次我帶東西回來，就敲他的門：「分隊長。」他在房裡問：「幹什麼？」我說：「有啦。」他就說：「好喔。」過一下子，鄭走到廚房，甚至有時他買酒來，跟大家一起吃喝。

他又矮又瘦，四十多歲，湖南人。人犯們私下叫鄭的綽號「九指」，我不知道他是不是少一個手指頭。我總是忘記去看他的雙手，一直到離開監獄時，仍不確定他的手指是怎麼回事。鄭是第一任處長姚盛齋帶來「新生訓導處」的。

鄭分隊長在表面上嚴格，心裡還算好的，至少比政工軍官要好。我們另一個分隊長姓姜，是姚盛齋的小舅子。姜是當兵出身，比鄭分隊長粗魯。鄭的身子矮，聲音很響亮。他愛打籃球；每次打球，全場都聽見他的喊叫聲：「丟過來，丟過來。」

後來鄭分隊長對我不錯，雖然有時挑我的毛病。他在開飯時，常常大聲喊我的名字：「賴丁旺，賴丁旺。」我心裡不大

高興，以為他擺威風，去對他說：「分隊長，你不要這樣好不好？」鄭說：「我是好意的。假如你沒回來，可以叫別人幫你留下飯菜。」他這樣講應該是真的。第四隊的難友也說：「賴丁旺，你跟分隊長是怎麼搞的？他好像又討厭你，又關心你。」

第四隊的分隊長擔任值星官，本來是掛著槍，披著紅色的值星帶子。幾年後，人犯和幹部都比較放鬆，互相也熟悉了，值星官就不披那個紅帶子，也不配掛手槍。

我1960年離開綠島。後來聽說鄭分隊長辦理退伍，在流鰻溝旁邊開一家小店舖。又經過很多年，那時我在「楠西國民中學」上班，有學生要去台東考師範，於是我和學校的「家長會長」、一位職員帶著學生到台東考試。那會長對我說：「賴先生，火燒島是你的故鄉，我們去你故鄉玩好不好？」我說好啊，陪他們兩個人坐飛機去綠島。

那個飛機非常小，只能容納駕駛員和四位乘客，我坐在裡面，好像是搭計程車。當時天氣不好，飛機搖得很厲害，吱吱喀喀地響著，讓我想起鄉下人睡的竹床。人如果睡在那床上，只要有翻身動作，就發出聲響。家長會長嚇得臉色變白。我向他開玩笑：「你不用擔心。如果有事，不到兩個小時，你家裡就知道了。」我們運氣不壞，最後是平安降落。那種小飛機的確是很危險。在我們去綠島的一星期之後，掉下一架飛機，人都死了；每個人賠二十萬元。

當天到了綠島，我們去各地方遊玩。從前島上的經濟很落後，沒有小吃店和攤子；這次回去，看到中寮有小吃攤。三個人走向流鰻溝，我很遠就看到鄭分隊長站在一家小店門口，雖然已經二十多年，我還記得他。我對同伴說：「那個就是我的

分隊長。」同時心裡在盤算要怎樣跟他說話。我想起坐牢時曾聽人說：鄭被派到綠島之前，原來是在鳳山的一個部隊，因為他表現不好，才被調到「新生訓導處」。

大家走過去，靠近那小店時，鄭分隊長看到我。他說：「這位先生，我們以前應該見過面。」我的兩個同伴在笑。我回答：「是啊是啊，在鳳山。」鄭聽了，說：「喔，鳳山。」他似乎相信我的話。我向他買一瓶啤酒，另外兩人在店裡買飲料。鄭堅持不收我們的錢，一直說：「我請客，我請客。」我不願意跟他聊天，喝完啤酒就走。在國民黨統治下，處處有特務、線民，他們為了自己的利益，隨時在尋找壓迫、出賣的對象。對於鄭分隊長，不管他算不算壞人，我還是離他遠一點。

阿迪仔

國民黨軍隊裡的士兵，是被壓在最下面一層的人，他們中間許多人有不幸的遭遇，甚至是被抓來當兵的。他們跟軍官不一樣，沒有壓迫我們，和人犯容易相處，某些士兵和我成為朋友。因為時間過去太久，現在我能記得的士兵只有幾個人，「阿迪仔」是其中一個。

阿迪仔是我們第四隊的兵。他說的語言跟普通話不一樣，很難聽懂，不知道是哪一省人。阿迪仔身材中等，是個胖子，臉長得圓圓肥肥，紅紅的。他總是頭髮比較長。在綠島，人犯的頭髮都被剃光；一般士兵是三分頭，阿迪仔是五分頭，那時這種頭髮叫作「碰頭仔」。

他有暴牙，帶著一點傻氣，衣服經常不大乾淨，而且喜歡抽煙喝酒。阿迪仔個性是蠻有趣的，對別人相當忠厚，也可能

是文化水準低，驕傲不起來，所以跟很多人交情不錯。有時他被叫到隊部當傳令兵，有時候又被派到廚房做打雜的事，經常調來調去。

我曾經在廚房當公差，和阿迪仔有一段相處的時間。阿迪仔的毛病是愛賭錢。不過這不能太責怪他，國民黨的兵幾乎沒有不賭的，尤其是廚房的人，只要沒事做，就是聚在一起打牌。他們賭錢是用當時流行的「四色牌」。在正常情況下玩四色牌，每個人的輸贏機會，應該差不多，但阿迪仔很特別，我從來沒聽說他贏過錢。

有一天，我看他心情不好，就問：「阿迪仔，結果怎樣？」他生氣地說：「媽的，他們可能耍詐，為什麼我每次都輸？」我問：「你想贏嗎？」他說：「我想贏啊。你怎麼辦？」我說：「我有辦法。」阿迪仔很意外：「真的嗎？」從那天起，阿迪仔一直糾纏，要我教他打牌的技巧。我故意賣關子，沒有立刻答應。

幾天以後，他硬拉著我。我說：「沒有代價，我不教。」阿迪仔說：「你把我教會，我願意叫你阿公。如果你不想被喊阿公，可以叫我做事，我能做的都替你做。」我說：「我想喝酒。」「只要我能贏錢，每天買酒給你喝。」我知道阿迪仔身上隨時帶著四色牌，就說：「你發牌吧。」

四色牌的形狀是長條形，內容有車、馬、砲等各種類型。一般玩法是四個人一起打牌。發牌的人得到二十一張，其餘每個人二十張。通常的發牌方法是，如果發給別人，一次給五張，一共四次，然而阿迪仔發牌，非常糊塗，連自己也搞不清楚發出去幾次。他給了我二十張，我說：「怎麼不再發牌？」他又給我五張。

　　我對他說：「你怎麼發這種牌給我？」「怎麼了？」「胡了啊。」阿迪仔說：「哪有這種事？」我把其中五張抓在手心裡，其餘二十張攤給他看。阿迪仔很吃驚：「怎麼這樣？」我說：「你不相信嗎？再發牌吧。」

　　他又發牌。我說：「還差一手啊。」一手就是五張的意思。他給我一手。玩四色牌有個特點：如果能多搞到五張，幾乎每一次都可以「胡」。我說：「阿迪仔，又胡了啊。」他不信。我說：「你不信，拿去對對看。」阿迪仔看了看：「你手氣那麼好嗎？」我說：「就是呀。」

　　第三次，我還是說：「又胡了啊。」阿迪仔問：「怎麼這樣啊？」「你自己看嘛。」把牌拿給他看。阿迪仔知道我的厲害，就問：「你想不想喝酒？」我說想。他說：「我去買。」立刻到福利社買了兩瓶米酒，一瓶是五毛錢。他要和我一人一瓶對著喝。我說：「我一瓶喝不完，只能喝一點點，到廚房大家一起喝吧。」

　　那天我們去廚房，正好是下午，還沒煮晚餐，材料已經準備好了，只是沒有丟進鍋裡。燒飯的士兵見到我們兩個拿著酒，馬上炒幾個小菜，跟我們一起坐下來喝。

　　大家這樣喝酒，連續兩、三天。阿迪仔對我說：「你不是要教我嗎？」我說：「教了啊。」「什麼時候？」「那次不是教了你嗎？你沒發現嗎？」他傻傻地說：「沒有啊。」

　　我就告訴阿迪仔，在洗牌時，先把幾支牌藏在手心，而且要選車、馬、炮等大隻的牌。做到這一步，再搭配另外二十一張中間的適合的牌，這場牌就不用打了，保證能贏。

　　阿迪仔非常驚奇。他問：「你以前都這樣做？」我說：「我再教你。」我向他示範幾遍，叫他自己練習，並且提醒

說，這樣打牌非贏不可，但要記住幾個重點：一是眼睛要快，二是手要快，第三，隨時準備打架。如果對於打架沒把握，不能用這招。

那天以後，阿迪仔跟別人賭錢，經常能贏。他是去找其他單位的人打牌，像勤務連、處部連等。他如果跟廚房的士兵賭錢，就不能用這招；廚房的人雖不曉得阿迪仔的招數，但知道我有教他花樣。後來，阿迪仔常到外面，和綠島老百姓一起賭。

自從阿迪仔開始贏錢，他對我很好，經常找我去福利社，一起吃東西。阿迪仔在其他事情，也給我方便。有一天他對我說：「賴仔，你想不想到外面去玩？」我問：「怎麼出去？」他說：「我的衣服給你穿。」我於是穿上、戴上他的衣服和帽子，兩個人就這樣混出去。

我用這個方法，到營區外面玩過好幾次。假如想矇混出去，要經過兩個關卡：一是大門口的衛兵，二是鬼門關的衛兵。我故意裝作大牌的樣子，跟阿迪仔搖搖擺擺走過去，這樣衛兵反而不會注意我。

出去之後，我們到老百姓家裡賭錢，阿迪仔和我幾乎沒輸過。我把自己贏來的錢，大約有幾十塊，放在阿迪仔那裡。監獄規定，人犯身上不能帶錢，原因大概是：要預防我們逃亡，或避免人犯和當地老百姓有接觸。

我和阿迪仔每次外出，也到島上各地方閒逛，兩個人跑到中寮、公館，那是人口比較多的村落。有少數軍人在綠島結婚，新生訓導處在柴口為他們蓋了宿舍，阿迪仔認識這些軍人，帶我去他們的家。我們在他們屋子裡煮點心吃。那個時期是我快樂的日子，可以說，一般親兄弟也未必像我們這麼好。

　　有一次我們又溜出去。返回營區時，剛走過鬼門關，前面來了一個軍官，階級很高，好像是少校的樣子，可能他要去海邊。那天也許是我自己緊張，舉手敬禮稍微慢一點。少校不高興，問我：「哪個單位的？」我想：「糟糕，這要怎麼辦。」阿迪仔在旁邊馬上替我答了一句。那軍官打我兩個耳光。平時大家覺得阿迪仔笨笨的，到這時候他反應還蠻快。我聽不懂阿迪仔的回答，甚至不知道他說的是不是普通話，也可能他說的是什麼代號。

　　兩人到了廚房，阿迪仔對我說：「對不起啦。」我回答：「不要緊，兩個耳光很划得來啊。」他這才想到，我們是運氣好，不是運氣壞，連忙說：「對喔，對喔。」從那天開始，我不敢偷偷混出去。這個耳光也給我很好的教育；我常提醒自己，不要有僥倖的心理。

　　我在綠島期間，或許阿迪仔為我說了一些好話，因為他有機會接觸到幾個軍官；洪幹事、鄭分隊長，可能也幫了我的忙。要不然像我這樣不安分的人，一定被移送到小琉球的。

　　阿迪仔和我交情好，是大家都知道的。他沒讀過書，人又笨，但也曉得國民黨會騙人。他告訴我一件事。勤務連有個開卡車的駕駛兵，平時為監獄載運補給品，一天，他開車經過中寮村，撞死了老百姓。新生訓導處想要安撫村民，就告訴他們：「一命抵一命。我們把這個闖禍的兵，送去台灣槍斃。」那人果然被送去台灣島，當然他不是去抵命，其實是被調到北部的一個部隊。綠島的老百姓太單純了，才會被騙。那個兵後來寫信給大隊廚房的人，所以阿迪仔才知道這情況。

　　我出獄回家以後，沒有和阿迪仔連絡。我不敢寫信給他，這是為了保護阿迪仔，免得萬一有人用這事陷害他。以我們

兩人的關係，如果到現在還有連絡，他一定想搬過來和我一起住。

勞役

在綠島，我們經常被派去做勞役，國民黨把它叫作「勞動服務」。軍官指定的勞役包括：挑水、挑煤炭、打石頭、砍柴、割茅草等等；有人被派到處長宿舍去打雜。在人犯中間，少數年紀大的，幹部不叫他們做吃力的勞動，而是讓他們當「輕公差」，只做簡單的事，例如掃地；麻袋、鐮刀、棍子等工具，也叫他們保管。

要到外面做勞役的那一天，通常是值星官下命令，讓人犯們整理好隊伍，由軍官帶出去。做勞役時，我心情會愉快一些，因為留在營區裡太不自由；我身體好，不怕累。在監獄外頭，軍官不易控制人犯的一舉一動。平常難友之間儘量不講話，以免惹來麻煩，到了野外，才找機會偷偷地說話。

在山上做勞役，可以看見太平洋，以及海上的漁船、大輪船。我很羨慕它們，心想：「假如能載我回去，不曉得有多好。」如果當時附近沒有打小報告的「狗仔」，我會大聲唱歌，或者大叫，罵國民黨。

監獄叫我們人犯做工，固然有集體生活上的需要，但也是一種統治方法。幹部分配各人勞動的項目，往往造成難友中間的不公平，引起矛盾，這樣有利於統治者。

我們勞動的內容，從殺豬、開闢土地、蓋房子，什麼樣都有。新生訓導處曾經叫人犯去修路：從營區到南寮，把原來的小路拓寬，讓兩輛大卡車可以走。做勞役有時候並不容易，比

方說上山砍柴，就需要把樹枝、樹幹砍下來，再搬回營區。挑水、抬石頭等工作，也是比較困難的。有一次，在廚房附近的空地上，監獄叫我們用咾咕石、茅草搭蓋一棟房屋，並且把它命名「中山室」。做這項勞動也很累。

我是農民，做勞役不成問題，某些難友是讀書人，有的是教師，就可能吃不消。例如挑東西，是兩個人犯一起出力，通常體力好的人，會幫助同伴，把重量靠近自己，另一人可以輕鬆一點。即使這樣，不少人還是挑不動：肩膀腫了，腳也痛得無法走路。

有些人在挑東西時，為了怕痛，把毛巾墊在肩膀上，弄得厚厚的，但挑不動的人，仍然是撐不下去。每次做這種勞役，軍官都規定：除非幹部下命令，否則人犯不准休息。然而很多人實在受不了，只好自動坐到地上，在這時候，可以看出那些軍官的好壞。有的幹部破口大罵，威脅我們，強迫人犯站起來，有的幹部則假裝沒看到，讓大家喘一口氣。

軍官很多次叫大家去找「月桃」，它是一種草本植物。人犯們砍下月桃的莖，除掉葉子，把皮剝成一條條的，然後晒乾。它的纖維可以做繩子，或編織成袋子。我們剛到綠島時，許多人沒鞋子穿，監獄就教大家用月桃皮編草鞋的方法，這事情叫作「打草鞋」。

月桃的纖維比麻更堅固。我們抬石頭，要用到它做成的繩子。當地人在船上用的纜繩，也是月桃做的，因為不會被海水腐蝕。剝月桃皮這類工作，就是由「輕公差」負責。

每天最常見的勞役是挑水。我們隊的營房門口，放了三、四個五十加侖的大鐵桶，常需要有人去流鰻溝，把水挑來倒在桶子裡。很多人怕做這件事。第四隊至少一半以上的人，是沒

力氣挑水的。這幾乎都是我做；我天天犯錯，每天被處罰去挑水，已經成了專利。我認為這樣也不錯，可以混水摸魚，別人看我好像很吃虧，其實我蠻愉快。幹部有時候問我：「賴丁旺，你剛才跑到哪裡去？怎麼找不到你？」我就回答：「挑水啊。」

去挑水時，我把水桶放在某一地方，自己跑到海邊去玩。如果不想去海裡，就坐在流鰻溝附近休息，看綠島的山和海，或者看看女生。女生分隊的人也常來溝邊洗衣服、拿水。水是很重的，她們挑不動，只能兩個人抬著水桶，慢慢走回去，而且那桶子還沒裝滿。我也利用這個偷懶的機會，躲開監視，跟別的難友做接觸、學理論和知識。

一般人犯對於做勞役，是很不情願的。國民黨幹部也學中共的做法，在勞動中展開競賽，多做的有獎勵，少做的被處罰。凡是有這一類比賽，我總是被處罰的人。在綠島搞的勞動競賽，也是有詭計：幹部在過程中做小動作，挑撥人犯之間的關係。

綠島山上有幾種植物特別多：茅草、茅杆、月桃等。我們經常去割茅草。做這工作時，人犯在野外找石頭和水，拿來磨鐮刀。有人對這勞役覺得不好受，因為要彎腰很久，手掌也可能弄破。

大家也去砍茅杆。它的莖很直，有兩、三米長。我們用左手抓住，右手拿鐮刀，彎著腰去砍斷它，把葉子剝掉。那杆子可以蓋房屋，作屋頂的支架。茅杆的最主要用途，是做菜園子的籬笆，防止老百姓的雞、狗跑進菜園裡。

軍官有時要求我們整天砍茅杆，早上、下午、晚上都去勞動。某些人犯一次能砍幾十支、一百支，我甚至聽說，第四隊

的最高紀錄是兩百支。我卻永遠只做六、七支，絕對不肯多出力氣。砍茅杆的時候，幹部不容易掌握人犯的行動，我用這時間去玩、休息，或者學習。

有一次，幹部派我和兩個難友去山上砍茅杆。我們三人商量好，每人都做得不多，看看幹部怎樣處置我們。那天我砍二十支，另外兩人也是二十支。回到營區交差，他們兩個沒事，我還是被處罰。那軍官對我說：「你們三個人當中，你的茅杆最細。」

幹部強迫我們到野外做工，從另一方面講，我也把它看成是磨練，體驗一下艱苦的生活。例如口渴，必須找水來喝，有時池塘的水不乾淨，牛泡在池子裡面，大便也拉在池子裡，然而我們照樣喝那水。

在各種勞役中，我喜歡到廚房打雜。那地方讓我覺得自由，也夠有趣。我和廚房的人相處很好，經常替他們洗菜、幫忙殺豬。

殺豬的一個重要步驟，是刮豬毛。我們把死豬放到大鍋子裡，用滾水煮。它被燙過之後，大家把豬放在地上，兩、三個人同時刮毛。用來刮毛的刀子，必須是鈍的，這樣才可以把毛全部拉出來。做這事情有特別的技巧，要靠經驗；豬的體積大，無法整隻放進鍋子，我們必須出力，讓它移動、翻身，而且時間也要掌握好。燙得太久，毛拔不出來，燙得不夠也不行。

在廚房我經常殺魚。殺小魚沒什麼好處。如果殺大的魚，像鬼頭刀、炸彈魚等，我把它周圍的部分切掉，留下靠中心的那一塊，沾一點鹽巴吃下去。那個味道最好，非常鮮美。

有一天在廚房打雜，看到角落裡放了很多香蕉，我忍不

住拿來吃。沒想到，吃得太多，胃部發脹，實在受不了，不但我自己害怕，其他人也緊張。難友們要把我送到醫務所，有人說：「他是偷吃的，不能去醫務所，會被處罰。」另外一人說：「聽說泡海水，就可以好。」難友陪我到海邊，我泡在海水裡。過了很久，才慢慢感覺輕鬆一點。

新生訓導處都是利用人力做工，後來第四隊養一條牛，是拿公家的錢買的，讓它拉牛車。軍官指定一位叫「楊勵」的人犯，專門負責飼養它。

楊勵是台南大內人。他身體強壯，不識字。國民黨說他涉及「大內案」，把他抓進牢裡，判了十五年徒刑。他被派去養牛，是監獄最好的差事，因為可以不上課，也不做其他勞役。在綠島，養牛比養雞、養豬簡單得多，每天只要把牛牽出去，用繩子栓住，讓它吃草就行了。養牛的人如果想跑到外面去玩，他有很多機會。

綠島監獄的圍牆，就是人犯們「勞動服務」做的，這是最明顯的勞役的成果。我們抵達「新生訓導處」不久，幹部派我們去打石頭，用來當作圍牆的材料。太陽光很強，在海邊做這勞役特別辛苦。我趁著打石頭的時候，溜到海裡去游泳。衛兵看到了也懶得管，他知道我沒辦法逃走。

人犯除了被迫做圍牆，還搭建兩個門：「新生之家」和「革命之門」。2005 年我到綠島參觀，看見那裡只剩下「新生之家」，其餘幾乎都已拆掉。現在遊客到營區附近，所看見的海邊是平平一大片，然而原來是高高低低的很多咾咕石。我在綠島坐牢時，監獄也叫我們用那些石頭，蓋起了克難房子。

營區後面是山地，國民黨命名為「四維峰」。有一次，軍官叫人犯到那山上，做一個「禮義廉恥」碑，我也被派去勞

動，主要是挑石頭。我離開綠島後，石碑垮了下來，把圍牆弄壞，還壓死人犯林達三；他是我的朋友，家在台中。

新生訓導處又在營區南邊興建「中山室」和其他營房。雖然這些工程是由民間的廠商承包，我們隊也派出很多人犯去做工。那一次勞役很特別，是有工資的，做一天可以拿到五毛錢，工作項目是：為包商抬砂子和小石頭。在表面上，包商是使用廉價勞力，但這麼少的工資，後來包商都不願意給，因為人犯是混時間，非常沒效率。

那包商對我們規定了工作的份額：上午時間，一個人要挑二十籮筐的小石頭，做完就可以休息。結果有人拿著空籮筐轉圈子，不到十分鐘走二十趟，大家用各種花樣來敷衍。包商很不甘願，就不肯再僱用人犯。我在那工地勞動一個月，領到十五塊錢，然後拜託一位幹事，請他用郵購的方式，幫我買到一本字典。這是我第一次買書。

每隔一段時間，國民黨政府從台灣運送物資給「新生訓導處」。它們是用船，運到中寮或南寮的海邊，監獄派出人犯去把東西搬回來。

煤炭是被運到中寮，其餘物資到中寮或南寮。現在去綠島的旅客所看到的飛機場，就是在中寮和南寮之間。我們從監獄走到中寮，要四十分鐘，到南寮一個鐘頭，所以挑煤炭、抬米，是很辛苦的。每次搬運這些，都是上午下午各一趟。

做這種勞役，我們有機會看到國民黨軍隊腐敗的一面。運來的煤炭是很碎很小的煤渣，不是大塊的煤。負責後勤的幹部貪汙搞錢，如果天空只落下幾滴雨，他們就叫人用桶子裝海水，把煤炭淋濕；海水用得太多，結果從一堆堆的煤炭下方流出來。看上去很好笑：馬路是乾的，煤渣卻是濕的，有點像泥

漿。這樣搞鬼之後，煤炭在過磅時，可以增加重量。軍官用這個手法作弊，我們雖然知道，也不敢向「新生訓導處」反映。

國民黨軍人在聊天時，對我們說，綠島的幹部和台灣方面有勾結。一些要給我們的補給品，根本沒有運到綠島；東西還在台灣，就被賣掉了。

由於有人貪汙，廚房用來煮飯的煤炭不夠用，我們必須去山上砍柴，尋找補充的燃料。監獄廚房做的是大鍋菜，炒那種菜需要大火。有時炒到一半，火不夠大，廚房的人把腳上的膠鞋脫下來，丟進爐子裡，火立刻變大。等到做完菜，他們再去晒衣場偷別人的鞋子。

有一次，我被選舉為「伙食委員」；我抓到「特務長」貪汙的證據。國民黨軍隊的每個連隊，設立一個特務長，由士官長擔任。那特務長不是搞情報的，而是做後勤工作。我們隊的特務長姓周，外號叫「臭腳仔」，第四隊所吃的黃豆、大米等東西，都歸他管。他對人還好，常常和我們一起喝酒。

那天我到廚房打雜，看見特務長在分配糧食。我突然心裡想不通：本來每次煮飯前都用容器量米，可是最近他改為秤重量。特務長找來一個木頭桶子，那本來是裝味素的；他把米放在裡面秤重。我想，原來用容器量米，是最簡單，為什麼要改呢？

特務長可能也知道有人懷疑。他對大家的說法是：從前的做法不夠準確，因為量過以後，如果把容器搖一搖，米粒又再下陷一點。我覺得他說的不是什麼理由，懷疑他在搞什麼名堂。

我趁特務長不注意，走過去把桶子上下顛倒。這一來讓他穿幫了：桶子底部套了一個鐵圈，是他故意加上去的。特務長

用這方法搞鬼。那鐵圈我估計有一公斤，這樣他每餐可以省下
兩、三公斤的大米。我以前就曾猜想，他把省下的米拿出去
賣。廚房的慣例是，如果某一天做飯，炒菜加了辣椒，就要多
煮三分之一的米；然而特務長好幾次告訴廚房：炒菜不要加
辣椒。

這件事我沒有告訴別人。特務長對我說得很坦白：「我是
不應該，但你最好就這樣算了。」我也曉得這事情不能擴大出
去，如果傳到軍官那裡，對我絕對是不利的。萬一特務長扣我
帽子，陷害我，隊裡的幹部不會支持我。後來特務長對我很
好，給我很多方便。

不服從的鬥爭

我在綠島監獄裡，是「大錯不犯，小錯不斷」。一方面是
由於我的個性；我在家鄉時，就是那種有自己意見、不夠安分
的人。我又被國民黨迫害，心裡面對它是不可能屈服的。

還有，我要故意向國民黨搞亂。自從在監獄接觸到左翼
思想，我贊同它的鬥爭觀念，這是對窮人、被壓迫人民有利
的。我認為對於那些錯誤的東西，人民應該要跟它鬥爭，這樣
社會才能進步。毛澤東也說過：「掃帚不到，灰塵不會自動跑
掉。」所以我在監獄裡，每天都不聽話，故意製造小麻煩，讓
自己成為幹部眼中討厭的人。國民黨壓迫我們，我們就使它不
那麼順利，給它增加困擾。我在綠島一直是用這種態度，不少
難友也是這樣對付統治者。

這種鬥爭隨時可能發生。監獄對人犯的生活，做了很多規
定，我找出一些項目來抵抗，比方說，我的上衣，經常是不扣

扣子，故意讓軍官看不慣。軍官一再命令我們：「人犯只要離開寢室，一定要戴帽子。」我就是不戴，寧願被罵、被處罰。

用「不戴帽子」來表示不服從的，在第四隊中，好像只有我一個人。監獄舉辦運動會時，軍官鼓勵人犯們參加，我也是不參加。不管大事小事，我儘量不合作。別的難友也在其他方面，對幹部進行抵制，他們用各自的方式。

營區沒有自來水，而第四隊每天要用很多水；最常見的處罰，就是叫人犯去挑水。「罰站」也很普遍：軍官命令人犯站在大太陽下。我在大家睡午覺時，被叫到籃球場罰站，至少一個鐘頭。難友阮紅嬰，給我印象很深；我被罰站，他會拿開水給我喝。

鄭分隊長剛開始還管我，時間拖久了，也有點懶得再管。我永遠是沒戴帽子的，所以儘量不讓他看到。有時候我躲不過；鄭分隊長見到我，大聲喊：「賴丁旺！」我每次答應：「是，是。」不等他說第二句話，自動拿桶子去挑水。我願意接受處罰，永遠不改變自己的做法。我是農民，身體好，不管軍官給我什麼樣的處罰，我都可以應付。

我用類似耍賴的方法對付軍官，這需要動一點腦筋，不要太讓他們下不了台。如果真的把軍官惹火，說不定自己倒大霉，甚至性命也可能丟掉。

幹部用各種方式逼我們勞動。我的對策是：你要我多做，我偏偏少做。有一次大家去山上砍茅桿，人犯中有拍馬屁的，他一次砍了一百六十支，我只有六支。也有人批評我「想逞英雄」。我認為就算是逞英雄，也是件好事，只要能讓壓迫者不舒服的，都是好的。

人犯們經常被派去抬米、挑煤炭。抬米這種勞役，我沒辦

法投機取巧；米的重量是固定的。一大麻袋的米，差不多六十公斤，四個人抬，用抬棺材那種姿勢。挑煤炭就不同，因為是人犯自已裝進麻袋的，我們可以玩花樣。有一次，我和難友被派去勞動，我們兩人只挑了一圓鍬的煤，走到營區，剛好被值星官看到。他忍不住笑了，對我說：「賴丁旺，如果這些煤炭給你當中飯，還不夠你吃的。」

我也被派到處本部，去掃地、洗碗，中午在那邊吃飯。當時自己的思想已經比較深入，對國民黨政權的反動性認識更多。我在處本部打雜，面對統治者，也是帶著鬥爭的態度，不願意為他們服務。軍官吃過中飯，我把他們的碗泡在水裡，等到要吃晚飯時，才去撈起來，用衣服擦一擦，讓軍官用。每個碗都是油油、髒髒的。

某些人犯看到階級高的軍官，心裡會害怕，我不怕。在處本部做勞役很輕鬆，有人願意去，但我不這樣想；那裡的軍官不喜歡我。儘管他們不高興，卻沒有罵我，不知道是不是他們修養好。後來處本部不要我了，叫我回到第四隊。

其他難友也對幹部做出反抗行為，情節嚴重的人，受到了可怕的處罰。有人被送走，沒再回來，不曉得他們的命運是怎麼樣，恐怕一些人被國民黨殺掉。

有個時期，人犯之間流傳著消息，內容是：綠島的政治犯將要暴動。國民黨似乎得到情報，派一個憲兵連，住進南邊的空營房，就是後來的第三大隊的房子。我經常看到憲兵在活動。那憲兵部隊和「新生訓導處」勤務連很不一樣：穿的制服不同，走路姿勢也不同；憲兵整齊多了。

某些不服從的人犯被隔離，關到碉堡裡。營區附近有幾個碉堡，新生訓導處把山上的那個碉堡，當作牢房來使用。如果

有人被關在裡面，難友就要給他送飯。軍官規定送去的只能是白飯，不能給他菜吃。我們送飯時，拿著兩個鐵罐：一個裝米飯，一個裝開水；偷偷把菜、魚或肉，埋在罐子的最下面，上面用米飯蓋住。由於現在距離當時太久，我忘記那幾次究竟發生什麼事，讓難友受到這種處罰。

一個幹事告訴我：陶指導員認為我有點頭腦，不大好對付。陶曾經問我：「你有沒有讀書？」我說沒有。他臉上露出不相信的樣子。我對他說：「如果不信，你可以去查。」

陶指導員的身材相當高，很瘦，臉色蒼白。他總是沒有精神，從來不挺胸走路，而且說話速度慢，有氣無力。大家給他的綽號是「落屎」，也就是台灣話「拉肚子」的意思。

他說話，習慣用獰笑的表情，講威脅的話。我們看到他那樣子，心裡會怕，覺得他有陰謀。陶指導員常說：「你想搞什麼名堂，我們都知道。」、「種豆得豆，種瓜得瓜，你們小心一點。」、「紙包不住火。」人犯對他印象很壞。我聽難友說，每個隊的指導員，都是這一類的人。

軍官曉得我有反抗的想法，這對我的安全很不利。指導員警告過我：「你再這樣，不讓你回家。」他的意思是，即使我刑期結束，也可以不釋放我。那個年代，白色恐怖十分猖狂，我對國民黨可能做出的手段，心裡有數。我已經落在他們手裡，是很容易吃虧的。

我用這種態度去面對國民黨，少數難友並不贊成。我是屬於軍官們最不喜歡的那種人；沒想到的是，自己刑期屆滿時，他們居然放我走。我沒被送到碉堡關起來，沒有去小琉球，可以說是運氣好。

也有難友說，我的方法算是成功。他們認為我雖然沒學

歷，但是向國民黨鬥爭，還蠻靈活的。我們聽說，有的人犯被逼著去陷害難友，才被國民黨准許回到台灣。

也許我的抵制方式比較特別，給別人留下印象。很多年以後，我在台中碰到一位姓陳的「老同學」。他指著我，對身旁的太太說：「我常常跟你講的那個人，就是他。」我在綠島時，思想不夠深入，只是生活方面不跟國民黨合作，沒有能力考慮更多的問題，例如：結合人民力量、推動民主、打倒反動統治等等。

狗仔

在人犯中間，有不少是為國民黨做走狗的。他們幫統治者迫害人，監視、打小報告、散布謠言、陷害難友。我們叫這種人「狗仔」。國民黨會用收買、威脅的手段，尋找可以當走狗的人。也有難友說，監獄裡某些人犯是假的，是由特務冒充，故意混在我們內部。

作狗仔的人，我估計可能有三分之一。我們隊一個出名的狗仔，叫奚仲良，這個人品德很壞。奚仲良又瘦又高，他說話時，眼睛和嘴巴的形狀，跟 2000 年民進黨的行政院長張俊雄，簡直完全一樣。奚仲良說話客氣，不過，他的相貌就像是狡滑的人，喜歡嘻皮笑臉，大家叫他「笑面虎」。第四隊裡，那些被殺害的難友，像吳聲達、陳行中、陳南昌、陳華，是被他害死的。

奚仲良很特別。按照一般的道理，要當狗仔的人，應該是躲起來的，然而奚是公開的狗仔，第四隊難友都知道。有幾次我們人犯在一起講話，有人不小心說出「不適當」的內容，比

如發牢騷；那人說了之後，才發現奚仲良在附近，可能被聽到，這時說話的人難免不放心。奚仲良遇到這種狀況，居然主動對那難友說：「沒關係，沒關係。」還裝出一副安慰別人的表情。可是奚仲良馬上去向軍官報告了。

他這樣到處陷害難友，我和別人都想不通：究竟奚仲良得到什麼好處？一些人犯很疑惑地說：「奚仲良是被關了以後，才變成這樣的？還是本來就這樣？」我也聽過幾個難友說：「國民黨怎麼會把奚仲良這種人也抓進來？真是奇怪。」

某些作狗仔的，也沒好下場。後來聽說奚被國民黨槍斃。

幾十年後，有人告訴我，奚仲良是江蘇人，在大陸就當特務，可能是「軍統」[8]。國民黨被解放軍打敗時，奚有點動搖，被人密告，政府把他逮捕。

有一個狗仔是最壞的，我差點被他害死。他叫簡銅柱，台中人，臉色比較黃，中等個子，稍微瘦一些，知識分子出身，聽說以前當過公務員。簡銅柱給人的感覺，是一副相當精明的樣子。

他本來屬於別的隊，後來調到我們第四隊。他的人還沒到，風聲已經到了；別隊的難友找機會向我們打招呼，叫大家提防簡銅柱。我們知道他會害人。有時他想找別人說話，大家都不理他。難友們看到簡銅柱就痛恨。

1988 年左右，出獄的老同學們要成立「台灣地區政治受難人互助會」，一些同學想連絡簡銅柱，可是怎樣也找不到他。有人猜想，「簡銅柱」不是真正的名字，可能是國民黨派

8　國民黨設立的特務組織，全名是「國民政府軍事委員會調查統計局」，1938 年 8 月成立，1946 年改組。

他混進人犯中間。

一天中午，正是大家睡午覺的時候。我屬於第四班，睡在上舖，簡銅柱是第二班，睡下舖，跟我的舖位隔著走道，在斜對面。我忽然聽到床下有「扣扣」的聲音。那天我很警覺，立刻爬下來。我動作快，簡銅柱的動作也很快，他馬上坐到他的床舖。

我檢查床底下的東西，把自己的牙杯蓋子打開，竟然看見裡面有一張字條，寫著：「下午六點鐘司令台後面見」。我一看到這個，心裡明白是怎麼回事了。

我去敲陶指導員的門。他在裡面問：「誰呀？」「賴丁旺。」「有什麼事嗎？」我說有；進去把紙條給陶看，問：「簡銅柱為什麼把這條子放在我的牙杯裡？」指導員居然問我：「他會這樣做嗎？」

陶指導員把簡銅柱叫來。簡說不是他幹的。我問簡：「大家都在睡午覺，為什麼我下來，只看見你坐在床舖前面？」簡說我亂講。指導員也不調查筆跡，卻對我說：「賴丁旺，我看算了，以後你自己小心一點。有事再講啦。」

我仍然不肯放棄，問指導員：「萬一這紙條被你先拿去，你怎麼處理？」他說：「不會啦。沒有這種事啦。」指導員把條子收去。

如果這紙條留到晚上，我就沒有命了。那是一個非常可怕的時代。我落在他們手裡，只要指導員逼問我：「你要去跟誰見面？」我非死不可。一些跟我有來往的難友，都說這種陷害的事，實在太邪惡。大家也知道指導員有問題。我只要想起簡銅柱，就感到很恐怖，這感覺一直跟著我，到我死的那一天。

像奚仲良這個王八蛋，也是悲哀的，但奚仲良還趕不上簡

銅柱。奚有時對別人笑笑，不直接得罪人，而簡銅柱則是更陰險、更毒辣。

　　第五班有個姓張的人犯，大陸人，年齡跟我差不多，也是個會咬人的狗仔。只是他不像奚仲良、簡銅柱那麼無恥。我出獄很多年後，有一次在《自由時報》看到他的文章，寫的是綠島的事情。

　　那姓張的身體很好。軍官叫我們做勞役時，他是發揮帶頭作用的「模範生」，常常得到獎勵。公開給他的好處並不大，私下有沒有利益，別人就不知道了。軍官往往把人犯分成三類：他們認為好的、普通的、壞的，分別對這些人給予獎勵、不獎不罰、處罰。

　　第四隊裡，還有一個可惡的大狗仔，叫胡重光，人很黑，是矮個子。聽說他是上海人。胡本來是軍法處的法官，不曉得為什麼變成囚犯。胡起初被判五年徒刑，可是他不服、上訴，卻被判成十年。他又不服、上訴，變成十五年。軍法處問他要不要上訴，他說不要了。

　　在綠島，胡重光過得很不錯，可是難友們不理他。胡被釋放後，生活困難，到處找老同學要錢、敲竹槓、騙人。他曾去警察局，查老同學的地址，把警察弄煩了。有一次警察乾脆把戶籍本子整個給他，說：「你自己翻。」我們難友都討厭他，這也是惡有惡報吧。

　　也有的小狗仔並不是很壞，可能頭腦糊塗，或者想討好幹部，才做出不道德的事。軍官如果要他打小報告，他們就照著做。例如，軍官把他們叫去問：「上課時，誰不專心聽課？」、「賴丁旺的小組發言，是誰教他的？」、「你在廚房，看到誰和阿兵哥喝酒？」那些人也會提供消息。我們碰到

這種「告密」的情形，大家的說法是：我們被那個狗仔咬了，咬得不流血。

其實軍官們也不重視小狗仔。小狗仔有時向我們說出底細，比方，他怎樣去向軍官報告。我們不叫他們為「糊塗蛋」，而是叫「糊塗狗」。這種糊塗狗很多，也討厭。

在國民黨戒嚴時期，被狗仔盯上是可怕的，不知道什麼時候，他為了自己利益而陷害別人。我後來出獄，還遇過陶指導員，這是一件很不好的事情。那時我回到家鄉已經三年，姨媽對我說：「你能平安回來，也是媽祖的保佑，我們應該去上香，順便到雲林玩一玩。」

姨媽和我參加「進香團」，坐遊覽車去北港朝天宮。廟前的廣場，有很多女乞丐。我跟著同伴到處逛逛，還沒進廟的大門，突然看見一個人，馬上提高警覺。那人是陶指導員，他剛好站在我斜對面。

我趕快閃開，和姨媽走向第一個供桌，但發現他跟了過來。陶指導員靠近我，問：「你是不是賴丁旺？」「不是。」我想擺脫這罪惡的人，就和姨媽走進每一個神殿，一站一站地上香，把香插到香爐裡。最後，我們拿金紙去一個房間，發現陶居然跟在後面。我對姨媽說：「我們分開走吧，等一下在遊覽車上會合。」

我向大門走去，不理那個陶指導員。外面停車場有一道牆，比人的胸部還高一點。我手腳動作很快，直接從牆上翻過去，很快到遊覽車上。陶的年紀比我大，他從門口那邊繞一圈，走過來，問這輛車的服務小姐：「你們這遊覽車，是什麼地方的？」小姐回答：「台南。」陶就走了。不管他那天打算跟我接觸的原因是什麼，我對於這種為蔣家作走狗的人，一定

要避免跟他發生關係。

一人一事

　　被關到綠島大約兩年後，有一次晚點名結束，陶指導員到寢室來，對大家笑嘻嘻地說：「今天有一個好消息，對你們很有好處……。」他沒接著講下去，扯了一些其他的話，故意賣關子。一個狗仔站起來問：「指導員，到底是什麼好消息？」很明顯兩人是一搭一唱。

　　陶說：「政府有很寬大的政策，現在舉辦一個活動叫『一人一事』。你們只要參加，就可以讓你們回家去。你們家裡人知道這件事，我相信他們比你們更高興。」又說：「你們在這裡，對家裡是個負擔，對政府也是負擔，所以只要肯參加的人，很快能回去。」我們覺得有點奇怪，因為以前他講話，口氣相當嚴厲，不是這種溫和的態度。

　　有人問：「『一人一事』要我們做什麼？」指導員猶豫了一下，說：「其實也沒有什麼啦。只要你們簽名，同意參加就可以了，不是要你們做什麼。」

　　陶指導員宣布之後，難友們在議論。能被釋放回家，當然是每個人都盼望的，然而我們被迫害過，不相信國民黨講的話。從台灣光復開始，國民黨欺騙人民的事，大家聽得太多。

　　慢慢地，某些人犯參加「一人一事」，也可能其中有的是狗仔，陶指導員叫他們帶頭響應。那段時間，陶對我們搞了各種手段，又說好話，又用威脅，但還是很多人不肯加入。我們人犯有被壓迫的經驗，對於政治很敏感，在這種不清不楚的情況下妥協，可能上了賊船。如果國民黨搞陰謀，參加的人後悔

也來不及了。

這件事拖延一陣子。也許陶指導員發了狠心，一天晚上，他叫大家集合，說：「願意參加的，前進二十步。」一些人移動。陶又說：「不參加的，退後二十步。」他讓前面一排的人回寢室休息，命令後兩排的人犯，繞著籃球場跑步。

我們至少跑了兩小時，陸續有人體力受不了，倒在地上。指導員和幹事把倒下的人扶進去；在寢室，陶問他們要不要參加。繼續跑步的人犯中，堅持到最後的，只剩下我和阮紅嬰等難友。一直到我們撐不住，大家好像有默契似的，一齊倒下去。

陶指導員看見我們這樣，他站在旁邊，故意說風涼話：「好啦好啦，有沒有舒服一點？」沒人回答他，大家全部躺著。他又問：「有沒有要參加的？願意的站起來。」也沒人起來。

這種情形不是只有一天，陶用這手段連續搞幾個月。每次晚點名結束後，幾乎都叫我們跑，直到每個人倒下去為止，對大家的身體、心理是很大的壓迫。有些難友經不起摧殘，被迫簽名參加了。最後只剩少數人還在抵抗。

我們仍然不屈服。指導員使出了更惡劣的迫害。我的想法是：自己已經受到冤枉而坐牢，這個「一人一事」，絕對不可以再跳進圈套，免得不能脫身。其實我們這些政治犯，每個人都不相信國民黨，也懷疑它在搞什麼陰謀。何況有傳言說，「一人一事」就是每個人必須完成一件任務，可能國民黨規定每人要檢舉一個人，否則不能過關。

陶指導員的手段讓人無法忍受。他把我叫去，問：「你為什麼要堅持？」我說：「我已經受夠了。我沒做任何事，就被

判十年。你要我參加這個，別人怎麼做我不管，我是絕對不參加。」

他突然問：「你有沒有槍？」我不懂他的意思，回答說沒有。陶說：「你沒有槍，講這個做什麼？」最後他警告：「賴丁旺，你的想法是做不到的。你不要太頑固。」我離開指導員的房間，心情很沉重，覺得以後的迫害會更可怕。

也有些人犯對我們幾個人的堅持，是不贊成的。他們說，我們在逞英雄。我們不只被罰跑步，還面臨其他的壓迫，比如在三更半夜時，被叫起床做勞役。陶指導員一再地折磨我們。我受不了，甚至想到：乾脆拼命一次吧，死也無所謂。

有一天，陶指導員對大家說：「現在被我唸到名字的人，去準備自己的東西。」他唸了幾個人的名字，都是不願意參加「一人一事」的，我也在名單裡面。現場很緊張。依照白色恐怖的情況，這些人很可能是要被送回台灣殺掉。

當天晚上睡覺，到了半夜，指導員把這幾個人叫醒，命令我們坐在床舖上待命，隨時準備出發。整個大寢室，是恐懼的氣氛。我心裡也害怕，這次看樣子是逃不過了。我也發現指導員在人犯中搞分化，因為被叫到名字的，只是不肯參加的難友的一部分。

我們在床上等了一個多鐘頭。指導員又出來，宣布說：「船期改了，先睡覺吧。」大家才鬆一口氣。那一次真是讓人感到恐怖。

過了幾天，我無法再忍耐，決定要爆發了。那是在中午過後，我找一個機會，在狗仔奚仲良的面前說：「我活不下去了。」奚對我笑笑。他知道我指的是什麼，但還是故意問：「什麼事？」我說：「你看看，這是不是人過的生活？」他

說：「你只要參加，簽個名，什麼事也沒有，這是指導員說的。你自己傻瓜。」

我認真地對奚仲良說：「我已經什麼都不想了。我決定要把大隊指導員宰掉，以後的事我不管。」他笑嘻嘻地說：「不要發那麼大的脾氣啦。」又問：「你真的要殺大隊指導員？」我說：「真的。」

奚仲良離開之後，我曉得他一定去向指導員報告。我把這些話說出去，心裡很輕鬆。

本來我以為，等到那天晚點名結束，軍官會叫我去問話，因為一般是在做完點名，幹部才來處理個別人犯的事情。沒想到只有兩個多鐘頭，值星官就來找我。

那天是鄭分隊長擔任值星官。鄭來到人犯前面，大聲喊：「賴丁旺！賴丁旺！」他說：「大條了，嚴重了。」我問：「什麼事？」鄭說：「大隊指導員在找你。」我故意問：「真的嗎？」「我跟你開玩笑嗎？這不是開玩笑的。」

鄭說：「跟我走。」「去哪裡？」「到大隊部。」我還說一句：「那麼快呀。」我看值星官的樣子，他真的不知道發生什麼事。我被帶走時，周圍幾個難友很為我擔心，認為情況糟糕了，我可能不再回來。

我們來到大隊部，鄭分隊長先去敲門。大隊指導員在裡面問：「誰呀？」鄭回答：「人帶來了。」就轉身離去。

可是大隊指導員並沒有來開門，我再去敲。他又問：「誰呀？」「賴丁旺。」他過來開門，問我：「你叫賴丁旺？」我說：「廢話。不是賴丁旺，你怎麼會叫我來？」我已經豁出去，不想活了，隨便他要怎樣，我都無所謂。

大隊指導員姓歐，是個瘦子，很高。他沒有說話，轉身

走到他的座位，坐下去。他椅子前方是辦公桌，我站在桌子外面。

他問：「你要殺我？」我說：「是。」他突然站起來，我以為他要打我。萬萬想不到的是，他拉住我的手，而且拉得緊緊地，說：「我歐××從大陸到台灣，從沒見過像你這麼勇敢的。」

歐指導員說：「你坐下，坐下。」他也坐到椅子上，問我：「你有沒有抽煙？」我說有。他拿出香煙，給我一支，他自己也一支。我是窮人，沒錢買香煙，想不到今天可以抽大隊指導員的煙。歐甚至要幫我點煙，我說不用，心裡想：「這樣是好事，還是壞事？」

他問我：「你為什麼要殺我？」我說：「我們第四隊發生的事，你不知道嗎？」他說：「有聽說。」「你既然聽說，為什麼不處理？我已經被搞得不想活了。」他問：「你不想活，才要來殺我？」我說：「對。我一個人走，不甘心。我活不下去。」

歐指導員說：「你有什麼事，可以好好談。有困難就說出來，不要緊。」他問了我們隊裡的「一人一事」，以及我被逮捕和家裡的情況。

到了吃晚飯的時間，歐指導員要我跟著他去餐廳。大隊部餐廳是軍官有一桌，士兵好幾桌。歐叫我跟軍官一起坐；那桌有六位軍官，和我一個人犯。不曉得是不是因為我，這個桌子比起士兵們的，還多加一個菜。歐居然把我當作客人，我想，看這樣子應該不會有壞的結果。

吃過飯後，歐指導員說：「今天這個事情，你放心吧。」又問：「你不是真的要殺我吧？」我說：「我不這樣講，今天

也不會見到你。」

　　大隊指導員帶我回到第四隊，他去找陶指導員說話。一位跟我同組吃飯的朋友偷偷問我：「旺仔，你跑到哪裡去？我們幫你留菜呢。」也有難友看見我被帶走，為我擔心，沒想到我這麼快就回來。

　　從那天起，至少一個星期以上，隊裡的人犯沒人敢跟我接觸。有時我要向別人說話，人家還會躲開。敢在別人面前跟我說話的，只有阮紅嬰一個人，我覺得他真是夠朋友。後來氣氛逐漸放鬆一些，有人開始向我點點頭。真是太恐怖了。

　　不知道大隊指導員向陶指導員說了什麼，從那天晚上開始，陶就沒有壓迫我們。過不多久，值星官通知我：「以後你不要跟別人一起活動。你白天到山上去養雞。」

　　我對歐指導員是蠻佩服的，儘管我不了解他內心的真正想法，但他可以不讓我講話，也有權力把我鎮壓下去。我沒出事的原因，也可能跟自己沒有學歷有關：歐看我不是讀書人，就當作我講了情緒的話，不跟我計較。國民黨對反抗它的知識分子，迫害得最嚴重。

　　至於那個「一人一事」活動，沒聽到軍官再談到它，好像不繼續推動了。我的感覺是，在「一人一事」之前，人犯們對國民黨的鬥爭，還不是那麼普遍，在這事件之後，有更多的人表現出不合作、不服從的態度。

　　也有些難友推測，國民黨搞「一人一事」主要的意圖，可能不是逼人犯做什麼，而是要在我們的精神上，做出羞辱的動作，迫使人犯向它屈服，用這手段來抬高國民黨的權威。

　　當時我沒想到在這個事件中，自己能活下來。我這個人，命是夠大的。有了這些經驗，我常鼓勵年輕人說：「越怕鬼的

這是在「一人一事」之後照的，地點是營區後面「四維峰」的「禮義廉恥碑」。

人，越會死，所以我們不要怕，不要屈服。」不管是對於以前的蔣家國民黨，或現在的台獨民進黨，我都不向他們屈服。

火燒島（下）

學習（1）

我們第四隊大多數是「紅頭仔」，也就是左翼思想的人。至於別的隊，除了第三隊比較複雜，其他各隊聽說也是這樣。不過，在左派分子裡面，也有真左派和假左派。真正的左派是不會陷害人的，不會去當「狗仔」。

在綠島監獄中，我認識一些左派的朋友。從他們那裡，我獲得了很多知識，有中國的、國際的、以及歷史方面的。原來我生活在台灣鄉下，根本不可能學到這些。

跟我同一班的人犯裡面，有位難友叫陳南昌，給了我很大幫助。他是台北人，大約三十歲，也跟我一樣矮，比我胖一點。我們睡覺的位置很接近，中間只隔著一個或兩個人。

第一次看到陳南昌時，我才離開軍人監獄不久，心裡就有一種感覺：如果在軍監遇到他，他可以作我的老師；因為陳跟別人講話，表現出有文化的樣子。像綠島這種政治犯監獄，環境很特殊，人犯之間是不輕易交朋友的，但我覺得自己和陳南昌投緣，認識沒多久，兩人就熟悉了。

陳南昌是知識分子，在我們人犯當中相當活躍。他本來教書，之後做生意；他們那個案子裡，有好幾個小學老師被逮捕。[1] 陳南昌很能幹，也喜歡幫助人；他對別人謙虛，我是做勞動的農民，他沒有看不起像我這樣的人。我來到綠島時，還

是在生病中，他對我表示關心，所以我們有說話的機會。

我和陳南昌經常接觸，有時閒聊幾句。我們談的都是身邊的小事。他對很多生活上的平常現象，也能說出道理，這叫我蠻驚訝。例如，我有一次跟他講到蘋果，他說：「我們如果拿蘋果給小孩子，不要光是讓他吃而已，可以順便問他『你知道蘋果是從哪裡來的嗎？』要告訴孩子，這蘋果是農民辛苦種的。」

那時台灣不出產蘋果，蘋果都是從美國、日本進口。陳南昌還講，要培養孩子的愛國心，他說：「也可以提醒孩子，不是美國、日本才有蘋果，我們中國也能出產，大陸上長出來的蘋果更好吃。」陳能夠想到這方面的問題，讓我很佩服。他曉得我缺少文化，就告訴我不少知識，那些是我不懂的。

陳南昌和陳行中、黃贏昌、陳華等難友在一起，這幾位都有知識。他們也是待人和氣，所說的話很有內容，會關心別人。我也喜歡和他們來往。在面對軍官時，這些難友的作風跟我不同，我是不大服從統治者，他們則儘量不跟幹部發生矛盾。

有一陣子，我常被派出去做勞役。陳南昌對我說：「你在外面的時候，有沒有看到報紙？如果路邊有別人丟掉的，可以撿回來給我看。」我答應他以後注意。陳又交待：「撿來的報紙，不能讓別人知道。」我心裡明白，這事情只能偷偷地做，那時軍官嚴厲禁止人犯接觸報紙。

1　據《霧峰林家——台灣第一家族絕世傳奇》記載，陳南昌的職業是攤販（書攤）；他因參加林正亨組織的「讀書會」被逮捕。當時陳南昌二十五歲。林正亨係霧峰林家的成員，是「白色恐怖」中，第一個在馬場町被處決的台灣人。

一天上午，我和幹事、伙食委員出去。他們負責買菜，我的任務是出勞力，把菜扛回來。我們到一個雜貨店買東西，剛好那幹事不在旁邊。店裡放錢的小櫃子上，有一份摺疊很整齊的報紙，是還沒被打開看過的。

趁著老板和伙委說話，我很快把報紙塞進制服上衣裡面，可是那份報紙疊起來很厚，它使我胸前凸出來。我說：「老板，廁所借一下。」我走到後面去，把報紙向下壓，一直壓到腰帶的位置，這樣可以擠得很緊。我再把衣服表面弄平。那天我運氣好；我們離開時，老板沒有發現報紙被偷。

我一直把報紙帶在身上。白天不敢拿給陳南昌，晚飯後，我私底下交給他。陳南昌很驚訝，問我：「你是撿來的嗎？」我說：「不是，我在雜貨店裡偷的。」陳很擔心我的行為被軍官發現。我安慰他說，這件事沒被看到。陳是怕那老板發覺有人犯偷報紙，如果老板向監獄報告，那就糟糕了。

我願意為陳南昌冒險，完全是講義氣的原因。我也曉得這很危險。在那恐怖的時代，違反監獄這類規定的人犯，是有可能被殺頭的。

後來，陳南昌告訴我：「旺仔，不要用偷的。」又提醒我：「你不必拿那麼多張報紙，只有國際版值得看。我們需要的新聞才一點點。」他拿了那份報紙的其中一張，指給我看什麼是國際版。我記得那天偷的是《中華日報》，國際新聞在第一版，而且只有上半張是新聞，下面是廣告。陳南昌說，他要的只是上面那一半。

有一個時期，軍官叫人犯搭建克難房子，我們上山割茅草、砍茅杆的機會很多。我在山上遇到三、四個女孩子。那時自己年輕，二十三歲，喜歡跟她們講話。我每次向女孩打招

呼，她們也不怕我，還問：「你有沒有念書？」「你從哪裡來的？」

見面幾次以後，我和她們就熟悉了。女孩中間有一位林小姐，名字叫「蘭枝」，二十歲左右，跟我說話比較多。小姐們的家裡環境不差，都穿著上衣。那時綠島的女性，沒結婚的人，多半是用一塊粗布遮住胸部，結過婚的很多是打赤膊。

林蘭枝長得不高，身材瘦瘦的，短頭髮，有點嬌氣，也就是「大小姐脾氣」。她家的經濟條件好，屋頂是瓦片的，不過林小姐穿衣服很樸素。許多人稱呼她「綠島之花」，也有難友說她是「帶刺的玫瑰，不好惹」。我跟她很熟，喊她「蘭枝」，她叫我「賴仔」。

林小姐沒讀過書。她家在山上有一小塊田地，經常要去挖番薯。有一次我問她：「你家有沒有舊報紙？平時會買報紙嗎？」她說沒有，因為家裡人不看報，綠島也很少人會認字。我說：「如果你看到沒有用的舊報紙，能不能送給我？」

又再見到林蘭枝時，她居然真的給我一張報紙，說是在路上撿的，特地留下來送我。我向她道謝，並且提醒說，這種事情絕對不能向別人透露。林蘭枝是好人，她後來真的保密了。收集報紙的事，最多只有她的兩、三個同伴知道。

那時有的村民看過報紙隨手亂丟，林蘭枝幾次撿來給我。有一次，她拿到的剛好是國際版，我告訴她，只需要這一張，其餘的就不用了。這對她不難：國際版的右上角，印著報紙的頭銜，是紅色大字，很好認。

我有許多次把報紙交給陳南昌，他很高興。可能他們幾個朋友都在看那些報紙。陳也把新聞的內容告訴我，並做了講解，我因此懂得一些知識。

　　林蘭枝很熱心。她有個男朋友，在綠島鄉公所工作；鄉公所這種機關，一定是有訂報紙的。她叫男朋友拿報紙給她。我知道這件事之後，很緊張，對林蘭枝說：「你怎麼可以向他要報紙呢？」林小姐回答：「我是騙他的。我說，家裡需要報紙來包東西。」

　　她每次拿到報紙，就把國際版藏到山上的石頭縫裡，找機會交給我。她也是做得很小心。

　　林蘭枝用這個方式幫我收集。過了一些時候，我們覺得不方便，因為兩人不是每次都能遇到。我開始在想，有什麼其他更好的辦法。

　　我們第四隊的位置，靠近營區邊緣，距離山坡相當近。林蘭枝她們去田裡勞動時，必須從山坡經過。那山路走到一半的地方，有一小塊平地，面積大約一、兩坪，幾位小姐會在那裡稍微停留，休息一下。另外我也曉得，如果沿著流鰻溝爬上去，有條小路通到林蘭枝的田裡。我想利用這種方式去拿報紙。麻煩的是，山上的碉堡和鐵絲網旁邊，新生訓導處安排了衛兵在站崗。

　　找了一個時間，我對林蘭枝說，如果有報紙要給我，可以在山坡那平地做暗號；我請她假裝休息，拿下斗笠做出搧風的樣子，我看見她的動作，就想辦法從流鰻溝上去，跟她會合。林小姐在山上搭了簡陋的小棚子，我去找她並不難。林蘭枝聽了我的說明，同意以後這麼做。

　　有一天，我在營區看到山坡的林蘭枝，她果然拿著斗笠搧風。我溜出去，從流鰻溝沿著溪谷上山。爬上坡地，才知道有一個小潭；那裡兩邊的山壁很陡，水也很深，人不能通過。

　　我看見旁邊有爬藤植物，想出一個方法：由於身上沒帶刀

流鰻溝的上游。洗澡池在這小潭的下方，靠近海邊。瀑布上面有衛兵站崗。（陳傳枝提供）

子，只好拿石頭把細的藤條砸斷，當作繩子來用，然後把衣服脫下，綁在頭頂。我游泳過去，再向上面走。

那天我拿到報紙，林蘭枝也是認為這樣比較方便。第二次我有準備，隨身攜帶一條剪下來的布，游泳時，可以用它綁住衣服。

陳南昌感謝我為他辦成這件事。以前的我，根本就不關心什麼美國、蘇俄、聯合國等等。陳南昌是個有左派觀點的人，那些國際新聞

經過他的解說，對於我是一種教育。我後來從年輕活到老年，對國際問題一直很有興趣。

有一次，我從流鰻溝拿了報紙下來，被山上的衛兵看到。他大聲喊叫：「幹什麼？幹什麼？」那衛兵跑下來追我。流鰻溝的小堤壩旁邊，正好有五、六個人犯在洗菜。我跑到堤壩，也混進去洗東西，不敢抬頭。

那個衛兵追過來，認定就是我；不管自己怎麼解釋，他都不聽，硬是把我抓到處本部的「政治處」去。

衛兵向政治處主任報告：「這個人跑到流鰻溝上面。」主任問我：「你到流鰻溝上面做什麼？」。我很堅持地說，絕對沒有到山上。

主任指著我，問那衛兵：「他說沒去，你說他有去。你確

定是他嗎？」我立刻把臉湊到那人面前，幾乎是碰到他的臉，說：「你看清楚一點。如果是，你就說是，如果不是，那就不是。我家裡還有媽媽跟阿嬤。」衛兵很年輕，他在猶豫，一時不知道要怎樣反應。主任再問衛兵：「是不是他？」那人沒出聲。主任叫他先回到碉堡。

政治處主任又問我一次：「你真的沒去嗎？」我還是不承認。他說：「回去吧，回去吧。」

這次真是太驚險，我差一點就死定了。幸好主任沒有對我搜身，也沒到流鰻溝現場去查看，或者詢問別人。那天我運氣太好，也讓我感到很害怕。

我擔心被人跟蹤、監視。等到晚上，才偷偷把報紙交給陳南昌。我向陳說了今天發生的事。他說：「太危險了。不能再冒險，不要去拿了。」

過一陣子，我又看到林蘭枝在山坡搧斗笠。我不敢再上去。以後利用一次外出做勞役的機會，我向林說了這個情況，請她不要再為我收集報紙。

林蘭枝說，有一次她也很危險，但非常奇妙；那次她們幾個小姐被軍人搜身。當天她出門時，覺得有點怪怪的，眼皮一直跳。在從前人們的習俗中，這是不吉利的預兆。她害怕會出事，把那半張報紙藏在下體的部位。她對我說的是：「藏在你們男人不能看的地方。」

果然，那天衛兵看到女孩子，就隨便編一個藉口，搜查她們的身子。還好那張報紙沒被發現。衛兵存心不良，所講的理由是假的，真正原因是，她們幾個小姐長得漂亮。所以林蘭枝說：「氣死我了。」

我回去告訴陳南昌。他聽了一直說：「她怎麼不早講。我

們是死裡逃生，太危險。」[2]

　　林蘭枝給我們報紙，前後大約有幾個月。監獄禁止人犯看報，是完全沒道理的，在小組討論時，很多人犯也是提出建議，要求看報，後來總算統治者讓步，但只准我們看國防部的《青年戰士報》。第四隊訂一份報紙，等到中山室蓋好，那裡也放了一份。

　　1950 年代在綠島的人犯，大多數都知道林小姐。她長得好看，跟男人說話時，總是愛理不理。不少人對她有好感，又不敢去接近。

　　從林蘭枝收集報紙的這個事情，可以看出她是善良和勇敢。我對她很感激，也敬佩她。出獄許多年後，我特地再去綠島，想探望那些幫助過我的人。這是我第一次回去。綠島村民告訴我，林小姐生了三個孩子，已經搬到新港[3]。我當天再到新港，在漁市場附近的街上逛來逛去，希望能遇見她，結果卻失望了。因為是戒嚴時期，我不敢公開打聽林小姐，最後只好放棄。

　　2000 年，我媳婦和同事們在辦公室聊天。有人講，以前

2　賴丁旺的難友劉建修後來回憶說，他當時看到報紙，不知道這是從什麼途徑取得的。劉建修並說，他們看報要非常小心；方法之一是利用睡午覺時，拿棉被蒙著頭，在裡面偷偷地看。二是在山上做勞役時，躲在草叢裡看；外面還安排了別的難友把風。
　　劉先生說，賴丁旺在綠島那種條件下，能夠同林小姐建立連繫，並請她收集報紙，這是極為困難的；可見賴丁旺有做群眾工作的才幹。這事如果被發現，以國民黨的習性，極可能因此而搞成大冤案，假造出一個組織性的「叛亂」案件，株連許多人犯、村民，使無辜的人遭到殘害和處決。

3　現在的台東縣成功鎮。

火燒島多麼恐怖，現在又是多麼好，當時媳婦不方便向大家說，我曾經在綠島待過。她回家後，告訴我這件事，並且說想到綠島玩玩。

於是我帶著兒子、媳婦、兩個孫子，這是我第三次回綠島，坐船去的。正常航程應該四十分鐘，但那時天氣不好，搞了兩個鐘頭才靠岸。除了我和小孫子沒有吐，其餘人嚴重暈船，吐得一塌糊塗。

當天住在綠島的旅館裡。傍晚我和老板閒談，提到從前在綠島認識的人，老板竟然說，林蘭枝是他姑姑，現在住在中寮。原來，我以前得到的消息是錯的。我聽了老板所描述的情形，蘭枝現在的生活，應該是蠻好的。

晚飯後，我叫兒子陪我去中寮。走到她家附近，我問一位很胖的老阿婆：「這裡有沒有一位林蘭枝？」阿婆看了我一會兒，突然說：「你是賴仔喔？」

林小姐實在變得太多，整個人圓圓胖胖，以前她媽媽都沒有這麼胖。蘭枝問我：「你做阿公了吧？」我說是。她問：「幾個孫子？」我說四個。她說：「你才四個，我都十幾個了。」

蘭枝請我們去家裡坐，她的丈夫也在。她先生已經從綠島鄉公所退休，很愛釣魚，而且喜歡深海的魚，所以用不少錢專門做了一艘釣魚船。剛好我也愛釣魚，兩人談得很高興。他邀我以後一起出海釣魚。因為當天蘭枝的丈夫在場，我不方便提起拿報紙的往事，沒有向她表達我的感激的心情。

學習（2）

陳南昌教給我很多寶貴的東西，包括當前國內外的形勢、政治的基本觀念。我的人生受到陳南昌很大影響。

起先他是利用說話的機會，告訴我一些知識；在綠島監獄，人犯稱它為「口傳」。由於軍官和狗仔監視得十分嚴密，「紅頭仔」們警覺性也很高，口傳是一對一的。我程度不好，陳南昌每次只向我講一點點，重覆很多次。陳有時在白天靠近我，說幾句話，或拿問題讓我思考。

許多難友在學習。教的人、學的人都有熱忱。學習最多的時間是在晚上，或外出做勞役時。「口傳」這個現象很普遍，狗仔、幹部也知道哪幾個人比較接近，只是不一定抓得到證據。

陳南昌教我「五大觀念」，叫我一定要背下來。它們是「勞動、群眾、唯物、組織、國際」。他也做了解說。

陳的講解，我現在記得一些大意：

一、勞動。人類的文明成果是「勞動」創造出來的；人一定要勞動。很多人覺得，勞動者是低賤的，不勞動、受人服侍的才是高貴。這個觀念非常錯誤。我們應該認為勞動是光榮，不勞動是一種剝削行為，是可恥的。

二、群眾。傳統的觀念是看不起人民群眾。一般老百姓以為當官的人、讀書人、有錢人了不起，這完全不對。群眾才是最聰明、最有創造能力的。我們共產黨如果想把事情做成功，一定要相信群眾、依靠群眾。人民如果團結，任何敵人都會被打倒。

共產黨人不是為了追求自己享受，而是為人民群眾服務

的。一個人比別人有錢，這不是光榮。他如果能為人民服務，才是光榮的。

三、唯物。我們人的思想，是受到外面環境的影響而形成的，並不是有人天生就懶惰，或天生就是壞人。窮人如果去拜神仙，並不會改變他被壓迫的命運，要靠著群眾的勞動、鬥爭，打倒剝削者，才會使窮人的命運獲得改善。

陳南昌好像也提過「唯物辯證法」和「歷史唯物論」的內容，這一部分，我記得不清楚。

四、組織。共產黨人一定要有組織觀念，黨員必須服從組織。窮人是受到階級的壓迫；只靠著個人的努力，是不能打敗壓迫者的。勞動人民應該團結，反對個人英雄主義，才能取得鬥爭的勝利。

五、國際。世界各國的有錢人階級，是聯合起來壓迫全世界的窮人。各國勞動人民要友好合作，打倒共同的敵人。當每一個國家的人民都得到解放，勞動者的鬥爭才算成功。

陳南昌對我「口傳」時，先觀察周圍的情況，看看有沒有別人在監視。我們假裝是在散步，或做出兩人碰巧遇到的樣子。每天晚飯後，有一個多鐘頭的自由活動時間，這時比較適合交談。如果冬天做口傳，天已經暗下來，我們會更放心一點。

他說話習慣是慢慢講，還用手勢，讓人聽得清楚。陳南昌很細心，經常問的一句話是：「你記不記得？」為了使我印象更深，他把以前教過的東西，拿來考我，好像父母親教小孩那樣；對同一個問題，考試很多次。我如果有疑問，也向他提出，請他解答。陳南昌每次講得很少，只有幾分鐘。我白天上課、做勞役，常常把過去幾天所學到的內容，在心裡做複習。

　　我在後來的學習中，接觸到生產關係、剩餘價值理論。陳在講解「剩餘價值」時，介紹了「剝削」的概念。陳南昌提到：共產黨是堅決反對剝削的黨。它反對有錢人向窮人剝削。我們很多窮苦的人，說自己命運不好，其實他們是被有錢人和政府剝削的。那些本來應該屬於窮人的錢，被地主、資本家、官僚偷走或搶走。

　　陳也把他從報紙上看來的國際新聞，利用機會告訴我。當時朝鮮戰爭（韓戰）正在進行，很多難友關心戰爭的發展。儘管國民黨對中共軍隊在戰場上的表現，一直是隱瞞和扭曲，但腦筋好的人，還是猜得出真實情形，做出自己的判斷。陳南昌非常注意朝鮮局勢。有的難友過度樂觀，以為韓戰結束時，台灣問題也可能一起解決，這樣我們就可以自由了。

　　韓戰停火之後，我們覺得很驕傲。新中國在物質上和美國差距那麼大，居然能讓囂張的美國受到挫敗，這是大家原來沒有想到的。新中國的力量真是了不起，共產黨了不起；那個力量就在群眾中間。沒有群眾的擁護，就沒有力量。

　　在韓國的板門店談判期間，綠島人犯中流傳著消息，讓我們搞不清楚是真是假。謠言中，弄得大家最緊張的，是「交換俘虜」。有傳言說，中共正在跟美國談判，要用二十八個俘虜的美軍，來交換一個綠島人犯。連數字也講得這麼準確，我們以為這應該是真的。

　　幾乎每個人都在談這件事。有錢的難友，例如隊裡的一位醫生，就很擔心他會被送到大陸。他說：「他媽的，綠島已經這麼遠了，還要到大陸去，那不是更遠嗎？」有人擔憂得幾乎要哭。不過，我反而認為這是個好機會，很興奮，想去看看祖國大陸的社會主義革命，說不定我這個窮苦農民能夠出頭天，

可以在新的社會裡貢獻自己的能力。可是這次又讓我失望。

不知道這謠言是什麼人放出來的，我想有兩種可能。一是國民黨搞鬼，它可以觀察每個人犯的反應；也可能是某個難友發明，用來自我安慰。不管真相是什麼，我是白白高興了一場。

陳南昌除了教我，也有教別的人犯。像陳這種傳授革命思想的難友，在第四隊裡，還有一些，只是我不清楚別人的情況。我也聽過日據時期「文化協會」、「農民組合」、「民眾黨」的事情，忘記是哪個難友說的。

我們做這種活動，必須謹慎，教的人、學習的人，在經過一段時間，都需要更換，如果總是同樣的人在談話，一定引來狗仔的注意；關於毛澤東的〈新民主主義論〉，就是另一位難友陳行中向我講解。

陳行中在第三班，湖南人，身材高。他知識豐富，對人謙虛、熱心，習慣是說話速度慢，顯得很慎重。關於中共「二萬五千里長征」，他可以講很多這方面的故事，內容精彩。陳行中年齡比陳南昌要大，我勉強聽懂他的口音。

他是精明的人，喜歡思考，記憶力又好，幾乎把全部〈新民主主義論〉放在腦子裡。陳行中解釋這個題目時，告訴我國民黨和共產黨的歷史、孫中山的「舊民主主義革命」為什麼不成功、新的革命為什麼要由共產黨來領導。陳行中喜歡研究問題，很少談生活上的事。

很多年後，有難友說，陳行中原來是國民黨上校軍官，屬於孫立人的「新一軍」，曾經到緬甸、東北等地方打仗，後來他被解放軍俘虜，思想上發生轉變。陳行中於是南下到廣東、福建，又來台灣，想為我們國家做工作。

　　我學習了社會主義理論；它是對人民有利的。我曾經見過人欺侮人的事情，自己心裡很不能接受。社會主義是最反對這種現象，所以我贊成它。

　　大家不只是在研究理論，也學唱歌。在山上割茅草時，經常是別人唱一句，我學一句。學會以後，我做勞役的時候，就躲開狗仔，一邊勞動一邊唱著歌。

　　我學了〈國際歌〉、〈義勇軍進行曲〉，以及〈安息歌〉，那是悼念死去戰友的。一些不知道名字的左派的歌，我也會唱，還學到幾首大陸民謠，像新疆的〈小黃鸝鳥〉，自己經常在唱。

　　共產黨是勞動人民的黨，不只它的理論叫我佩服，左派的歌我也喜歡。唱這些歌，我有一種感覺：像自己這種被欺侮的人們，懂得了社會主義理論，並且有共產黨的領導之後，從此我們就恢復了尊嚴，對未來有希望。每次唱到或聽到〈安息歌〉，我認為那些犧牲的烈士，死得很有價值；對先走的同志有一種尊重，同時也覺得自豪：我們有〈國際歌〉、〈安息歌〉，比國民黨強多了，國民黨沒什麼像樣的東西。

　　左派歌曲使我增加不少力量。我不但在山上、海邊唱共產黨的歌，自己情緒不好時，也會唱它們。有一首哈薩克民謠，我很喜歡：「可愛的一朵玫瑰花……那天我在山上打獵騎馬呀，聽見妳在那邊歌唱婉轉……歌聲使我迷了路，我從山坡滾下……唉呀呀……」。我們在監獄裡有一種被迫害的痛苦。唱這些歌，可以讓自己心情變得好一點。

　　難友中，有人曾經作過音樂老師。他教大家唱〈綠島小夜曲〉。這不是「匪歌」，所以我們公開在唱，可是不久後軍官禁止人犯唱它，他們沒有說明原因。

　　有一次到山上做勞役，黃贏昌、陳行中拿出一張紙，在上面畫「五星旗」給我看。那是沒有彩色的，我只能在心裡想像它的顏色。我想，紅色很鮮艷，這個旗子應該是很好看，而且可以代表社會主義。這是我第一次看到新中國的國旗。心裡也想：蔣家的國民黨欺侮人民，作美國的奴才，可是大陸上的共產黨和群眾，已經把國民黨推翻了，這使我很高興。

　　幾個難友知道我本來不是左派，看見我對五星旗感興趣，又曉得平時我學習很努力，就說：「賴丁旺啊，國民黨這樣栽培你，教你認字，給你飯吃，真是太冤枉了。」

　　其他隊也有口傳的學習，例如林書揚在第五隊，就幫助了很多人。後來我們跟別隊的難友做交流。監獄的規定很嚴格：不同隊的人犯，不能互相交談；因此大家接頭的地點，選在福利社。

　　福利社的椅子，很類似當時火車車廂的座位。它可以坐四個人，分為二組，每一組兩個人；兩組人互相背靠背，中間隔著木板。每次交流，都是我和同隊難友坐一邊，背後兩個是別隊的。我們在表面上，是跟同一邊的人閒談，實際上是和背後的那人說話。

　　我們用這個方法，跟別隊的人互相學習、交換聽來的消息，包括女生分隊。有的女生水平很高，她們也在偷偷地口傳、學理論。關於這種交流，大家的做法是：這一次談完了，當場決定下一次見面的時間。

　　難友開玩笑說，綠島有兩個工廠：一個是國民黨的，一個是共產黨的；國民黨一直要把人犯洗腦，強迫我們聽它的話，然而大家自願接受共產黨的教育，可是共產黨沒錢，所以就由國民黨出錢，負責供應我們的吃和住。

那段時期的學習風氣很普遍，很難估計究竟有多少人在學理論。人犯們搞「口傳」，效果並不好，因為不容易記住。有一次，陳南昌給我一個小紙條，上面寫了馬克思、毛澤東的話。我把紙條放在口袋裡，有時在上課、做勞役時，偷偷拿出來看一下。

後來，紙條就成為很常見的學習方式。那紙是從筆記本撕下來的。我把陳南昌寫的文字記住以後，要把紙條還給他，或者再傳給別人，我如果交給下一個人，必須先通知陳南昌。參加學習的難友已經約定好，如果被狗仔或軍官抓到，一定把紙條塞進嘴巴，立刻吞下去。

第四隊偷偷流傳著紙條，至少有幾個月。有人覺得這樣效率不高，那上面寫的字很少，於是難友做了小冊子在流傳。我那時知道有小冊子這件事，但沒見過它。

沒想到這次出事了。軍官發現小冊子，對我們進行整肅，兩個難友被殺害。大家非常痛心。

那時我白天在山上種菜。菜園旁邊有個小房子，是休息和放工具的地方。我每天傍晚做完菜園的工作，才能回到第四隊去吃飯、睡覺。

一天晚上，全體人犯都睡著了，突然寢室的鐵門被打開，軍官把崔乃彬、高木榮叫出去。當時很恐怖，沒有人敢出聲說話。那天之後，他們沒有再回來。[4]

崔乃彬和高木榮是第五班，很優秀。兩個人對其他難友很關心。高是本省人，矮個子，原來在台北市松山電信局工

4　許金玉（著名的政治受難人）說，這個事件中，高木榮在死前遭受到可怕的酷刑。

作，因為「郵電案」被逮捕。他的妹妹也關在綠島，屬於女生分隊。崔是大陸人，身體很好，被抓之前是海軍士官。[5]崔乃彬、高木榮交情不錯，也學習得很勤奮，是另外有人在教他們。軍官叫大家去挑煤炭時，他們兩人經常是同一組。

第四隊做勞役，我常和崔、高在一起，而且我們三人的想法相同，對國民黨都是不服從。小冊子被軍官發現後，這兩位朋友扛了下來，崔、高被送到台灣槍斃。據說他們保護了別的難友。

高木榮的妹妹後來出獄，嫁給一位梁先生。梁也是從綠島被釋放的老同學。過了很多年，國民黨又要逮捕他；梁偷渡到香港。這在戒嚴時期，是很幸運的事，更是了不起的舉動。

崔乃彬、高木榮被抓走，第二天上午我到菜園去，打開那房子的門，發現屋裡的地上，被人挖了一個大洞。沒過多久，指導員來了，問我：「賴丁旺，這個洞你知不知道？」我說不知道。指導員說：「你去拿土把它填平。」

我後來才曉得，崔、高二人在昨天已查覺形勢不對，就把小冊子埋在那房子裡，不幸被狗仔發現。他們當晚被軍官叫出去，又被帶回到菜園現場。軍官們把小冊子挖出來。

小冊子這個事件，使得兩位難友犧牲了。我們看見案子沒再擴大，仍然繼續學習，只是更加小心。然而在「新生訓導處」推動「一人一事」之前，國民黨搞了一次大整肅，把一、二十位難友送回台北的軍人監獄，全部槍斃。

5　賴丁旺的難友劉建修說，崔乃彬服役的軍艦原來駐守在上海吳淞口；因艦上發生叛變，但最後失敗，有不少人被捕。崔乃彬等人被押解到台灣。

吳聲達。

那是發生在某一天的晚點名。指導員唸了一串名字，命令這些人整理好隨身的物品。指導員沒有說明要他們做什麼，以及去什麼地方。他們包括陳南昌、陳行中、吳聲達、陳華、黃贏昌等。這些難友對追求知識比較積極，是品性很好的人。因為那段日子，人犯們沒有出現反抗的情形，所以當時我們無法確定這是不是壞事；大家心裡有疑慮，但並不太驚慌。而且，從前曾發生過類似的狀況：第三班的陳建夫，指導員也是叫他整理東西，把他送走。之後傳來消息，他是被調到台北的總統府。

第二天吃過早飯，值星官叫那一、二十個人犯集合。其中一人想收拾他的牙杯、臉盆，值星官對他說：「不要拿。」一個幹部帶他們離去。沒想到我的這些朋友，在那麼年輕的時候就結束了生命。

吳聲達是湖南人，年紀不大，長得很帥。他以前在成功大學教書，會唱歌、作曲、指揮；和難友相處時很熱心，有親和力，對社會主義理論也有研究。陳華是浙江人，四十多歲，被捕前的職業是中學老師。黃贏昌的家在崇明島，也是四十多歲，他的個子高大，黑黑的，很強壯。黃原來是新聞記者，在《民生報》當編輯；聽說那次共有三、四人同時被抓。黃贏昌個性豪爽，說話時聲音大，速度快，對任何話題都能聊天。他的頭腦好，記得許多事情，例如世界百米競賽的記錄保持人是誰，成績是幾分幾秒，其餘的籃球、游泳、跳遠、標槍、鉛球……，他也知道。

　　那批難友離開不久，奚仲良也被送走。後來我們會曉得陳南昌等人的命運，是因為陸續有新的人犯來綠島，據這些人說，曾在軍人監獄看到他們和奚仲良，又說，奚當時還繼續陷害難友。奚仲良和他們一起被殺。

　　大家心裡清楚，那些朋友是被奚仲良這狗仔害的。奚也被送到台北，可能是去對質或作證。我們無法知道內情，希望將來有真相大白的一天。

　　後來又有幾批人犯被送回台灣，恐怕也是凶多吉少。經過這幾次事件，我們之間的學習，受到很大影響，一些學識好的同伴被殺害，其他懂得進步觀點的人，也不方便再像從前那樣傳授。我雖然想學，但在第四隊，有系統的理論學習已經停止了。

　　綠島各隊的難友們，很多是傾向共產黨，只有第三隊不一定。第三隊有個姓鍾的人[6]很狂妄。他自稱是「台灣國」的國防部長，公開宣布說，如果他能出頭，不會去找國民黨的麻煩，而是首先要向「紅頭仔」算帳。當我聽到他的這些言語，非常生氣。蔣家的罪惡太大了，是台灣人民的敵人，而鍾竟然講這種話。我年輕，脾氣大，要去找他說個清楚；別的難友硬是把我拉住，才沒引起衝突。

　　那時我和吳約明、陳健通、阮紅嬰等難友，還是有所接觸。大家仍然在尋找機會，想進行一些學習；盡量不要寫成文字，這樣比較安全。吳的年紀大，其餘都很年輕。我們偷偷地說話，有時研究理論，有時候談到向國民黨鬥爭的方法。狗仔太多了，我們也很緊張，所以表面上經常做出互相冷漠的

6　此人可能是鍾謙順（1914-1986），曾在「滿洲國」擔任日本軍官。

樣子。

　　我很感謝陳南昌、陳行中等朋友。幸好他們在犧牲之前，已經把基本的進步知識教給我。雖然我在綠島時，沒有好的學習環境，但一個人有了這些觀念，以後生活中遇到事情，或看見國內、國際的新聞，就具備了自我學習的條件，能夠觀察和思索。

　　有時我會想出一個題目，利用上課時間，或者到流鰻溝挑水、在山上養雞、在海邊的時候，自己思考。這些死去的難友是值得尊敬的人。我現在想留下這個回憶錄，也是為了要紀念他們。

　　陳南昌的床位距離我很近，我們相處的時間多；平時也不是常常談話，尤其在白天。難友們的習慣，也是很少詢問別人的事，免得造成可怕的後果。甚至在做勞役，即使軍官叫大家「兩人一組」去挑煤炭，我和陳南昌都故意分開，避免因為太接近而被狗仔陷害。陳雖然是我的好朋友，他的背景，我卻知道得很少，我只曉得陳南昌已經結婚，家庭經濟不是很好。我出獄後聽別人說，陳的太太死了，留下一個男孩。原來我打算去找陳的孩子，可是由於某些原因，沒有做到。

　　那時在監獄裡，我想著學習的事，喜歡思考理論方面的問題。「馬克思主義批判」這個課程，是洪國式講的，我每次聽課很認真。我也把偷偷學來的知識，跟洪國式所教的內容互相對照。洪國式上課，經常在黑板上寫一段馬克思的話，然後再對它批判。有些程度好的難友把那些話抄下，再集合起來，發現它們相當完整。

　　我在綠島的後期，也會把革命理論的重點寫在小紙條上，經常自己複習，免得忘記。這樣很危險。為了藏紙條，後來想

出一個辦法：我有一本字典，利用它做手腳。我找來一張牛皮紙，摺成盒子，字典就裝在紙盒裡。那盒子其實有名堂，紙條可以塞進它的夾層。我用這個方法，一直到坐牢結束，都沒被人發現。

以後我即將離開綠島時，那紙盒子又有新用途。幾個難友偷偷把他們家的地址寫給我，請我回台灣後，去探望他們的家人。這件事如果被幹部查出來，也是很麻煩的。我把那些地址藏在盒子裡，帶到台灣。

監獄的軍官知道我們私下學習左派理論，就搞突擊搜查。某些時候，搜查的次數更多，最多有一天做三次的，氣氛緊張。軍官突然叫人犯把自己的物品帶著，全體到籃球場集合，然後他們在寢室裡仔細搜索，做完了，再檢查籃球場上的東西。

國民黨做這些事情十分嚴厲，也可以說，國民黨和反抗者之間的鬥爭很尖銳。有一次他們是先搜寢室，再搜籃球場；兩邊都做完後，叫我們搬進去。可是當人犯們搬進一半時，軍官突然叫停，命令我們立刻把東西再拿出去，他們又徹底檢查一遍。

我經歷過很多次搜查。在自己印象裡，好像國民黨沒有找出他們要的東西。可能在恐怖環境中，人犯很有警覺心。

還有一次搜查，也是搞得非常可怕。事後有軍官向我們透露：台北和香港在流傳一個歌曲〈綠島小夜曲〉，軍官說這歌是綠島人犯做的，一定要把作者抓出來。搜索過了之後，我們感覺國民黨似乎沒抓到作者。有人說，作者是第三隊的一位姓陳的。〈綠島小夜曲〉這個曲子，以後我又聽到不同的說法，不曉得哪一個說法才對。

　　難友們也利用「馬克思主義批判」等課程，從反面來了解社會主義思想。有一次，隊裡的軍官宣布：現在已經出版了《毛澤東思想批判》[7]的書，想買的人可以登記。一些有學識的難友很想看這本書，但不敢去登記。他們的考慮是有道理的。國民黨一定有它的算計，很可能這是個陷阱。

　　那些朋友來找我商量，看我能不能幫這個忙。大家的想法是：如果由我這個「粗人」出面去買，比較沒有風險。我答應做這件事，就去登記了。我身上沒錢，書錢是難友出的。

　　指導員聽說我要買書，把我叫去。他問：「賴丁旺，這本書你看得懂嗎？」我回答：「就是看不懂，才要看啊。」他勉強同意我買書。後來那本書送到隊部，指導員交給我時，又問：「你看這個書，做什麼？」我說：「跟你講過了，不懂才要看嘛。」

　　我把那本《毛澤東思想批判》拿到大寢室，立刻被難友接過去。這書在他們之間偷偷流傳。一直到我被釋放離開，我自己都沒有機會讀到。

　　被釋放後，從綠島回到家鄉，我的普通話已經講得不錯，看書、寫字沒問題。一個朋友對我說：「在綠島坐牢，對你是一大幫助。」我也是這麼認為。有時候我想，如果當時沒被逮捕，而是繼續留在楠西，很可能我在做了鄉長，就去參加地方上的派系，跟別人爭奪利益，然後一直墮落下去。我贊同毛澤東所說的話：「敵人給我們的幫助，往往比朋友給的幫助還要大。」

7　作者是葉青，也就是任卓宣。他早期是中共黨員，被國民黨逮捕後，為國民黨工作。

　　在監獄的這段學習經歷，對我的影響是一輩子。我的體會是：應該把思想上的問題搞得清清楚楚，這是比吃飯更重要的事。

難友們

　　楊石梗、李朝金和我，都是楠西人，屬於同一個「叛亂案」。其實我們三人在被捕之前，互相根本不認識。被送到綠島後，三個人分配在第四隊，也是很有緣分。

　　楊石梗在第二班，他雖然矮小，卻有一樣本事：殺豬。綠島的難友中，有各式各樣的人，連將軍也有，就只有楊石梗一人會殺豬，所以他很重要。別的隊如果要吃豬肉，也是請楊去殺。後來他教了很多人。

　　我不會殺豬，但曾經被派去協助楊，幫忙綑豬、刮毛、清理內臟，做一些雜事。楊對我說，殺豬其實不難，因為那時豬的四肢已被綁住了，只是屠宰時要注意：把刀子插進豬的喉嚨之後，必須旋轉一個角度。

　　楊石梗只是單純的農民，沒有政治意識，是個很安分的人。他被判刑十三年，比我還長。本來他完全不識字，連「楊」都不會寫，等到他出獄時，已經能用簡單的白話文寫信。

　　李朝金在第六班，他也是冤枉的。李的年齡和我差不多，家在灣丘村，是我們村子的隔壁。我們是同案、同鄉又「同學」的關係，我和他成為很熟的朋友。

　　他這個冤案，是和舅舅有關。李的舅舅為了逃避國民黨的追捕，躲藏在他家附近。李朝金並不曉得這些事情，只不過送

飯給舅舅吃，他舅舅逃不出去，向政府自首，李因此被判無期徒刑。

李朝金先是和我一起關在綠島，後來被送去台東縣的「柚仔灣」，繼續被關。他坐牢到二十五年。蔣介石死亡後，國民黨宣布特赦，放了一些人犯，李就這樣被減刑、釋放。

他出獄時，國民黨已經改變做法：被釋放的人，不用找保證人了，而是由「警備總部」派一個幹事帶著人犯回家；人犯的家屬簽字，就算完成手續。那一天在李朝金家，辦完了李的交接手續，李的母親向那幹事說謝謝。李朝金立刻說：「對他們不要說謝謝。」

李朝金雖然沒讀什麼書，可是頭腦很好。他喜歡打橋牌。有人說，以李的橋牌技術，可以在比賽中得獎。第四隊有不少「狗仔」愛玩橋牌，李朝金常和他們一起玩，但不受他們影響。李不做告密的事，他的品格不錯。

只是我很為李朝金可惜：被關了二十五年，什麼也沒學到。我在綠島時常鼓勵他：「我們在家裡沒有學習的機會，在這裡可以學很多。」他不想學，在思想上沒進步。李朝金是好人，只是個單純的鄉下人，他害怕那個壓迫我們的國民黨，所以一切都是規規矩矩，不像很多人犯有反抗的意識。

他後來和我接觸得很多。我在「楠西國民中學」工作，收入穩定，他經濟狀況不好，平時只能打零工。李朝金每次在除夕、春節期間，會到我家吃飯。我那時常和他談政治、思想方面的話題，也拿好的書刊給他看。

1989 年我從國中退休，離開了楠西，跟李朝金就沒有經常接觸。之後台獨的聲勢越來越大，他受到民進黨的影響，思想被牽著走。如果我還是住在楠西，他不會變成那樣，這讓我

很遺憾。

李朝金曾經坐牢的「柚仔灣」，不少難友也被關在那裡。有人說，那地方就是所謂的「泰源監獄」[8]。後來我在國中上班時，聽老同學說，泰源監獄發生暴動，因為有難友從「柚仔灣」被釋放，我聽他們說了當時的情形。

退休後，我專門到泰源去，想看看那個監獄。當天我先到台東，請一位朋友帶路，到了監獄附近，看見它的大門。我們正要向前走去，卻被一個女警察叫住。她站在馬路邊的一個崗哨裡，不讓外人接近那地方。

我在綠島認識了一些好朋友，第二班的吳約明，就是其中一位。吳被判無期徒刑。他是台中人，牽涉到「台中市委」案，聽說那一次國民黨抓了幾十個人。吳約明坐牢前，好像是在教書。他比我大十歲，長得矮矮胖胖，身體好，知識豐富，幾乎每個方面都懂。他的習慣是，對別人說話相當慎重，他又會拉小提琴，這在那個年代很稀奇。我文化程度低，如果有不理解的事情，常去問他。

吳約明脾氣大，很少跟別人講話。他和陳南昌不同；陳適合做群眾工作，吳約明不適合，但他很有原則。監獄裡的人犯們，有他看不慣的，他會請別的難友轉達，向那人明白表示自己的意見。有難友對我說：「賴丁旺，你真是不簡單，你能和吳約明相處得那麼好。」

在國民黨監獄裡，管理幹部會迫害、打擊人犯。他們要對

8　一般的說法是：在 1960 年代，中共的潛艇部隊有所發展；國民黨擔心中共潛艇可能出現在綠島附近，於是把人犯從綠島遷移到台東的泰源地區。

人犯下手之前，有時還互相商量。有一天，那位跟我關係不錯的洪幹事偷偷告訴我：「吳約明要小心一點。」洪幹事知道我和吳的交情好。

洪幹事既然這樣說，我就向吳約明做了提醒。他也提高警覺。一直到我離開綠島時，吳仍然沒有出事。

吳約明被關二十多年後，蔣介石死掉，由於國民黨的特赦，吳在這時被放出來。然而吳年紀已經大了，在台灣沒人照顧他，他的女兒住在國外，把吳接過去住。

過了很多年，台灣解除戒嚴，吳約明回來探親。那時綠島的老同學成立互助會，吳到台北的互助會總部拜訪，問到了我的電話。吳在電話裡說：「賴丁旺，我是吳約明。你的腳不能走路，我的眼睛看不見，我們正好互助，配成一對。」我聽見電話的那一頭，很多人在哈哈大笑。

第三班的陳健通，也是我交到的朋友，他是台北人，因為「鐵路案」被捕。陳比我還要矮，很喜歡學習。我們向統治者抗爭時，他和我的觀念相同。在監獄裡有這種難友，我才不會覺得自己很孤單。

每次被軍官派到山上做工，或到海邊挑煤炭，我們都是不服從的。比方說挑煤炭，事先要準備好袋子，是月桃皮做的，大約一米高。人犯裝好煤炭，把一根棍子伸進去，然後兩個人合力挑起來。有些人的煤炭，大約達到那袋子高度的一半，至少二十公斤；狗仔為了表現，裝得更多。而我和陳健通兩人，只裝一點點，即使被幹部處罰、威脅，也不在乎。我們幾乎每天和統治者鬥爭。

阮紅嬰是基隆人，原來在「和平島」造船廠做鐵工，屬於「鍾浩東」案；從綠島出獄後，住在桃園。他有點瘦，和我一

樣矮；人很聰明，不像我這麼「白目」。阮紅嬰講義氣，喜歡和朋友聊天，討厭國民黨，對壓迫者的鬥爭很堅定。我被軍官打擊時，一般人犯不方便跟我接近，他敢和我說話。當我被罰站在太陽底下，他用自己的牙杯，裝了開水給我喝。

他個性是實實在在的，能夠做事情，雖然文化水平不高，很少談理論方面的東西，但肯上進，願意學習左派觀點，通常向吳作樞學習。

吳作樞是福建人，年齡大，中等身材，本來在中學教書。吳的相貌很好認，他的門牙露在外面。吳作樞思想有條理，

吳聲達 29 歲

高木榮 26 歲

吳作樞 32 歲

崔乃彬 25 歲

做人正派，態度客氣，對統治者也是不妥協，可惜後來被槍斃了。

國民黨的幹部，對人犯經常搞些詭計，例如叫狗仔來講某人的壞話，或者軍官故意對某個難友比較好，讓其他人懷疑那人。我們因為有經驗，可說是對國民黨看透了，所以警覺性高，他們的挑撥沒有效果。軍官知道我和阮紅嬰有交情，曾經設計要分化我們兩人。我和阮互相信任，那些陰謀沒用。

難友陳奕雄比我年輕，浙江人，年紀很小就進入國民黨的「空軍幼年學校」讀書。他是在屏東縣東港「空軍軍官預備學校」受訓時被捕的。陳奕雄以前填寫資料，把自己的年齡少算了兩歲，沒想到這件事給他帶來好運氣。他被審判的時候，法官看他不到十八歲，沒判他死刑。

陳奕雄矮矮胖胖，大家叫他「小胖」，一直到他超過八十歲，老同學們還是喊他「小胖」。陳奕雄說話乾脆，喜歡幫助別人，學習左派理論也很用心。他經常教我讀文章，對我幫助很大。我自己練習寫作文，請他指導；陳耐心地幫我修改。

他出獄很多年後，有一位國民黨空軍的軍官，駕著飛機跑到大陸。那飛行員是陳奕雄從前的老師。國民黨為了這個案子，派人來找陳奕雄問話。後來陳也到大陸去。

陳奕雄先是在海南島開農場。有一段時間，他種柚子樹，果樹生了一種病。陳利用回台灣的時候，打電話給我，我剛好有朋友在麻豆種柚子，於是帶陳奕雄去麻豆，請那朋友教他處理這事情。過了幾年，陳又到內蒙古開飼料廠。

有些人犯在面對統治者，不是用我那種抵制的方法。他們是以「留得青山在」的態度，不跟軍官發生衝突，而是先求平穩地度過難關。他們並沒有放棄志向，也不討好統治者。他們

用這種方式去應付，也是很好的。

第五班有位姓張的難友，是大陸人，年紀比我小一點。他性格內向，很少和別人說話，平常沒有表現，也不害人；做勞役時，他割茅草不比一般人少，也不比一般人多。以後大家都出獄了。在蔣經國晚期，老同學們要成立互助會，張同學很積極、勇敢，不怕國民黨的壓力；他給我的印象，跟在綠島時是完全不一樣。

還有另一位姓施的，是嘉義人。他也和張同學一樣，在綠島時的表現，幾乎讓別人沒有印象，但他在出獄後卻顯得很勇敢、很有個性。

2000年民進黨在台灣執政，有一次施同學跟著一個團體，從嘉義去新化參加活動。到了現場，他才知道是參觀楊逵的紀念館。當時民進黨政權扭曲楊逵的意義，把楊逵解釋成想要分裂祖國，又把楊的一個兒子找來，讓他作紀念館的解說員。施同學年齡已經很大了，他站在紀念館的大門口外面，不肯進去，用這來表示他反對的態度。任何人向他勸說，施同學都不願讓步。

楊逵也是綠島的難友，他是作家，那時已經很有名。楊在第二大隊，我沒機會和他來往。楊的太太也坐過牢。楊逵人很矮，身體不差，有一次開運動會，他參加五千米賽跑。1988年成立互助會，楊來參加，跟大家相處得很好。他是社會主義者、愛國者。楊的兒子楊資崩也不錯，有一次他領到一筆錢，全部捐出去，幫助別人。

監獄裡的人才很多，不少難友是知識分子、專業人士。有一位懂音樂的人犯，是第二班，他在綠島坐牢，居然自己做了小提琴，經常練習，也有別人向他學琴。他和幾個喜愛音樂的

人組成樂隊，監獄辦「晚會」時，他們上台表演。那難友出獄後，開辦音樂補習班，他教的一些學生在比賽中得了獎。

我在綠島時，有一件離奇的失蹤案。我們隊的一個難友叫施秋霖，台南白河人，比我小一兩歲。他原來是台南工業學校的學生，和老師一起被抓。他的老師是楊德興，本省人，在我們隊第六班。

施秋霖做人不錯，也不會害人，只是有點消極。在「一人一事」之後，有一天吃晚飯，難友發現施不見了。又過一兩天，有人到山上，看見他的東西。施的鞋子整齊地放著，衣服也摺疊得很好，上衣、褲子在鞋子上面。那地方是「十三中隊」對面的山坡，距離海邊蠻遠。

這案子很轟動。不少人害怕，他們不知道施秋霖是自殺或者逃亡。在綠島，人犯是不可能逃出去的，聽說曾經有被管訓的流氓想逃，他利用水壺等漂浮的物品，可是仍然被抓到。如果施秋霖是自殺，卻沒發現屍體，這很難做出解釋。也有人想到，說不定他是被害，加害者故意拿他的衣服搞了花樣。

我們隊裡還有兩個難友，也是老師和學生一起坐牢。學生姓謝，是人犯中唯一的少數民族。他家住在東部，個性很保守，我和他沒什麼來往。

有一位難友名叫何萬，廣東人，是第四隊最愛吃狗的。何萬被逮捕前，是個船員，在一家荷蘭的輪船公司工作。他的全部生活，只注意一件事，就是吃狗肉，對政治方面的事情完全沒興趣。不曉得國民黨為什麼把這種人也抓進來。

何萬的個子，是高高瘦瘦的，皮膚黑，他講的話，別人聽不懂。他不打小報告，對人不錯，很隨和，大家經常拿他開玩笑。這個時候，他的口頭禪是「兒子欺侮老子」。我們如果有

一天準備要吃狗肉，去通知何萬時，不會直接說「狗肉」，是告訴他：「晚上有那個」。何萬只要聽說有狗肉吃，他中午就不吃飯，一直等到晚上大吃一頓，而且我們去買母鹿的錢，他都自願負擔。

後來有許多俘虜來到「新生訓導處」，據說是在舟山群島戰役中，被國民黨俘虜的中共軍人，也有人說是在大陳島一帶抓到的。他們被編為第三大隊。人犯通常叫他們「俘虜隊」。

那時發生一件奇怪的事。有一天，我在流鰻溝旁的「游泳池」洗澡，第三大隊的人正好由軍官帶著，也來到這個池子。有一人很胖，黑黑的，身材不高。那人利用機會靠近我，偷偷地問：「你是不是賴丁旺？」我說是。他說自己姓黃，被國民黨俘虜，已經找我很久了，又問：「你什麼時候還會來洗澡？」我說不一定。

黃對我說，他在某場合（我現在已經忘記細節）碰到一個人告訴他：「你去綠島以後，幫我送一支鋼筆給賴丁旺。」並說：「賴丁旺很好認，他的臉很紅。」

黃又說：「我現在去把那支筆放在你衣服旁邊。記得要帶回去。」我向他道謝。他說：「不用客氣，記得帶回去。」黃爬上斜坡，從他的衣服裡拿出筆，放在我衣服旁邊。

我拿到筆，仔細地看，那是大陸製造的「金星」牌鋼筆，品質不錯。當時台灣禁止一切大陸的貨品，老百姓沒見過「匪貨」，也不敢用匪貨。這支筆的來源一定不單純。黃給我鋼筆這件事十分怪異，我想不通。我希望能向他問清楚，但一直沒有遇見他。

後來過了很久，不知道那姓黃的怎麼溜出來，我們又在洗澡池碰到。他對我說：「賴丁旺，我們這幾天要被遣送回

去。」說完他就走了。我再也沒有見到這位難友。

　　之後，果然看不到那些俘虜。有人說，國民黨給他們每人七個龍銀（銀元）；又聽到傳言：他們並沒有回去大陸，而是被屠殺。那支筆我一直用到出獄後。過了很多年，李朝金也被釋放。有一天，李在楠西跟我聊天，提到他自己沒有筆，我把鋼筆送給李朝金。

　　我記得那批俘虜中有兩個女人，國民黨的兵提起她們，都是說「女匪幹」，其中一人來到綠島已經懷孕。她在女生分隊時，生下一個男孩。後來這女生和孩子，也隨著其他俘虜被送走。[9]

　　人犯們對那母子很關心。第四隊有人給她們奶粉，是利用福利社的場地，偷偷傳過去。福利社是個公共場所，各隊的人會去那裡買東西，所以有傳遞的管道。也有別隊的人，給那母親一些「購物券」。他們送東西，是請第六隊的「幫廚」帶進去，因為六隊每天有人送飯到女生分隊。小男孩長得胖胖的，很可愛。有時幫廚把男孩抱到廚房來玩。

　　很多人被國民黨迫害，根本就沒有道理。在「新生訓導處」，楊新丑被派到「照相部」工作。他家在台南縣的大內，是個鄉下農民，完全不懂政治，可以說，他的一生被國民黨毀掉。1988 年左右，老同學們要成立「互助會」，我和一位難友去找楊新丑。他住的地方，實在太糟糕了。楊那時生病，睡在地上，沒有人照顧他；我看不下去，動手幫忙整理一下。那位難友嘆著氣，對我說：「唉，算了吧，不必整理了，你也不

9　周淑貞（白色恐怖時期「郵電案」的受難人）說，這批俘虜中有數位女性，其中有人被國民黨幹部「性侵害」而懷孕。

能天天來。」

我有一個好朋友，姓邱，他弟弟是被國民黨槍斃的。邱住在台北，常來台南，我們很容易見面。他到台南是要去弟弟的墳墓，幾十年都是這樣，可見他們兄弟的感情很好。有一陣子，這位邱先生失蹤了。很久以後，才在他弟弟墳墓附近被發現，遺體已經腐壞，骨頭也露出來。可能他是突然發病、摔倒，或有意外；那地點是在山上，沒人救他，才造成不幸。蔣家國民黨搞的悲劇，我聽到、看到的還有很多。

綠島居民

綠島這個「三村九灣」的地方，居民很少，據說有三千多，是閩南人。我們是 1951 年去綠島的第一批人犯。大家沒抵達之前，政府已經向老百姓宣傳：「這些人是土匪、殺人犯，裡頭有的女人，是殺丈夫的……。」

起初我們在綠島上岸時，身邊圍著很多當地人。我聽到一個年紀大的村民說：「這些年輕人像是孩子，怎麼會是殺人的呢？」他的口氣，跟我前一年在台北街上聽見的一樣，也是不大相信國民黨的宣傳。

人犯們到達「新生訓導處」一些日子以後，監獄準備了表演節目，請老百姓來觀看，並且規定我們也要看。這種演出是在晚上舉行，叫作「晚會」。其中一個節目是蔡瑞月[10]跳舞。她跳到一半，裙子突然掉下來，大家不知道她是因為不小心，還是故意用這樣來製造效果。我旁邊坐著一位當地人，他對別

---

10 著名的舞蹈家。

人說：「噢，殺死丈夫的就是這個？」他似乎也不相信。

那時常常看到綠島特別的現象，例如男人穿著丁字褲，在夏天，也會看見打赤膊的男女老幼。當地男人大多到海裡捕魚，山上、田裡的工作，是女人在做。山地不能種稻子，是種花生、番薯。

在綠島能買到的食品不多。從海裡抓來的魚，是老百姓的主要食物。很多綠島人生活很苦，經常是吃魚，配著番薯或稀飯。他們煮出來的稀飯，只有很少的米，和台灣的稀飯差別很大。我們剛到綠島時，吃花生、黃豆，沒有蔬菜；這裡幾乎沒人種蔬菜。第四隊管伙食的人，有時拿黃豆和米，向村民換魚來吃。

島上唯一的學校是「綠島國民小學」，地點在中寮村。村裡的街道又小又窄。大部分房子是用咾咕石建造，屋頂是拿茅草蓋上去。綠島的人很怕颱風，每家都把茅草用粗繩子捆得緊緊的，再綁在大石頭上，免得被風吹走。

我自己是農民，所以對綠島的村民，有一種親切的感覺。看到國民黨軍官，我感受不一樣，他們的地位越高，越像統治者。尤其在我逐漸認識到共產黨的思想以後，有了階級、群眾、平等、剝削的觀念，就更了解他們。對於自己所看到的人，和所遇見的事情，我也會用這些觀念去思考。

綠島居民起先對我們很害怕，叫我們「土匪」或「共匪」。人犯中有些是學生、醫師、職員，是屬於知識分子，也有不少工人、農民，不是做壞事的。後來村民和人犯接觸多了，對我們的態度變得很好。

由於人犯的制服上繡著「新生」兩個字，老百姓把我們叫作「新生」或「新生營的」。我聽到有村民說：「你們『新

生』很好。」綠島的小姐們喜歡和我們人犯講話；很多難友年紀輕，有水準。也有居民對我們感到興趣，向大家問東問西，例如：你家住在哪裡？父母還在嗎？以前做什麼職業？

對當地居民來說，人犯和軍人都是外來的；人犯的制服是灰色，軍人制服是草綠色。國民黨許多軍人的程度很差，對人粗魯，村民見到軍人會怕。我們在外面做勞役，有時向居民借小鐵桶和繩子，到井裡打水來喝。居民很樂意借給我們。而他們對軍人不是這樣，我有幾次看到村民不理軍人。

幾年後，新生訓導處也關押一些從台灣送來的流氓。他們往往很兇惡，相貌和一般人不同，當地民眾害怕、討厭他們。於是流氓開始偷我們政治犯的衣服，因為流氓制服的顏色，和我們是一樣的，但沒有「新生」兩個字。如果他們要到村子裡去，就穿「新生」的衣服。流氓的做法是：和我們隊裡的人勾結，由那些人偷了晒衣場上的制服，交給流氓。我不曉得幫忙偷竊的人犯，是不是拿到好處。

監獄的統治者，也很注意他們跟老百姓的關係；每年有幾次晚會，邀請當地居民來看表演。時間是選在春節、中秋、「國慶」這些節日，偶爾平時也舉辦。監獄強迫人犯們去當觀眾。我們不愛看，也討厭這種集體行動，又無法拒絕，所以大家帶著草蓆、毯子去睡覺。

表演的場子是在司令台。監獄規定人犯要上台演出，由各隊輪流設計節目。人犯表演的內容有話劇、京戲、唱歌等。每次晚會都安排了反共節目，用來對村民洗腦。第三隊有個人犯會唱歌仔戲，他男扮女裝，假裝成女人的聲音，很像真的。我發現那些被指定去表演的難友，他們不太願意。我不清楚綠島老百姓對晚會的想法；每次有不少大人和小孩在場，可能是他

們平時缺乏娛樂吧。

國民黨禁止老百姓跟人犯往來，我還是私下認識了幾個村民。我被選為伙食委員時，每天早上出去買菜。我和一位賣魚的村民很談得來，他有時請我到家裡吃米粉；本來以為是台灣那種炒米粉，去了才知道不一樣。

綠島人吃米粉是用燙的。燙過後，倒在一個竹子做的大盤子上，再加上花生油和一點魚露，拌一拌，就可以吃了。我以前沒見過這種做法，但是這樣也蠻好吃。魚露是當地人常吃的調味料，是用炸彈魚蒸出來的湯，味道鹹鹹的。綠島的衛生不好，蒼蠅太多；那位朋友把米粉端出來，上面蓋滿了蒼蠅。

有一段期間，我經常到山上割茅草、砍茅杆，認了兩位乾爹和乾媽。大家外出做勞役，常經過一戶人家。我們有幾次向他們要開水喝，因此互相熟悉。

他們兩位是沒讀過書的農民，體格很好，又高又壯，由於年紀大，不方便去捕魚，只是在山上種番薯。乾爹乾媽好像曾有一個孩子，詳細情況我已記不清楚；我連他們姓什麼也忘了。

第一次見到他們兩位時，我被罵「共產仔」，這個意思跟「土匪」差不多。我對這種誤解早就習慣，完全不在乎；互相了解之後，那兩位告訴我，本來他們以為我是壞人，是因為聽了國民黨的話。政府恐嚇他們說，絕對不能跟人犯接觸和講話，如果被發現，老百姓會受到處罰，甚至可能被抓到台灣關起來。

我認識兩位居民這件事，被黃贏昌、陳南昌知道了。兩人認為這是好機會，叫我主動去接近他們，並說，「共產黨人」必須重視群眾工作，要想辦法跟勞動人民做好連繫。我那時還

綠島居民在海邊捕鰻魚苗，這工作是婦女在做。

不覺得自己是共產黨人，但同意這兩個難友的建議，心裡很願意這樣做。我反而是後來回到台灣，所看到的、想到的比較多，才逐漸把自己看作是共產黨人。

　　有段時間，我經常去他們家。他們的房子在山上，去那裡必須先經過一個叫「奴隸崎」的山。這山原來名稱是「蝦龜崎」，雖然不很高，可是坡度大，如果一口氣爬上去，是非常吃力的。那時我幾乎是兩天去一次。

　　後來，我和他們很熟。那兩位長輩外出勞動時，會把我愛吃的東西留在家裡，也送我食物。我常幫他們做事，特別是勞累的工作。有一次他們不在家，我為他們煮飯，我以前沒有用木柴燒飯的經驗，竟把一鍋飯燒焦了。下一次將要跟他們見面時，我有點不好意思，不過他們看到我，還是說我的好話。

在山上工作的農民。這是營區大門口的那條路（下山的方向）。

他們可能是漁民；住的是茅草房。

　　有一天，他們很高興地對我說：「我們沒有看錯人。國民黨真是亂來，把你也抓來關。」又說：「也要謝謝國民黨，要不然我們不會認識。」

　　我的個性隨和，和一般人相處得不錯，所以有難友請我幫忙。那時有人能夠收到家裡的接濟，但「新生訓導處」規定：人犯身上不准帶現金。當監獄看到有外面寄來的錢，就先換成「購物券」，然後才把購物券交給人犯。可是很多難友不願意拿購物券，認為現金才好用，要我想辦法。

　　於是我經常拿著別人的購物券，到福利社買日用品，比方牙膏、肥皂，再利用做勞役的機會，交給那位婦人，請她去賣給當地人。她下次看到我時，把現金交給我。我很多次為難友做這件事。我不曉得他們為什麼一定要換成現金，後來聽別人說，有的人犯賄賂幹部，送他們「紅包」。

　　把購物券換成現金，其實會損失很多。由於福利社賣的東西，價格比外面要貴，而那位婦人去向村民推銷，又必須賣得便宜。這樣兩頭折損，人犯能拿到的現金，往往只是原來的一半。

　　有天，我接到家裡來信，說我母親去世了。我心情很不好。幹部們知道後，那段時間不讓我到山上去。

　　第四隊出去做勞役，遇到那位婦人。她問：「為什麼最近沒看到姓賴的？」難友回答她：「他媽媽死了。」婦人說：「沒有媽媽，簡單啦，我給他作媽媽。叫他上山來啦。」

　　就這樣，我在綠島認她作乾媽，她的丈夫成了我的乾爹。那時他們大約五十多歲，我是二十出頭。他們兩位對我很好；有時也煮番薯給大家吃，為我們燒開水。綠島的人很窮，每頓飯幾乎都是吃魚，配番薯，所以乾爹乾媽這樣招待我們，是相

當大方的。

後來我快要被釋放回去時，有一次找個機會，到乾媽家道別。她流著眼淚對我說：「你能回去是很好，只是以後看不到你。」

過了很多年，我第二次回去綠島，想順便探望乾爹乾媽。那次是和楠西國中的同事一起去玩，我不敢向同伴們講我的想法。乾媽家是在「觀音洞」上面。大家走到那一帶，我發現多了一條公路，原來通往觀音洞的那條小山路，已經消失。我問附近一位老人：「山上那小房子裡的老人家，現在怎樣？」他說：「他們搬到新港去了。」

也有別的難友和當地人很親近。第五隊有個姓張的，是本省人，年紀很輕。他在做勞役時，認識一位綠島的小姐，兩人很投緣。難友們都知道張交了女朋友。

有一天，張和那小姐約會。他從流鰻溝回來，走到一個懸崖的缺口處，他正要抓著藤子下來，剛好被衛兵看到。我們人犯是被嚴格禁止從那裡上去的。張也許是太緊張，不幸摔到地面，死了。如果張沒死，他和女朋友的結果，也不可能好；國民黨會嚴厲處分這一對情侶。

自然景觀

我做勞役、或者溜出去的時候，偷偷到島上一些地區去玩。觀音洞我去過幾次，那是一個很有趣的地方。它在山上；想去玩的人，必須從海邊一個小洞爬進去。小洞的入口很窄，裡面還有一條小溪；前進半個小時之後，在洞裡可以看到一個石頭，形狀像是觀音菩薩，大約一米高，坐在平台上。

觀音洞。

　　本來去觀音洞很麻煩，因為洞裡有的地方很低、很窄，不能站立，更不能走路。現在當地政府為了發展旅遊，從山的上面開闢一條公路，交通是方便了，可是原來天然的地形被破壞，我覺得太可惜。

　　綠島有兩個很明顯的山峰：阿美山和火燒山。我看得多了，對它們印象很深。火燒山蠻漂亮的。阿美山我去過很多次；乾媽家在那山上。

　　營區背面是山地。從最低到最高，山區的地形一共有四層。我們如果向後方爬上去，會先經過山坡的碉堡，然後到一個平坦的地方，人犯經常在那裡替廚房挖黃土。再繼續上去，到一個小山頭，可以看到阿美山。從阿美山再向上走一段，就看見它後面的火燒山。

綠島海邊的景觀。

綠島海邊的景觀；可能是營區大門出去的左邊方向。

如果從營區大門口出來，左前方的海中，有三個岩石。有人叫它「三仙岩」。我有時從大門口游泳到三仙岩，約二、三百公尺。

島上的山峰，我很喜歡看；在晴天時候，山的樣子很美麗。我記得有一首綠島的歌，好像是處長唐湯銘做的：「綠島綠島，美哉綠島。在台灣之東，阿美火燒二山環繞……。」

我也喜歡去海邊走走，或坐在岸上看海。假如海上有大輪船經過，這時會想家。

綠島有個地方叫「海心坪」，在那附近，有一個海邊溫泉。我幾次偷偷去泡水。從營區走到海心坪，要一個小時以上。如果想泡溫泉時，剛好是退潮，那地點比較明顯；漲潮就找不到溫泉，所以我和難友搬了一根大木頭，放在山壁下面，作為記號。從木頭那裡向著海水走下去，經過一段距離，可以發現海水溫度在升高，這樣能找到溫泉。

後來我被釋放回家，為了謀生，曾想回去綠島，開發那個

溫泉。我問過律師、土地代書，他們的回答是：「那是國家資源，老百姓不能開發。」目前這個溫泉由綠島鄉公所在經營。

我們營區旁邊，朝著公館的方向，也就是現在「綠洲山莊」一帶，是個欣賞海景的好地方，可以看到海中有三個大岩石。天氣好的時候，更能遠遠看到台東的海岸山脈。想觀賞海上日出，綠島也是很適合的地點。

綠島的林投樹很多。「綠洲山莊」和飛機場，在當時是荒地、樹林，風景很好。我有時回想起在火燒島的生活，覺得大自然最公道，又最美麗，反而是人有很多醜陋的地方。

副食生產

新生訓導處的各隊，都利用人犯的勞力，做副食生產，例如種菜、養雞、養豬等。監獄在發動「一人一事」時，因為我堅持不參加，指導員派我到山上養雞，大約有一年多，後來又叫我種菜，時間更長。我被釋放之前的兩年，他派我去養火雞。指導員這麼做的原因，應該是由於我不聽話；讓我在白天脫離團體活動，可以少惹麻煩，也避免影響到別人。

我們第四隊是最先養豬的。綠島居民養豬的方法，並不把它們圈起來，而是讓豬到處走動。有一次我們隊外出做勞役，看到路旁有一隻母豬。同伴中一位叫葉山霖的，以前養過豬，他對那飼養的主人說：「這個豬已經懷孕了，不要殺。」主人說：「可是不殺不行啊，我家現在需要錢。」

人犯回來後，把這情形告訴隊裡的軍官。幹部們經過討論，決定用公家的錢，把那母豬買下來，由隊裡飼養，並且在靠近山腳下的樹林旁邊，選了一個地點，叫我們蓋豬舍。指導

員把養豬的任務，交給葉山霖。

那母豬生下七、八隻小豬。其他隊的幹部聽說這個事情，有的來第四隊觀摩，他們把小豬帶回去。別的隊也開始學我們養豬。

葉山霖是埔里人，他不必做別的勞動，只要把豬養肥、不生病就行了。他同時養五、六隻。養豬雖然辛苦一些，但仍然是個很好的差事，這樣不會跟別人發生關係，可以減少被打小報告、被陷害的風險。他也是判刑十年。葉山霖坐牢比我晚，所以我出獄的時候，他還在養豬。第四隊養豬這件事，等於是他的專利。

我們隊只要有殺豬的機會，我都去幫忙。豬肚子上有一個好東西。我們宰了它，先把毛刮掉，剖開肚皮，可以看到肚子中間，有一小塊很特別的肥肉。我把它割下來，拿在手上還是溫溫的，馬上沾鹽巴送進嘴裡，那味道好極了。

一般人喜歡吃豬肉。在綠島，豬肉的價錢不便宜；我們殺豬時，會賣一些給別的隊。由於農民殺豬要繳屠宰稅，然而監獄不用繳稅，因此第四隊賣豬肉，賺了一點錢。每次殺豬，附近的老百姓和軍人眷屬，也會來要豬肉。他們的需求並不多，廚房的人私下送給他們。

監獄兩個大隊的豬舍，都靠近山坡，屬於營區的範圍；豬是吃我們人犯食物的剩餘，所以豬舍的位置必須靠近營房。養雞就不同，它的場地是在山上。

新生訓導處各單位，在山上養雞的，只有我們第四隊。我去養雞那段期間，白天不跟軍官在一起，心情比較輕鬆。監獄規定：人犯離開營區，衣服、帽子必須整齊；但是我走到養雞場，就把衣服脫掉，只穿著一條短褲。

人犯是不能自己出去的。每天早上的小組討論結束，幹事把我帶到營區大門口衛兵站崗的地方。那邊的碉堡裡有個本子；幹事在本子上簽好名字，就回隊部，我一個人走路去山上，整個白天都在養雞場。到了要吃晚飯時，我自己回來，並在衛兵那裡寫下名字。

在菜園裡（流鰻溝旁邊）。

每次我出發時，先帶上一些米、菜。山上有個克難小房屋，可以睡午覺和躲雨，屋裡也有簡陋的灶和鍋子，中午我自己煮飯煮菜，隨便吃。自己做飯雖然麻煩一點，但也有好處，反而可以大吃一頓。在綠島的野外、馬路邊，常常會有老百姓丟掉的死雞，這是我的好運氣；我把死雞撿起來。只要早上有撿到死的，中午我在場子裡選一隻大肥雞，把它煮成雞湯自己享受。晚上回去，把那撿來的死雞帶到隊部，向指導員或幹事報銷。我告訴他們：「有雞死了。」養雞場有專門一本帳，指導員在上面記錄了大雞、小雞的數目。

我也利用養雞的機會，和附近老百姓建立感情，交個朋友。有些居民拿死雞來，跟我交換活的雞。我把死雞拿回去給幹部看，說：「雞又死了。」我現在想起這些往事，也覺得蠻好玩。

第一批人犯被送到綠島不久，各隊開闢一些菜地。在山坡的碉堡下方，靠近流鰻溝的旁邊，有一片平地，各隊的菜圃都

集中在那裡。人犯們把雜草砍下，晒乾，然後放火燒掉，再用鋤頭把地整平，這樣可以種菜，後來菜園的範圍擴大，很多蔬菜種在山上。

綠島的山是紅土，石頭很少，適合種瓜類，我們第四隊在那裡種了冬瓜、南瓜、胡瓜等。流鰻溝旁的土地相當肥沃，那邊的菜園主要是葉菜類。我被派到山上種菜的那段日子，早上出去，晚上回來，沒有人管我。

菜園也是單獨一本帳；收成的菜是賣給伙食委員的。菜園收入的錢，放在一個基金裡，我們種菜所需要的水桶、種子等東西，從基金裡開支。每一個管理過菜園的人犯，都會搞個小花樣。例如賣菜給伙委時，以多報少，三十斤的菜，算成是十五斤；人犯們的伙食費可以少扣一些，等於大家吃得好一點。

有一次指導員來巡視。他指著旁邊別隊的菜園說：「賴丁旺，別人的番茄那麼漂亮、那麼紅，為什麼你的番茄顏色不一樣？」我回答他：「那是品種的關係。我們隊番茄的顏色，不是大紅色的。」指導員「嗯」了一聲，沒說什麼。

其實我種菜不老實。只要看到番茄的顏色開始變紅，就把它摘下來，拿給醫務所的住院病人吃，瓜類成熟了，我也送去。有幾位難友身體不好，經常生病，而且我聽說醫務所的藥品不齊全；送這些食物給他們，也是一個心意。

指導員來視察好幾次。最後一次他發現不對勁，說：「為什麼別隊的番茄那麼多，你的番茄那麼少？」後來他不讓我管理菜園。

我被派去山上種菜時，想利用機會存錢，於是偷偷開闢一塊地，種植苦瓜。事先我下了功夫，研究種瓜的方法，又在地

上挖一個洞，用來做積肥，把羊糞、牛糞、人糞、豬糞、雜草放進去，然後埋起來，讓它發酵。結果我的苦瓜長得又多又好。我偷偷賣給村民：一條苦瓜有一、兩公斤，每條一塊錢。

賣不完的苦瓜，我送到廚房去，伙食委員也給我一點錢。那陣子因為苦瓜太多，難友們都吃得抱怨了。我所賺來的錢，不敢放在自己身上，我用一個舊的奶粉罐裝著錢，把罐子埋在山上。

在綠島第八年，被指導員派去養火雞，我心裡想：坐牢期滿時，不曉得國民黨會不會讓我自由？如果回到家鄉，要靠什麼方法生活？養雞也許是個出路。

在養雞場，我順便觀察火雞的特性，時間久了逐漸懂得一些技巧。比方說，母雞生的第一窩蛋，最好不要拿去孵；它們變成小雞，很會吃，可是長不大。等到母雞生第二窩的蛋，就要開始注意。母雞一天生一個蛋，單數天的蛋和雙數天的，我分別做上記號，觀察未來孵成小雞的規律。養火雞的目標是：母雞要少，公雞要多。母雞吃得比公雞多，重量卻比公雞來得輕；養母的不划算。

養火雞也很有趣，它會替主人撿花生。我們養雞場的旁邊，剛好是老百姓的花生田。花生是長在土地裡的；農民收成之後，其實有不少遺漏的留在泥土中間。我讓火雞去那裡，它用嘴撿出花生來吃。火雞吃飽了，還是繼續撿，而且是把花生放在一邊。火雞動作快；我跟在它的後面走，一下子就收集一堆。

釋放

被關在綠島時，我知道兒子出生了。有時我用學來的中文寫信回家，但是母親、太太不識字。姨媽叫她的孫子寫信來。小時候，姨媽對我很好，常常照顧我，她跟大多數台灣婦女一樣，是拜媽祖的。我被捕以後，姨媽到北港的「朝天宮」許願，求媽祖保佑我平安回家。

我會想念家裡人，為他們擔憂；我幫不了家人，他們也不能幫助我。因為擔心也沒有用，平時儘量不去想，讓自己在這方面成為一種麻木的狀態。後來母親、祖母去世，太太離家另外結婚去了。我有幾次寄照片給姨媽。有些家裡環境好的人犯，他們比我擔憂更多；我看到他們在流淚。

難友都很盼望被釋放回去。正常情況下，人犯在刑期屆滿前三個月，幹部為他辦理「交保」的手續。實際上，很多人不能按時獲得自由；人犯繼續被政府關押，是平常的事。

如果是期滿後又被關，有人還是留在綠島監獄，也有的被送到小琉球去。人犯會受到哪一種處置，是由隊裡的軍官決定。據說到小琉球的，以我們第四隊的最多。那個年代，台灣人民真是沒有人權。

小琉球在屏東外海，是個比綠島更小的島。人犯在「新生訓導處」被迫害，總還有一個刑期，如果去小琉球，甚至連刑期也沒有，不知道要被關到哪一天，所以小琉球更可怕。我不清楚那個小島的狀況，所認識的朋友被送去之後，也沒有再見面。我對那裡很好奇。七十幾歲的時候，我特地到小琉球，想看看島上的監獄，可惜營房拆掉了，只剩下一片空地。

我的刑期快要結束時，自己曉得表現不好，根本沒信心

會被釋放，不太在乎能不能回家。我主要做的事情，是研究火雞。我的態度是，對於國民黨統治者，就是不服從，其他的事完全看運氣。

然而卻讓我很意外。我是 8 月 5 日到期，當天被准許離開，一點也沒拖延，這麼好的事，據說在綠島我是第一個。隊裡軍官沒有找我麻煩，是由於我的文化程度低，幹部們看我是老粗，也有人犯說賴丁旺很「白目」。假如我是個反抗的知識分子，在統治者眼中是最危險的，也許就被國民黨消滅了。

其他人犯也覺得奇怪：「賴丁旺怎麼可能準時回去？」因此有人懷疑，我一定是平時向國民黨告密，才能得到這個好處。

1960 年四、五月，陶指導員把我叫去，他問：「你想不想回去？」我說：「我如果想回去，而你不准，那又有什麼用？你如果叫我回去，我能不回去嗎？」我的意思是，他這樣問，很無聊。對於我能不能被釋放，陶指導員也沒有表示態度。

直到刑期屆滿前大約十幾天，一個下午，時幹事私底下對我說：「賴丁旺，我們一定讓你回去。沒剩幾天了，再怎樣你都要忍住。」這是好消息，我心想：「就算你們讓我走，那也要三個月以後吧。」因為交保需要時間。監獄必須先把文件寄到人犯家，家裡找到保人，再寄回來，然後被審核通過，才完成整個手續。時幹事提醒我：「過幾天指導員會叫你去，他問你那句話，你要做個答覆。」

當天晚上陶指導員就找我了。他果然又問：「想不想回去？」我說：「想。」他說：「王八蛋，早不講。如果你這樣講，早就辦好了。」陶拉開抽屜，拿出一袋東西給我，要我交

給幹事。我立刻拿到對面的房間。時幹事說：「你放心，我儘快幫你弄。」我沒想到居然這麼順利。

時幹事可能知道一些情況，他告訴我：「賴丁旺，你要忍耐。」我說：「好哇，我儘量忍。」他說：「不是儘量，是一定要忍。」

果然有一個狗仔來找我麻煩，也許是有人指使他。晚上洗澡時，他問：「賴丁旺，你要回去嗎？」我說是。「你有沒有肥皂？給我。」我曉得他是故意的；這人從來不跟我打招呼。我不想和他衝突，把肥皂給他。他又說：「你的襪子呢？」

我還是對這個狗仔讓步。一直到我離開綠島，在那幾天裡，他不斷地騷擾，我則是一再忍受，最後應付過去了。在監獄裡實在是很恐怖，人犯沒有保障。其實根本不必由指導員、幹事直接來管，光是那些走狗，就把我們人犯壓迫得很厲害。

新生訓導處把文件寄到我家。弟弟找了一個楠西的村民，當我的保證人，那位先生從事貨運業，有一輛卡車。國民黨對台灣社會控制很嚴：即使是保證人，也不是任何人都可以擔任。為別人作保的人，必須自己有事業，或在公家機關工作。

弟弟很快把文件寄回來。事情辦完後，指導員交給我一張「釋放證」，並且說：「你回到家，必須在三天之內向警察局報到。」

8月5日清晨，距離起床還有幾分鐘，我被人搖醒。分隊長和指導員站在我的床邊。這個突然的動作，讓我很驚訝，直覺想到：會不會有可怕的事發生了。長期生活在恐怖環境的人，很自然出現這種反應。

我正在擔心，指導員說：「賴丁旺，你今天不必參加早點名。」這時，寢室裡的難友們也被驚醒，整個大房間沒有一點

聲音，全是很恐懼的氣氛。很多人緊張地看著我，不知道這是好事，還是壞事。

指導員又說：「準備收拾行李，你可以走了。回家以後好好做人，別再糊塗……。」他下面所講的話，我根本沒聽進去。我被釋放這件事，應該不會改變了。

我能夠準時回家，連自己都不敢相信。我不曉得他們讓我回去，軍官心裡是什麼想法，幸好他們沒有對我提出要求，例如為國民黨作線民等等。

當天我將要離開寢室，正在穿鞋子，其他的人都在向外面跑，他們是去參加早點名。那時我低著頭，一個難友經過我身邊，用腳踢我，小聲地說：「這個山不算高，下一個山更高。你要加油。」

那人說話聲音很沙啞，我想不出他是誰，也不確定那句話究竟是什麼意思。他是用台灣話說的，可是這話也不是台灣人的諺語。我可以體會到，那是給我的提醒和鼓勵，是好意的，所以我一直記得。在後來的幾十年中，每當自己遇到不如意，就會想起難友送我的這句話。

這一天早晨，我不再穿那件制服時，我才真正放心。那種繡著「新生」兩個字的衣服，我穿了十年；總算可以不要再過這樣的生活。

我接著辦理手續，把衣服等東西繳回去。那些多餘的鞋子，我在前一兩天賣給難友，一共十五元。新生訓導處發給我「茶水費」，也就是回家的路費，記得是一百元多一點。連同我偷偷賣苦瓜存下的錢，身上大約準備了三百塊。

一般人犯在離開監獄時，指導員或其他軍官，要檢查人犯的物品，但是並沒有人來檢查我的。有人說，人犯在釋放前，

政治處主任會找他去，可是那天我也沒被叫去談話。

由於時間太匆促，我來不及向朋友們道別。那天早上剛好有一位女士、一個幹事，和洪國式教官，他們三個人要坐吉普車去搭船。我收拾好行李，一起跟著上車；本來像我這樣的人犯，應該是自己走路去坐船的。那女士從台灣來，為的是探望被關押的丈夫。我後來才知道，當天是監獄要押解洪國式到台灣，處長才派了車子，送他們去中寮海邊搭船。

在海邊我很激動。雖然一些好朋友不能見面了，但能遠離這可怕的國民黨監獄，總是值得高興的。

大家上船；洪國式和我在一起。我們聊了很多，他對命運很悲觀。那位幹事並沒有阻止我們談話。幹事對我說：「到台東，我們三個人一起去住『軍人之友社』的招待所。」

我坐在船艙裡面，船的窗子像一個個小洞。從窗口向外看出去，是一大片海洋。很自然地，我心裡唱起那首歌：「起來，不願作奴隸的人們……。」幹事在旁邊，我不能讓他聽到。

遠遠望見台東的山脈，我心情很好，然而船靠近台灣島時，我看到山坡上不少地方有開墾的痕跡，自己的情緒受到一點影響。我在被釋放前，對於回去後要怎樣謀生，心裡曾經做過打算。有難友說過，出獄的人找工作很困難，會被警察干擾破壞。我本來這樣計劃：如果以後找不到工作，就去開墾山坡地；可是台東這麼偏僻的地方，它的山上都被開墾，我想，在楠西恐怕沒什麼機會了。

我們的船到達台東縣的新港，這是一個小漁港，距離台東鎮蠻遠的。大家來到岸上，那幹事改變了原來的想法。他對我說，我自己去住旅館比較適當。

返回社會

路途上

在新港，我們找到客運站，搭車到台東鎮。洪國式和幹事還不錯，他們陪我到火車站前的一家旅館，兩人才跟我道別。沒想到這次分手之後，洪國式就被殺害了。

我到台東是下午。為了體驗出獄的第一天，我先把行李放在旅館，好好洗一個澡，然後到街上閒逛。

台東的市區很小，只是火車站附近有幾條馬路。我在街上走，看看行人和商店。這裡雖然比綠島、楠西要熱鬧，但比起台灣西部的城鎮，應該是落後很多。我離開社會太久，任何東西都好玩；吃過晚飯，找到一個戲院，進去看電影。那部片子是《城市恐怖記》，我一點也不覺得恐怖。看完以後，我在想，會不會是自己在監獄裡被磨練過，所以膽子變大了。

回到旅館大約是十點鐘，一個服務員坐在走道旁邊。那時大家把旅館的女服務員叫作「女中」，可能這是日本人的習慣。我走上樓梯時，那女中看到我。

因為在監獄裡被「訓練」過，我做事很小心。進了房間我心裡想，不曉得這旅館安不安全、有沒有被人跟蹤？為了預防意外，我把錢和「釋放證」藏在枕頭裡。

睡到半夜，我突然被很大的聲音驚醒，有人用力鎚門，很重、很急。那女中在喊叫，要我開門。我很吃驚，打開門，

只有她一個人。女中一副很兇的樣子，臉色不好，只對我說一句：「人在就好」，馬上轉身走了。

我再也睡不著，心裡很疑惑，想不通發生了什麼狀況。我也有一點擔心：會不會自己仍然被國民黨暗中監視，也可能特務或警察對旅館有指示，叫那女中注意我這個人。

躺在床上，我東想西想，大概到了兩、三點，突然又有人敲門。我問：「什麼事？」女中說：「開門啦。」我心裡不高興，還是去開了門。

她站在門外，臉色不像上次那麼兇，好像變一個人。她對我說：「先生，要不要爽一下？」我沒完全聽懂，問她：「什麼叫爽一下？」她說：「要不要啦……」身子同時撲過來，把我嚇一大跳。

那女中的年齡不大，二十多歲。我問：「你們這樣要多少錢？」她說三十塊。我不知道她有什麼名堂，不願跟她發生衝突，而且我的錢是藏在枕頭裡，於是告訴她：「你回去，明天我把這個錢跟旅館費一起給你。」她還說了一句：「你講的是真的喔？」

住旅館一天的費用，好像是三十元。第二天上午，我給女中六十塊錢，她說不夠。我問：「還欠你什麼？」她說要收小費。我沒想到有這種事情，問小費是多少，她說十塊錢。我有些生氣，但不願意自己剛出獄，就惹出什麼麻煩，勉強給她五元，離開那旅館。

我心裡想，今天可以回家了，先吃過早餐再上路吧。找到一個小小的飲食店。我那時晒得很黑，又是個光頭，任何人一看就知道，我和當地人不一樣。

那小店賣的是饅頭、豆漿、油條一類的東西，很便宜，

唯一價錢貴的是「虱目魚粥」。我想，饅頭豆漿在綠島經常吃；出獄後的第一頓早餐，應該好好享受。我向老板娘要一碗魚粥。

可是我坐了很久，魚粥一直沒端來。我心裡想：可能她在忙吧。繼續等下去。這時，一個四十歲左右的男人對我說：「先生，方不方便幫一個忙。」他解釋說，因為做工摔了下來，現在身體不好，不能工作，希望我能替他付早餐的錢。

我願意幫這個忙，問他：「虱目魚粥你吃不吃？」魚粥一碗要四、五塊，價錢很貴。在綠島，像鬼頭刀這種魚，一斤才三毛錢。那人還不錯，他說：「魚粥太貴了，我只要兩個饅頭。」再問他要拿饅頭，或是拿錢，他說都可以。我給他五塊錢，那人一再向我道謝。

他走了以後，我對台灣非常失望，心想：在火燒島是蔣幫很囂張，剛脫離監獄，看到娼幫，今天又是丐幫。以前楠西鄉下，社會是很純樸的，後來在綠島學習革命理論、認識左派的朋友，他們是優秀的人；沒想到十年後的台灣，居然是這個樣子。

虱目魚粥還是沒來，我去催老板娘；看得出來，她的表情很不對勁。我懂了，老板娘怕我是來白吃的，可能她遇到過賴帳的人。我問她：「是怕我沒錢給你嗎？」她說：「不是，不是。」很快把魚粥端出來。她站在我旁邊不走，不客氣地說：「錢呢？」我付了錢，老板娘馬上換一個臉，態度變好了。

那個店裡，別的客人是吃完才付帳的，這是當時台灣做生意的規矩。老板娘雖然對我不夠公道，但自己能夠出獄，已經是最大的喜事，所以這些我不計較。

吃完早飯，我問老板娘「公路局」車站的位置。從那小店

出來，大約才走一百米就到了。

在車站，我看到有個牌子，上面寫著「往高雄，金馬號對號快車」。金馬號是那時台灣最高級的，我想坐這種車享受一下。正要去買票時，一位小姐過來向我說：「你要去高雄嗎？你買不到車票啦。我剛好有個親戚買了票，可是他臨時有事，不去了。」她又說：「我如果去退掉車票，會被扣手續費。乾脆賣給你。」我知道是怎麼回事。這些「黃牛」和車站勾結，車票被他們包了，一般旅客如果到賣票的窗口，是買不到的。

我問她：「你要加幾成？」她說：「加一半。」我覺得太貴。小姐說：「不會啦。東部的物價，比西部貴……。」她胡扯一些理由。最後我向她買了，記得是四十塊錢。

車站在廣播：「要去高雄的旅客請上車。」我上去找到自己的位子，竟然發現被人放了一個大包包。我問坐在後一排的乘客，他指著前一排的那個人。我去告訴那位乘客，請他把東西拿開。那人很不高興地說：「你的就給你，還要幹什麼？」

客運車開動後，「車掌」對大家說話。她先介紹司機姓什麼，以及自己姓什麼，又說：「今天很榮幸為大家服務，祝你們旅途愉快」。

台東到高雄的山路，情況很差，車子震動很厲害。坐在我旁邊的婦人嘔吐了，一直吐個不停。我叫車掌來，她根本不理；喊了幾次都沒用，最後只好自己走過去，向她要一個塑膠袋。我位子的附近被吐得亂七八糟。

似乎是過了很久，客運車抵達高雄。大家下車時，車掌小姐給每人一個紙巾。我心情不好，不願意拿。這兩天看到的，全是不愉快的事，不知道台灣為什麼搞成這樣，我感覺變化太大。

到達高雄時已經下午。我沒有立刻去台南，而是想先探望一個朋友。

當年我小學畢業，曾在高雄一家醫院作助手，認識了一位鄰居的少年。他和我同年。我們兩人談得來，經常聊天，有時一起到街上走走。少年是澎湖人，家裡開餅店，比較有錢，後來他去學校念書。自從我被關到綠島，那朋友聽說我的遭遇。有一年，國民黨派憲兵到「新生訓導處」駐防，剛好憲兵部隊中的一個人，是我那朋友的親戚。朋友託憲兵找到我，替他傳話說，他目前在高雄的彰化銀行做事，我以後可以去找他。

我於是從客運站坐計程車去找朋友。到彰化銀行很方便，它在鹽埕派出所附近。我剛走進銀行大廳，那位朋友就認出我了。他是主管，坐在櫃台後面，舉起手向我打招呼。

朋友過來說：「你回來了，還好你身體不錯。」又叫我在大廳等一下。

他走進房間，再出來的時候，給了我三千塊，這在那時是很大的數目。朋友說：「你想吃什麼，就去吃。如果將來有困難，可以找我，但不要寫信。」寫信是很不安全的，這個我也知道；國民黨對人民監視得很嚴。我感謝他的好意。這位朋友確實是表現了台灣人善良、講義氣的好的一面。

我離開銀行，隨便吃點東西，搭車去台南。我沒有再和那朋友連絡，怕對他不利。

回到楠西

我在台南市火車站附近，找到了客運站，看見一輛掛著「往楠西」牌子的車，就坐上去。在我的記憶中，那天好像很

熱。車子一路經過新化、左鎮、玉井，逐漸接近家鄉。十年前我出發去新化受訓，還以為要準備當正式的鄉長，怎麼也想不到自己後來的命運，會是這樣。

客運車開到一個地方停住。車掌大聲說：「楠西到了。」我趕緊拿了行李下去。

下車一看，覺得不對，不是家鄉的樣子。我繞到車的前面，那牌子寫得沒錯，是開往楠西的車。

我糊塗了。十年真是一個長時間，好多事情都有變化。原來的楠西車站，在一個陷下去的地方，一到雨季，像是個水池；十年後完全不同。當初楠西全部是矮房子，過了十年，這裡出現幾棟兩層樓房。本來只有一條街道，就是現在的那條老街，而我回家鄉時所看到的，卻變成了三條馬路：右邊一條斜的路，左邊又有橫的路。

不曉得該走哪個方向回家，也不想找人問，就挑選中間那條路試試看。走了幾十米，我認出旁邊一棟房子，那是以前我的老板江慶元的家。

江慶元房子的前半部，是個店舖，賣煙酒、雜貨。他兒子正在裡面，我經過時，剛好抬頭看到我；我已經認不出他了。那天自己因為剛出獄，皮膚黑，頭髮也被剃掉，揹著一個包包，外表上跟本地人不一樣。

我繼續向前走去，聽到後面有人叫：「旺仔，旺仔。」江慶元騎著腳踏車趕來。江說：「你回來了，真好真好。」又解釋說，他們原來就聽說我快要被釋放，剛才他兒子看到我走過去，但不敢確定，所以自己趕忙過來看看。我見到江慶元，也很高興。

江說：「今天一定有很多人到你家。晚上我在家裡等你，

你不管多晚來都可以。」

終於走到家了，很激動，我家還是原來的樣子。進到屋裡，我見到兒子和姨媽。對於兒子，我是第一次看到，他那時九歲，已經長得很高。姨媽告訴他說：「這是爸爸。」叫我非常意外的是，他沒喊我「爸爸」，反而指著我罵「共匪」。我愣住了，心裡難過，不知道說什麼才好；轉過頭去，剛好看到姨媽在擦眼淚。

我回家這件事，讓楠西很轟動。在當天以前，有些本來就認識我的人，聽說我要回到楠西，心裡不相信。他們說：「現在國民黨還在抓人，怎麼會放旺仔回來？」

原來跟我熟悉的人，不大敢探望我；那時候氣氛仍然緊張。陌生人卻來一大堆，他們想湊熱鬧，要看看「共匪」是什麼長相。我沒想到回到楠西，居然自己成為明星，差不多全村能走動的人都來了，至少一百人以上，把我家裡面、外面擠得滿滿的。人群中有幾個高中生，穿著學生制服。

很多人在指指點點。我聽到他們說「共匪」、「匪諜」。小學生問我：「你是共匪嗎？是不是你殺了人，才去火燒島？」我覺得好笑，心裡想：「共產黨有什麼可怕？剝削別人的人才可怕。」

那時國民黨為了操縱地方上的政治，在各地農村製造派系。大多數地區是形成兩派對立，互相鬥爭，搶奪利益，而國民黨就從兩派的矛盾中，得到好處。楠西雖然偏僻，也分為兩派：郭派和江派。我回家當天晚上，郭派的人先來找我，談到很晚才走。他們是要發展派系，所以想跟我認識。

後來，郭派邀請我加入，我沒答應，對他們說：「我是現實派、肚子派。」意思是我只要賺錢、填飽肚子，搞那種政治

我沒興趣。不久，江派也來拉我，我同樣沒參加。我對兩派的邀請，沒有給面子，因此得罪一些朋友，連我舅舅也對我不諒解。

我不願意去搞政治，主要是在監獄裡學到了左派的思想。我已經懂得要從勞動人民的角度，去看世界、看政治上的問題。如果我在地方上和國民黨掛勾，爭權奪利，這就違背了人民的立場。

當天夜裡我送走客人，趕到江慶元家時，已經接近半夜一點。我看到江派的人有六、七個，在屋子前面的走廊下等我。

我們整夜沒睡覺，聊到天亮。江家的正面向著東方，一直到太陽晒到走廊了，朋友們才散去。那個晚上大家興致很高，什麼話題都講，他們問我在綠島生活的情形，我則問他們家鄉這十年的變化。有人談到我太太跟那警察結婚的事，向我開玩笑說：「誰叫你要娶那麼漂亮的太太。」

回來的第一天，確實感覺很好。我失去自由已經十年，太久了。江慶元拿了三千塊錢給我；以當時的行情，做工一天的工資，大約才十一元。他說：「你剛回來，要買些東西，你需要什麼就買什麼。」

這次姨媽看到我回家，非常高興。她向我家的神主牌上香，告訴祖先們：「旺仔回來了。」我經過綠島的學習，是一個無神論者，對這些儀式不重視。姨媽又到上帝爺的廟裡去拜，感謝玄天上帝保佑我平安。

我太太離開的情況，她也告訴了我。那個警察曾對姨媽說：「賴丁旺這種案子，他不會回來了。他太太趁著年輕，有人要，應該趕快結婚。」姨媽勸我說，這事就算了吧。她說：「那個時候，大家都認為你回不來。」

　　姨媽陪我去找祖母、母親的墳墓。因為在我出獄之前，家鄉開闢了新的公路，一些地方是施工範圍，所以我母親的墳墓已經找不到。祖母的墳墓還在。我們看見一塊石頭，刻著「李金」兩個字，這是祖母的名字。

　　我按照「新生訓導處」的規定，回來之後，就到新營的「台南縣警察局」。從大門進去，看見大廳中央的位子，坐著值班警察。我對他說：「我來報到。」他看了我的「釋放證」，帶我到後頭的房間，有個主管在裡面。

　　那人向我說：「恭喜，回來了。」我辦完手續，他又說：「以後要乖乖的。」他的話不多；在登記時，他寫了很多字。對於這警察所寫的內容，我心裡很好奇。

　　新營的警察把「釋放證」還給我。後來我聽見很多難友說，他們回到家鄉，在向警察局報到時，這個證件就被收去，但我的釋放證一直是我在保管，不曉得是不是新營警察的疏忽。沒想到那釋放證以後幫了我一個大忙。

　　我是 8 月 5 日回到楠西，才沒幾天，國民黨楠西黨部[1]的負責人來到我家，約我去黨部談談。他這麼做，是有任務的：一是要看看我這個人，認識一下，另外也有監視的作用。我對他也是有警戒心。

　　談話中，負責人問了我一些事情。美國正在舉行總統的選舉，是艾森豪和另一人競選；那人要我說說看法。這對我是太簡單了，因為不久前在監獄的「小組討論」，剛好談到這個題目。我把從「小組討論」聽到的雜七雜八的發言，對他大大講了一通。我說話的口氣，像是一個很有權威的評論家。最後我

1　黨部對外掛出的招牌是「楠西鄉民眾服務社」。

說：「過幾天要投票，你就知道一定是艾森豪當選。」楠西是個落後的地方，那負責人水平並不高，我所說的對或不對，他沒辦法做出判斷。

幾天後，投票結果出爐：艾森豪當選。那個夜裡十一、二點，我已經睡得很熟。當時的鄉下，十一點就已是深夜，絕對沒有人在外面活動的。負責人來找我，拍我家的門：「賴先生，賴先生。」喊得好像半夜鬼叫似的。

我被吵醒，吃驚地問：「有什麼事嗎？」負責人在門外說：「當選了！」他進門對我大為誇獎，又說：「你是十年寒窗。」他的意思是，我在綠島的經歷，等於苦讀十年，所以才有這樣了不起的見解。

那個年代，黨部負責人是很有權力的，每個人都不敢得罪他，也有人敬而遠之。我預測美國選舉的這件事，使他對我非常佩服。他在那個晚上還說：「有空我會來找你。」後來我們有很多次談話；不是他來，而是他叫「工友」到我家裡，請我過去說話。

艾森豪當選後不久，那負責人出面，邀請一些人作陪，例如楠西各機關的主管，一共三桌酒席，為我「洗塵」。負責人在大家面前，對我誇獎很多，這等於幫我建立了回家鄉後的「威望」，讓我得到不少方便。

其他從綠島釋放回家的難友，很多受到警察、特務的騷擾和迫害，以及社會的歧視。有些人生活很困難。我雖然也遭遇到麻煩，但比起他們，是好得多了。

還沒被國民黨逮捕前，我曾利用時間在家鄉開墾了四、五甲山坡地。我那個同母異父的弟弟，比我小四歲。當我出獄回到楠西，他正好去當兵。我坐牢期間，那山坡地被弟弟賣掉，

並且用得來的錢，另外買一塊地。這是鄰居告訴我的。

弟弟給我的說法是，他那時決定賣我的地，是為了要辦祖母、母親的喪事；而他自己擁有的那塊地，是結婚時太太帶來的嫁妝。我不願意跟弟弟計較這些。

回來後，我住在老家。屋子裡的主要財產是床舖、水缸，和兩個鍋子，連桌椅都沒有。要用水時，因為沒有水桶，我必須向鄰居借，然後去附近的井裡打水。

我為大家做了一件好事。本來打水時，是把水桶放下去，再彎著腰，用兩手把桶子提上來。我看這樣太辛苦，於是砍了兩根麻竹，做成一個架子，固定在井的上方，又撿來腳踏車輪子的鐵框，使它在架子上可以轉動。村民如果想打水，只要把繩子繞在輪框的溝槽中，向下拉動繩子就好，比原來是輕鬆太多了。鄰居們對它很滿意，說這是我的功德。

我把全部時間都放在做工、謀生上面。那時沒有繼續學習的機會，不會想去連絡同志；這些是幾年以後才有的想法。政府對我控制得很嚴，甚至我如果要到玉井去，才不過六、七公里的距離，也要先向警察局報告。警察主管是外省人，屬下則本省、外省都有，他們在市場買魚買肉，是不用給錢的。

楠西是我的故鄉，離開很久了，一些事情仍然叫我覺得新鮮。比方說，以前家鄉沒有乞丐，現在看得到乞討的人。當某一家生了男孩，就有個老太婆來要錢，有時她也到每一家討錢。

過去我不在家的十年中，家裡發生了許多變故，祖母、母親、太太、弟弟、兒子，沒有一個是順利的。我是有點難過，但也不致於很傷心，這應該跟我在綠島的學習有關。陳南昌那些難友傳給我的知識，讓我思想變得開放。我會關心台灣、

祖國大陸和國際的情況，對自己命運中的這種小事，不是太在乎。這些了不起的朋友對我的意義，比生我的父母還更重要。

做業務

回到家鄉，我幫別人打零工，賺一點吃飯的錢，生活很不安定。

有個時候，我在一位潘先生那裡工作。他家在大內區的烏頭。很巧的是，我年輕時就認識他父親，我們參加廟裡的宋江陣。潘先生的父親是拿「頭旗」的，體格很好，又高又壯，做人也豪爽，後來他被國民黨抓去，在台北軍法處槍斃。

潘先生是有錢人的女婿，是招贅的。他岳父包了許多工程，在台南縣勢力很大，潘先生本身也是土木工程的小老板。他了解我的處境，對我不錯。那時有個工程，在烏山頭水庫的東面進水口，被潘先生拿到，他分配給我的勞動是揹砂子。那工作太累：揹著砂子要爬一、兩百公尺的山坡。做完一天，第二天根本不能動，甚至連起床都不容易。

老板看我這樣，就說：「賴先生，你不要那麼辛苦了，以後你到辦公室幫忙吧。」幸好我在綠島學會了認字、寫字，才能在辦公室做簡單的工作。每天我做各種雜事，例如有工人要請假，我就登記下來。辦公室有一、兩位工程師，我有時替他們到現場去，看看工人有沒有做工。

可是幾個月後，工程結束，我的收入沒有了。潘先生在其他地方拿到新工程，但我不能去那裡做事；我是被政府監管的人，由於保證人在楠西，所以自己也必須留在楠西。我的身分證字號開頭是「東島」，代表「台東綠島」，別人一看就知道

我曾經是綠島的人犯。

我想去高雄找工作，因為大城市的機會比較多；問警察局應該怎麼辦理，他們答覆說：「你能不能在高雄找到保證人？如果不行，那就不能去。」

大約一年後，我跟別人合伙做生意。那時台灣的工商業在發展，很多行業需要運輸，我和兩個鄰居青年商量好，大家湊了十萬塊錢，買到一輛舊的貨車，主要是載運農產品。我們其中一人會開車，他當司機。我作隨車的捆工，另一個人的社會關係很多，他負責去找客戶。其實當司機是最單純的，也不辛苦，可是那司機太懶，引起我和另一人的不滿。大家合作得不愉快，不到一年就散伙。這個生意我沒有賺到錢，還好把投資拿了回來，也沒虧本。

這種不穩定的日子過了兩年左右，有一天江慶元來找我，說：「你來我工廠吧。我正好缺人，來幫我的忙。」江的工廠是製造澱粉的，我在十多年前就很熟悉。這時候它的生產方法還是和以前一樣，只是工人多了，產量變大，小機器換成大機器。

那工廠需要經常去大同農場買原料。大同農場在嘉義縣，是公家的，由行政院「國軍退除役官兵輔導委員會」經營，職員很多是大陸來的退伍軍人，不會講閩南語。江慶元需要一個懂普通話的人，負責跟農場連繫。

澱粉工廠規模不小，做工的有三十多人，另外配合作業的，有十輛牛車。每輛車必須搭配兩個人，通常是一男一女，男的負責駕車，女的割草。早上割的草，中午給牛吃，下午割的草，牛晚上吃。因為走山路，每輛車要兩條牛來拉。這些牛車是到鄉下各地載運木薯，運回工廠作為原料。如果要去大同

農場買木薯，必須僱用大卡車，那地方太遠；從楠西到大同農場，坐卡車要一個多小時。卡車能載四、五千斤，走一段路就要停下來，向輪胎澆水。

工廠原來有五個業務員，負責跟著車輛去辦理收購的手續。台灣民間把這些人叫作「做業務的」。江慶元找我到他的工廠，就是要我「做業務」。當時台灣人都說方言，那五個業務員，對普通話不會講也不會聽，所以沒辦法去大同農場辦事。我靠著從綠島學來的普通話，去澱粉工廠上班了。

在楠西，像江慶元這樣能夠經營一個事業，是非常特別的。一般本地人很單純，即使是有錢人，也不會管錢、用錢。例如我舅公有很多錢，過去幾乎沒人住瓦房時，他有瓦房可住。他賣木薯給江慶元，有一次江問我：「你舅公的錢放在這裡，怎麼不拿走？」我告訴舅公，他說：「現在我又不用錢，放在他的工廠也好。」舅公在大街上有一塊地，蓋起了房子，他把街道旁邊的店面，全部賣給別人，自己住到後面去。以現在的眼光來看，他太不會理財。

我在那澱粉工廠五、六年，工作很愉快。這段時間讓我印象很深的，是和農場退伍軍人打交道的經驗。

那年代買賣雙方做交易，是用「桿秤」來決定重量，有的人會搞鬼，最常見的手法是秤桿不夠水平。一般來說，桿子向右斜，買的人吃虧，如果向左斜，賣的人吃虧。

買木薯時，我們是帶著空麻袋去。裝滿一大麻袋的木薯，有一百公斤左右。雙方記下過磅的重量，然後用這個來計算交易價格。農場有最大型的桿秤，是用很粗的木棍做的。

我第一次去大同農場，發現那些退伍軍人的習慣，和台灣的正好相反。依照台灣的慣例，是由買原料的人秤重，因為一

般的原料是農產品，供過於求，賣方處於弱勢。收購的人用這方式剝削農民。

那天我正要去秤重，被農場的人攔住了，他們堅持不准我做。我向他們抗議，大陸人也不聽。對方人數多，我又在人家的地頭上，自己只好讓步。我在旁邊觀察，看他們搞什麼花樣。使我意外的是，農場秤出來的重量，居然是對我們工廠有利。例如一麻袋有一百公斤，他們就把桿子稍微傾斜，算作九十八公斤。

不只是那天由他們秤重，以後我每次收購，也是這樣。所以我的工作很輕鬆：自己不必幹活，只要做個記錄。我把數字拿回去，隔一段時間，老板會來向農場結帳。大同農場很有勢力，可是他們沒占便宜，反而對我們優待。這種事情，我還是第一次碰到。以往我只見到以大欺小，從沒看過以大讓小的。

我做這項業務沒有多久，有人在說我的壞話。因為農場的這種秤重方式，雖然使我們工廠得到好處，但卡車的老板卻很計較，認為他吃虧。他也是以重量向江慶元計算運費的，由於農場把重量算得少了，他拿到的運費，也就比較少。

一些人對江慶元說：「賴丁旺做事不行，他在農場不去過磅。農場的人搞鬼，自己卻在聊天。」

江慶元這個人不錯。他沒有向我發脾氣，私下找機會對我說：「旺仔，我問你一件事，你不要生氣。」我說：「你對我這麼好，我不會生氣的。我知道就說知道，不知道就說不知道。」江說：「聽說你在工作時，自己不過磅，讓農場的人隨便去做。」

我把實際情況告訴他。江很驚訝，說：「有這種事？」他不相信有這樣的好康。我說：「你可以去打聽。」

　　下次有卡車去大同農場時，江老板派了一個「做業務的」跟我一起去。將要秤重的時候，我叫那業務員去過磅。他一拿起秤子，就被農場的人搶去，不讓他做。

　　那業務員回去告訴老板，從此江慶元對我是完全信賴。後來我乾脆住在農場裡，每天的事情，一個小時就做完了。我全部的工作是，當卡車來到時，在旁邊記個帳而已。這件事雖然簡單，可是別人不會做，因為語言不通。很多人對我說：「賴仔，你去火燒島真好。你現在有這麼好的工作。」

　　如果大同農場這邊沒事，我有時也被派到其他地方買木薯，所以常跟著牛車，去農民的田裡。

　　駕牛車的人很辛苦，是半夜十二點出門，他們不在早晨上路，是因為牛怕熱。夜裡出發後，駕車的人躺在車上睡覺，用空的麻袋當枕頭。牛很聰明，能夠認得路，只要它走過兩、三次，牛就會自己向前走，知道應該在哪裡拐彎。牛也不怕淋雨，下雨天照樣工作。車子沒有頂蓬，那時也沒有塑膠雨衣，遇到下雨，趕車的人要穿「棕蓑」，也就是蓑衣。蓑衣雖然很厚，但可以透氣，比現在的雨衣更好用。

　　我做業務，觀念跟別的業務員不同，引起一些人的反對。我認為自己沒錯，仍然堅持我的做法。

　　在收購中，要秤重的時候，是最容易發生問題的。別的業務員在過磅時動手腳，他們所登記的重量，比實際重量要少。還有，按照習慣，牛車把木薯運回工廠時，工廠只計算送來多少袋的木薯，而不去管它的重量。「做業務的」利用這些管理上的漏洞，搞出花樣，結果造成農民和江慶元雙方都吃虧；駕牛車的人和業務員，卻可以得到額外的利益。

　　一般業務員在過磅完畢，記下了木薯的重量，就騎腳踏車

回去休息，讓牛車在後面慢慢走回工廠。駕車的人不老實，他們事先安排了同伙，在半路上偷走一些。一輛車可以載兩千到三千斤，每趟牛車大約被偷去一、二十斤。他們把這些木薯刨成簽，拿到市場去賣，再把所得的錢分出一部分，買了魚、肉或酒，給業務員。

另外，生產木薯的農民也被迫要巴結業務員，必須送東西給他們。我的同事做業務，如果去農民那裡買木薯，都是提早去，因為有酒可以喝。做業務的人，就這樣兩頭拿好處。

但是我去過磅，駕車的人得不到任何油水。我在秤重時，是使桿子保持水平，我不願意剝削農民，壓迫他們是很不應該的。農民很辛苦，他們種植木薯，若要讓它長到能夠賣錢，需要一年半的時間；在田裡除草，假如弄壞一個木薯，他們會很心痛。

還有一件事情，使得駕車的人對我不滿，那就是把原料運回工廠時，我不想自己先回去，而是跟在牛車後面。車子走在山路上，經常有木薯掉落，我把它撿起來。這麼一來，駕車的人無法勾結別人來偷木薯。

我的做法妨礙了別人的利益，又有人到江老闆那裡講壞話。他們說我不懂桿秤的使用方法，以及我心太軟，對農民太好，對澱粉工廠不利。由於江慶元信任我，我才沒被人扳倒。

雖然我和駕牛車的人有矛盾，但雙方關係不會太差，因為他們愛吃狗肉，而我很會殺狗。他們抓到狗，都是找我去處理。

我為了吃狗肉，還惹過麻煩。那次大家嘴饞，幾個人出去抓流浪狗，可是搞錯了，抓到的是村長養的狗。等到發現不對勁，狗已經被吃掉。我們把狗骨頭丟到糞坑裡。結果這事仍然

被村長知道，他發了很大脾氣；是「村幹事」去告密的。村幹事姓張，平時跟大家很熟，而且那天的狗肉聚會，他也來了，肉也吃了。不曉得他為什麼翻臉。

村長不肯罷休。我們自己沒有理由，只好依照村長開出的條件去做。大家先把狗骨頭從糞坑撈出，洗乾淨，按照民間為死者「撿骨」的儀式，把骨頭擺放整齊，再請道士來唸經、做法事。我們完全照著辦喪事的規矩，設置了祭台，總共有一、二十人去祭拜。我們只有兩件事沒做：沒有下跪，沒有哭。

法事做完，那狗骨頭一直留著。台灣人的習俗是，死狗不能埋到土裡，必須隨著水流漂走。村長等到那年雨季來臨，曾文溪漲水的時候，把骨頭放到河裡，讓它被水沖去。

在台灣，農民是很弱勢的，受到好幾種勢力的壓迫和剝削。我從綠島回來後，對農民特別同情。他們被欺侮的例子很多，例如賣豬，農民往往吃虧了還不知道。

鄉下許多農家養豬。城市的商人每隔一段時間，就開著卡車到村裡收購，老百姓把這叫作「來抓豬」。每次都是在晚上抓豬，這對農民不大方便。商人的解釋是：白天氣溫高，對豬不好，中盤商可能會有損失。

因為自己有「做業務」的經驗，我對這些商人不信任。他們每次收購，總是幾個人一起來，到我們村子的時候是黃昏。老闆把他帶來的桿秤，往空地上一丟，先去跟農民們閒聊，等到實際過磅時，天已經黑了。我認為老闆把秤扔在地上，目的是讓村民可以過去瞧瞧、摸摸，表示他不怕別人檢查。

我看過幾次「抓豬」，心裡有一個疑問：某些豬應該不只一百公斤，可是為什麼秤出來就是不到一百？我開始很仔細地觀察他們每一個動作。

　　有一次，被我看出舞弊的手法。商人趁著天黑，把一塊磁鐵吸在秤錘下方。那磁鐵是特別做的，形狀和秤錘的下面剛好吻合，在黑暗裡還真是看不出來。這樣搞鬼的結果，豬的重量至少相差五公斤，也可能十公斤。怪不得我曾聽人說：「秤是很髒的。」

　　我也沒有給那老板難堪。當天晚上，等他把錢發給農民，正要離去，我走到卡車的前面。老板已經坐上駕駛座，準備發動車子。我對老板說：「你們在別的地方要怎樣，我不管，但在楠西，你不要這麼做。」他立刻從褲子口袋抓了一大把鈔票，想要塞給我，嘴裡一直說：「拿去用啦，拿去用啦。」我告訴他：「我不拿你的錢，你到楠西不要搞這個東西。」

　　很多人都知道我不貪汙。玉井有一位姓陳的中盤商，他是向大同農場買苧蔴，加工之後做成繩子。他來找我，要我兼差幫他買原料，給我的酬勞和澱粉工廠一樣多，因為我那時是住在農場，有的是時間。我順便幫他做了，沒拿他的錢。

　　我有時會想起坐牢期間所遇到的「共產黨」，心裡一直很佩服那些難友。有天，江慶元派我跟著卡車，把澱粉成品送到台南市交給商人。事情辦完，司機問我要不要一起回楠西，我叫司機自己回去。我想到難友們說過的共產黨員的故事，例如在革命、戰鬥中的艱苦生活，我也打算體驗一下。

我從綠島回來之後，在澱粉工廠工作時。那時還沒再婚。

台南那位商人，也是我蠻熟的朋友，他要我留下來吃飯。我謝謝他的好意，不吃就上路了。那天我身上沒帶錢，想走回楠西試試看。還沒到新化，實在餓得太難受，下了很大決心，才去偷田裡的甘蔗。以前我即使肚子餓，也不願做這種事。台灣有句話說「沒錢走沒路」，這個一點也不錯。

結婚

我從綠島回來是三十三歲。原來的太太跟別人跑了，我沒有再結婚的念頭。那時候在鄉下，三十多歲就是年紀很大的人，一般也不會有結婚的機會。平時我喜歡跟朋友一起玩，大家聊天、喝酒，很熱鬧，不覺得寂寞。

有一次，我生了一場大病。病得太厲害，整個人只是躺在床上，不能做任何事。當時沒有自來水，每家都是把水挑來，倒在缸子裡。那天我非常口渴，水缸就在床的旁邊，我不管怎樣努力，想舀一點水來喝，用了各種辦法，就是做不到。

過了很久，好不容易看見有人的影子，我不管他是誰，趕快大聲喊叫：「我口渴，我口渴啊。幫個忙啊。」那人進了我的屋子，我認出來，他是住在附近的鄰居。他看看水缸，說：「這個水怎麼能喝？」鄰居回到他家，拿來了一壺開水。

幾天後，他又來看我，對我說：「旺仔，你年紀不小了，這樣一個人不好，要有個伴，要結婚。」那次我認為他說的有道理，我是應該要找個對象。

江慶元也向我提過結婚的事。他說：「我那裡的小姐很多嘛，你可以注意，有沒有合適的。」澱粉工廠有幾個女孩子對我不錯，會幫我洗衣服，尤其是當中一位小姐，大家知道她對

我有點意思，別人拿這件事向她開玩笑，那小姐氣得哭了。楠西街上有一家飲食店，老板姓楊，我常去吃飯。老板女兒也對我很好，每次為我裝飯時，盡量給很多，壓得緊緊的，但我覺得她並不適合我。也許是自己年紀大，經歷複雜一些，所以考慮的也多。

我後來會跟現在的太太結婚，是因為認識了幾個新朋友。

當時我在澱粉工廠上班，它的作業是季節性的，原料的收成主要在冬天和春天，那個時期木薯的澱粉值比較高。楠西雨季是六、七月，我們沒有原料，工廠就停工。雨季時我很輕鬆，由於是正式職員，停工期間還有薪水。

每年十一、二月是工廠的旺季，我經常帶著四輛牛車到密枝去，它在楠西北方，是一個山區的小村子。從楠西到密枝，牛車要走一、兩個鐘頭。

那時老百姓生活不好，有人到山裡砍木材、竹子去賣。政府禁止這種行為，在山地設置了管理機構。我記得好像是玉井有「山林管理所」，下面有幾個「山林管理站」，其中一個就在密枝。密枝站的員工中，有大陸人，也有台灣人，後來成為我岳父的，是站裡的台灣籍員工。

有一年，楠西不停地在下雨。那天下午，我沒事做，到街上走走。馬路旁有一家米店，老板姓江，我和他很熟。店的後面是碾米廠。

江老板看到我，就在喊：「旺仔哥，這邊有幾個老兄，他們的皮在癢。你來幫他們抓抓癢吧。」

我過去一看，店裡有四個人，是密枝「山林管理站」的大陸籍員工，利用休假來楠西玩。他們常到這裡買米，所以認識江老板。四個人想找老板賭錢，老板沒空陪他們。

　　江老板要我和他們打牌。我說：「今天身上沒帶錢，怎麼賭？」老板說：「是我叫你來的，你不要怕沒有錢。」那幾個人也在催。於是我坐下來，大家一起玩「天九牌」。那時候，天九牌在鄉下很流行，幾乎每個人都會。

　　我的第一把推出去，結果是大輸，因為身上沒錢，只好喊：「江老板，我沒錢賠了，怎麼辦？」老板沒有拿錢來支援，只是對我說：「再押，再押，你在我這裡，不怕沒錢。」

　　第二局，我們再推，那四個人把更多的錢押下去。想不到這次我變成贏家。奇妙的是，大家繼續賭，以後我都是只贏不輸。當天賭錢的結果，那些人身上帶的錢，全部到我這裡來了，他們甚至輸得光光的，連坐車回密枝的錢也沒有。從楠西到密枝的車錢是三十元。那四個人互相看了看，沒說話，顯然不知道該怎麼辦。

　　已經是傍晚了，我邀請他們去吃晚飯，四個人不好意思答應。我拉著他們到楠西唯一的小吃店，就是楊老板那邊。大家坐下，我問其中一人：「你今天輸多少？」他說一千多。我說：「那個零頭就算我贏的。一千還你。」他很驚訝：「世界上有這麼好的事？」我說：「有啊，你今天碰到了。」拿出一千塊，塞在他的襯衣口袋裡。

　　對其他三個人，我都這麼做。我叫來酒和菜，大家又吃又喝，聊得很高興，最後幾乎不能走路。他們中間一人說：「晚上不回去了，我們到你家去。」酒這個東西也真是奇怪，本來互相不認識的人，喝了酒，人跟人的關係就變成這樣。

　　當時我家裡的床舖，還是很老舊的竹床。那四個人一躺上去，床舖嘎嘎嘎地發出聲音，突然垮下來，大家只好睡在地上。第二天早上我先起床，幫他們買好早餐，叫了一輛汽車，

把四個人送回去，並且預先付了車錢。

　　他們不是自願要到台灣，而是被國民黨「抓兵」，強迫來的；退伍後，由行政院「輔導會」分配在「山林管理所」。四個人口音差別很大，不知道是什麼省分。他們經常到楠西找我玩。這些人講起從前在大陸的情形，我因為覺得新鮮，也蠻喜歡聽；我跟他們隨便聊天，但不說綠島的事。大家相處時，從來不談政治。這四人雖然沒什麼知識，還是有點頭腦，懂得保護自己，例如會故意說，共匪怎樣怎樣地壞。

　　他們很多次請我吃飯，又邀我去玉井，把「山林管理所」的同事叫出來，介紹給我認識，大家一起喝酒。

　　本來我每次跟著牛車「做業務」到密枝，都是和駕車的人一起住在工寮裡，後來，那幾個人只要聽說我在密枝，一定堅持不讓我住工寮，把我拉到「山林管理站」的宿舍。那宿舍我住過很多次。

　　我跟管理站的人混得很熟；家鄉的朋友開玩笑說，我是密枝的土皇帝。村民們到山裡偷木材，如果被抓到，是我出面擺平的。那時比較好的木頭，一棵樹可以賣幾百塊錢。有人在山上拿了竹子，被管理員看見，那人只要說竹子是我要的，就不會被扣留。假如楠西的人想要去偷，事先告訴我；我每次把那幾個管理員帶到別的地方，讓村民方便。其實管理員也曉得發生什麼事，但假裝不懂。

　　管理站附近有一家小雜貨店，賣罐頭、綠豆、米粉、白米、煙酒。走廊放了兩張小桌子，是竹子編的，還有幾個竹板凳。每天到了晚上，那裡很熱鬧；我們幾個人去小店喝酒。當時大家年輕，只要一瓶米酒，兩塊錢的花生米，就喝得很高興。

2008 年時，密枝村的那個雜貨店還在，只是屋子改建成樓房了。

筆者註：2008 年 10 月，我陪賴老先生到密枝尋找「山林管理站」
舊址，遇到他年輕時的朋友，兩位老人立刻手拉著手，於是我拍
下這張溫馨有趣的照片。

有次我們喝酒，管理站的一位員工對我說：「賴先生，你現在是一個人，年齡也不是很大，想不想討老婆？」我說：「我這個年紀，去哪裡討老婆？誰嫁給我？」旁邊的人起哄：「他有一個女兒啦。他這樣問你，你不知道意思嗎？」

就這樣，我認識了未來的太太。她平時在高雄幫別人燙頭髮，偶爾才到密枝來。我由於坐過牢，在社會上被人歧視；密枝是個很小的村子，我和她要結婚的事情傳出去，幾乎全村的人都反對。她姊姊也是反對得很厲害。

有人對我岳父母說：「賴丁旺是什麼人，你們難道不知道？他是從火燒島來的。」幸好岳父母是明理的人。他們認為我雖然被關過，但不是因為偷竊或搶劫，所以不算壞人。

我和太太結婚時，她二十三歲，在當時的鄉下已是很大的年齡。後來我們生了一男一女。

岳父姓蔡。我太太名字叫「黃春蘭」，她是養女，原來是台北鶯歌人。結婚後，我和太太相處得不錯，兩人個性很接近。我適合做群眾工作，容易跟勞動人民做朋友，她也是喜歡朋友的人。

有幾次，太太對別人說：「我家的賴仔，只有抬棺材的事，人家不讓他做。其他什麼都可以做，別人喜歡他做。」我在一群朋友當中，人緣很好，又經歷過外面的事，在單純的鄉下人看來，我可能以後「有前途」。朋友們提醒說，我不能去抬棺材，免得這種「不吉利」，對我的將來有妨礙。

某一年，楠西一對夫妻騎摩托車，從山路上摔下去。夫妻死了，家裡留下兩個五、六歲的孩子，沒有人願意去處理他們的後事。大家說這是「雙屍」，鄉下人很害怕，連葬儀社都不敢接這件事，後來總算找到四個熱心人，包括我在內。

　　按照通常的情況，一個棺材需要四個人抬；這次人數不夠，只好兩人抬一個。出發時，其中的兩個村民說：「我們可以去幫忙，但不能抬那女的。」於是我和另一人負責抬女的。大家把棺木埋到土裡，我問：「既然是做好事，為什麼不能抬女的？」一個人很認真地對我說：「你不知死啊。現在埋下去了，才能跟你說。那女的會來找你啊。」

　　我根本不信這種說法，也不怕。回家告訴太太：「妳以後不要再說別人不讓我抬棺材了。」

　　岳父母和我的關係很好。岳父退休時，我已經在楠西國中工作。他想找個簡單的事來做，增加一點收入，我建議他去賣檳榔。一般做體力勞動的人，往往有吃檳榔的習慣。楠西有六、七個檳榔攤子，聽說他們利潤不錯。

　　我自己是不吃檳榔的，只有在綠島時，有一次乾爹請我吃過。我吃了一顆，頭很昏，站都站不住。

　　岳父在楠西的馬路邊擺一個小攤子，工作相當輕鬆，因為材料是現成的，有中盤商送來檳榔、石灰等東西。賣檳榔的人，只要做一些切開、包裝的簡單手續就可以了。

　　雖然自己不懂吃檳榔的技巧，但我喜歡動腦筋。有一天心裡想：「如果加一點味素，說不定更好吃吧。」反正很少的味素，不會對人體造成壞處。我把這念頭告訴岳父，他決定試試看。

　　結果這一招太有效了，可以這樣說，凡是向岳父買過檳榔的人，後來只向他買。其他攤子的生意變得很差，他們還打聽，為什麼岳父的口味會這麼好。有攤販抱怨說，中盤商不公平，供應給岳父的材料比較好。甚至那個中盤商送材料給岳父時，也拿岳父的檳榔來吃，又問他：「蔡仔，為什麼你的檳榔

特別好吃？」岳父說：「不能講。」

這個秘密只有岳父和我知道，連岳母都不曉得。岳父說：「女人的嘴巴不緊，會講出去。」

我對吃的東西有興趣，喜歡研究，例如我做的紅燒肉，在朋友中間很有名。我煮肉的時候，在鍋子裡放一點豆腐乳的湯汁。嚐過這紅燒肉的人，都說特別好吃，味道不一樣。

謀生

我結婚不久，老板江慶元突然中風，這對他是很大的打擊。江把工廠交給兒子管理，可是他兒子愛賭錢，把很大的工廠弄垮了。

江慶元是我的好朋友，給我許多幫助。他中風後很不幸，躺在床上，過了十年才去世。他的病拖到後來，太太、兒子、女兒都不理他。我去江慶元家裡照顧他，幾乎是天天去。

他有一次拜託我幫他解脫，要我用棒球的棒子把他打死。我也只能說安慰的話，勸他想開一點。又有一天，江慶元寫了紙條，要他那個才幾歲的孫子去買老鼠藥。店裡的老板不賣，還跑到江家來查看，怕發生意外。

那時候的鄉下，政府規定成年男人要做「勞動服務」。每次我們接到通知，就在警察局前面集合，然後被派去整修馬路、清理水溝等等。在一次「勞動服務」，我看到一個姓葉的警察。我認得這傢伙，他是新營警察局的，從前我被逮捕時，他打過我。那警察也看見我，說：「哦，你回來了。我現在很忙，等一下去找你。」我心裡想：「你這個王八蛋，不要來找我。」那姓葉的似乎是很匆忙的樣子，村民說，他是到楠西來

抓人。我對他印象很壞。我曾經被他打得很厲害，鄉下人即使
是打牛，也不會打成那樣。我很難了解這種人在想什麼。

結婚以前，我因為喜歡交朋友，沒有把錢存下來。澱粉工
廠倒閉，我失業，那是結婚後的一年。不久，兒子出生，家裡
的經濟壓力更大了，我找不到合適的工作，只好拿了扁擔、鐮
刀、鋸子等工具，到山上去砍柴。

砍柴是很辛苦的。三天的勞動，只能換到十公斤白米，
算是勉強讓我們家有飯吃。我記得一百台斤的柴火，可以賣七
塊錢。剛開始，我最多只能挑四十多斤的擔子，有人說，我挑
柴不會超過三天；經過慢慢磨練、忍耐，我最高記錄，挑到
二二四台斤。

那時也經歷了很多被剝削、被欺侮的事，例如辛苦把柴火
挑到買主家，要看他的臉色。買主是有錢的人，喜歡挑剔，不
是嫌重量不夠，就是說劈得太粗、太細、木柴太濕……。交易
談好，他又常說當天沒錢，叫我改天再去拿。

我用砍柴換一點錢，這樣過生活，做了相當長的時間。除
了每天勞動，還要去巴結巡山人員。如果對他們沒有應付好，
不但工具被沒收，甚至會吃官司。那段期間是我很忍耐的日
子。在冬天的夜裡，我餓得受不了，就一直喝開水。

儘管我有很大困難，幸好太太並不抱怨，而是一直鼓勵
我。經常我工作完畢，很疲倦地拖著腳步走回家，看到她站在
門口等我、露出微笑。左右鄰居也說我運氣好，有個好太太。

我心情很糟糕，那年也是太太最辛苦的時候。兒子身體
差；她幾乎每天揹著小孩，坐車去玉井看病。從楠西到玉井有
「興南客運」的車，一天五、六班。

楠西已經有一個醫生，是台南市人，日據時到大陸學醫。

他因為有執照，在楠西開一個小診所，什麼病都看，後來衛生所聘請他作「公醫」。玉井的醫生似乎比楠西好；診所至少三家，其中一個是小兒科。我和太太很操勞，早上我向北走，去砍柴，她向南走，是去看病。

我如果去密枝一帶砍柴，就很容易，山林管理站的巡山人員是我朋友。他們不但讓我砍樹、撿木頭，還幫我搬到森林外邊的路上。我挑著柴火在前面走，兩三個朋友跟在後面。假如我看見山路上有人，假裝咳嗽，後頭的人趕快把柴火放下。

有一位楠西村民，買了一輛舊汽車，用它來載客賺錢，那等於是計程車，只是沒執照。他常載客人到密枝，就順便幫我把柴火運回楠西，讓我節省體力。他知道我生活很辛苦，堅持不收車錢，後來我每趟給他五塊錢。

楠西有個大陸人，是從國民黨軍隊退下來的，靠著賣饅頭過生活。我以前被關在綠島，有機會接觸到麵食，所以喜歡吃饅頭。每天上午我向那老兵買饅頭，帶著當作午飯；在山上如果渴了，找泉水來喝。他做的饅頭很香、很大，一個好像賣一塊錢，或者八毛錢，我中午如果吃兩個，就感覺很飽。從前的饅頭和現在不同，因為放了鹼，看起來比較黃。

密枝管理站的員工對我很好，可是那邊柴火不夠多。六甲在楠西的西方，我經常去。

六甲的一個山頂上，住著巡山人員。我起先去偷柴火，他對我很不好，可是那地方柴火多，又很乾，我不能不去。以後我發現他愛吃饅頭，於是帶給他。我們都喜歡饅頭，兩人居然變成朋友了。那個人是單身，沒有家，可能是北方人。我不上山時，他只好自己煮飯吃。如果我那天要去，總是買六個饅頭帶著，兩個自己吃，四個給他。那人看到饅頭，好像看到他的

命。對他來說,另外還有一樣東西,是比饅頭更愛吃的,就是「火燒」,當時台灣人叫它「死麵做的」。楠西買不到火燒;我在綠島吃過它。

之後我再去六甲的山裡,不用撿柴、砍柴了。那人會先幫我把柴火撿好,而且他找的是乾柴,甚至叫我把鋸子放在那裡,他幫我鋸木頭。我去的時候,只是拿出繩子把木柴綑好,一天的工作就算完成。我上午到他的小房子,兩個人開始聊天,中午一起吃饅頭;口渴時,喝他燒的開水。那人也是可憐,他說了過去的故事。他老家很窮,沒讀過書,被國民黨抓到部隊當兵。

有一天,想到一個改善生活的辦法,我去台南找朋友,他也是綠島回來的。我託他向「長老教會」買台語羅馬字的字典,因為他太太屬於那教會。字典一本一百塊錢。

台灣的學校是普通話教學,因此學生不會用閩南語唸文章。我為了增加收入,向岳父借他的屋子,開了補習班,在晚上教「台灣白話文」,也就是用閩南語發音的白話文。有一些國民小學、初中的學生來上課。我的補習班蠻受歡迎的,後來楠西國小的老師、國民黨黨部人員、以及派出所主管也來聽課,最多的時候,補習班有二、三十個人。孩子們肚子容易餓。我太太每個晚上煮點心,他們是吃過了才回家去。

為了謀生,我也做過生意。我設計一種玩具,主體是一個箱子,再搭配很多種物品,都是小孩子常用的。我去找「老同學」邱宗發幫忙。他是台南北門鄉人,坐牢前做木工,出獄後住在玉井。

我不會畫施工的圖,只能用嘴巴向邱宗發描述那箱子的形狀。邱用甘蔗板、鋸子試著做。這不是正規的方法,所以一直

失敗，浪費了很多材料。那一段時間，我在邱宗發家裡吃飯；我出材料的錢，他去買甘蔗板。最後完成時，用掉幾十張甘蔗板。

那箱子裡有兩百多根線，線的一端是個小圈圈，露出在箱子外面。線的另一頭，連接到物品，例如畫圖筆、圖畫紙、汽球、汽水等；最貴的是一個籃球，當時價錢要十幾塊。各種物件吊在箱子上方。玩的人可以拉動某一根線，如果有一樣東西在動，他就得到那個作為獎品。

我又特地找到新營的一家車店，把三輪車改裝，記得是用掉一、兩千元。

平常時候，我把三輪車停在馬路邊，箱子放在車上。顧客玩一次五毛錢。我沒想到小孩那麼喜歡它，很多孩子愛玩，這個生意真是太好了。其中一項獎品是黑松牌的汽水，它消耗得最多。

有一次，送貨的卡車運來汽水，那司機和捆工用日語開罵：「楠西這種地方，怎麼要那麼多汽水？」因為楠西很偏僻，山區道路又差，他們很辛苦。那兩人罵個不停。我說：「你們不要罵啦，我都聽得懂。」他們吃了一驚，說：「你聽得懂？我還以為你是外省人。」

這生意做了兩個月，將近賺兩萬塊錢。那玩具有賭博性質，雖然很好賺，但我有點不好意思，就收起來。

我去做小買賣。以前綠島的第五隊，有個難友叫林登茂，他出獄後在台南市健康路開了一家「富山藥廠」，生產「風濕丸」。我向他拿藥來賣，到各地推銷。

可能是個性的原因，我喜歡跟人們打交道，所以這生意不錯，前後做了兩年以上。風濕丸是裝在小玻璃瓶裡，一瓶二十

顆。我向藥廠拿貨，一瓶要付二十元，給客戶時，一顆賣三元，後來有客戶自願替我推銷，我賣給他一顆三元，他賣給別人是五元。

我很好奇，想知道那藥丸是怎麼做的，但工廠不讓別人參觀。它靠近健康路的房間，是用來辦公，我只能去這個辦公室。那房間背面就是工廠，在入口處掛著牌子：「禁止外人進入」。經常我要去藥廠接洽事情。從楠西坐客運車去，下車後走到那裡，大約才十分鐘，相當方便。

我賣藥的區域，主要在南化一帶，也算蠻辛苦的。上午從楠西搭「興南客運」到玉井，再換車到北寮，走路去南化，下午再從南化走到左鎮，搭客運車回楠西。

這些地區是農村、山地，隔很遠才有一戶人家。我天天都是手上提一個包包，去每家問問看，有沒有需要這種藥的。我感到基層人民只想「求生存」，也不是容易的事。我穿著布鞋走路，如果渴了，就找山泉水來喝。當時是很窄的泥土路，有的地方鋪了小石子，剛好讓牛車可以走。這樣的小路有個優點：因為狹窄，兩邊都是樹木，可以讓我不晒太陽。

楠西的東勢村有位老婦人，她吃了我的藥，覺得有效。我定期為她送藥過去。一天她提醒我，可以去大同農場試試看，還說，她女婿是農場的醫務所主任。我想：這可能是一個機會。因為農場有很多退伍的國民黨老兵，他們年紀大了，有的人有風濕病。

大同農場是我很熟悉的地方。它沒有圍牆。順著那條馬路進去，有一個類似大門的標誌，旁邊是警衛的房子。現在農場被開發為旅遊區，它的收門票的位置，就是原來的大門。

進了大門不遠，右邊有一些單層房屋，是農場的辦公室。

整個農場範圍很大，裡面又分成十多個組，每個山頭，就是一個組。以前我到農場，是在各個山頭買木薯。我去推銷藥品的時候，它已經改種荔枝、椪柑、柚子等水果。

農場有許多宿舍，住著員工和眷屬，我主要是靠老客戶的介紹，直接到員工家裡推銷。每次送藥給他們，第二天再去看吃藥的情況，這是藥廠的要求，它必須追蹤病人的反應。向我買藥的人不少，後來，連那場長太太的親戚也用我的藥。

有一天，農場的醫務所主任來找我。他看了我賣的東西，說：「你這些是假藥。」並且說，要向政府檢舉。我回答他：「是不是假的，我不知道，但是藥廠有證書。」公司曾經發給我們證件，並規定每個業務員帶在身邊。

主任看過證書，他問：「可不可以拿你的藥去化驗？」我說：「可以。這個藥有效，你岳母也講這藥很好。」我拿了藥品給他。我是靠這個生意來養家，所以心裡有點煩惱。以後主任還是在找我的麻煩。

從楠西去大同農場賣藥，十分辛苦，因為路很遠。幸好我認識一位姓阮的司機，每次坐他的車子去，他不收我的錢。有一次去農場，剛好場長在辦公室附近。那場長姓劉，好像是浙江人，他說的普通話很難懂。

場長問我：「你是從哪裡來的？」我說楠西。他問：「楠西很遠，為什麼要來這裡賣？」我對他說老實話：「沒辦法啦。我從綠島回來，全家人要吃飯，找工作困難，只好暫時賣這個。」他很驚訝地問：「你從綠島回來？」我說是。

我在和場長說話時，那司機開車到農場裡面，他要送貨給各個單位。劉場長問我：「你有沒有急著回去？」我說：「老阮回去，我就跟他一起走。」場長說：「既然這樣，你到我家

裡坐一坐吧。」他的宿舍在辦公室旁邊。

兩個人在客廳坐下，場長問我被判幾年、是什麼案子。他安慰說：「你沒有死，就是很好的了。」從劉場長講話的內容，我馬上感覺到他是內行人，對政治的事相當了解。場長問了我很多，他也講很多。那天我本來是要做生意的，結果卻在他家裡聊天。以大同農場的規模來看，能夠當上場長的人，一定是國民黨很放心的幹部，但劉場長不像是國民黨打手。

自從我和場長說話後，我在農場賣藥，就沒有阻礙了。

劉場長對我很好，甚至有一天，他要我去農場當技術員。我當然願意。那個職位薪水多，又穩定，可是我只有小學畢業，沒有學歷，不夠資格。劉先生雖然是場長，他也不能不顧法令的限制來聘用我。

在後來的一天，我遇到劉場長的太太，她是本省人。她問我：「你跟我先生是什麼關係？他為什麼對你那麼好？」她說，劉很關心我。場長的一個親戚，是台南農業學校的校長。他特地去找那校長，想安排一個年紀和我差不多、相貌接近的人。劉場長打算利用那人，搞個假證件，用來幫我取得技術員的職位，可是最後沒有成功。

劉太太講的事情，真是太叫我意外了。大同農場是國民黨控制的單位，和軍方有關連；劉場長願意為我承擔這麼大的風險，一定有他的原因。何況那還是白色恐怖時代，我不但跟他毫不相干，而且是危險的人。我想劉場長對蔣和國民黨的罪惡，說不定有他自己的看法，可能他是不簡單的。不知道劉場長心裡真正的想法是什麼。

我結婚以後，住的是岳父的房屋。1969 年，我把儲蓄的錢拿去買土地；一坪的單價是六百元，我買三十坪，總共一

萬八。我向親戚借了兩萬
塊，在楠西村的中華路蓋起
房子。

那是個平房，斜屋頂，
上面有小閣樓，這種樣子的
房屋，在楠西叫作「半樓
仔」。後面是小院子，三、
四坪大，種了一棵棗樹，那
棗子我們全家都吃不完。
院子後頭，我又蓋一個小
屋子。

當時的瓦房有兩種：紅
瓦和黑瓦。我家是黑瓦的，
它比紅瓦重，一個有幾斤。

我和小兒子、女兒，在我的第一棟房
子門口。

黑瓦的房子比較好，但有一次楠西來了大颱風，把我們家前半
個屋頂掀掉。

楠西沒有政府辦理的自來水，大多數村民自己打井水，或
者挑水。有一個人在賣水。那人在他的地裡挖井，用馬達把井
水抽出來，灌到田裡，又做一個水塔，拉了管子，把水賣給村
民。水的費用是以「人頭」算的，大人、小孩的價錢不一樣，
並不便宜。我請他接通管路，向他買水。

我們生活改善，家裡人的心情變好了，我也很欣慰。剛搬
進新房的時候，小兒子好高興，對我太太說：「媽媽，我們
家有樓梯可以爬啦。」

楠西也進步了，很明顯的是，交通比以前方便。國民黨為
了軍事的需要，沿著嘉義、台南、高雄的山區邊緣，建造一條

公路。這條路是從嘉義到屏東，所以稱為「嘉屏戰備道路」，也就是目前的「台三線」。這公路有兩個車道，鄉下人叫它「陸軍仔路」，是沙土和小石子舖成的路面，在當時已經是很好的。道路完工之後，一些軍人來楠西。家鄉出現兩家戲院，它有時放映電影，有時演歌仔戲。後來「台灣省公路局」行駛客運班車，到玉井、旗山等地方。

楠西國中

楠西的老鄉長江清風對我很好。我被釋放回家的第一天，他也是到江慶元家等我，要跟我見面。江清風有幾次說，他對我感到抱歉，因為當年如果沒找我當「代理鄉長」去新化，就算國民黨想抓我，我也可以逃亡。江清風表示，以後遇到機會，他要想辦法給我幫忙。

江慶元工廠倒閉後，我生活困難，江清風很關心。我對他說：「沒那麼嚴重啦。我身體好，一枝草一點露，日子還是過得下去的。」江清風說，要找個穩定的工作才好。

1968 年，楠西要成立國民中學。有一天，江清風叫我去他家。江比我大二十多歲，他的房子在楠西街上，正好是江慶元家的斜對面。那天他留我吃飯，開飯時，他兒子回來；江清風兒子是國民黨楠西黨部的主任委員，也是農會總幹事。

江對兒子說：「現在已經有國中的籌備處。你去幫你旺兄找一個工作。」他兒子說：「爸爸，你不知道啊，只要一提起旺兄，大家都怕……。」江生氣了：「你還沒有做，怕什麼？你先做做看，如果不行，以後再講。」他兒子很勉強地告訴我：「明天我帶你去試一試。」

第二天，江清風的兒子約我去他家。他用摩托車載我到籌備處，在門口附近，對我說：「那是校長。」我一看，校長好像很面熟，就問江的兒子：「那是不是王追的兒子？」他笑笑，沒說是或不是。

國民黨的主任委員在當地是大人物。校長一看主委帶人來了，把我們請到校長室。他要我先在房間裡坐著。

他們兩個人在外面說話。校長要主委問我，認不認識王追。當校長確定了我的身分，進來對我說：「我們公家單位待遇不好。如果賴先生你不嫌棄，明天來上班吧。」

當天我一見到校長，心裡覺得這事情有可能成功；在光復後的那段時期，他的父親——王追跟我很熟，我們經常來往、聊天，我也常去王追家。我是參加廟裡的宋江陣，才認識王追的。他身材有點矮胖，住在玉井區的口肖，也就是現在的「豐里村」。王追是地主，很有錢，也是玉井農會的總幹事，他自己很節省，不注重享受，做人爽快。口肖的宋江陣，主要是王追出錢，才弄起來的。

我那時在澱粉工廠做工，王追來找我幫忙，說：「我有個兒子在永康念農業學校，可是他不想念書。聽說你很有辦法，能不能讓他願意讀書，把他挽救過來？」我想了一下，對王追說：「可以試試看。不過想要做成這件事，你的心要狠得下去。」王追說：「為了孩子好，怎麼樣也要做下去。」

他的土地很多，租給佃農。我告訴王追，先要回一甲土地，叫兒子種田。大家是用日語叫他兒子為 Toku。我的計劃是：白天王追去上班，Toku 要牽牛、割草；晚上是犁田的時間，Toku 必須走在前面，王追在後面，讓 Toku 不能偷懶。

Toku 當時只有十幾歲，還是學生，蠻乖的，但他那時

就愛喝酒。他自己說，家裡給他買早餐的錢，都被他拿去喝掉了。

王追聽到我的建議，於是每天按照計劃去做。我同時安排一些鄰居來嘲笑 Toku，在那塊田的旁邊說：「Toku 沒有讀書，很可惜。」「總幹事的心那麼狠，不給兒子念書。」

大約兩、三個月後，有鄰居問王追的兒子：「Toku，念書好？還是耕田好？」Toku 說：「你們不要笑。有一位賴叔叔已經向我爸爸講了，下學期可以讓我回去讀書。」

那一年，學校正好是暑假期間，Toku 還沒回去註冊的時候，我就被抓走。我從綠島回來時，曾去王追家，想看看老朋友，才知道王追和太太過世了。當天我沒有看到 Toku。

Toku 農校畢業，去讀中興大學，之後在玉井高中教書，又擔任教務主任。1968 年他被調回來，負責籌備楠西國中。Toku 才三十二歲，全省有五百多個國中校長，他是最年輕的。這一次我見到校長 Toku，他穿白襯衣，打著領帶，和他中學生的樣子，已經很不同。

他也曾聽說我坐牢的事。那時，學校的人事權在校長手上，校長要用誰就用誰。Toku 願意承擔風險，接納我到楠西國中工作，一是我和他爸爸的關係，二是我對他人生的影響很大。後來 Toku 在公開場合，稱呼我「賴先生」，私下都是叫我「賴叔叔」。

我沒有學歷，作職員不夠資格。Toku 告訴我，想給我安插一個「工友」的位子，工友是單位裡最低的職務，負責掃地、燒開水、倒垃圾等雜事。Toku 叫我申請一份「戶籍謄本」，他要拿去向上級辦手續。

那天我離開籌備處，心裡很高興。沒想到有這麼巧。如果

不是 Toku 在當校長，別人不敢用我這種人。我立刻去戶政事務所，在路上，我還是不放心；戶籍資料裡，應該記載了對我不利的內容。Toku 的上級也可能因為政治的原因，不批准人事案。我只好走一步算一步。

來到戶政事務所，我又看見一個認識的，就是當年「檢舉」我的那人——顏××。我跟他爸爸很熟。從綠島回來後，我聽說顏××在這裡工作。那天到了戶政事務所，我才發現，他正好是戶籍股的股長。顏××見到我，有點不大好意思。

我說：「顏仔，我辦一個戶籍謄本。」顏問我要幹什麼，我說：「你不要問啦，弄一份給我就對了。」顏××指定一位職員去做。

那位戶籍員是個小姐，叫「阿珠」，我也認識。她抄寫時，我和顏××站在旁邊說話。過了一會兒，阿珠抬起頭來，問顏：「股長，那兩行紅字要不要抄？」我馬上說：「阿珠，不要抄。」其實我也不曉得那紅字寫的是什麼內容。

阿珠又追問：「股長，那就不要抄喔？」顏××在猶豫，一時沒有回答。我趕緊再說一句：「不要抄。」顏聽我這樣說，沒表示什麼。

她抄寫完畢，我看到顏××把謄本蓋好印章，我蠻高興，心裡想，那紅字應該不是什麼好話。幾年後，我才知道那兩行紅字很嚴重，如果當時抄上去，我的工作一定泡湯。這事情等於是顏××幫我扛下來的。過去那十年當中，他把我害慘了，也許他想用這件事，給我作個補償。

學校的籌備處把我的各項文件弄好，本來要送到台南縣教育局。校長說：「公文程序太慢。明天正好是星期天，我們自己來做。」

第二天我們去新營。校長帶我到局長家裡，大約是上午十一點，局長不在。他的家人說：「局長去理髮了。」

Toku 對我說：「這太好了，這是最好的機會。」我聽他的口氣，似乎按照正常程序，我的案子並不容易過關。我們到了那家理髮店，看見局長坐在椅子上，正準備要刮鬍子，下巴被肥皂泡沫塗得白白的。

校長好像跟局長很熟，一進門，向他打招呼：「啊，那麼愛漂亮，這麼早就出來理髮。」局長哼一聲：「頭髮長了嘛，當然要理。」校長說：「來來來，別的先不講，這個先簽。」他把文件送給局長。

局長說：「急什麼？」校長說：「先簽啦。理好頭髮，我們去吃飯，再打麻將。」局長又說：「這麼急，我身上沒有筆。」我立刻向理髮小姐借。局長接過筆，那文件連看都沒看，就簽下去。

由於局長在刮鬍子，校長和我到外面抽煙。他把文件交給我，說：「你要保管好，拿這個到學校去報到。我的工作到此為止了。」我在嘴巴上說了謝謝，心裡偷笑：「什麼到此為止？你的麻煩以後才多哩。」

以工代職

我到楠西國中報到，被分發在「事務處」當工友。這個學校，原來是一片甘蔗田，在我們村子的北邊，也就是去密枝的方向。

事務處一共有五個人。校長對我很照顧，他以「職員人力不足」為理由，讓我這個工友「以工代職」，做些不費體力的

事。那時學校還在籌備中，我被指派去當「採購」。公家單位的薪水不多，一個月才一、兩千塊錢，但工作輕鬆。我有這種安定的職業，是幸運的，因為在鄉下很難找到頭路。

正式開學以後，很多物品需要採購。我出去買東西，儘量為學校省錢，從來不拿回扣。

某一天上班，會計室的小姐來叫我，說：「縣政府的人到了學校，有事情要詢問。」我跟著小姐到會計室去，房間裡坐著一位女士，是教育局主計部門的職員。

她問我：「同樣是買茶壺和籮筐，為什麼你和別人差這麼多？」聽了女士的說明，我才知道她是來調查的。

學校所買的茶壺，是「六立裝」，那個「立」字，可能是「公升」的意思。我買的單價是六十五元，而其他學校買

楠西國民中學（2008 年 10 月）。

一百三十元。我採購籮筐，「一擔」十五元；兩個叫作「一擔」。別的學校向教育局報銷，都是三十元。

　　女職員要我解釋為什麼有這種現象。我一時想不出合適的話，就回答：「可能商人不曉得我是在替機關買東西。」她笑了笑：「商人怎麼不知道？收據上寫的是『楠西國中』呀。」我說：「那我就不懂了。」

　　過了一段時間，家長會長來找我，他好像是姓蕭。會長說：「賴先生，你替公家做很多好事，可是我想勸勸你。」我問：「什麼事情？」他說：「聽說全縣只有楠西國中是這樣子。」我說：「我也沒想其他的，只是做我自己的事。」

　　會長說：「我這麼講，不曉得你接不接受。你這樣做事，楠西國中你待不下去。」又說：「我聽別人講，你們綠島回來

二樓樓梯轉角的第二個房間，就是我工作的地方（楠西國中事務處）。

的，做事很正經，跟別人不一樣。這不是辦法。」我問他：「你認為我要怎麼做？」

他建議：如果我買茶壺，雖然實際價錢是六十五元，但我還是跟別人一樣，用一百三十元來買。我所多付出去的錢，商人用其他物件，例如粉筆、掃把等，免費贈送給學校，如果買其他東西，也是同樣的做法。

會長既然這麼說，我只好同意。沒多久，學期結束，我不想再做採購了。

在「事務處」裡，管財產的是一位張幹事，他埋怨事情不好做。他要管的東西很複雜，包括鋤頭、鐮刀、掃把等，這些物品常被學生破壞，壞了又要再買。張幹事也怕遺失；萬一丟掉，他要負責。

我聽說張幹事不想管財產，就向他提議：我們兩人的工作對調。本來我這個工友是沒資格管財產的，幸好校長對我不錯，他同意了。

不友善的環境

楠西警察局隨時注意我，每個月至少來我家一次。他們講得很好聽，說是來「訪問」，實際是到我房間察看，問一些事，最重要的，是看我還在不在當地。警察局有一張表格，平時就放在我家裡；派來監視的警員，每次都要在上面簽名，並且註明日期、時間。警察的上級單位，有時到我家抽查，看當地警察是不是在執行。

那個害我坐牢的顏××，因為是自首的，每個月要寫報告給警察局，他已經連續寫十多年。有一天，顏××遇到我，他

問：「你有沒有寫報告？」我說沒有。他不服氣，跑到警察局抱怨。警察告訴他：「賴丁旺已經被關過，所以不必寫。」我聽到別人轉述這件事，覺得很好笑。

學校成立之後，很快地，有人檢舉我了。那天校長派人叫我去他的辦公室。他拿那封檢舉信給我看，右手一直在發抖。校長問我該怎麼辦。他怕成這樣，我一點也不奇怪。

那封信的檢舉人是徐××，我不認識，也可能是假的名字。他從各方面攻擊我，說我在綠島坐牢，思想有問題……。他提到我沒有任用資格，我被判「褫奪公權十年」，不能留在公家單位裡。

我感到這事很麻煩，對自己不利，只好安慰校長：「這沒什麼啦，我不會害到你的。」我請校長不要批示這封信，也不要送到上級，把它壓著，當作不知道，不理它。

過了幾個月，又有檢舉信，還是那個人寫的。校長很緊張，問我怎麼辦。我其實也沒辦法，於是回答：「請你答覆他，說學校在調查中。」

第二年開學，那人又來檢舉。這次我告訴校長：「現在可以答覆他『查無此事實』。」我實在也是運氣好：開學時是9月；在那年8月，我的「褫奪公權十年」就已屆滿，他不能用這一點來打擊我了。從這個人騷擾的手法，可以看出他並不是有來頭的人，因為他沒有到上級單位去搞我。楠西是鄉下，不是國民黨的重點地區，所以我躲過了麻煩。

那人不斷地攻擊我，可能的原因是要搶位子。我曾聽說，楠西有些人想得到我這個職位。台灣剛實施九年義務教育時，各地的國民中學很需要教職員，在國中雖然薪水低，但事情少，工作穩定，很多人想進去。也有人用送紅包、走後門的方

式，流傳的紅包行情是：送二十萬，可以買到一個校長；職員是四萬，教師兩萬。這是公開的秘密。

當時由於國中大量成立，缺乏合格的教師，還發生許多好笑的狀況。「台南師範專科學校」是培養小學教師的，很難考進去；台南另外一所專科，學生素質很差，一般人不願意去讀。開辦國中的頭幾年，那個專科很多畢業生進入國中教書，而台南師專畢業的卻只能教小學；這使得讀台南師專的人很不服氣。

我到楠西國中工作，在「老同學」當中，也引起誤會，因為我們是國民黨鎮壓的對象，我這件事太違反常理了。不少人認為我是「狗仔」，才得到國民黨的獎賞。一段時間裡，我和一些老同學不容易相處。有難友為我辯解：「從來沒發現哪個人，是被賴丁旺害的。既然我們大家都沒出事，他就不會是狗仔。」

到了第二學年，楠西國中人力不足，缺少一個辦理「思想安全」的職員。不知道校長是什麼打算，他叫我暫時代理這個職務。我代理了一年多。學校才成立不久，安全方面沒什麼業務，只是文件由我保管。

行政院的「國軍退除役官兵輔導委員會」開辦了訓練班，專門培訓一批軍官，派到各學校去搞「思想安全」。我們楠西國中來了一位退伍軍人，擔任幹事。他叫魏文斌，是訓練班出身的，山東人，長得很高大。魏是從緬甸到台灣的，以前是黃杰[2]的部下。

我向魏文斌移交業務時，發現他已經把我的背景，調查

2　蔣介石器重的將領，後來擔任「台灣省主席」。

得十分詳細。魏對我敵意很深，找我麻煩，不放過任何打擊我的機會。比方說，學校的工作人員要輪流值夜，每晚七點鐘開始，大家對這事情都是敷衍，然而別人可以遲到，只有我一個人不能。每次輪到我的那一天，還不到晚上七點，魏就到場監視。我值夜，他也盯著我看，擺明是要挑剔我的毛病，讓我心裡不舒服。這種事還有很多。

魏文斌的囂張做法，使我非常不滿。本來，我對各種歧視、騷擾，早已不當一回事。學校的其他人，也知道我是綠島回來的，認為我是壞人，但他們是在背後講我的壞話，當面則對我很冷淡，或是嘲笑，不致於像魏文斌這麼明顯地針對我。

有一天，我實在火大，就去找魏文斌。他的辦公室也是二樓，在「事務處」旁邊。我不客氣地說：「魏幹事，你們國民黨判我罪，又說我沒有公權。今天我賴丁旺是思想乙級，為什麼不能在社會上生活？請問你的思想是第幾級？」

魏楞住了，不曉得要怎麼應付。我說：「那麼我再問你，你知不知道現在台灣的人，思想分為幾級？」他還不算是很奸詐的人，回答說不知道。

我趁機教訓他：「你是管安全的人，連自己思想第幾級都不知道，未免太對不起國民黨。你受過訓練，我想你大概是甲級。」

他說：「有這回事啊？」「有。你不相信，我明天拿給你看。」那次我心裡已經準備，如果我和魏文斌之間不能好好解決，乾脆跟他撕破臉。

第二天我拿了「釋放證」去魏文斌辦公室，對他說：「你看一下。」他顯得沒有信心，說：「不要啦。」我把手伸到他面前：「看一下，不要緊。」他看到「思想」那一欄寫著「乙

級」。不過，釋放證後面印的「國防部軍人監獄」幾個字，我沒有讓他看。

我這一次嚇唬他，魏文斌收斂很多，至少在表面上，對我不那麼壞了。在學校裡，如果我沿著這邊走，他就走另一邊。任何場合，他從來不跟我碰面，幾乎是不和我講話。有一個同事問我：「你和魏先生是怎麼回事？是你怕他，還是他怕你？」

之後魏文斌有一個奇怪的情形，只要是新的同事來學校報到，他都先帶到我這裡，互相介紹過了，我們三個人才一起去校長室。我心裡也感覺很可笑，好像外邊人講的「拜碼頭」的樣子。

大約在 2000 年，那個時候我已退休，有一次去外面餐廳吃飯，看到魏文斌。我們點了點頭，互相講幾句話。當時陳水扁做「總統」，國民黨已經下台。我很想知道，魏對於他從前愚昧地效忠蔣家的行為，有什麼感想。

楠西國中有二十幾個班，教職員七、八十人，絕大多數同事覺得我很可怕，是不跟我講話的。本省籍的人，因為不了解狀況，有不少在背後罵我，特別是女老師。「輔導會」派來一些軍官退伍轉業的教師，他們是外省人，有的可能走過很多地方，比較有見識，曉得情況並不單純，不完全相信國民黨那套說法。那幾個人看到我時，還閒聊一下，甚至有人在聽到本省老師罵我，會替我說幾句話。

我遇過一位詹先生，他本來在台中市工作，調到楠西國中當校長。他是楊虎城的親戚，對政治有些了解，膽子也大，敢向我說真話。詹說，以前在大陸，國民黨和共產黨打來打去；國民黨軍隊離開時，把環境弄得亂七八糟，共產黨則相反，各

樣事情都做得好好的。有一次私下跟我聊天，他說，國民黨一直在為大陸上的失敗找藉口，其實真相很簡單：共產黨得到人心。

學校裡有一個教數學的女老師，叫蔡××，是攻擊我最厲害的，罵我是共匪。她受到國民黨的反共宣傳，中毒太深。她在同事之間罵我，將近二十年。

後來我 1989 年辦理退休，到北京去走走，住在招待所。那裡有位工作人員叫蔡豐振，是台南鹽水鎮人，和我很談得來，帶我到各地去玩。蔡是台灣光復後，第一批去大陸讀書的學生，1949 年就留在大陸。

蔡豐振在北京有個朋友，叫蔡壬癸。蔡壬癸因為這個緣分，也認識了我。他是紅十字會的會長，有一天，邀我去他家住一晚。蔡壬癸也是台南鹽水人，經濟相當好，他家的飲食習慣還是日本式的。

在閒聊時，蔡壬癸知道我在楠西，就問：「你在楠西做什麼？」我說，在楠西國中工作。他很訝異地說：「喔，我的侄孫女也在楠西國中。」他說出侄孫女的名字，居然是那個找我麻煩的蔡××老師。

蔡壬癸說：「你回去時，我有東西託你交給蔡××。」我心裡想，這是最好的機會。

那一包究竟是什麼，我沒有問蔡壬癸；回到楠西，去國中找蔡××。她仍是很不友善。我問：「蔡老師，妳有沒有認識的人在北京？」她兇巴巴地說：「沒有沒有。你不要亂講喔。」我說：「有啦。他都知道妳的名字，他叫我拿東西給妳。」蔡××好像被嚇到，楞住了。

我把那一包拿出來，說：「這是妳叔公給妳的。」在包裝

的外面，蔡壬癸貼上一張紙，上頭寫著他在北京的地址，以及「煩交楠西中學，蔡××老師」幾個字。蔡××很尷尬，問我：「你怎麼認識我叔公？」我做了說明。蔡說：「什麼？你到大陸去？」

蔡××長得高高瘦瘦，很兇的樣子，別人是不能對她開玩笑的。自從我帶東西給她之後，蔡變了很多，對我客氣，對其他人也比較客氣。

關於這位蔡××，有一件好笑的事情。我女兒也是念楠西國中，剛好被蔡××教到。畢業幾年後，女兒去考高雄師範大學的數學系，蔡老師那年也去考，結果作學生的考上了，老師沒上。蔡××還到我家裡，問我們是不是走後門。

我在國中工作那些年，一直有人對我監控，即使在楠西這樣落後的鄉下，國民黨還是搞特務活動。我覺得雖然離開了綠島，只是從小監獄換到大監獄。有一個村幹事常找我聊天，實際上就是監視我的。我也不得罪他，照樣和他交朋友，用感情去拉攏。楠西的派出所裡，放了一張乒乓球桌，我常去打球，跟一些人建立關係。

有一個在小學教書的男老師，也是「狗仔」。像我這種從綠島回來的人，比較敏感，在這方面有判斷能力。我發現那老師說話不自然，而且想和我接近，於是自己提高警覺，但也不能完全不理他。

國民黨的宣傳很厲害，中、小學生被洗腦，連我的大兒子也恨我。村子裡年齡大的人，和我還有交情；普通老百姓心中有疑問，不知道我是不是壞人。年輕人則認定我是壞的。在楠西，也是常常可以看到政治口號。機關、學校的牆上有標語，電線桿掛著標語，辦公室裡也有。它的內容是「仇匪恨匪」、

我和妻子（當時是大兒子結婚的喜宴）。

擁護政府、警告人民不准聽大陸的廣播。警察也提醒村民，要
注意匪諜活動，特別是不准聽「匪播」。

　　我的大兒子，他從小時候起，一直到成年，都是心裡很痛
恨的樣子。本來我搞不懂，不曉得他是恨我，還是恨國民黨。
我在楠西國中上班時，大兒子結婚了。我孫子滿月那天，家裡
請客，有一些鄰居、朋友來吃飯。大兒子喝了不少酒，突然對
大家講很多話，把他對我的不滿，整個發洩出來。他說，從前
在學校被欺侮，別人罵他是「共匪的兒子」，又說想和同學玩
球，同學不讓他玩，因為是共匪的兒子……。他這麼一鬧，把
原來高興的場面弄得難看。我當時很難過，認為他不懂事，但
再想想：讓他把情緒發洩一下，這樣也好。

土地仲介

到學校上班後，家庭生活逐漸安定。那時政府在楠西興建曾文水庫，是台灣最大的水利工程，我們村子距離水庫地點很近，許多台北的有錢人來買地。我會說普通話，對這裡又熟悉，就做起土地買賣的仲介。

家鄉有幾個人從事這種仲介工作，賺取佣金。他們的做法，是設立辦公室，掛上招牌「×××土地買賣代書事務所」。我缺少本錢，只是在家門口放一塊木板，寫著「土地買賣介紹」。

有一位余先生，是廣東人，身材又高又胖，挺著一個大肚子，常常帶人從台北到楠西買土地。不曉得是什麼原因，他不去找那些事務所，反而來跟我合作。我和余先生來往多了之後，相處得很好，我習慣叫他「余大哥」，他叫我「老弟」。

因為來買地的人很多，家裡隨時要準備一、二十頂斗笠。我經常是帶了一群人，走在楠西各地方看土地，任何一塊地的面積多大，什麼價錢，我都記得清清楚楚，買賣雙方把交易金額的一部分，給我作為介紹費。

余先生很胖，我的孩子偷偷給他取個綽號，叫他「蟾蜍」。余的個性爽快。他如果到我家，覺得累了，就倒在我床上呼呼大睡。我家的第一個冰箱，是他送的。

有天，余先生邀我跟他合伙買地。我說沒有錢。余問：「你能不能拿出一萬？」我說可以。於是我出一萬，余出六萬，共同在楠西中興路買了土地，用他的名字去登記。他找我合作，只是口頭約定，並沒有寫成文字。那時一坪是一千元。

過了許多年，土地漲得很兇，一坪將近要兩萬。我到台北

余先生家裡，對他說：「我想蓋房子。」余說：「好啊。你不必買土地，用那塊地吧。」又說：「你給我五十萬，其他就不談了。」我沒想到余對我這麼大方。

在鄉下匯款不方便。我太太用一個芒果箱子，裡面藏了五十萬現金，上層放一些芒果，坐著火車拿到台北去。余先生把印鑑、土地契約書讓我太太帶回來。

有人對我們說：「你不要用這塊地蓋房子。拿來炒作，可以賺一百萬以上。」我太太回答：「我們不能沒有信用。」就這樣，在 1987 年我把原有的房屋賣掉，蓋起我的第二棟房子。

這棟房屋是兩層樓。樓下有客廳、飯廳、廚房和浴室，樓上是三個臥室，後面有院子，種了木瓜樹。整個範圍比原來的要寬敞很多，而且裝了自來水。

我在蓋這房子時，設計了特別的空間。在一樓浴室上方，樓梯通向二樓的轉角，我做一個秘密房間。我是預備以後國民黨又抓人，自己可以躲到裡面，也能提供給逃亡的朋友們躲藏。

秘密房間的入口，我還搞了偽裝。不知道的人看過去，會以為是通向外面的窗戶，實際上那是個小門，必要時，可以用一面大鏡子把小門遮住。那房間高度有一米多。躲藏的人在房間裡，可以坐著，但不能站起來。只要他不咳嗽，別人是很難發現的。它的面積比一坪大一點，可以躲幾個人。

那房間在施工的時候，師傅對我的構想覺得奇怪，問我做這個要幹什麼。我騙他們說，是用來作倉庫的。房間裡有插座，以及通到屋外的窗子，既可以通風，也能讓裡面的人從窗戶跳出去。

孩子特別喜歡這個房間，他們為它取名字叫「秘密洞」。兒子、女兒和鄰居的小孩，常在我家玩捉迷藏。有的孩子說我家很怪：「明明一群人跑上樓去，怎麼樓上每個房間都沒人，屋頂平台也沒有人。」

我家「秘密房間」的入口處。

余先生是做生意的。他有時帶一位姓徐的朋友，到楠西來看土地。徐先生在「國稅局」工作，他跟我一樣矮，比我瘦。

徐先生在台北開了賭場，有一次他帶我去看。那是在台北市郊外，一個不熱鬧的地方。進賭場之前，先要經過三個關卡，每一關都有人把守。我去那裡不是要賭，是想開開眼界。

讓我很驚奇的是，我從來沒見過這麼多鈔票。賭場是一個很大的房間，差不多容納四、五十人，而且有一張很大的桌子。小姐站在桌子旁邊，手裡抓著一個耙子，那是用來搬動鈔票的。一位太太，大概五十幾歲，她拿出一包鈔票，是十萬塊錢，用「包袱巾」包著。當時最大的鈔票是一百元，所以那個包袱蠻嚇人的。

後來那太太賭輸了。小姐用耙子把包袱拉過去，拿出鈔票，包袱巾則還給她。

那位太太說：「輸都輸了，包袱巾不要了。」她很乾脆，沒再講第二句話，就走出去。我看她臉上沒有特別的表情，好像不在乎。十萬元是很大的錢。如果有人想在楠西買土地，並

且建造兩層的樓房，十萬元可以讓他蓋三棟房子。

日本朋友

那些年我身體還好，同時做幾樣工作。我向人承租土地，種甜椒、苦瓜，可是每次都虧本，農民是很辛苦的，收入又沒有保障。有一次，我的甜椒收成後，一麻袋能賣到三千元，可是不到十天，價格掉下來，一袋子甜椒只有九十塊錢。我乾脆把它放棄，對村民說：「如果有人要吃甜椒，自己到我的田裡去拿。」

每天我和表弟到田裡勞動，忙不過來的時候，也雇過幾個工人。有些左派同志認為工人是好的，但我覺得人很複雜，有好有壞。有的工人品質不好，只要我不在現場，他就偷懶不做。

余先生在楠西國中對面，買了一塊地，請我幫他照顧。我利用那地來種甘蔗。早晨天沒亮，就到那裡工作，上午八時學校的鐘聲響了，我橫過馬路去上班，下班後又繼續做，一直到天黑。我為了這塊甘蔗田，花費很多心力。

有一天，甘蔗田裡突然起火，燒得很大。從玉井來了兩輛消防車，才把火撲滅。這次火災使我損失幾萬塊錢。

當地派出所的所長把我叫去。他說這火是我自己放的，要我負擔消防車的費用，他們開出的價錢是一千多元。

我不承認是自己放的火，那個所長一定要我認帳。楠西的確是曾經發生過農民自己放火的事情。在製糖期，甘蔗田萬一發生火災，田裡又有一些還可以用的甘蔗，在這種情形下，不超過三天，玉井糖廠就派人來收購。

我在田裡種植甜椒。

我在種植苦瓜，右邊是表弟（姨媽的孩子）。

　　農民有時候自己放火燒甘蔗，是因為他考慮到下一次的耕種。他以後可能要種別的農作物，為了配合那作物的生長時間，需要把甘蔗早一點處理掉。而甘蔗如果被火燒過，必須趕快拿去做成糖，假如拖延，過幾天會發酸，不能用了。我那次火災，距離製糖期還有三個月，所以我沒有放火的理由。真正起火的原因，應該是有人在甘蔗田裡抽煙。

　　所長對我太不講理；也許是如果我承認了，派出所容易結案。他硬是要我承擔責任，態度惡劣，我很生氣，也用他的方式反擊回去：「我聽說是你放火燒的。」他問：「聽誰說的？」我說：「我自己想的。」這樣，我們兩個人大吵起來。

　　那所長對我喊叫：「你就是這種人，才做出這種事。」他拉開抽屜，拿著一個牛皮紙信封，抽出一張文件給我，大聲說：「你自己看看，你是什麼人。你這個共匪才會做這種事。」

　　我接過來一看，那是我的戶籍資料的紀錄，上面有兩行紅字，把我寫得很嚴重。詳細內容現在雖已忘了，還記得有「叛亂」、「十年」等文字。

　　看了那張紙，我的心情馬上變好。我想到：「前幾年如果不是阿珠、顏××幫忙，我絕對不可能到國中上班的。」

　　楠西是偏僻的鄉村，後來逐漸改善。我從綠島回來時，竹子房屋已經不多了，還出現幾棟二層的樓房。1967 年曾文水庫開始施工，楠西進步更快，客運車的設備也有更新，班次多，但電話仍很少見。

　　家鄉變得熱鬧了，可以看到車輛進進出出，以及許多工人、外地人。馬路上的變化很大，本來只有兩、三家理髮店，很快就超過十家。以前楠西沒有旅館，當時開了六、七家。原

來街上只有一家餐廳，就是那位楊老板的飲食店，從前鄉下不把它叫作餐廳，而是叫「五省店」；水庫工程進行時，出現十幾家餐廳，也有西藥房等新的行業，甚至連外國人也來了，主要是日本人。

有一年除夕的晚上，吃過年夜飯，我到外面走走。街道兩邊的人都在賭錢，大家是玩那時流行的「天九牌」、「三六」。我走到國民小學，馬路旁擠了很多人，有吵吵鬧鬧的聲音。

幾個人在喊：「旺仔哥來了，正好正好。」我過去問：「什麼事情？」一個人對我說：「這裡有幾個日本仔，太鴨霸了，不講理。」我說：「會嗎？出外的人，應該不會這樣吧。」另一人說：「啊，你不知道喔，你問他們，看是不是鴨霸。」

有四個日本人在人群裡，他們和周圍的人語言不通，場面混亂。台灣人七嘴八舌，指責他們說，這些人想賴帳，要溜走。有人知道我會說日語，要我幫忙處理。

我問日本人是怎麼回事。他們說：「我們身上的錢，全部輸掉了。」我說：「輸掉了，為什麼不行？」日本人說：「我們又下注，又輸了。」我說：「沒錢，不應該再玩。」他們對我解釋：「在日本的習慣，身上沒錢以後，還可以玩一次。贏了，就是賺到錢。如果輸掉就走人。」

我聽懂了。他們最後一次是撈本不成，想要走，台灣人不讓他們離開；這是台灣跟日本的規矩不一樣，不算是惡意賴帳。我向周圍的人做了解釋，並說：「這是日本的習慣。既然這樣，讓他們走吧。」這些人都是鄰居，本來要揍人的，他們聽了我的說明，就不為難日本人。

　　那四個人和我，從人堆裡出來，可是日本人反而不走了。其中一位年紀最大的問我：「你住在什麼地方？」我說：「在附近。」他說：「我們到你家去。」他說話的樣子，並不是很客氣。我有點訝異，心想：「好像我欠你似的。」

　　因為我了解政治，心裡有顧慮，本來不想惹這麻煩，不過我馬上就產生一個想法：「認識日本人也好。」從綠島回來的許多年中，我一直想了解外面的消息、學習社會主義知識，但沒機會，現在生活安定了，這個念頭更加強烈。於是我把他們帶到家裡去。

　　太太看我出門，很快又回來，還帶了幾個人，她不知道那是外國人，以為是我朋友，就說：「來來，喝一杯。」日本人聽不懂。我把太太的意思告訴他們，日本人很高興，說：「好啊。」我對太太說：「你去準備吧。」她拿出啤酒，又到廚房弄菜。那時是過年，家裡有豬肉、魚、雞，有很多好吃的。

　　我家有一個特點：別的東西不多，酒很多。有人曾向我開玩笑說，我家是楠西的俱樂部，因為很多人到我家喝酒、打牌。當時，星期六上午是要上班上學的，有人星期六中午就來了，到下個星期一的早晨，才從我家直接去上班。來我家玩的人，有在機關工作的、在玉井國中教書的、以及玉井警察局的督察長等等。

　　那天我們喝酒、吃菜、聊天，大家都很高興。四個日本人是水庫請來的顧問。其中一個叫作 Hino（日野），四十多歲，另外三人是二十出頭。我和 Hino 年齡差不多，溝通上沒有障礙，而其他人所說的日語，我很難聽懂。這件事使我很驚訝：日本話怎麼變化得這麼大，下一代人講的話，就不一樣。

　　除夕晚上大家一直喝到深夜，日本人不方便回宿舍去，我

帶著他們到街上住旅館。

在戒嚴時代，每天到了半夜，旅館要把住宿旅客的名單向派出所報告，派出所還要再陳報給縣政府。那個除夕夜裡，大約一、兩點鐘，楠西警察局的主管來到我家。他說，縣政府要弄清楚，我為什麼帶日本人住旅館？是怎樣認識的？

我回答之後，主管仍不滿意，要我跟著他去旅館查看。我們到旅館裡面；日本人住在二樓。主管去敲門、喊叫，那幾個人明知是警察在叫他們，但就是不理，不管警察怎麼打門，不開就是不開。因為他們是日本人，主管不敢硬闖，最後只好放棄。

主管很不高興，警告我說：「你要小心一點，你是從綠島回來的，不可以和外國人接觸。」我表面沒說什麼，心裡根本不聽他的，一方面是由於我愛交朋友，而且我對那幾個日本人，另外有打算。

後來我問他們當天晚上的事情，日本人說：「依照習慣，人們躺下睡覺，是不會再起來開門的。」

那四個人每天來找我、吃晚飯、喝酒。他們最愛吃冬粉，特別是要把雞蛋打散、煎成蛋餅，再切成一條條的，加到冬粉裡一起煮。他們好像把我「吃定」了，對我說：「賴先生，在台灣這段時間，只要我們來，不管你拿什麼酒，我們都喝。」

他們也把我當作朋友，告訴我：「以後我們帶來的酒，你也要喝。」從除夕那天起，連續有一、兩年，每個晚上他們開著曾文水庫的汽車，來我家喝酒，也常帶洋酒來。我家的酒，主要是本地的啤酒和米酒，而洋酒和本地的酒，在價錢上差很多，啤酒一瓶十多塊錢，米酒是七、八塊錢。當時台灣禁止進口洋酒，但日本人可以在特殊地方買到。如果我在台灣買洋

酒，一瓶要一千元，是跑單幫帶進來的。

在我家裡，通常是 Hino 和我說話，其他那些日本人則是互相聊天。我和他們熟悉了，有天我想試探一下，就問：「你們離開日本那麼久，怎麼知道家鄉發生什麼事？」他們說：「我們有報紙看。」

Hino 說，他們可以看到日本的《讀賣新聞》。還告訴我，台灣政府對這個管得很嚴，規定他們必須把前一天的報紙繳回去，才拿得到當天的報紙，而且管理的人會仔細檢查，一張也不能少。

我問：「我也想看日文報紙，能不能借我看？」他們爽快地說：「沒問題啦。」台灣報紙都是國民黨搞的宣傳，我想，日本報紙應該有比較真實的消息。從第二天起，每次他們到我這裡，順便把《讀賣新聞》帶來。

正好我家對面是旅社，那老闆的兒子在讀專科學校，學習過日語。我把老闆兒子請過來，邀他跟我們一起聊天；他不喝酒，但很願意利用這機會練習日語。每次都是他們五個人吃喝、閒聊，我在旁邊看《讀賣新聞》。

我幾乎只看國際版，這是受到陳南昌的影響。我很注意中國大陸的消息；這方面報導不多，就算有，也主要是講經濟事務。我用這個管道突破國民黨的封鎖，自己十分高興，又可以學習日本語文；不懂的地方，我馬上問 Hino。

日本人不知道我坐過牢，否則一定不敢跟我來往。Hino 對我很信任。有一次聊天時，我提到參加日本航空隊的事，Hino 露出佩服的表情，一直說：「不簡單，不簡單。」可能是這個原因，他們認為我對日本很忠心，才放心拿報紙讓我看。

曾文水庫有一個水力發電廠，這幾位日本人在那裡工作。有一天，這些人在我家說，他們和水庫管理局之間的協調出了問題，互相不滿意，管理局扣留著工程的「尾款」，不給他們。

過了幾天，我聽他們在說，水庫的發電機不能轉動。又過一陣子，我好像聽說雙方的分歧已經解決，他們拿到了尾款。

一個晚上，他們在我家吃過飯，Hino 對我說：「想不想到發電廠裡面去看看？」我對這些很好奇，表示要去。我坐上他們的汽車，趁著黑夜進入水庫區，警衛對這輛汽車沒有檢查。

Hino 帶我進入廠房，一直走到一個很大的發電機旁邊。他從上衣口袋拿出小筆記本。翻開本子，裡面夾著一片很薄很小的東西，顏色有點白白的，似乎是鋁的材料。他把那片拿出來，塞進發電機的縫隙裡。Hino 的動作非常慢，弄了好幾分鐘。

他說：「我來發動機器。」我問：「不是說不能動嗎？」他說：「現在可以了。」Hino 把開關碰一下，機器果然轟轟轟地運轉起來。

我感到意外，科技的力量實在可怕。我問 Hino：「剛才那一小片，可以再拿出來嗎？」Hino 說：「拿不出來。」我到現在還是很好奇，那一片究竟是什麼零件。

我的家人和那幾個日本人，相處得很好。Hino 對我很坦白，他說：「我們每天來你家吃飯，可是如果你到日本，我只能在家裡請你吃一頓。」他解釋說，在日本吃的東西很貴。

因為水庫完工，他們要回國去，我太太準備了禮品送給他們。以後，那四人還是有機會來台灣出差。他們只要到台灣，

曾文水庫發電廠的大門。

一定來我家，而且帶了醬油、烏龍麵條等禮物。有一次，他們送我白象牌電子鍋，那時這種新產品在台灣很稀奇，一個居然要賣到七千多塊錢。

每年春節，那幾個朋友都寄賀卡給我。我看了，就放到一邊，從來不回信。這樣連續過了幾年，太太對我很不滿意，說：「你應該回信給他們。這樣不禮貌，不要這麼無情。」

我對她說：「千萬不要回信，國民黨控制得太厲害。寫信去，對我不好，對他們也不好。」我知道日本是跟隨美國的。在日本也是右派分子掌握政權。

有一年，他們寄卡片來，太太又說我不回信是不對的。我說：「既然妳要回信，那用妳的名字寫信吧。」太太不懂日文；我用日文寫好草稿，她一筆一劃地照抄。她把卡片寄給那

些朋友。

幾個月後，他們中間的一人來台灣出差。他到我家門口，拿出禮物，說道：「我很忙，不能進去。」馬上轉身就走。他這個行為，絕對是不正常，因為以往都會進來聊天、吃東西。

從那年起，這幾位日本朋友不再來我家，也不寄卡片，我們從此中斷了連繫。太太領教了國民黨的專制統治。她對我說：「我現在才知道，你是這麼可怕的人。」

曾文水庫

曾文水庫完工後，對楠西的影響很大，本來我的家鄉是別人沒聽過的小地方，後來突然變成有名的風景區。那時很少有大型工程，適合旅遊的地點也不多；這水庫在台灣很出名。

全省各地都有人想到曾文水庫來玩。那時旅遊業不發達，一般人外出旅行，往往要依靠當地的熟人，而我剛好住在楠西，所以很多綠島的老同學，帶了他們親友來找我。當時很少人家裡有電話，他們如果來楠西，並沒有先通知；難友知道我在楠西國中，不怕找不到我。

我在學校裡工作，常發生這種有趣的事。有的老同學們彼此很久沒見面，反而是在我這邊，看到以前的難友。他們互相說：「啊，你也來了。」「你怎麼也來？」

人數最多的一次，當天就有三批人下來，是從台北出發的。第一批來到學校時，因為是上班時間，我只好請太太帶他們去水庫。不久來了第二批，我對他們說：「我太太才離開沒多久，在前面不遠，你們趕快跟過去。」沒想到又來第三批。我只好向學校請假，自己帶難友們去。

別人看到這種情形很奇怪，問我：「這麼多人來找你？」有人說：「你這樣招待他們，負擔得起嗎？」我太太是個很難得的大方的人，她也喜歡接待朋友。一直到現在，我們兩個都是老年人了，朋友還開玩笑：「如果想要好好吃一頓，就到賴丁旺家去。」

每次我帶人到水庫區去玩，都不用買門票，這為我省下不少錢。收費站在「二號橋」附近，那個站長姓李，對我特別優待。

我會認識那李先生，是因為吵架而變成朋友的。水庫剛完工時，管理局設立收費站。水庫的員工出入那地方不要買門票，其餘的人要花錢買票，這對我們當地居民很不方便，也非常不合理。

收費站剛設立時，姨媽正在生病。我經常騎摩托車到她家，有時是去送藥，有時去照顧她。有一天，我去為姨媽做事；不到兩個小時，收費站的小姐要我第三次買門票。這太沒道理。我不肯買，向小姐理論，她去叫那姓李的主管出來處理。

我們兩個吵起來。他罵我破壞規矩，是土匪。我罵國民黨，說：「你們比土匪更厲害，更壞。」李站長態度不好，說：「政府把這公路修好，難道不要收錢嗎？」我說：「以前的路，是比較不好走，但我們住在這裡的人，走路不要錢。」

兩個人吵了很久，覺得口渴，剛好有個賣芋仔冰的人過來。我買一枝，順便問站長：「你要不要一枝？」他說不要。他想進辦公室喝口茶，也問我：「你要不要喝？」我也不要。我跟著他進入辦公室，還是繼續在吵，後來他讓步，不強迫我買門票。我對他沒有好印象。

　　那一段時間，每天早上我到市場買早餐，剛好李先生也出來吃早飯。一開始，兩個人碰到，互相點點頭，久了之後，有時我幫他付錢，有時他幫我付。

　　李先生是大陸人，是跟著國民黨過來的退伍軍官。除夕那一天，早上我又看見他，我說：「老李，晚上怎麼樣？」他問我：「你要請客啊？」我說：「晚上來吃年夜飯吧。」

　　除夕晚上，有兩個大陸人來我家吃飯，除了李先生，另一個是大同農場的員工。我邀請他們，其實沒有特別的念頭，只認為他們是單獨一人來到台灣，也是很不幸，在新年期間，會感到很冷清。他們對於能在我家過年，都說很好。

　　我知道有一些孤獨的大陸人，也是蠻讓人同情。他們並不是自己要來台灣，有的甚至是被強迫來的。我在大同農場賣風濕藥時，看見一個國民黨的退伍軍人，姓任，他養了一隻狗。那狗是他最親近的，只有狗同他做伴。狗天天陪他吃飯：他為狗在飯桌上放一個碗，狗站在桌上，跟他一起吃。

　　因為我認識收費站的主管，凡是我帶進去的人，收費站不要我買門票。有一次，互助會的人從台北來，他們包了一輛遊覽車。李站長對全部的人和車，都不收票。我想，反正門票的錢，是被國民黨拿去，我如果能不花錢，也是好事。

　　楠西在那個時候，相當熱鬧。我也經常陪朋友去水庫釣魚。曾文水庫的魚很不好釣，大的太大，小的又太小，釣桿、釣鉤不好弄。

　　除了許多難友來找我去水庫玩，還有一個特別的遊客，是從前「新生訓導處」的處長唐湯銘。以前在綠島，我們沒有接觸過，他也不認得我。沒想到他突然來我這裡。

　　那天，唐湯銘和太太坐計程車到學校。他在行政大樓附

近，遇到訓導主任，就問：「是不是有一位賴丁旺？」主任看他是外省人，心裡反感，回答：「不知道」，不再理他。

唐湯銘直接走上二樓。我工作的單位「事務處」剛好在那裡。我聽說有人找我，出去看到竟然是他，覺得訝異，搞不懂唐為什麼要來，以及怎麼曉得我在這邊。

他問我：「校長在哪裡？」我帶他到校長室。那時的校長不是 Toku，但也姓王。唐湯銘一副軍人的作風，問王校長：「你是校長啊？」王校長一見這個架式，知道這人是有來頭的。唐指著我說：「這個人我今天借一下。」校長答應了。唐又說：「請假單的事情呢？」校長說：「這個我來辦。」

唐和我走到學校大門口，一輛「曾文水庫管理局」的汽車已經停在那裡，我們和唐太太上了車。開車的司機剛好我認得，他姓鄭，是楠西國中一位學生的父親。鄭不明白我們發生什麼事，好像有點恐懼，整個行程不敢說一句話。

唐湯銘對我說，這次他們從台北下來，想到南部各地方玩玩，所以請我當導遊，帶他們去本地的風景區。我於是陪他們兩個人去大同農場、大埔，又到曾文水庫的人工湖。

一路上，唐湯銘和我聊天，態度蠻親切的。我們坐上船，到湖的中間，我問唐：「在綠島，有衛兵保護你，現在你自己來到這裡，習慣嗎？」唐說：「我怕你呀？」

將近中午時候，我提議找個餐廳，想請他們夫婦吃飯，唐湯銘說不必。他叫司機把車開到水庫管理局的一個地方。我進去一看，那裡有個房間，擺了一桌酒席，很豐盛。原來已經有人預備好大餐，要招待他們夫婦。

吃過飯，司機照著唐湯銘的意思，把車子開回楠西。我跟唐在車上聊天，發現他對我的家庭狀況，已經打聽得很清楚，

也知道我有兩個孩子在讀書。唐拿出兩個紅包，說是要給我的孩子，裡頭裝了兩百或四百元，這在當時是不少的錢。

唐湯銘本來還想看看孩子。我告訴他：「孩子上學去了，要四點才回來。」唐和太太就不再等，他們要去高雄。我替他們叫計程車。

晚上，那位姓鄭的司機來到我家，很害怕地問我：「今天那是什麼人？」第二天上班時，王校長把我叫去。他也是很緊張，問我：「你沒事吧？昨天怎麼了？」我把情形告訴校長，請他不必擔心。

王校長是大陸人，對我不錯。依照我的直覺，他似乎是個有自己想法的人。學校的「輔導主任」是監視人們思想的，後來他向王校長報告：「賴丁旺思想有問題。」校長對主任說：「賴丁旺年紀大了，不要那麼忙。」並要輔導主任把這句話轉告我。那時我和幾個人有來往，他們都是國民黨不喜歡的，我也參與一些活動，例如成立互助會、上街遊行、到立法院請願等。我回答校長說：「就是年紀大，才要趕快做點工作，要不然沒時間做了。」

唐湯銘來看我這件事，在學校傳開後，我的處境變得好一點，同事們開始願意跟我說話、打招呼。之前因為我坐過牢，一向被別人瞧不起，有的人不敢跟我接觸。

儘管唐湯銘是為統治階級做事，我們也不知道他有沒有迫害人，不過，從單純的人和人之間的關係來看，他似乎還不錯。有的難友出獄了，遇到困難，唐曾經幫助他們。一位姓王的老同學被釋放後，在麻豆開醫院，跟別人發生土地糾紛；唐湯銘為他出力，把問題解決。

有一位老同學姓李，也是住在麻豆。李想開一家西藥房，

當地衛生局刁難他，不肯給執照。唐湯銘介入了這事情。後來李同學到衛生局，去領取執照時，那個職員從座位上站起來，態度很有禮貌。

某些難友對唐湯銘印象不壞。有一年，我接到一位姓簡的老同學的通知，大意是：唐湯銘的生日快到了，簡在台北某餐廳訂了酒席，要為唐慶祝，邀我也參加。當時唐已退休，被安插在大同公司當顧問。

那天我從楠西去台北。進了餐廳，卻沒看到綠島的朋友，只見一、兩個像是便衣特務的人。我被特務趕出來。在白色恐怖的時代，碰到這種情形，人們根本不敢問。特務人員這樣對待民眾，還算是比較客氣的。我去簡先生家裡，問他究竟怎麼回事。簡說：「國民黨不讓我為唐湯銘辦慶生會。我已經通知你，你不知道嗎？」那時一般人家裡沒有電話，簡是用「限時專送」信件作為通知，我沒收到。

關於政治

繼續學習（1）

我自從回到家鄉，還是想學習社會主義；環境很惡劣，找不到任何對我有幫助的書刊。

日本朋友帶來的《讀賣新聞》，對我來說，是一個知識的來源。當時正是美國在越南打仗的時期，《讀賣新聞》刊登了很多越戰的消息。台灣對這些事情的報導，都是站在反共立場，醜化越共、中共。日本媒體雖然差不多，但比國民黨好一點。

在越南戰爭中，美國有最先進的武器，可是並不能取勝，反而處處挨打，從這事件的發展，可以看到毛澤東思想、人民戰爭、群眾路線的威力。我也把在綠島學到的社會主義、帝國主義的理論，拿來和這些報導做個印證。《讀賣新聞》雖不算是進步，但對於世界各地人民反對美國侵略的抗議行動，有幾次也稍微提到。從美國這個帝國主義國家的罪惡行為，我更加堅定了自己原來的信念。

我住在楠西這樣的鄉下，對於學習是很不利的。台南的書店裡，沒有我所需要的材料，在台灣是不可能賣那些書的。我好幾次到外地的舊書店，也買不到。

從前離開綠島時，我的筆記本被禁止帶走，回到楠西，我常想起陳南昌向我做「口傳」的情形，很懷念難友。社會主義

的知識，是自己很不容易才學到的，不能輕易把它們忘記；我又不敢寫下來，只好經常在腦子裡回憶。

我利用空閒，在頭腦裡整理原本所學到的東西；因為不是讀書人，做這種事情很難。後來想出辦法：每隔一段時間，找個沒有人的地方，把那些理論講一遍。我先決定題目，再去思考它的內容，自己說給自己聽。最常講的是陳南昌告訴我的「五大觀念」，我也唱那些在綠島學來的歌，尤其是〈小黃鸝鳥〉和哈薩克民歌。不管是在家裡、學校、或在外面走路，我用這方法來做複習。有個時期，我甚至懷疑自己是不是得了精神病。之後我確定不是病；如果不這樣做，就不能整理自己的思想，會忘記。

有一次，我到玉井吃喜酒，一位客人坐在我旁邊。他的個子普通，比我高，也比我瘦，和我很談得來。主人看到了，告訴我們兩人：「你們其實是同學呢。」接著解釋說，我和那人都是從綠島回來的。主人本身也是綠島難友，他被判五年。

那個客人很會講話，能夠談許多內容，給我的印象相當深刻。他叫吳添貴，比我大十幾歲，住在新化區。日據時期，他被強迫跟隨著日本軍隊，到過海南島。光復後，吳和李媽兜有關係，被國民黨抓去坐牢，關了十五年（或十二年）。

吳添貴也是在「新生訓導處」學習到社會主義，是個「紅帽子」。我在鄉下能遇到這樣的朋友，覺得非常難得。以後的很多年中，我們常常來往，偷偷談一些自己的看法。

有一天，我和吳添貴見面，我說：「你如果想看日本的報紙，可以來我家。」那時國民黨還在繼續抓人，看日本報紙是不可能的事。吳添貴以為我在開玩笑，說：「如果有日本報紙，你拿來給我看。」

一個晚上，吳添貴到我家吃飯。他進門就說：「哪裡有日本報紙？」那四個日本人也在我家。他們對台灣的政治，已經有所了解，所以很謹慎。我向日本人保證說，這位朋友是可靠的。

在戒嚴時代，能看到違禁的書刊，是一件很快樂的事情。吳添貴那晚為了仔細看《讀賣新聞》，當天就住我家，第二天才回新化去。日本人也知道蔣介石的可怕手段，後來好幾次問我：「你周圍有沒有危險的人？」

我買了一個性能好的收音機，每天聽大陸廣播，這要小心，因為國民黨很注意這種事。我很怕被人發現。搬進新房子後，我躲在那個秘密房間裡偷聽。

太太知道我在聽「匪播」，對我說：「你有家了，不要亂來。」我說：「這是在學習。像喝水一樣，不能不喝啊。」她心裡一直不能接受，很勉強，到很久以後才習慣，不再講話了。她仍然害怕。我邀她一起聽，她不敢，我想：「這樣也好，夫妻不要兩個都去坐牢。」

一個老同學提醒我：「聽說政府有一種儀器，會探測到電波。你不要在同一個地方聽收音機，這樣可能被發現。」我不敢在家裡聽了。我找時間到山上或野外去，假裝是散步、鍛鍊身體，實際上帶著小收音機在偷聽。我也發現有的農民在山上工作時，收聽大陸廣播的歌仔戲。

我主要是聽新聞。那年頭正是「文化大革命」[1]時期，我

---

1 無產階級文化大革命（簡稱「文化大革命」或「文革」），是一場開始於 1966 年的重大政治運動。

   毛澤東認為：「社會主義社會，是一個相當長的歷史階段。在這個歷史階段中，始終存在著階級、階級矛盾和階級鬥爭；存在著社會主義

聽到很多批判美國帝國主義、蘇聯修正主義的內容，不認為有什麼奇怪，但聽到紅衛兵等等，就感到中共是不是太過分，這樣的做法有些可怕。共產黨似乎搞得太粗暴，例如，廣播中說到某位老幹部是叛徒，我會想：「真的嗎？」。後來「林彪事件」[2] 發生，中共的副統帥居然要叛變，「文革」更讓我懷疑。

有兩次聽收音機，使我印象深刻。一次是 1971 年國民黨所謂的「退出聯合國」；它在欺騙台灣人民，實際是被趕出聯合國。我覺得，這件事很不錯，這個騙人的「中華民國」也差不多了。國民黨很害怕，到處掛出「莊敬自強，處變不驚」的標語。我看它那種搞法，「中華民國」其實沒什麼可以救的。

另一次是在 1976 年。我從廣播中聽到毛澤東死去，心裡擔憂：「這麼強悍的人走了，大陸會不會亂？」後來聽見四人幫被逮捕的消息，我也不曉得這事情是好還是壞，只是不希望發生動盪。中國好不容易建立這樣的基礎，我不願意它被毀掉。

同資本主義兩條道路的鬥爭；存在著資本主義復辟的危險性；存在著帝國主義和社會帝國主義進行顛覆和侵略的威脅。」由此，毛發展出「在無產階級專政下繼續革命」的論述，成為「文革」的理論依據。1981 年，中共十一屆六中全會通過《關於建國以來黨的若干歷史問題的決議》，正式否定文革：「文化大革命」是一場由領導者錯誤發動，被反革命集團利用，給黨、國家和各族人民帶來嚴重災難的內亂。

2　　1971 年 9 月 13 日，毛澤東的接班人林彪（中共中央副主席）倉皇出逃，在蒙古的溫都爾汗沙漠地區，因飛機失事而死亡，被稱為「林彪事件」或「九一三事件」。林彪事件的發生，客觀上宣告了文革理論和實踐的失敗，以及「左」傾路線的破產。

直到現在，我已經超過八十歲，仍有收聽大陸廣播的習慣，把這個當作一種學習。我每天早上五點鐘，聽農業節目和《致富之路》，晚上八點聽新聞，有時也聽音樂。

繼續學習（2）

搬家到新房子的時候，幾位朋友送我一張書桌作為賀禮。我發現那桌子抽屜的下方，還有一點空間，可以用來藏東西，後來我的違禁的書刊，就藏在那夾層裡。

我利用晚上的時間自己學習，並且思考問題，也常在假日去新化的吳添貴家，和他一起討論。在吳添貴那裡，我又認識了別的出獄的難友。逐漸地，大家提供新的線索，我們連絡到更多老同學，一共有十幾個。當時那種環境，願意互相來往的老同學，都是屬於積極、大膽的。這十幾人是私底下在學習，大家各自找合適的同伴，做得很隱密。

有一天在吳添貴家，我對他說：「老吳，你們懂得很多。」吳拿出一本書給我，說：「你如果想研究，可以拿去。」我一看封面，竟然是《毛澤東選集》，他居然有這種禁書，真是太奇怪了。我很高興，把它帶回家藏好。如果這書被國民黨發現，是會出人命的。

那時影印機剛出現不久，很難得看到，幸好我工作的單位是學校，有一台影印機。我偷偷把《毛選》帶著，趁別人不注意時，每次印一些。分成很多次，把那本書複印一份。

這本影印的書，成了我學習的材料。書裡每篇文章我都讀過，其中有〈實踐論〉和〈矛盾論〉。我覺得〈實踐論〉容易理解，〈矛盾論〉對我是很難的。我前後一共把它讀過三遍，

我在那張書桌上學習，當時正在讀《毛澤東選集》。

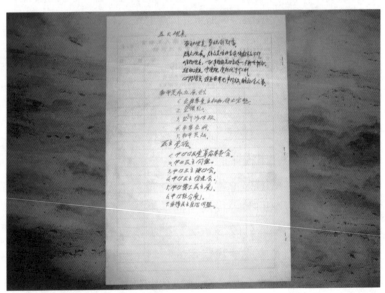

平時我在家裡學習，所作的筆記。

還是不大懂。現在我打算再讀一遍。

我和其他老同學們，有時會碰頭，大家一起學習。那時一般家庭沒有電話，我們是利用明信片來連絡，信裡假裝寫別的事情。大家在約定的時間、地點見面，共同討論當前發生的事件，或是談某個主題，例如有幾個月學習「剩餘價值論」。我平時思考，經常有不懂的地方，就利用這個機會找老同學研究。他們看的書比較多，對經濟問題很熟悉。

有的老同學更勤快，把自己的心得寫成文章，大家輪流看過，再聚集討論。邱奎壁寫一篇「異化論」的文章，同學們看了，意見很分歧。

這種聚會方式久了之後，我和吳添貴、江漢津、廖清纏、周漢卿，一共五個，形成固定的一群人。其他老同學們也有類似的情形。我們那個小團體中，現在只有我和周漢卿還活著。

廖清纏年紀大，雲林人，因為「西螺案」被捕，他在日據時期參加過文化協會、農民組合。江漢津的年齡和廖清纏差不多，豐原人，是「台中師範」畢業的，作過小學校長。江只有一個兒子，那男孩由於父親被判無期徒刑，沒有受到好的照顧，意志很消沉，經常喝酒，很早就死了。周漢卿是知識分子，高雄人，他是受到李媽兜的牽連而坐牢。

我們五個人的學習方式是，一個月見面一次；每個人的家，就是輪流聚會的地點。雖然有人是從很遠的地方趕來，但每次我們都當天來回，不在同學家過夜。這樣維持了許多年。

在蔣家統治的時代，國民黨很囂張，大家到老同學家裡聚集，主人的配偶、家人會擔心害怕。我們各自的親人，幾乎全部不贊成這種學習，所以在聚會時，大家是儘量簡單，任何事情不要麻煩別人。

　　每次到了中午吃飯的時間，我們在外面的市場裡，隨便買個炒麵，每人一小包，一個人一頓飯只要十塊錢。麵攤還會附送清湯，是不收錢的。吃飯的事，就這樣打發了。有時我們不出去買飯，而是在同學家裡吃泡麵，主人只要把開水燒好，想吃的人自己去動手。吃麵時，我們仍然繼續討論，大家很有興趣。唯一例外的，是在我家裡的學習。我太太只要看到老同學來到，就把飯菜弄得很豐盛。她的個性和我一樣，都是歡迎客人的。

　　後來，這個學習小組的人更多了。大家在西螺集合時，順便找來附近的同學，到了吃飯時候，就去餐廳，剛好十人坐一個大圓桌。那陣子最熱鬧。

　　我們學習的願望很強烈，態度也認真。聚會當中，是在研究問題，從來沒有人去考慮要怎樣賺錢。每次都有人把他認為合適的文章，例如報紙、書本上的東西，影印了發給大家，讓同學們一起討論。在蔣經國後期，台灣的民主運動聲勢比較大，國民黨無法再使用以前那種恐怖手段，市面上開始出現禁書、黨外[3]雜誌，這也是我們討論的材料。

　　聚會時，大家報告自己的心得，發表意見，通常每人發言十到十五分鐘。陳南昌教我的五個重點「勞動、群眾、唯物、組織、國際」，的確是分析問題時，很好用的工具。有幾次我說了自己的看法，同學問我：「賴仔，你這些觀念從哪裡來的？」我說：「從綠島帶回來的。」

　　大家也有共同信念：「蔣家這種專制反動的統治，一定會

3　當時在台灣島內反對國民黨專制、爭取民主權利的人或勢力，通稱為「黨外」。

結束。」不過對於具體的事情，以及理論問題，每個人的想法有所不同，互相爭辯得很厲害，別人感覺我們好像在爭吵。有幾次，老同學的家人以為我和周漢卿吵架。其實大家感情很好，不影響友誼。

我記得在中共「文化大革命」失敗，開始搞「改革開放」的那些年，老同學之間爭論最激烈。有人認為鄧小平是對的，有人說不對。還有同學在唯物主義、唯心主義之外，提出他自己的「唯人主義」理論。對中共的基本政治體制「人民民主專政」，有人認為有矛盾，說：「民主和專政，怎麼能放在一起？」也有人認為不矛盾：「在人民內部要實施民主，對人民的敵人當然要專政。要不然怎麼保衛人民民主？」、「專政是對付反動分子。專政不對付人民。」這種討論對我們很有益處，真理就是這樣出來的。

台灣、大陸所發生的政治事件，也引起大家的興趣。江澤民提出新論點，有人認為是「與時俱進」，有人覺得「私營企業主入黨」不可以：「剝削分子怎麼可以參加共產黨？」「與時俱進，可以不要原則嗎？」辯論得很熱鬧。如果大家沒有共識，下次碰面時再繼續研究。後來，老同學一個個過世，這種聚會才停止。

這樣的學習，前後經過了許多年，吳添貴給我的幫助很大。他已經去世十五年了。吳是日據時期農業學校畢業，曾經在一個農業技術的團體裡工作，被日本人派到南洋去。

吳添貴喜歡讀書，在當時，他是收藏很多書的人。吳有一個櫃子，他把書放在裡面，中文、日文的都有，不少是理論方面的。我向他借過有關剩餘價值、馬克思的資料。他做人謙虛，愛思考，懂得很多，在和大家討論問題時，顯得很認真。

吳添貴臉頰的骨頭有點高，偶爾戴眼鏡，這樣看起來更嚴肅。他有個習慣：在講話當中，不喜歡別人插嘴。遇到這種情況，他不客氣地說：「是你在講，還是我在講？」別人發言，即使講錯了，他也不插嘴，總是很耐心地聽完。

我認識吳添貴久了以後，發現他熱情、愛祖國，堅持革命的理念，對任何狀況，都不會認為是難事。他死得早；我接觸吳添貴太晚了，很可惜。

他病重時，我已經退休。吳太太自己行動有困難，不能照顧吳添貴。他的大兒子去世了，二兒子是台灣電視公司在旗山的主任，二媳婦在新化一個小學當校長，都不住在家裡。本來吳家要僱人來作看護，吳添貴說不要，而是叫我去陪他。吳說，我們兩個人有話可以講。

我到新化他家住了一個月，照顧他，跟他做伴。每天上午，吳添貴的大媳婦去市場買菜回來，午餐和晚餐由我煮飯煮菜。我也常常到醫院，為吳添貴拿藥。

最後吳的身體不行了。他躺在床上，仍在講社會主義、中國、以及剩餘價值理論等等。吳的兒子說：「你已經病成這樣，不要再講這些。」吳添貴還是很費力地在談這些話題。他是一位讓我們尊敬的同學。

吳添貴有件好笑的事情。蔣經國死了之後，有一年我和十幾個難友到大陸旅遊，吳也帶孫子去。那男孩當時讀高中，不懂事。大家剛到北京，吳的孫子就一直吵著說，他要看「共匪」；大陸陪同的人都不講話。我們去看一段荒廢的長城，又去蘆溝橋數石獅子，男孩沒興趣，總是在吵鬧，原來，他願意到大陸的動機，不是玩，是想看「共匪」。過了幾天，我們在三峽的船上，一位男的大陸人，大約三十歲，本來很有耐心，

但那天也不耐煩，對吳添貴孫子說：「你要看共匪，你爺爺就是共匪。」孩子很不禮貌，發脾氣，認為大陸人員侮辱他。陪同那人告訴他：「你是跟一群共匪來的。」

我自從在綠島接觸到社會主義，被它的理想所吸引，回到楠西，經過很多年的學習，慢慢形成自己的想法。我逐漸自認為是個共產黨人，認同中國共產黨。中共的目標，就是我這一生的目標。

不管台灣的蔣家和國民黨，或者其他資本主義國家的統治者，它們做事情的最高目的，是為了統治階級的利益，而且絕不會向勞動人民承認有剝削、壓迫的事實。統治者所控制的學校、新聞媒體，也一定在這方面做出種種欺騙，不讓勞動人民了解到被統治的真相。

中國共產黨的使命，例如建設社會主義祖國、振興中華、參與世界人民的進步事業，這些我都很贊同。新中國是從舊中國過來的，一定帶著不少落後的東西，也有腐敗分子混進黨的裡面。社會主義是從前的人沒有做過的事業，黨在前進、探索的過程中，產生錯誤是免不了的。

我肯定中共的有兩點。一是它犯了錯誤，有能力自己改正過來。第二是，中共的立場是勞動人民這一邊的，不是資產階級那一邊。雖然它為了要發展經濟，現在的政策是「改革開放」，容許資本主義發展，但中國仍是個社會主義國家，它並不像美國、日本和台灣地區，是由資產階級作為統治階級。中國的領導人中，並沒有代表資產階級利益的人。

老同學

從前，我即將離開綠島時，有難友託我去看望他的家人。回到楠西之後，社會上的氣氛仍很緊張，我也被監控。一直過了很久，我才陸續找時間去做這件事。

一些老同學的家，距離楠西很遠，而且鄉下人的住家並不好找。每次我找到難友家，向他的家人做自我介紹：我和××先生在哪裡認識、我和他什麼時候在一起……等等。但聽的人總是有顧慮，不曉得我的話能不能相信，他們很害怕。那時也常發生騙人的事情，所以人們很多疑。

有一次去拜訪難友家，讓我印象很深。那天我到玉井、大內附近的一個小村子，叫作「口林」。這是在山裡的村落，人口不多，每家都有一個人被抓走。有些難友的名字，我現在還記得：鄭德安、鄭仙旺、黃德性、唐天寶。他們是同一個家族的人。

我從監獄回到楠西，從來不寫信給綠島的朋友。這是為了保護沒出獄的人，以及我自己。

很多老同學被釋放後，繼續受到國民黨的各種迫害，使他們在精神上，一直是緊張的，心裡有恐懼感。政府這種做法非常惡劣，甚至逼得有些人連過日子都很艱難。

有一位難友也是楠西人。出獄後他在家鄉不好生活，就到高雄找工作，可是過不多久，我在楠西碰見他。我問：「你不是到高雄去了嗎？怎麼又在這裡？」他告訴我被壓迫的情形。

現在的「高雄醫學大學」原來叫作「高雄醫學院」，當時還在籌備中，正在興建教室。那同學到工地幫別人釘模板，是一種很辛苦的工作，只是換一口飯吃。沒想到才做三天，派出

所的人就來警告他的老板。老板簡直嚇壞了，也不敢問警察是什麼原因，給這同學六天的工資，叫他趕快離開。

在監獄裡，難友們固然用各自的方式，向國民黨做鬥爭。即使出獄，有些人的鬥爭仍不停止。一位老同學採用的方法很特別，也很有趣。

他叫李振山，是台中人，被判無期徒刑，坐牢二十多年。出獄時，「警備總部」一個幹事帶李振山到他女兒家。幹事在和那女兒講話，李振山站在幹事後面，一直搖手和搖頭，意思是叫女兒不要收留。李的女兒跟父親有默契，也就堅持不肯簽字。幹事勸說了很久，女兒不答應；他沒辦法，只好請示警備總部，把李送到台北的養老院。那養老院對李同學管吃管住，每個月發一點零用錢。

這事情是李振山告訴我的。李說，國民黨迫害他，把他從年輕關到老，現在自己不能賺錢謀生，國民黨還要叫他依靠女兒吃飯，這太欺侮人。他就是不能讓女兒負擔他，看看國民黨怎麼辦。他一定要逼得國民黨養著他。

王福青是第四隊第一班的班長，身體健壯。全隊十二個班長、副班長中，只有他是完全可靠的。我們相信王不會向軍官打小報告。王福青衣服整潔，不隨便講話，但對人客氣。他的儀態、外表相當端正，喊口令很標準，一看就知道是接受過正式訓練的人。

他從前在大陸，擔任廈門的警察局長。國民黨逃到台灣時，用一個「開會」的理由，把王福青騙來台灣，不讓他回去，後來政府把王逮捕，判無期徒刑。他坐牢，太太被一個國民黨軍隊的「營指導員」強占，唯一的女兒跟著媽媽，住到那軍官家裡。

　　蔣介石死後，王福青靠著「特赦」，總算能夠出獄。警備總部查出來他的太太在鳳山，就派一個幹事把王送過去。那國民黨軍官見到王福青，對他說：「既然你回來，我把太太還給你。」王告訴他：「不必了」。

　　王福青那時健康很差，有肺病。他到台南去，找一位老同學邱奎壁。邱原來是第四班的，很大方地讓王住在自己家裡。有一天，王福青發現，邱奎壁全家人只有稀飯吃，而讓他一個人吃乾飯，於是王福青堅決離開邱奎壁，要到楠西來找我。

　　他到楠西之前，邱奎壁已經寫信告訴我。因為王福青的行動要向警察局報告，所以他的人還沒到我家，楠西警察局已接到台南方面的通知，曉得王福青要來。

　　派出所的人到我家裡，說：「王福青是綠島回來的，這種人有問題。不要讓他住。」我對那警察說：「如果是你，你沒地方住，要怎麼辦？你說要叫他到哪裡去？」警察不講話。我又說：「不管你怎樣反對，我都會讓他來。」

　　我安排王福青住在家裡，他住了半年，但王福青不肯和我們生活在同一棟房子。他說，要避免把肺病傳給別人。我家院子的後面原來就蓋了套房，王福青住在那裡。他絕對不到我家來；我請他過來看電視，他也不肯。我常去他那邊，跟他聊聊天。

　　王福青身體不好，沒有工作。楠西有一家大陸人，我每個月給他們九百塊錢，讓王福青在那裡包飯。

　　這段時間，警察來過很多次，每次到我家裡，幾個地方看一看，問東問西。我太太很願意接納王福青，她很了不起。

　　有一天，警察又過來，我剛好出去，太太在家。警察問：「王福青最近怎樣？」太太說：「他這個人不錯，身體有

我帶著女兒，和邱奎壁、王福青（右）到曾文水庫旅遊。

病。」那人又問了其他事情。王福青對於警察經常騷擾，心裡很反感，就寫信給新營的「傅道石」先生，表示不滿。

傅道石這名字應該是假的，我猜可能是「輔導室」的意思。當我們人犯被釋放回來，會收到政府某單位寫來的信。那封信說，如果以後發生什麼事，不要衝動，可以寫信給新營的傅道石，請他幫忙。

王福青抗議之後，「傅道石」派人來我家，我記得那人好像是姓徐。為了安撫，那姓徐的叫警察向王福青道歉。這件事讓我相當意外。

王又寫信給一位台北的難友。那個老同學也很熱心，他來楠西對我說：已經為王福青找到工作，是桃園的一個綠藻工廠，王去作守衛。我覺得這樣也很好。王福青跟那同學走了。

　　幾年後在台北的一個房子裡，有人發現王福青的遺體，他已去世很久。王福青是我們信任的朋友，他是不幸的。

　　我在家鄉有一位好朋友，叫作羅瑞文。他也是綠島的老同學，比王福青運氣好，只可惜壽命不長。

　　他有西拉雅族血統，身材矮胖，家住台南市區，年輕時在楠西被逮捕，判刑十二年。羅瑞文父親也同時被抓，父子兩個都在綠島坐牢。羅的父親有病，被送回台灣治療，就過世了。他母親娘家在楠西的照興村，距離我家不遠，我從前認得她。我回到楠西時，還見過他母親；羅被釋放的時候，母親已經去世。

　　羅瑞文回來後，一直不順利，經常向我借錢。我那時在澱粉工廠上班，幫助他不成問題。我們兩個經常見面。

　　他的文化水平和我差不多。我們聊天，會談到政治。羅對台灣的現象，以及蔣家統治，十分地不滿，但他在理論方面程度不夠，也沒學習的興趣。我有一本長老教會出版的「台語羅馬字」字典，他想學，我就把字典送給他。羅瑞文有一陣子，在玉井教「台語白話文」。

　　某一天，我突然想：羅的母親有秘方，如果哪個女人不能生育，吃了那藥就會生孩子。我對他說：「你媽媽不是有藥方嗎？你為什麼不做這個生意？可以試試看呀。」羅瑞文聽我這麼說，才想到家裡有好東西。

　　我幫他注意，看看哪一家是結婚很久，還沒有生小孩。後來打聽到一個姓洪的，在楠西村開五金店，我和羅瑞文一起去拜訪，向他們夫婦介紹這藥方子。我對洪先生說：「你們吃這個藥，不必給錢。」他們願意試一下。

　　不到半年，洪太太懷孕了，她很高興地問我：「應該怎

麼謝謝羅先生？」我說：「不用謝。你如果知道還有什麼人需要，把消息告訴我們。」

從此，羅瑞文的生意做起來。他在楠西市場裡，擺了一個攤子，過日子沒問題。一段時間之後，我又有想法：「這個藥既然人可以吃，說不定豬也可以。」鄉下幾乎每家都養豬，有不少母豬無法受孕，對農家是很划不來的。我把這念頭告訴羅瑞文。

他試著把藥給母豬吃，居然也有效。從這時候開始，羅的收入簡直太好了，他賺到很多錢。我有幾次對那藥方相當好奇，但一直沒問他。羅在市場買一個店面，是兩層的樓房，那時至少要幾萬元。

羅瑞文的生活變好，心情輕鬆，常到我家喝酒聊天。本來我太太對他印象不錯，以後反而怕他來家裡，因為羅每次要喝很多酒。

他有個妹妹在外地，是「燙頭髮的」，長得很漂亮，會打扮。那妹妹至少離婚三次，在當時是非常稀奇的事。羅瑞文花錢買了「國術館」執照，從此他妹妹告訴別人：我哥哥是中醫師。然而我們楠西村民，叫羅瑞文「剁藥草的」。

後來，羅的妹妹到台中工作，有位楊小姐常找她做頭髮。那妹妹想為羅瑞文介紹對象，就向楊小姐提起當「中醫師」的哥哥，邀請小姐到楠西來玩。

有一次，羅瑞文叫我去他家吃飯。他說：「賴仔，我妹妹帶小姐回來了。你幫我看一下。」晚上他妹妹做了一桌菜，我們四個人一起談天，我和羅兩人喝酒。楊小姐有個不錯的職業，在豐原的地政事務所上班。

第二天，羅瑞文問我意見。他覺得楊小姐太年輕，兩人年

紀相差二十多歲。我鼓勵他結婚，並且說：「如果女孩子都不反對，你不要想那麼多。」羅瑞文於是決定了。

雖然楊小姐的家人反對得很厲害，但兩人還是結婚。那天，羅瑞文在自己家裡請客，一共到了五、六位老同學。後來楊小姐懷孕。又過一陣子，羅瑞文邀我吃狗肉、喝高粱酒；他不小心噎到，身體很不舒服，拖幾個月就死去。

楊小姐挺著大肚子，夠可憐的，我勸她回娘家，她不敢。楊在市場賣那個草藥，生意很差。鄉下人有一種不好的習慣：如果這一家有人去世，顧客就不願意到這個店買東西。我和太太常去看她。太太有幾次罵我，說不應該建議他們結婚。有一次我遇到楊小姐，向她說對不起，她笑了笑。楊小姐曾向我表示：「你的老同學中間，有沒有不嫌棄我的？」我幫不上這個忙。之後，她的一位女同學來探望，楊就跟同學離開楠西。聽說那小姐是賣小吃的。

有一個時期，我和難友之間發生誤會。那是李登輝當總統時，柏楊倡議「紀念碑」的活動：計劃在綠島建立「人權紀念碑」，並打算把當年政治犯的名字刻在上面。

當時「台灣地區政治受難人互助會」已經成立，柏楊那邊也邀請互助會參加。大部分的難友不贊成柏楊，然而也有少數人贊同，因為互助會的成員，並不都是主張社會主義的，甚至有些人傾向民進黨。有傳言說，不加入那個計劃的人，以後領不到坐牢的「賠償」。

互助會也為這事討論過。當時我剛好有病，沒去開會。聽老同學說，團體的意見是：如果難友以個人名義參加，團體不反對，但互助會不介入，不願意被柏楊「利用」。

我跟大多數老同學一樣，不同意自己的名字被刻上去，我

不是英雄，沒什麼好紀念的。我被國民黨逮捕時，根本不是革命者；真正的英雄像姜炎坤、陳南昌等很多人，已經犧牲了。後來，我還聽說有些老同學，沒經過他本人同意，名字被刻在碑上；他們提出反對，名字才被塗掉，再補上民進黨人的名字。

互助會不是抵制「保障人權」，而是對柏楊有意見。很多難友說，柏楊的想法有一些問題，他太靠近李登輝。柏楊的民主和人權，和我的民主人權不完全一樣，他又很吹捧美國，不願意承認美國也是壓迫者。

關於「紀念碑」，有些話傳來傳去，就搞錯了。有的老同學以為我參加柏楊的活動，對我很不滿意。好幾年後，互助會在台中開會，大家順便聚餐。我看到一位難友老張也來了，他是我很熟的朋友。老張拉著我坐下，責備說：「你怎麼可以跟著柏楊去搞那事情？」我說：「你弄錯了，沒有這個事。」

老張從口袋掏出一張紙，指著它說：「你看，你的名字都印在這裡。」我拿過來，發現是「人權紀念碑」上面的名單；因為沒準備老花眼鏡，看不見那些字，就對旁邊一位同學說：「你幫我看一下，寫的是不是賴丁旺？」

那同學看了一眼，說：「賴仔，你也有啊。」我認為簡直是莫名其妙，怎麼會有這種事。老張很生氣，不再跟我講話。我們原來是好朋友，從此就沒有來往。

過了很久，情況終於搞清楚，名單上印的是另一個政治犯「楊丁旺」，不是我賴丁旺。

當時我由於腰部的舊傷，剛開刀完畢，躺在家裡休養。老張聽說我生病了，特地帶著禮物，從台北來。我住在台南永康，他到我家門口，我卻沒辦法下床為他開門。老張只好再到

大灣，把禮物交給一位老同學，然後自己回台北去。當天晚上七點鐘，我兒子已經下班回家，那同學把禮物送過來。

像老張這種堅持原則的人，互助會裡還有不少，他們的確是值得信任的難友。台中的郭明哲就是其中一位。

郭明哲年輕時，和李登輝是好朋友。李當上總統後，好幾次想找郭見面，郭明哲因為李登輝在搞台獨，已經違背了從前的理想，所以不願意去會面。後來，有人向郭的母親勸說，他母親也覺得郭不必那麼固執，郭明哲仍是不理李登輝。某一年台灣有選舉活動，李登輝到了一個候選人的競選總部，剛好郭也在那裡，李就邀請郭明哲來說話；但他不肯，沒給李登輝面子。我聽說，當天的場面很尷尬。

還有一位姓胡的老同學，原來在「新生訓導處」第五隊，也是李登輝的朋友。我們稱呼他的綽號「眼鏡胡」。他出獄後在台南市青年路開診所，我和眼鏡胡、王荊樹、蔡堃輝常在一起。李登輝想和眼鏡胡來往，胡也是不理他，李又希望跟眼鏡胡做鄰居，建議胡搬到台北。眼鏡胡對我說：「我憑什麼要跟他做鄰居？」

宋楚瑜當台灣省長時，省政府有一筆「緊急救難補助金」。那時我已經從學校退休，身體有病，住在仁德區。互助會嘉南分會的老同學江源茂，打電話給我，提到那救難補助金的事。江說：「我們新化區有三個名額，一個人可以領到三萬塊錢。你知道有誰需要嗎？」

我馬上想到池仁致、蕭本昌、李朝金三人，他們在生活上有困難。於是江源茂把名單報到總會去。

池仁致按照省政府的規定，把照片、戶籍謄本等文件寄給總會。蕭本昌平時跟李朝金很熟，他問李：「江源茂要我們去

申請救難補助，你看怎麼樣？」李朝金說：「你不知死活？我什麼都沒做，被搞成無期徒刑。你做了什麼，要關你十五年？現在你還敢寄戶籍謄本去？」

蕭本昌嚇得不敢寄了。一直到截止那天，在總會工作的陳傳枝很著急，他打電話叫我幫忙去催。陳說：「為什麼資料不寄來？只要是截止當天的郵戳，就算有效。」

我趕緊連絡蕭本昌。蕭說：「要我們把文件拿出去，太可怕，萬一以後被人陷害，怎麼辦？」我說：「不會啦，時代不一樣了。」我鼓勵很久，蕭仍然害怕。他決定不要那筆錢。

後來池仁致打電話給我：「我領到錢了，謝謝你。」我把這件事告訴李朝金、蕭本昌：「別人已經拿到錢，這事情不是假的。」他們兩個說：「我沒拿這個錢，不可惜。保護自己比較重要。」那時候已是接近 2000 年。被白色恐怖迫害的人，經過幾十年，心裡還是在恐懼。

那位陳傳枝也是老同學，是我參加互助會才認得的。他比我大四、五歲；被關在綠島時，我們沒有見過面。我和他很熟。陳傳枝不是我學習理論的同伴，但經常在一起討論現實的社會、政治問題。陳是苗栗人，台灣光復時，在鐵路局擔任火車司機，屬於「鐵路案」。他雖然在理論方面不是很強，可是非常努力。有一年，我和老同學們去雲南旅遊，陳傳枝年紀已經老了，可是每天晚上回到旅館，他都認真地寫日記。

互助會成立之後，我遇見一些年輕的同志，陳映真是其中一位。他在文藝界很有名，是難得的人才。我和陳映真蠻熟悉。陳送給我一套書，是他寫的。

陳映真參加「老同學」活動時，他太太也來。我覺得陳太太是很少見的女性，她不化妝，個性爽快，也是個不簡單的

人。也許就是因為她和一般女人不一樣，所以才嫁給陳映真吧。有一次我問她：「你為什麼愛上陳映真？」她說：「怎麼可以問這種問題？」

我們被關在綠島許多年，固然是災難，但能因此而認識那些優秀的人，跟他們做朋友，也是人生中難得的收穫。有一年，十幾位老同學在高雄聚會，我們整個晚上沒睡覺，每個人有說不完的話。大家年紀已經很大了，感情仍是很好。

我在和老同學的來往中，了解到政治受難人的狀況，例如：許多人的家庭受到大的傷害。很多人被抓去坐牢或槍斃，太太離開了，還有在不得已之下，嫁給國民黨軍人，甚至是情治人員。許多同學的下一代，也跟著不幸。有些孩子得不到好的教育機會，他們和坐牢的父母親有很深的誤會，或者第二代在品行上不好，或沒有一技之長，只能從事不理想、辛苦的工作。

有的孩子根本不了解他們父母親的理想，不知道上一輩的奮鬥經歷。互助會舉辦活動，某些第二代說：「不要再搞這個了，如果有賠償的錢可以領，再通知我們。」有人說，自己來參加活動，太吃虧，不但當天不能賺錢，還要花錢，因為聚餐要繳三百元。

造成上下兩代的隔閡，也有原因。在戒嚴時期，難友們如果對孩子解釋政治的問題，是很危險的，孩子不懂得保護自己，可能講出去，這樣會遭遇災難。所以不少第二代的年輕人，沒有正確的觀念。孩子們又因為自己家庭被政府迫害，他們自然會仇恨國民黨，很多就走到民進黨和台獨那邊去了。這也讓許多朋友感到痛心。

台獨陣營有個活躍分子，叫作李筱峰，是老同學林嘉明的

外甥。林嘉明曾經向我們談到這件事，覺得很可惜。另外，一位羅先生是民進黨裡的人，他爸爸也是我們難友。羅先生出名以後，有一次他父親對我們說：「我只能生兒子的身，不能生他的心。」也是遺憾的口氣。

互助會

蔣介石死掉之後，台灣人對於國民黨，不是那麼害怕了，因為蔣介石簡直是皇帝，而他也有完蛋的一天；蔣經國想要搞到他爸爸那種程度，也不是很快就能做到，所以蔣經國時代的後期，難友之間連絡比較多。我認識的老同學中，在台南這一帶，有十幾個人偷偷地學習社會主義。

有天我們在聚會，一個人說：「第七隊的黃江河應該也出獄了。他是學甲人，可以找他一起來學習。」大家問他：「在學甲的什麼地方？」那位同學不曉得。另一個說：「聽說黃江河生活很苦，找不到工作。好像有一個時候，他曾經幫別人賣茶葉。」

黃江河個頭很高，人有點瘦。在綠島時，我知道他，但沒機會來往。我對大家說：「要找他不難啦。先去學甲，向年紀大的人問，就找得到。」

於是約定一個時間，開了三輛車子，一共十多人，去學甲探望黃江河，我們在各地方找人詢問。後來剛好看到一個小店舖，是賣茶的，老板娘坐在裡面。她告訴我們說，黃江河曾在這邊打工，很久沒來了。大家根據她給的線索，總算找到黃家。

黃江河住在馬路旁。沒有大人在家，只有一個小孩，大約

小學三年級的年齡，他應該是黃的孫子。

我們問那小孩：「你爺爺呢？」小孩哭了。那屋裡有個祭拜祖先的桌子。孩子舉起手，指著桌子，我們才發現黃江河已經去世，就在不久之前。

大家又問孩子：「你爸爸呢？」他說去高雄了。「那媽媽呢？」孩子說：「媽媽在做工，我知道地方，我去叫她。」

黃的媳婦還沒走到我們面前，大家聽到她哭的聲音，而且很傷心。原來，她看到一群人和三輛汽車，就以為國民黨又要抓捕，因此嚇得哭了，但她不敢不回家，只好勉強走過來。

她邊走邊哭，到了大家前面。我們中間有一位難友是邱奎壁，因為他剛才去注意別的事情，以為黃江河在屋子裡，就問那媳婦：「黃江河為什麼不出來？」我指著神桌上的相片，對邱說：「那不是黃江河嗎？」邱奎壁大吃一驚：「什麼？他死了？」

黃江河的媳婦很辛苦，平時在別人田裡打零工，收入不好，家裡經濟困難。我們和她說過話，每個人到靈位前拜一拜，就離開那裡。

在回去的路上，我們又難過，又氣憤，好不容易找到黃江河，可惜他先走了。同學們的想法是，大多數政治犯是很不錯的人，也有上進心，卻被壓迫得這麼厲害，真是太沒道理。

我們在車上談論。大家本來就知道，許多朋友出獄後找工作很難，經常被國民黨打擊，很多挫折。有人說：「這樣不行，我們要想個辦法。」

大家產生共同的念頭：「老同學們應該成立一個互相幫助的團體，經常連繫，協助有困難的人。」我們也曉得，這樣會惹來麻煩和危險。對於成立團體，同學們的想法是：「就算以

後大家為了這件事，被政府迫害，但該做的還是要做，如果它逼著我們鬥爭，我們就跟它鬥。」

過了一段時間，我接到吳添貴的明信片，叫我去他家玩。那天到新化吳家的有十多人。吳添貴邀請大家集合，目的是要開會。他說，應該成立一個綠島老同學的組織。這也是我們一致的想法。當天討論得很熱烈，決定每個人分頭去連絡，把南部的難友都找出來。會議中，分配了每人負責的重點地區，除了台南以外，還有高雄、美濃、屏東、嘉義等地方。

吳添貴這位老同學，受到我們的信任。他對人很熱心，家裡狀況比較好，所以這個事情以他為中心。大家做出決定：每個人收集的資料，集中到吳添貴這裡。在那年代，吳願意扛起責任也是很了不起。

對於這項任務，我很積極，那時因為還沒退休，我是利用星期六、星期天出去找難友。只要聽到哪裡有人是從綠島回來的，或者其他一點點的線索，我就騎著摩托車去尋找。當時我大約六十歲，這樣子是蠻辛苦的，不過很有幹勁。許多出獄的難友住在鄉下，我又需要到處探聽，不騎摩托車不行，即使到很遠的地方，例如雲林的崙背，我也是從楠西騎過去。

我所尋找到的老同學，他們各自的想法並不相同。有的人很熱忱，不但願意參加，更提供他知道的消息。不少難友會恐懼；有一些人，他自己不敢參加，反過來潑我們冷水。我遇過某些有顧慮的難友；我找到他家，互相連絡上了，他高興地說：「很好很好。」可是以後老同學辦活動，那人接到通知，卻不敢出來，也許是家人害怕，或受到政府的威脅。

因為我了解被害人的心理，如果被他們拒絕，也不灰心。崙背有三個老同學，只有姓廖的願意跟我們來往，另外兩個不

參加活動。廖是第四隊的。後來他去世，我帶了輓聯去廖家，他兒子說：「這個輓聯，我們家不敢掛出來。」當時蔣經國都已經死了，還怕成這樣。我聽見這個話，心裡在嘆氣。

即使是比崙背更遠的地方，我只要得到線索，就會去找人。有時到了老同學家，他的家人卻不讓我進門。又有一次，我一直找到台北，那同學也是不敢跟我在他家裡談話。他帶我去木柵，走到仙公廟，爬了很長的台階，進入樹林後面，才對我說：「這裡沒有人。」

我們連絡的對象，不只是老同學本身，也包括他們的家屬。楠西國中給每位工作人員發一套「國民裝」，那衣服等於是公務人員的制服。有一天，我要找「大內案」一位難友的兒子，那時沒想太多，穿著國民裝就去了。他們家在村子的馬路邊，難友兒子正在修理三輪車。他一聽我提到他爸爸，態度很不友善，兩手把工具抓得緊緊的，生氣地說：「我爸爸死那麼久了，不行嗎？」我才發覺到，自己穿的衣服不妥當，讓他以為我和國民黨有關係，引起誤會。

我說：「不是這樣啦。」向他解釋：「你爸爸沒被槍斃前，和我是好朋友，常在楠西一起玩。現在難友們要成立團體，你爸爸雖然不在了，你們第二代也可以參加，大家團結起來。如果有活動，或發生什麼事情，可以發揮力量。」他很直接地表示沒興趣。不管我怎麼鼓勵，他都閉著嘴，不講一句話。

那難友一共生了三個男孩。既然我向他兒子的勸說沒有效果，只好再想辦法。我又問別人，找到那兒子的哥哥。他哥哥住在新營，一聽到我的構想，馬上說：「太好了，太好了。」他願意參加，讓我很欣慰。我沒想到同一情況的兄弟兩個，態

度會有這麼大的不同。

　　還有一位黃同學，也是大內人。那天，他兒子帶我去田裡找他，黃先生在果園裡灌水。我脫掉鞋子，赤腳經過積水的泥巴地，走到他旁邊說話，但是他對我的來訪，不理就是不理，可見內心有多麼害怕。

　　黃先生是第七隊的。後來李登輝當了總統，把國民黨弄得七零八落，台灣的政治環境才比較寬鬆；經過我多次的邀請，他終於願意參加互助會。幾年後，黃同學生了病，住在麻豆的新樓醫院，我和難友去看他，黃同學才敢和大家說一些話。

　　我們當初做這種連絡的事，很低調，儘量不讓別人知道，但還是躲不過國民黨的特務。一位住在台南市的難友，他跟我一樣主動地連絡老同學；特務直接到他家去，問他做這些事要幹什麼，說話口氣很惡劣。我們每一個做連繫的人，都給自己的家人帶來壓力。

　　楠西國中校長也是叫我去談話，問我為什麼要搞這些活動。我回答：「沒什麼事啦，只是大家聚一聚。」我安慰校長說，我們成立這個團體，是合法的，正準備向政府申請。

　　像我們這種成立組織的打算，可能是難友們的普遍想法，聽說北部的老同學也在互相交流，還有人主張，應該把全省難友團結起來。聽到這個消息，我們在做連絡工作時，就更有勁了。

　　某一天我接到信，那是一張開會通知，目的是要召開「台灣地區政治受難人互助會」的成立大會。發起人有一、二十位老同學，包括林書揚、陳明忠、吳添貴等，開會的時間，訂在一個星期天下午，地點是台中公園門口的一家餐廳。信裡面說，當天大會結束後，同學們在那餐廳吃飯。

　　大家對這個會議能不能開得成，不是很有把握，我也感覺有點緊張，擔心可能發生不好的事。在距離開會的兩個星期之中，我瘦了不少。

　　開會當天，是 1988 年初。我到了台中那個地點，看見一些熱心的同學，在門口處理大家報到的事情，許多難友遇見以前綠島的熟人，高興地打招呼、聊天，氣氛很熱鬧。出席的人，也有難友的第二代。會場設在餐廳樓下，一樓大廳是挑高的，頂部就是三樓的地板。二樓有一圈走廊，從那裡可以看到下面的大廳。

　　到場的老同學大概有幾百位，這很不容易；願意出席的人，可說是膽子大的。會場前面有一排桌子作為主席台，臨時主席是林書揚。林宣布開會時，我的心裡非常興奮。我們這些被國民黨壓迫的人，終於能夠集合起來。

　　林書揚在台上講話。才說了沒多久，突然在二樓走廊的三個方向，同時有人用閃光燈向樓下拍照。這幾個人的動作太囂張，會場氣氛馬上變得嚴肅，起碼有一分鐘的時間，台上台下沒有一人開口說話。特務用這種方法拍照，可以看到會場的全部角度，我們每個人都被包括在裡面，如果將來要根據相片去抓人，一個也跑不掉。

　　雖然大家有些緊張，而且知道人群中，一定有特務在潛伏，發言的人會被做紀錄，但會議還是繼續進行。我們接著討論互助會的章程，然後表決通過。章程規定：成員每年要繳五百元，每年開大會，兩年選一次會長。有一項程序是選舉，同學們選出林書揚作會長；副會長是哪一位，我現在已忘了。

　　大會閉幕，難友們按照台北、新竹、台中、台南、高雄五個區域，在餐廳裡各自找地方，分別集合。當天成立了五個

分會。我所在的分會，包括嘉義縣市、台南縣市，老同學叫它「嘉南分會」；選舉林嘉明作會長，陳北辰當副會長。

難友們感覺到，那餐廳也受了國民黨的壓力。會議還沒結束，它對我們的態度就變了，服務很差。老板藉口做這生意不賺錢，本來應該由它供應的東西，它臨時卻不肯提供，造成大家困擾。等到全部討論完畢，最後一個活動是聚餐，這是籌備的同學原來就向餐廳訂好的，不料它連這件事也反悔。經過交涉，老板勉強同意，可是拿出來的菜實在太差了。

互助會成立後，在我印象裡，參加的人大約有一千多個。為了考慮到各地老同學的方便，幾乎每次大會都在中部地區舉行。我每年參加，除非因為生病，才不得已缺席。

我們團體辦了許多活動，例如爭取民主、和平、反對台獨、維護同學們的權益。在台灣，要求「中國統一」的呼籲，我記得也是互助會最早提出的。難友們很多次上街遊行、抗議。這些是由總會規劃，分會在各地動員，跟總會配合。這幾年以來，老同學有些人去世，我們上街頭的次數也少了。

白色恐怖時期，國民黨在「馬場町」處決人犯。我們為了紀念犧牲的同志，總會每年在清明節、中秋節到當地舉行「春祭」和「秋祭」，後來改成只辦理春祭。

馬場町是在台北市南方、新店溪旁邊的一片空地。以前國民黨在那裡殺了人，地上有血，引來很多蒼蠅，所以劊子手挖一些泥土覆蓋上去，由於犧牲的人很多，當地形成一個土丘。每年我們在那土丘前面，舉行紀念的儀式。

我每次去參加春祭，感受很複雜，想到許多的人和往事。我還沒到馬場町時心裡所想的，和在現場、離開之後的心情，都不一樣。

在馬場町舉行秋祭時,左起:賴丁旺、陳水泉、林書揚。

　　特務對我們的騷擾,是常有的事,可說就是家常便飯。後來國民黨對這些事,做得比較隱密,不像第一次大會時那麼明顯。一些老同學繼續遭到各種干擾。有人出來參加互助會的活動,還需要偷偷摸摸的,不敢讓家人知道,甚至到 2008 年,國民黨都和中共重新做朋友了,仍然存在這種現象。

　　有一次在台南,互助會邀請老同學談話。兩位從大灣來的

難友，已經到達開會現場，他們可能有點害怕，對我說：「要去台南醫院看病」。我正好身體也不舒服，就告訴他們：「等一下要聚餐。吃過飯，我和你們一起去醫院。」這兩個同學答應了，可是趁我不注意時，卻偷偷溜走。我想，那兩位一定受到壓力，否則不應該這樣。

我們嘉南分會運作得不錯，大家約定每三個月聚會一次。集會的方式是：室內、戶外的活動，間隔著舉行。

嘉南分會每兩年開大會一次，會長的任期，一屆是兩年。團體在成立幾個月後，老同學李炎輝等人到我家，是會長林嘉明委託他們來的；問我能不能替林處理會長的事務。因為林嘉明那時在公司工作，星期天是上班時間，而團體的活動，又安排在星期天，所以林沒辦法來開會。副會長陳北辰身體很不好，不方便代理林嘉明的職務。我同意了林嘉明的建議。

這個團體的第二屆，我當選為會長，第三屆也連任。我做嘉南分會的事情，將近六年，後來自己脊椎有病，才沒再做了。擔任會長是義務性的，要出錢、出力、花費時間。社會上人際關係總是複雜，有時不好處理，幸好太太很支持我。

分會剛開始時，有五十多個成員。台灣在解除戒嚴之後，氣氛逐漸寬鬆，會員最多的時候，不只兩百人。到現在，已經過去二十年了，目前有五十幾位成員。

嘉南分會以前缺少經費，活動的內容比較簡單，後來老同學領了補償金，生活得到改善，有時我們就安排聚餐，或出去玩。遇到有難友生病，大家也拿出錢，去看望他。

我們集會，通常是選在一個星期天的上午十點。會員們先為死難的同志默哀一分鐘。老同學都已到了晚年，我們常聽見有人過世的消息，大家為往生的同學開追悼會，唱〈安息

互助會在苗栗召開大會。

歌〉。聚會的重點是：會長報告分會的事務，也提出對當前形勢的看法。難友們討論完提案，中午聚餐，飯後自由聯誼。

關於同學們的學習活動，互助會沒有出面安排，因為我們團體一定被情治單位滲透，有不可靠的人混在裡頭；但學習這件事，是社會主義者和共產黨人很自然要做的。難友是自己去連絡熟悉的人，以私下交流的方式，一起研究理論、分析形勢的發展。

我們這種組織，是國民黨的眼中釘。互助會成立後，老同學很多次以「台灣地區政治受難人互助會」的名義，向政府申請登記。大家這麼做的用意是，如果登記了，等於官方承認它是合法，國民黨想要對這個團體搞栽贓、陷害，就不容易，但是同學去交涉幾次，政府始終刁難我們。

　　過了不久，蔣經國死去，蔣家王朝到這時算是結束。國民黨把蔣經國大大宣傳一番。他的棺材要被送去大溪停放時，政府鼓勵老百姓到馬路兩邊「路祭」。

　　那時正好團體在聚會。我想出一個辦法，可以利用這機會來個「強迫中獎」。我對會長林書揚說，在國民黨搞「路祭」時，我們派一些人到現場，打出互助會的旗號，只要做得有技巧，國民黨不方便當場取締，那等於默認這團體的存在。以後如果政府要搞我們，我們就有理由反擊。

　　林書揚聽了，並沒有同意，對我說：「這個案子不要提。你如果提出，今天回不去了。」林的意思是，大家如果討論我的建議，一定引起激烈的爭論，會議就拖延下去，而我必須在下午四點以前，要搭上客運車，否則當天回不了楠西。因為會長這樣裁決，我的案子沒有正式拿出去討論。

　　有人不贊成我的意見。他們擔心被別人解釋成：互助會也對蔣經國的死，表示追思；這就違背了團體的立場。也有人贊成我這想法，認為只要運用技巧，可以避免反作用。難友伍金地支持我的意見，他說：「那麼只做一個布條就好。我跟賴丁旺，一個人拉一邊。」

　　為了使政府同意互助會去登記，我們又做一次努力。當時「黨外」的林正杰當選立法委員。他不是台獨分子，對我們左派比較了解，於是幫大家開一個聽證會。

　　那次是借用立法院的一個房間，有一、二十人參加。我是嘉南分會的會長，所以也去。林正杰把連戰請來，他好像是行政院長，或是什麼部的部長。

　　會議的主席和其他人發言之後，連戰講話。他不同意讓互助會登記。國民黨的態度是這樣，我們也不奇怪，但讓人意外

的是，連戰說了毫不相干的話：「共產黨也殺很多國民黨。」

他講這個，是有原因的。社會上有人提出意見：國民黨應該賠償那些受害的政治犯。我們聽得出來，連戰這句話的含義是：「共產黨也沒有賠償國民黨。」他這種論調太過分，引起我們很不滿。共產黨被逼得去搞武裝鬥爭，是國民黨先動手屠殺中共黨員和群眾的。而且，連戰也不能拿這些大陸上的歷史事件，來否定台灣人的要求。

連戰又說：「你們有不同意見的，可以講。」我舉手發言：「你說共產黨殺國民黨，這個我沒看到，我看到國民黨在台灣，殺死台灣人。很多人沒有犯罪，也被抓去關，我就是其中一個⋯⋯。」

我還沒講完，林正杰過來勸我：「不要說了。」他把我拉開。我看到連戰臉色發白，很生氣的樣子。林的意思是，不要跟連戰搞得這麼難看。

那一次聽證會結束後，有些老同學說：「它不讓我們登記，那就不登記吧。」我也覺得這樣不是壞事。一直到現在，互助會都沒有得到合法的地位。

補償金

蔣經國死了，李登輝坐上總統位子，許多台灣人對他有期望，希望李能做得很好。後來，政府通過了對「二二八事件」受害人的補償的法律，死者家屬可以拿到六百萬元。這時候，很多在白色恐怖時代被迫害的人，心中有個想法：戒嚴時期的政治犯，也要得到賠償。

出獄的政治犯們，也有各種意見。某些人年紀大，身體有

病，經濟上面臨困難，他們希望早一點拿到賠償。特別是有不少難友，他們對下一代很虧欠，因為自己被迫害許多年，連帶使兒女沒受到好的教育和照顧，一直在社會底層過著苦日子。

有的人在思想上不是左派，他們認為國民黨以前指控自己親共、左傾，是一種汙衊和陷害，因此他的遭遇是冤獄，應該平反。很多人自認是左派，所以國民黨迫害他們，固然是錯誤，但不屬於冤獄性質。

也有人主張其他的看法。另外，要用什麼方式和金額來賠，又是一個問題。比方說林書揚，他二十三歲被抓去關，將近六十歲才放出來。人的這種損失，要怎麼彌補？由於互助會裡，對這些事情有不同意見，當時很難協調。

某一年，我記得是勞動黨剛成立，老同學去參加。那次黨部在台中開會。黃石貴提出一個案子，建議大家爭取白色恐怖的賠償。黃在綠島時，是第三隊的難友。

這是第一次有人在公開的會議中表態。那天，其他人的反應並不熱烈。之後經過兩、三次開會，難友們仍然不想談這件事。黃石貴說：「如果老同學不願意處理，我們只好找別人幫忙。」

後來互助會在台北開會，施顯華來找我，說：「大家應該提出要求，叫國民黨賠償。二二八的人都拿到了，我們也要爭取。」我覺得在這方面，大家還沒有共識，國民黨的態度也不好，所以沒同意施的看法。我用委婉的方式對他說：「現在提這個事，合適嗎？」我和施顯華是老朋友。他是台北人，也屬於第四隊。從前在綠島，他學習蠻積極的，表現很好。

這時林先富正好走過來，他以前是第三隊的。林聽到施顯華向我談這個話題，就坐在旁邊，對他說：「我們當初被抓

去關的時候，你知道可以領這個錢嗎？坐牢又不是為了要賺錢。」他們兩人都很堅持自己的看法。林先富再說：「你說錢從哪裡來？國民黨不會拿自己的錢去賠，一定是強迫台灣老百姓繳稅，花老百姓的錢。」兩個人談不到五分鐘，就吵得很兇，差一點打架。

國民黨的立法委員不同意賠償，民進黨是贊成要賠的，而且它也想在老同學的圈子裡面，建立起影響力，於是一些比較著急的難友，把希望寄託在民進黨。陳水扁競選台北市長時，他們去支持陳，為他募款、拉票；後來立法委員選舉，他們幫助民進黨。還有人計劃重新成立政治犯的團體，積極推動賠償金的事。

不少同學反對這麼做，他們說：「民進黨是台獨，不能和台獨勢力掛鉤。」兩種意見的分歧，變得越來越大。

有一位老同學楊田郎，是新竹人，當年被抓時，才是個十七、八歲的學生。他為了早一點拿到賠償的錢，打算尋求別的政治人物的協助。這事被一位姓張的難友知道了，去找楊田郎抗議，責備他想法不夠正確。

楊田郎向我抱怨：「賴丁旺，以我那時被抓的年齡來講，我有什麼思想？現在我的主張，有什麼錯？思想可以用量的？可以秤重嗎？」我雖然傾向不要找國民黨賠，但是用同情的觀點看待楊田郎，所以向他說了安慰的話。

關於團體裡的矛盾，我覺得，每個人各自都有主張，這種事情也不能強迫，最好是心平氣和地溝通，逐漸得到共識。毛澤東說過：「對於人民內部矛盾，要說服，不是壓服。壓服的結果，是壓而不服。」我對張同學的堅持原則很佩服，可是後來楊田郎就不和很多難友來往，這樣的結果不好。用「統一戰

線」的角度來看，我們又少掉一個人。

這些不同的意見，造成老同學之間的對立，我很擔憂。互助會能發展起來，是相當辛苦的。它的成員這麼多，如果要形成一致的想法，的確很不容易。我去向一些朋友勸說，包括盧兆麟等人，希望大家忍耐，多給別人一點時間，盡量不要分裂，然而有的同學還是不聽。

盧兆麟等難友在 1997 年，另外成立「五十年代白色恐怖案件平反促進會」。從互助會離開，去參加那個團體的人不少，但多數人仍然留下。

「促進會」快要成立時，施顯華、洪基中來找我，向我說明：他們決定加入促進會，並不是自己的思想有了改變，只要把賠償的錢拿到，就是達成目標，那時將不再參加促進會的活動。

後來，國民黨政府在壓力之下，1998 年讓立法院通過〈戒嚴時期不當叛亂暨匪諜審判案件補償條例〉。國民黨沒有真正地承認罪行，它用的字眼是「補償」，不是「賠償」。

施顯華、洪基中是很不錯的人，對當初的承諾，果然是說到做到。多年以後，我向他們說：「既然你不去促進會，那就回到互助會來吧。大家都是老朋友。」他們沒有答應，回答我說：「如果是你，你好意思回去嗎？」

我對於互助會的分裂，一直覺得可惜。那個「促進會」變得傾向於台灣獨立，走到錯誤的方向。盧兆麟完全轉向，成為一個死硬派的台獨分子。他去搞促進會時，寫信給我：「大家年紀已經這麼大了，不應該再傻下去。」他叫我不要再繼續主張祖國統一和社會主義。

盧兆麟也寫信給別的老同學。本來是接到信的人在罵，之

在高雄開會時,我和盧兆麟商談「補償金」問題。當時盧是互助會會長,我是嘉南分會的會長。

後沒有接到信的人也罵。那陣子常聽同學說:「這個混蛋……。」盧在台獨的《自由時報》寫了一篇文章,內容和那些信的意思很類似。

促進會成立後,老同學之間發生許多紛爭。經常有黑函、謠言在攻擊互助會,說這個團體多麼的壞。搞鬼的人太過分,我於是把有關資料收集起來,到台北的促進會辦公室,去找盧兆麟。盧帶我到外面一個地方,坐下談話。我把資料給盧看,他只說一句:「你很細心。」

以前我跟盧兆麟相當熟。從那天起,他不跟我來往,我打去的電話,他也不接。2008 年台灣總統選舉,盧兆麟在台北馬場町公園參加一個民進黨的活動,他大聲喊:「台灣國萬歲」。口號還沒喊完,突然倒下去,救不回來了。對於這個朋友,我感到很可惜。

關於補償金,我認為不能太樂觀,就算能拿到錢,也未必值得高興。後來果然造成一些不好的事。

我以前打零工時的老板潘先生,就是一個例子。他爸爸被國民黨槍斃,按照〈補償條例〉,家屬可以領六百萬元。他父親有五個子女,三男二女。補償金是由政府設立的一個「處理基金會」發放,基金會把六百萬元平分,直接給他們潘家五

個人。

在拿到補償金之前，潘先生和弟弟、妹妹約定，要用這個錢來整修父親的墳墓。可是領到補償金後，妹妹反對做這件事，而且連每年的掃墓，也不參加。

潘對我說：「賴先生，你說說看，拿這個錢，到底是福還是禍？」因為以前我告訴潘：「人性很複雜，一個人突然拿到一筆大錢，有可能不是好事情。」所以那天潘先生又說：「你從前講的話，在我家已經發生了。」

他問我，有沒有辦法改善他和妹妹之間的問題，因為兄妹幾乎是不來往。我想了一下，回答潘先生：「你試試看，能不能放個風聲出去：現在共產黨有新的政策，要對台灣的政治犯加倍補償。如果國民黨賠六百萬，共產黨要給一千兩百萬。」

潘聽到我這樣講，嚇一跳。在他的印象中，我從來就不是這樣子的。我的習慣是，跟同一輩的朋友，常常開玩笑；在第二代面前，是不開玩笑的，也不隨便講話。

當天我提醒潘先生說，這個假消息，他不要直接去告訴妹妹，要有技巧地透露給親友，然後讓它傳到妹妹那裡。我告訴潘：「假的就假的吧。誰先死，還不一定呢。」

沒有想到，我這辦法真的發生作用。過不多久，潘先生對我說：「我妹妹打電話來了，問我什麼時候有空，她想一起去掃墓。」

我覺得很好笑，但人性也是可怕的，不過，從此潘先生跟妹妹就恢復親情。後來他也過世；至少在生前，他和妹妹還能相處。

另外我認識的一位楊先生，也是這樣。他是老同學的第二代，在小學當教師。〈補償條例〉通過時，他的父親已經去

世。楊為了這筆錢，和兄弟姐妹鬧得很不愉快，最後不跟我們
連絡了。

嘉南分會有一位老同學王先生，當年被判無期徒刑。他
領到補償金，兒子向他要。他說：「我要用這個錢來養老。」
兒子很不高興：「你要養老，就去養老吧。」結果兒子跟他翻
臉，不再理他。本來王先生沒這個錢，根本沒有事。錢也是會
害人的，這種例子還有好多個。

我在面臨要不要補償金時，心裡也很矛盾；有些老同學，
例如黃嘉祥，就是堅持不要的。我固然可以放棄，用這個行動
表示我「不承認國民黨政權」的立場，但自己又需要錢來治
病。最後我決定去申請。

當申請案件被核准，我到台北的「處理基金會」領取補償
金，基金會發給每人一張紙條，意思是問我們：同不同意在柏
楊那個「人權紀念碑」刻上自己的名字。有的人擔心如果「不
同意」，可能對自己不利，於是就選擇「同意」。我反對基金
會這種做法，不肯把那紙條交出去，結果仍然拿到了錢。我的
金額是四百二十萬。

在處理「補償金」有關事項的時候，引起老朋友之間的
誤解，因為有些同學領到了，有人領不到，也可能某難友領得
早，別的人比較晚。傳言在說，凡是跟促進會、民進黨接近的
人，容易拿到錢。有一位老同學，他本來和我有很久的交情，
卻也以為我偷偷跟促進會掛鉤。我們以前在綠島，某一年冬天
我沒有棉被；晚上睡覺，他把自己棉被的棉絮，讓我蓋在身
上，他只蓋著薄薄的被套。連這種情感的同志也產生誤會，讓
我遺憾。

有一位老朋友的太太也說：「賴丁旺自己有好的關係去領

錢，怎麼不告訴我們？」這句話也使我難過。可見，金錢對人的傷害，有時是很大的。

民主和統一

在 2000 年之前，一些國民黨幹部找我的麻煩。例如，有一次政府辦理選舉，國民黨因為沒把台南縣的派系擺平，結果它輸了，那個參加選舉的黨外人士當選為「國民大會代表」。他姓黃，住在學甲，選贏之後還沒等到就職，突然病死。「黨外」反抗國民黨是很難的，黃先生辛苦當選，卻沒有上任，真是可惜。

這是國民黨在楠西的第一次失敗，以往它吃定了鄉下的選舉，所以這件事對他們很震憾。有個國民黨幹部在外面放話，說我搗亂、煽動、製造矛盾。那人對我很不友善。

還有人告訴我：「賴先生，我們國家是講民主的。只要你跟國民黨合作，我們絕對保證你的安全。」我很生氣，心裡想：「你們國民黨選得不好，關我什麼事？」

當時會出現這些麻煩，是因為有人打我的小報告，說賴丁旺跟「黨外」接觸。其實我根本不認識那次參加競選的黃先生，只不過有一天，他的宣傳車開到楠西，別人對他說：「這一家是從綠島回來的。」黃先生下車，和我握握手，這樣就被某些人看到。

那次選舉之後，國民黨的「民眾服務社」主任叫我去，向我口頭警告：「你從綠島回來了，還不改！」

我在楠西雖然不參加派系，但因為是土生土長，認識的人多，一般村民又重視社會關係，所以我對當地人有一些影響

力。這也是國民黨注意我的原因。

楠西有個外省老兵的村子，大家叫它「外省仔村」，在曾文溪附近，就是現在的大廟那邊。村子裡大約住了六、七十個退伍軍人，他們的生活很不好，也都聽我的話。選舉時，我告訴他們投票給誰，他們就投誰一票。我跟那些人的緣分，是由於發生過一件事。

有個退伍軍人，住在「外省仔村」的下面，是曾文溪的河川地。一天，正好颱風過後山洪爆發，他的小房子被水沖走，他本人爬到芒果樹上，情況危險。我聽說這種事，跑過去看，河邊擠滿了人。

消防隊也來了，大家辛苦把那退伍軍人救到岸上，警察罵他：「淹大水，你怎麼不跑？」我看他全身濕透，沒有人幫助，就過去：「老鄉，現在你怎麼辦？」我已經算是老粗，他比我還要粗，反過來問我：「你問我怎麼辦，我要問你怎麼辦。」那人體格跟我差不多。我說：「你要不要先去我家，換個衣服？」他好像很訝異，問：「可以嗎？」

他跟著我到家裡，穿上我的衣服，又吃了飯。那個人姓胡，平時靠撿破爛換一點錢。我剛好有朋友在附近養雞，就介紹胡先生去幫忙做雜事，一個月拿幾百塊錢。我那朋友也負責給他飯吃。

選舉鄉長的時候，胡先生來找我，問我應該投給誰，我告訴他我支持的對象。胡這樣做，是因為重視我的意見。他原來就已知道，票是可以「賣」的，如果投給某個候選人，可以拿到兩百塊錢。他寧可不要那兩百元，而願意聽我的話。

外省仔村的人和胡先生很熟，我也幫助過他們；整個村子都聽我的。國民黨曉得這個情形，它在注意我。

　　國民黨對台灣，本來控制得很嚴，然而到了蔣經國統治後期，台灣的資本主義經過多年的發展，民間經濟成長起來。本土的老板們，許多是國民黨不大能約束的。這個力量，對蔣家的專制統治相當不滿，黨外勢力受到這些老板的支持。

　　那時在部隊裡，跟著國民黨來台灣的職業軍人，年紀大了，他們是蔣家統治台灣的骨幹；基層軍官和士兵，一般是台灣本地人，跟上級那些骨幹分子有不少差異。關鍵時刻，大多數人不見得會服從指揮，為蔣家出力。

　　有頭腦的人看得出來，台灣社會發生大的變化。「總統」蔣經國很衰老，他總有一天要死掉。國民黨政府已經被聯合國趕出去，沒有人相信它能搞什麼「反攻大陸」。蔣家王朝雖然還很囂張，但也是快要完蛋。

　　台灣社會的許多改變，在偏僻的楠西也很明顯。以前家鄉是道地的農村，之後商業發達，旅館、交通、一般生活上的水準，都比較好了，從外地搬進來的人很多。

　　在楠西，開店舖的幾乎全部是外地的人。他們從前在別的地方失敗過，所以搬到楠西以後，很懂得做買賣的技巧。本地人不會做生意，許多人也不願意種田，年輕一代幾乎都到外面的城市去，讀過書的出去作職員，沒念書的到工廠裡做工。

　　國民黨在楠西的統治手法是：拉攏有土地的有錢人。其實它在台灣，都是這麼做。我所看到的那些地主，他們的人生，一直是順利的，不管在日據時代、蔣家統治時期、解除戒嚴以後。有辦法的人家，幾乎是永遠有辦法。政府也利用楠西人的矛盾，製造地方上的派系，它又到處拉人參加國民黨，根本不管他們的素質好不好。

　　楠西國中的段校長，就很積極地拉人入黨。在國中的教

員、職員，如果不是國民黨的，他的工作和升遷，會受到影響。學校裡有位體育老師，本來是堅決不參加國民黨。他在念體育學校時，教官叫他入黨，他不肯，畢業後被分發到海軍陸戰隊當兵，上級叫他入黨，他還是不肯。他到楠西國中教體育，校長又逼他，那老師為了利益只好參加國民黨。入黨後，他很快當上體育組長。

政府雖然在地方上定期辦理選舉，但政治的風氣很差。我喜歡和各方面交朋友，經常有些人在我家打麻將。一次，警察局的督察打牌輸了錢，很不甘願，他回去換上警察制服，來我家抓賭博，立刻就翻臉不認人。一位國中校長找我借錢，我沒答應，他就向國民黨報告我打國際電話，可能思想有問題。

鄉下人沒有理念、沒有自主的意識，選舉時是地方派系在拉票。有錢人參加派系，撈取更多的利益，一般民眾隨著親戚、人際關係，跟派系搭上線。所以各種選舉，是派系在分贓，甚至很多人在生活上也受到派系影響。有些郭派的人，只跟郭派的做買賣，江派的情形也一樣，只和江派來往。

在鄉村裡，由於派系政治搞得久了，就形成各自的地盤，例如農會被郭派把持，鄉公所幾乎是江派的天下。鄉下人不認為這個不對，他們很單純。從光復時算起來，已經有幾十年，民眾對於國民黨的統治也習慣了，說不上什麼好印象或壞印象。

江派、郭派鬥得很厲害。鄉長這個位子，一向是江派在擔任，有一年，郭派要搶這個位子。郭派的人來問我，有沒有什麼辦法。我說：「紅白帖子一定要給。每個村落要安排樁腳，這樣才能打組織戰。」那人才來找我聊過幾次，大家立刻就知道，可見在鄉下，兩派競爭得多麼激烈。

在人的素質方面，我 1960 年回到楠西，覺得農村老百姓真是太純樸了，他們和那些在綠島的難友們，簡直沒辦法比較。綠島監獄的政治犯中，有不少人思考很深刻，關懷許多事情。他們經常想的是革命的道理，和民族解放、階級解放、全人類解放。

鄉下人之間，常常有生活上的問題，也會遇到不合理狀況，或與別人的矛盾。他們知識不夠，不明白事物的根源，往往和統治集團、資本家階級是有關係的。老百姓聽說美國人、日本人很有錢，就十分羨慕，他們不知道美國向別的國家侵略、剝削，是它有錢的重要原因。對於大陸和中共，由於國民黨的醜化、封鎖，那些村民更不可能曉得中國的成就，和它面臨的困難。

我出獄回家後，只要見到還不錯的人，特別是青年，都利用機會跟他談一談，話題有：社會的現象、台灣獨立或中國統一、以及其他觀念上的想法。這種談話就像以前在綠島時，陳南昌等人對我的開導一樣。我也是從生活的事情，談到世界觀等理念方面。絕大多數的人，對於國家民族的事業，例如振興中華、社會的公義、人類前途等等，是沒有興趣的，他們只注意自己眼前利益。所以我這樣做效果非常小，甚至看不到成果，然而我並不灰心，也許是因為從小受到很多挫折和困難，社會上有地位的人也不重視我。自己被別人忽視，已經習慣了。

我在做這些事，儘管成績很有限，不過我覺得，自己的個性適合做群眾工作。我容易和別人相處，對人沒有勢利眼。雖然一般老百姓無法了解重大的政治問題，但我從身邊小事談起，多多少少對別人的人生觀、價值觀，有一點影響。我不怕

別人反對我，或者和我抬槓、爭吵，我只怕那種不跟我講話的人。

在台灣這種地方，要讓民眾認識到社會主義的理想，是困難的。他們只知道中國大陸是社會主義，台灣的生活比大陸好。一般人有很強的優越感，看不起大陸。他沒想到，大陸遭受國際資本主義、帝國主義的壓迫、圍堵那麼多年，而台灣在作美國、日本破壞中國的幫手，得到很大的甜頭。

中國共產黨「文化大革命」失敗了，連大陸都出現信仰危機，後來全世界的社會主義運動遇到低潮，我們老同學做這種傳播、引導的工作，就更不容易。我是不會洩氣的，可是一些人認為做起來很難。

有時，我和年輕朋友聊天，談到這類問題。我總是提醒他們：「一個正確思想的出現，不是立刻就被所有的人接受，它要經過很漫長的過程，而且必須等到社會的條件成熟，才會變成群眾中的主流觀點。所以，我們這些覺悟的人，是運氣比較好的，我們有責任對群眾做工作，但不必太急著看到成果。我們的任務，就是把正確的東西擴散出去，在歷史的這個階段，發揮自己的作用，不要偷懶，不要浪費了我們的好運氣。」

做宣傳工作時，我見過各種不同的人，有的對社會主義的理想很懷疑。我會告訴他們：「資本主義是容許人剝削人，甚至它的制度，還是鼓勵剝削的。只要人類繼續向前進步，資本主義一定被社會主義取代，因為社會主義所要求的是公平、人不欺侮人。」

我工作的對象有國民黨的人、退伍軍官，更多的是主張台灣獨立，包括長老教會的牧師。儘管他們有些是藍營，有些是綠營，但基本觀點是相同的：受到蔣家王朝的蒙蔽，對共產黨

很仇恨，看不起大陸。我勸告不少台獨的朋友：台灣人本來就跟大陸人一起，同樣是中國的主人。認識到自己身分的人，才是真正的具有主體性，台灣人並不是去搞分裂，才叫主體性。美國幫助台獨鬧事，目的是要給中國製造麻煩，台灣就算獨立了，「台灣國」也仍然是美國的奴才。全世界人民反對美國帝國主義，一定是越來越多。不管是去當美國人，或者當美國的奴才，都不是光榮的。更何況，中國在共產黨的領導下，「台獨建國」絕對辦不到，搞分裂必定會失敗，在以後一定被認為是恥辱。

台灣在 1987 年取消戒嚴後，台獨勢力發展很快，贊成獨立的人很多。我有不少這種主張的朋友。我和他們都是反對國民黨的，但彼此觀念不一樣。他們對國民黨非常憎恨，尤其是國民黨高層那批人，這些朋友常常流露出「中國人就是這麼壞」的情緒。他們覺得李登輝能混到國民黨主席，又用詭計把國民黨搞亂，表示很佩服。

我當然也痛恨國民黨的罪惡。它向人民做出的罪行，不可以被原諒，不過我們左派認為，這個現象，在歷史上是必然產生的。國民黨是代表地主、有錢人的黨。當共產黨和勞動人民起來反抗時，它一定要用各種手段去鎮壓，不管中國或外國，都是這樣。假設台灣的資產階級建立政權，它如果面臨被推翻的危險，也會做出兇惡的事。美國是資本主義「民主」國家，國民黨搞恐怖屠殺，美國是支持它的。

大約 1980 年，國民黨對台灣社會的控制，逐漸不行了。老同學在各地也和黨外人士一起搞抗議活動，因為共同敵人是國民黨。我們的訴求是：爭取民主、廢除戒嚴等等。那時的情勢還很不好，不能公開提出國家統一的問題，只能要求「與大

陸通航」。一直到後來民進黨搞出「台獨黨綱」，老同學才跟他們分開，各走各的路。

我們進行抗議，在早期，是有可能被逮捕的。互助會的成員中，有人不贊同社會主義，一些人自己不去抗爭，還對別人潑冷水，說我們這樣做是愛出風頭。

解除戒嚴後，上街抗爭就不再擔心被抓，但又有另外一種阻礙。李登輝、陳水扁執政，台獨勢力擴大，不少計程車司機是台獨的人。我和老同學從台南北上參加遊行，在台北火車站要坐計程車時，曾經遇到司機對我們態度很不好。例如，司機一邊開車，一邊不高興地說：「老頭子啊，你們用錢還要向年輕人伸手，年紀這麼大了，參加這種活動幹什麼？」

有幾次我搭計程車，司機發現我不支持台獨，他的態度不禮貌。我對別人不會隱瞞自己的思想。2000 年左右，我一個人坐在台南孔廟旁邊，剛好那裡在辦什麼活動。一對老夫婦大概以為我是外省人，突然指著我大罵 changguoru、changguoru（日語：清國奴），這是以前日本人罵中國人的詞。我生氣地告訴他們不可以。由此可見，有些台獨分子多麼囂張，他們又很可憐。

對於「中國統一」這個大事，互助會是最堅決的。我們老同學也很堅持社會主義理念。之後成立的「中國統一聯盟」和「勞動黨」，綠島難友都是骨幹力量。

大陸之行（1）

蔣經國在死前不久，被迫向黨外勢力讓步，並容許來台灣的大陸人回家鄉探親。社會上的氣氛，開始變得比較寬鬆。蔣

死了之後，李登輝擔任總統。李跟原來蔣經國手下的人發生矛盾，國民黨分成「主流派」和「非主流派」，互相鬥爭。「共產黨」這個概念，在台灣一向是被汙名化的。非主流派為了搞臭李登輝，就散布「李登輝曾經是共產黨員」的消息。

有天，我在《獨家報導》雜誌上看到一篇文章，提到李登輝在光復後，和幾位左傾分子來往，並由吳克泰[4]介紹加入共產黨。後來李出賣同志，造成二、三十人被捕，有的同志被槍斃。

那文章寫得很短，我不曉得內容是不是真的；它引起了我的興趣。我想知道那個時期共產黨人的情形，以及李登輝到底有沒有出賣同志。因為台灣很封閉，所以我產生一個念頭，想找吳克泰談談。

我猜想，吳如果仍然活著，可能是住在大陸；但當時台灣政府只准許探親的人去大陸，其他人是不能去的。在公家單位工作的人，受到的限制更多。於是，我決定提前退休，到大陸走一走。

1989 年初，我向學校申請退休。我本來還可以工作三年，而且退休後收入會減少許多；周圍的朋友都說我很傻。我假裝對別人說，自己想做生意，打算到大陸，看看有沒有機會。

正要計劃去大陸，那年北京剛好發生政治風波，也就是台灣媒體所謂的「六四」，這個事件最初是學生悼念胡耀邦，反

4　吳克泰（1925-2004），原名詹世平，台灣宜蘭人。1946 年加入中國共產黨，曾任中共台北市工委委員、台北學委書記。1947 年參加「二二八起義」。1983 年後，長期擔任「台灣民主自治同盟」的重要領導職務。

對「官倒」和貪汙。我心裡蠻贊同學生，希望他們能推動大陸的進步。胡本來擔任中共中央總書記，後來下台。老同學們在集體學習時，也討論到胡耀邦，各自的意見不一樣。不過，大家有共同看法：胡耀邦是革命者、愛國者，在工作上也有成績，這應該不會錯的。

另外，對於學生反對貪汙，我也很同情。我知道大陸在「改革開放」之後，新的制度沒有建立起來，出現了很多腐敗。我自己經歷過二二八事件，了解「貪汙腐敗」讓人民很痛恨。

我們老同學關心大陸這個事情的發展，希望能順利收場，並且共產黨在群眾的幫助、督促下，把壞的現象清除掉，即使不可能一下子完全解決，至少也要改善。政治風波的那一陣子，我每天注意報紙、廣播和電視。

可是，後來的發展越來越不對勁。學生的抗議活動拖了很久，又集體絕食，形勢變得嚴重。學生喊出「鄧小平下台」口號，他們所提出的訴求，是照抄美國的概念，甚至天安門廣場也樹立一個大塑像，模仿「自由女神」。很明顯，美國的勢力已經介入。

我每天聽大陸的新聞廣播，朋友們也極為憂心。大家看到現在的局勢太可怕，希望這個風波趕快結束。我們認為方勵之被美國人利用，吾爾開希叫別人絕食，自己卻跑到大飯店裡，這種人根本不夠資格作群眾的領袖。那些學生和中共政府的對立，已經太尖銳了。這樣下去，國家是很危險的。

當時我的想法是：這一次假如不能順利解決，可能共產黨要被扳倒。我很痛恨腐敗，也知道有很多壞人，不革命的、不為民眾服務的人進入了共產黨裡面，但我絕不希望中共垮掉。

我們中國是犧牲無數的老百姓，才把帝國主義趕走，讓勞動人民翻身。學生應該找一個適當的方式，把事情結束。

六月四日那天，從電視上看到北京發生了流血事件，有人死傷，我心裡很難過，也很擔憂。媒體上的消息混亂，不曉得哪個才是真相。我感覺以這種方式做結束，恐怕非常危險。一直有報導說：大陸發生內戰、鄧小平被害死、北京政變……。差不多在兩、三個星期裡，所聽到的都是可怕的新聞。幸好這些不是真的。

台灣媒體說，解放軍在北京「屠城」，隨便亂殺人，又說大陸的士兵吃了藥，他們是精神瘋狂的狀態。這種編出來的故事，很適合台灣人長久的習慣；我不相信。因為我懂社會主義，知道中國共產黨是為勞動人民奮鬥的政黨，絕對不會做這種事，但在當時，我實在不了解鄧小平這個決定，究竟是對還是錯。我覺得太冒險。

從那時到今天，已經過了二十年，現在我認為，鄧小平的決策是對的。他真是了不起，能在那麼複雜、不得已的狀況下，果斷地把事情處理掉。如果動亂不馬上結束，祖國可能發生分裂，無法想像後果是什麼樣子，不曉得中國又有多少人要受苦，甚至死亡。

那年的八月，北京已經恢復平靜，我從台南到高雄的小港機場，準備坐飛機去香港。出發前，太太替我整理行李，每一件衣服摺疊得很整齊。這是第一次離開台灣，我有一點興奮。

上飛機之前，旅客排隊接受檢查，國民黨似乎已經在監視我了。在我前面的人，通過的速度很快。檢查人員只是叫他們把箱子、包包打開，用探測的棒子試一下。輪到我時，很明顯是在惡意刁難。那個檢查的官員，把每件衣服都拿起來，抖

開，再扔到一邊去，對其他東西也是這樣，而且故意搞得亂
七八糟，消耗很多時間。我剪下的《獨家報導》的文章，藏在
皮箱的夾層裡，沒有被發現。

　　有很多旅客排在我的後面，他們不耐煩，去催促那官員：
「快點，快點，我們來不及了。」別的人也看不下去，有一
個問我：「先生，你是做什麼的？」我說：「剛剛從學校退
休。」也有人問：「為什麼要對你這樣？」

　　那官員把我的行李搞成一團，用手一推，說：「好了。」
我告訴他：「還沒有好。」我很生氣地說：「我本來是疊得很
整齊的。現在你把我的東西整理好。」他有點驚訝，站在那
裡。我也不走。兩個人僵在當地，大約有幾分鐘。

　　旁邊的人一直勸我：「拜託，拜託，你不要再這樣了，我
們還要上飛機呢。」因為其他旅客的緣故，後來我沒有再堅持
下去。

　　坐進飛機以後，心情比較好。那飛機可以容納三百多人，
這是我第一次，在飛行中也蠻有趣的，可以用耳機聽音樂。我
在想，很快就可以到香港和祖國大陸，實際去看看那些地方。

　　我知道中共有成就，也有錯誤，所以自己心裡是矛盾的，
不曉得大陸會不會像國民黨講的那個樣子？大陸人現在是什麼
想法？仍舊走社會主義的路呢？或是大家向「錢」看？是想建
設自己的祖國，還是只想跑到外國，做個自私自利的人？

　　到了香港機場，我向人詢問，發現香港人聽不懂普通話，
後來，一個人帶我去找警察。那警察是說英語的，他又帶我去
找另一個警察。這警察能說日語，總算我們可以勉強溝通。

　　警察陪我到公共電話旁邊，我要打電話給旅館。他看見
我帶的錢，都是一百元美金，就自己掏出兩個銅板給我。這件

事，使我對香港的印象還不壞。

我在香港停留幾天，等著去北京的飛機票。以前曾聽說，香港是個複雜的地方，果然，一個陌生人來旅館找我。他三十多歲，體格很好，直接來敲門。我很驚訝，立刻提高警覺。

他對我說：「你們要去大陸的人，有『三大件』的許可證。我想用兩百美元向你買許可證。」當時，中共推行「改革開放」不久，大陸的家庭電器很短缺，所以中共政府容許那些從海外到大陸探親的人，可以購買三件電器帶進去。凡是持有這種許可證的人，通關時就不用打稅。

我告訴他不願意賣。他問：「為什麼不賣？」我說：「不賣就是不賣，沒有為什麼。」

第二天那人再來旅館，拜託我。我還是不賣。他又來第三次，問：「你家人又不在大陸，為什麼要留著這個許可證？」我仍然不答應他。他問：「你今年幾歲？」「六十二。」他說：「你真是頑固。」

那人離開前，又問：「你在互助會擔任什麼職務？」我是互助會的嘉南分會會長；我沒告訴他。這事情很怪異，不曉得他是什麼身分，他可能是國民黨、共產黨，或其他方面的人。我心裡明白，自己是在別人的監視之下。

幾天後，我到達北京機場，是晚上十點多。天色黑黑的，看不到北京城，但心情很興奮。這是我第一次來到祖國的大陸。

辦理手續時，海關要我填表格，其中一個欄位是問：「有沒有攜帶現金」，我就寫「人民幣四千元」。那些現金，是我台灣出境之前，在高雄向一個朋友換的，他偷偷在大陸做生意；因為當時我想，如果沒有人民幣，在大陸可能不方便。

　　可是，海關人員看到我寫的資料，說這一項是違法，不讓我進關。那位官員問我為什麼要帶人民幣。我說：「中國人來大陸，就像回到家一樣，我怎麼知道不能帶人民幣。」他又問：「來北京有什麼事？」我說：「我要找台盟[5]。」

　　他非常驚奇，向我詢問後，立刻離開位子，並叫我等著。我想，可能他要去請示上級。

　　過了很長的時間，他回來，告訴我說：「賴先生，台盟的人來接你了。」那人提起我的行李，另一隻手拉著我，想要帶我趕快出去。他的樣子很匆忙，似乎以為我是什麼重要人物。我叫住他：「還沒蓋章呢。」他又轉回來，在我的證件上蓋章。

　　我走出去，看到一個牌子，站立在地上。牌子寫著：「歡迎賴丁旺先生」。

　　有個人來接我，我跟著他上了台盟的車，那人直接把我送到招待所。住進房間時，已經半夜一點鐘。

　　招待所是兩層樓的房子，我在二樓，工作人員的服務態度很不錯。住在那邊相當方便，裡頭有餐廳，但我在外面吃，因為更便宜。招待所也幫人洗衣服；我習慣勞動，所以是自己動手。他們提供的服務中，我只是請人幫我買火車票、飛機票。

　　第二天，我看了一下北京的樣子。它跟台灣明顯的不同是，台灣是摩托車多，北京是腳踏車多。

　　在北京期間，我為了省錢，住在台盟的招待所。「全國台灣同胞聯誼會」副會長郭平坦、台盟主席蔡子民等人，曾來這裡和我談話。

5　「台灣民主自治同盟」的簡稱。

　　我向招待所的人員表示，想和吳克泰見面。過了幾天，吳來看我。他比較瘦，身材蠻高的，直接走到我房間敲門。兩人打招呼之後，我把那篇《獨家報導》文章拿出來。吳克泰讀了，說：「戽斗仔這麼厲害呀，出賣這麼多人。」原來他們是這樣稱呼李登輝的，可見彼此很熟悉。吳沒有說那文章寫得對或不對，或者他有什麼看法。我和吳談一些事情，大約一個多小時。後來吳克泰回到台灣探親，我跟他在高雄、桃園見過面。

　　在北京的一個晚上，有人找我；開門一看，是個矮個子，不認識。他用閩南語說話，我聽口音就知道他是台灣人。那先生對我說：「有人想和你談話。」他沒解釋是誰想見我。我告訴他，願意和那人會面。他說：「明天上午十一點，有人在一樓門口接你去。」他離開房間，還跟我核對了手錶。

　　我後來才曉得，他是以前綠島的難友。這位先生姓許，是第三隊的，出獄後成為玉石的專家，在國際上很有名，長期住在日本。

　　第二天不到十一點，我先下樓去。在距離招待所不到五十米的地方，有一輛大的黑色轎車。我想：「可能是這輛車吧。」我看著他們，車裡的人一定也看到我。

　　正好十一點時，那車子開到我面前。有一個人下來，問了我的姓名，請我上車，又為我關門。他沒說要去哪裡，車就開動了。

　　我看到這車子，心裡大致有數。車上原來有兩個人，連我一共三個，我坐在後座，招呼我的那人坐前面。這輛汽車開到中南海門口。前座的人下去，向站崗的衛兵講話。那衛兵好像有疑問，因為那人回到車上，還把我旁邊的窗戶玻璃降下來，

讓衛兵看見我。

　　汽車直接駛進一棟屋子裡。下車後那人帶我走入房間，裡面坐著兩個人。他們站起來同我握手，並自我介紹說，是張克輝[6]和王兆國[7]。我們互相交換名片。王兆國比較胖；張克輝身材瘦，他是台灣口音，我容易聽懂。

　　我們一共談話幾十分鐘。王兆國問我：「來大陸的感覺怎麼樣？」我說：「大陸就是大陸，蠻大的。」三個人都笑了。他們又問：「認不認識林書揚、陳明忠、陳其昌這幾位？他們身體好嗎？」我說認識，大家是互助會的朋友，常在一起。張克輝、王兆國向我詢問台灣人民對大陸的看法。當時距離北京的風波還不久，他們完全沒提到那個事件。

　　會見以後，他們邀我去吃中飯。坐車離開中南海，經過一段路程，我看到「頤和園」三個字，然後大家進入一家餐廳。我們坐下，王兆國說：「在清朝時，這是慈禧太后吃飯的地方。」

　　我看看桌椅、筷子、湯匙，果然不大一樣。服務員端上來的東西，是我沒有吃過的。那裡的盤子特別大，食物的分量卻很少，放在盤子中央。這次張克輝他們請客，並不浪費，沒有大吃大喝。三個人一邊吃，一邊聊天。他們問：「賴先生，有沒有什麼需要或要求？」我說：「我很缺乏理論的書籍，希望能給我一些。」王兆國說：「你還要回台灣，這樣不方便吧？」我說：「只要交給我，就一定能帶回去。」

　　過了兩天左右，那位姓許的老同學來我房間，交給我一堆

6　後來擔任「全國台灣同胞聯誼會」會長、「全國政協」副主席。

7　後來擔任「中共中央政治局」委員。

書刊，用繩子捆著。我打開看，是四、五十本小冊子，內容很普通，沒有什麼嚴重性，主要是介紹新中國的情況，可能他們顧慮到我在台灣的安全，不想讓我惹上麻煩。這些資料在當時閉塞的台灣，對我們還是有參考價值。

我在北京停留十多天，然後搭飛機去廈門，「台灣同胞聯誼會」的人來接我。到了這邊，有一種親切感。街道、房屋老舊，老房子是閩南式的紅磚、紅瓦，和台灣很像。當地人都講閩南話，連公務人員也是。廈門閩南話和台灣的很接近，只是腔調稍微重一點。

我到廈門來，主要是想知道有沒有投資的機會，做個本錢不大的事業。連續幾天，台聯會的人陪我看一些地方。早上八點鐘，它的汽車到旅館接我，一位先生拿來地圖，請我自己選地點。我曾到鼓浪嶼逗留一天，在小島上閒逛。他也帶我參觀了廈門大學。我們又去靠近金門的一個景點，在那裡，不用望遠鏡就可以看到金門島，蠻好玩的。

台聯會的人作風不錯，給了我好印象。每次午餐時，我要請他吃飯，那位先生不接受。

我故意找那些沒吃過的食物。廈門飯菜的口味，很接近台灣。我看到滷肉飯、炒米粉等小吃，和台灣一樣，但它的油條比較粗，裝豆漿的碗比較大。當地物價便宜，一餐飯只要一塊錢，我想吃得好一點，每頓飯就花兩、三元。有一種東西，它很貴，很好吃，是用「稻草蟲」和雞蛋一起油煎。別人向我介紹說，這個菜營養豐富。

那時大陸才剛開放，很需要外來的資金，對外面也不了解。有人陪我去看交通建設，建議我投資運輸業，答應提供很好的條件，例如「路權」。這需要很大本錢，我沒有這個

能力。

　　我也去過台聯會的辦公室，覺得他們習慣不好，相當凌亂。聽說現在廈門很整潔，情形已經改善。

　　在廈門的馬路上、餐廳裡，可以看到台灣人。他們穿的衣服、臉上的表情和本地人不同，我憑著直覺就能認出來，現在大陸開放久了，台灣人和廈門人可能不容易分辨。我在當地有好多次被台灣人問：「你是坐船來的，還是坐飛機來？」我說坐飛機。別人告訴我，台灣的犯罪分子往往會偷渡到廈門，是坐漁船過去；「坐船」表示非法，「坐飛機」是合法。

　　一星期之後，我要搭船去廣州。當天來了一位女公安人員，她叫一個戴紅帽子的服務員，幫我拿行李到船上，她自己陪我上船。那時，辦手續的時間還沒到，她帶著我，打開鐵門，走進去，直接在我的證件上蓋章。當地政府是要給我優待，可是我認為很不好，是特權，但不方便當面告訴她。為了禮貌，我仍是對她說謝謝。

　　這次到大陸，是我一個人旅行，是收穫最多的一次，因為有去鄉下走走，直接和當地老百姓接觸。以後又到大陸幾次，是跟著團體行動。

　　將要離開大陸時，我經常在動腦筋，要怎樣才能把北京那些書帶進台灣。我每天穿同一雙襪子，不換也不洗，晚上睡覺，還灑水在襪子上，我想盡量讓它發臭。到了我要回台灣時，它已經臭得連自己都不敢聞。

　　在香港上飛機前，我把書放在一個大包包的最下面，舖得很平，上面放滿衣服。大包包的上面，是個小袋子，臭襪子就在小袋子裡頭。

　　到達桃園機場的海關，檢查人員打開我的小袋子，那個氣

味衝出來。他又驚嚇、又厭惡地說：「什麼東西呀。」急忙用手推開，下面的大包包也跟著過去。我看它們安全過關，總算放心了。

老同學聽說我帶了書籍回台灣，很多人來要。我把它們全部送光，一本也沒留下。

過了幾年，有位難友打電話說，張克輝的父親（或母親）去世，邀我一起到他家祭弔。我們在彰化的張家，看見張克輝。他是因為台灣當局的特別通融，才能回老家的。我和張克輝隔了一段距離，互相點點頭，沒有握手和說話。那個時期還是很敏感。

大陸之行（2）

我一共去過大陸幾次，其中三次參加國慶，其餘是去旅遊。

每次國慶節，中共政府舉辦招待會，邀請來賓到人民大會堂吃飯，是自助式的，或者合菜式。裡面的空間非常大，可以容納很多人員。一個圓桌坐十二人，座位的前面有名牌，每桌搭配了一兩位服務小姐。有時候，國慶節也安排雞尾酒會和雜技演出。我印象最深的是，某一年的獨輪腳踏車表演，上面載了三十個小孩子，看起來很驚險。

我第一次走進人民大會堂時，看到這個雄偉的建築，心中有一股自豪的感覺：祖國的人民革命能夠成功，確實了不起，也是給世界人民的貢獻。對於某些搞剝削、壓迫、侵略的資本主義強權，中國的勝利，就是給予它們沉重的打擊。那些勢力當然想把人民共和國搞垮。

　　同時我也想到：命運真是奇妙。自己是台灣鄉下的農民，如果沒有那個冤獄，把我抓去火燒島，那麼我仍舊是留在農村，根本不可能走進人民大會堂。

　　1999 年是建國五十周年，互助會組織了一個團體到北京，大約二十人。林麗鋒是團長，我作副團長。大家去參加招待會，我記得是江澤民講話。有兩個晚上在人民大會堂，一次是會餐，場面很大，有一千多桌，另一次是雞尾酒會，結束後繼續看表演。

　　那次國慶節很不一樣；當天上午有一場大閱兵。互助會的難友，住在民族飯店。接待人員對同學們說，我們團體中，只有身體好的人，才可以去現場看閱兵，其餘的人留在飯店看電視。

建國五十周年時，在北京的「人民大會堂」宴會廳。

　　大多數老同學留了下來。我們看到解放軍的陣容和新武器，都很高興，對於那些在國防建設方面做出貢獻的人，我也很佩服。難友們到了晚年，還有機會看到祖國走向強大和進步，真是一種難得的幸福。只是有人很遺憾，說：「沒有在現場，太可惜。」後來，去天安門看閱兵的同學回到旅館，他們說，在那裡太辛苦，要等很久，上廁所也不方便，因為人實在太多。

　　我幾次去大陸，走過不少地方，如果遇見好的現象，固然很安慰，但也有許多落後、腐敗的事，讓人特別難過。

　　1989 年，我到距離北京城區五十公里的地方，那裡好像叫作「大興縣」，有很多蘋果園，附近開了一條很寬的馬路；當天在路邊碰到兩個日本男人，五十歲左右。

　　我走在那路上，用日語跟他們聊天：「你們看中國怎麼樣？」他們說：「未來的中國很可怕。」我有點驚奇，因為那時大陸很落後，「改革開放」的效果還不清楚，台灣認為它會失敗，而當時的日本被吹捧得很高。

　　日本人向我解釋：「你看這個馬路，現在只施工做了八個車道，可是已經規劃將來是十六個車道。」他們指著路邊的樹木說：「你再看，已經開了路的這邊，和沒有施工的那邊，都種了柳樹，兩邊的樹長得一樣高。這個政府很能幹。」我覺得，他們的觀察相當仔細。

　　我一直有個習慣，喜歡找基層的民眾談話，那一次我到北京，就去郊區，和農民的家庭做接觸。我在路邊看到一個老太太做小生意，現在忘記她是賣什麼東西。老太太說，她家的世世代代為別人做長工，目前自己有地，可以耕種。還說：「如果沒有共產黨，我家不知道要怎麼活下去。」我聽了很感動。

　　有一次，我和老同學們，大約二十個人，到江西的井崗山附近。我們帶了錢，目的是協助當地的小學。路上有小學生和共青團員，大家一起照相，他們蠻有禮貌。

　　我們又去井崗山的革命根據地。有一個打仗的陣地，在懸崖旁邊；我用手抓住欄杆，非常驚險，我幾乎不敢向下看。

　　由於種種原因，大陸也出現許多腐敗的現象，我們對這個很痛心。有的老同學激動地說：「我坐牢白坐了。」我曾介紹幾位朋友去深圳投資，他們說，有些大陸的幹部亂七八糟。其中一個朋友在那裡開工廠，生產襪子。他申請安裝電話，可是電信局只把線路接到門口，不肯接到辦公室。過一陣子，電信局通知他：第二天來接線，要那朋友準備襪子作為禮物。沒想到，這麼簡單的一個動作，當天電信局居然派了六個人來。

　　某一年，我和十幾位難友去大陸參觀訪問。我們到達成都，住進「成都飯店」。一個同學買了十二瓶香水，放在房間裡，準備回台灣作為伴手禮。大家白天在外面活動，沒想到晚上回去時，發現有幾瓶被偷走。

　　飯店有洗衣服的服務，洗一套內衣褲是五毛錢。我請服務員幫我洗，他給我一張單子。當天晚上，服務員把洗好的衣服送回，我給他人民幣五毛，他居然不收，要我付美金五毛錢。我問：「這裡是什麼地方？」他說成都。我再問：「成都是在國內，為什麼你要收美金？」他有一點彆扭的樣子，講不出話，但還是要美金。我說：「你去請你們的領導過來，我要問問他。」服務員離去後，沒再來找我收錢。

　　我們要離開成都那天，大家去飯店的櫃台結帳。我對櫃台小姐說：「我要付洗衣服的費用。」小姐查了資料說：「你沒有洗衣服。」我說有，拿出單子給她看。她看過後，說：「沒

有就沒有吧，算了。」

這件事真是讓我吃驚。想不到這個大飯店在金錢管理上，是這麼混亂，可見被貪汙掉的一定不少。我告訴那小姐：「我們團體的行程，你們是知道的。如果找到我的帳單，可以打電話來，我會把錢給你們。」我對他們的墮落，十分痛恨。中國的這類事情，如果被別人傳出去，多麼難聽啊！

大家在各地方參訪，常遇到當地的部門請吃飯，我發現在這種場合，有時會出現一些不相干的人。我推測這也是腐敗現象。比方說，今天某單位要招待外賓，主辦的人順便找朋友來大吃大喝，下一次輪到其他單位有機會報銷，就換別人去大吃一頓。各部門之間互相交換利益；我看不慣，這就是剝削人民。

那次行程的最後一站，是到北京，我們住在北京飯店。

這是幾位念歷史研究所的年輕朋友，邀我一起到從前的綠島監獄去看看。他們發現牆壁上有我的照片，大家就在這裡照相。

晚上，中央統戰部副部長萬紹芬來看我們，邀大家到一個房間談話。

我們把所看到的腐敗現象告訴萬紹芬。一個同學說：「幸好成都飯店偷的是我們的東西，我們對祖國是理解的。假如偷了別的客人，他對中國會做什麼感想？」萬也認為大陸的問題很多，有不少人素質很差。

那晚的座談會，萬紹芬向我們詢問台灣的情況，參加談話的，還有大陸兩個幹部。其中一位幹部張小姐，是台灣人第二代，在大陸出生，她父親是台南人。張小姐講話時，有個習慣，幾乎每次都用「據說」兩個字做開頭。我舉手發言：「我們說話要確定，不要總是『據說』，這樣不好。」

萬紹芬當時沒表示什麼。散會後，她私下對我講：「你們要求太高了。」我也向萬紹芬說：「開會的時候，說話要肯定才對，老是『據說』，這個習慣不好。」

我做的〈老同學之歌〉。

結語

　　自從那次從北京回來後，因為身體變差，我很多年沒有再去大陸。我覺得，儘管中國的問題非常麻煩，許多人思想雜亂，自私自利的人、崇洋媚外的人也很多，但幸虧有中國共產黨作為領導的核心，才能帶領中華民族向前發展。而且在革命、建設國家的最困難的時候，出現了毛澤東、周恩來、鄧小平等領袖人物，這是我們中國的幸運。今年是 2008 年。現在可以確定，中共從整體上講，是成功的。

　　現在我已經八十多歲。台南是我生長的地方，我一直住在這裡。有時來到一些鄉鎮，比如，路過「紅瓦厝」，會想起從前日本航空隊的同伴們；經過玉井，就想到二二八，我和朋友要去搶奪武器；經過新化，想起參加訓練班的事。我這個年齡，很容易回憶往事。我的大多數同一輩的親戚、鄰居，都去世了，我在這些人當中，可說是最幸福的一個。過去在難友的幫助下，我成為一個擁護社會主義的人，這條人生道路也是對的。

　　我是年紀大了，走路很困難，但我的祖國又重新站起來，好像有著年輕人的活力，並且中國在國際上抵制霸權主義，這樣會得到弱國、小國的尊重。我很高興在自己晚年，能夠看到祖國這種好的表現。我對自己的感想是：沒有白費這一生。

（2008 年）

淡江往事

1970 年代左翼思想在台灣的復歸

前言

　　在台灣北部的淡江大學校園裡，曾有一個左翼色彩的思想火苗，被一代代學生傳遞著，這在當時國民黨嚴酷統治之逼迫下，是個稀罕的現象。我於 1974 至 1978 年作為淡江學生，參與了其中一些事情。

　　從日本殖民時期開始，台灣就有「左翼愛國」的知識分子與社會群眾。1949 年國民黨敗逃來到此地，用非常殘暴的手段把這個進步力量毀滅了，之後島內已聽不到左翼的聲音。雖然在社會上或學校裡，仍然偶爾出現覺悟的人，但那是零星而短暫，並且立即遭到政府之鎮壓，像淡江校園這樣的綿延傳承是不容易的事。1980 年代以後，台灣民主運動有所發展，國民黨的控制能力逐漸衰弱，當年「白色恐怖」倖存未死的志士們也從牢獄回到社會，上述淡江年輕人又與他們的前輩合流了。儘管這類青年在數目上是微小的，然而台灣人光榮的左翼愛國香火之所以沒有中斷，他們是貢獻了一分力量，並且在日後，成為「夏潮」團體的組成部分。從台灣「社會主義運動史」角度來看，淡江的這些事物有一定的意義。

　　這個傳承到了我這一代，體現於一個學生社團──時事研習社（後文多簡稱為「時研社」），它的主要成員有：宋東文（日語系）、李復中（日語系）、蔡裕榮（化工系）、江培昆（化工系）、萬明中（化工系）、周威仲（歷史系）、簡勝霖（教育資料系）和我（機械系）。這些人的思想方向大致相

同，對社會主義理論有較積極的追求，對祖國[1]十分關注，而且彼此在生活、學習上往來密切，又共同從事一些活動，因此自然地集結起來。以下文章中，若沒有特別界定，所稱的「我們」、「同志們」就是指這個群體。

1　大陸和台灣。

時事研習社

加入社團

　　1974 年 9 月的一天，我帶著好奇的心情來到淡江大學 [1]，這是一年級開學日，我是機械系的新進學生。學校座落在台北縣淡水鎮（現為「新北市淡水區」）五虎崗，能看到山下的淡水河、對岸的觀音山，還可以遠眺台灣海峽；眼中的淡江像個景色秀麗的大花園。開學典禮在「學生活動中心」舉行，附近的道路兩旁，眾多學生社團放置了小桌子，作為招募新人的攤位。

　　在我前方不遠處的一個攤子，掛起「時事研習社」海報，全開的紙張幾乎垂到地面，與其他團體不同的是，那海報沒有任何美術設計，幾個不夠美觀的大字反而使它顯得突出。似乎沒有人對這社團發生興趣；一個中等身材、臉形略長的男生，無所事事地坐在桌子後面。

　　我走過去向他打招呼，留下我的資料。那人說他叫宋東文，是社長，日語系二年級。他的話不多，並未詳細介紹「時研社」情況，然而他顯出一種心有定見的特質，這在學生中相當少見。後來宋東文說，那時為了募集新人，他連續努力三天，一共才找到三位社員，就是蔡裕榮、周威仲和我。我在大

1　當時名為「淡江文理學院」。

時事研習社攤位。海報上的大字是：「紀念總統　蔣公八秩晉九誕辰」，右起二人為宋東文、周威仲。

一當時沒能預料的是，參加「時研社」和接觸這些朋友，如同進入一個知性探求與情感體驗的園地，對自己影響是深遠的。

開學後的一個下午，好像是「微積分」課，下課時我離開教室，看見宋東文在外面等著。宋邀我到他那裡聊天。我跟著宋東文從小路走下山，心裡想：大學生結交朋友，原來是這麼主動。

當年淡江附近多是稻田和郊野，學校周邊與淡水市區有所分隔，彷彿自成天地，像個大學城。山丘上下分布著許多房子，每個樓層做成若干小寢室，出租給學生。宋東文住在臨近山坡的樓下，他房裡堆放了不少書籍雜誌。

那天宋東文談了很長時間，而我是聽得多，說得少。我坐在書桌前的椅子上，他沒地方坐，只能挨著床邊。他講起過去

一年社團裡的情形，提及剛畢業的幾位成員，宋說，想邀他們回來，好讓我這樣的新人能夠認識。宋東文也計劃向學校申請舉辦活動，請學長葉洪生來談「胡適與自由主義」。我們又聊起台灣的政治，宋說到《大學》、《文星》、《自由中國》的事；前兩個刊物我曾讀過，《自由中國》雜誌則是第一次聽聞。

這次談話很愉快，但我也有不安。關於政治，我開竅得較早，小學四年級就在思索了，進入淡江之時，我已具備樸素的自由主義觀念。我有民族情懷，對中共有強烈的好奇心，覺得它既可怖，又叫人困惑。宋東文對蔣氏父子甚不恭敬，這符合我的胃口，宋對中共好像也感興趣，他每次發表看法之後，必定加上一句「我是反共的」。我看得出來，宋這麼說，是為了保護他自己，畢竟我們是第一次交談，他也應防範我可能轉述出去。

宋東文是我第一個在政治領域的朋友，兩人的想法很相似，以前我在這方面無法（也不敢）和別人交流。他比較激進，與我不同；有這個機會互相對話是很好的。那時窗外的天色逐漸暗下來，直到幾近全黑，我的心情也同步覺得沉悶，有一種受壓迫感，我很清楚，如果順著這路子走下去，災難必會降臨到我們身上。國民黨是容不得我們這類人的，特務、冤獄、酷刑的傳言，早在我孩童時代就依稀聽過。宋東文是個危險的朋友。

我從這次交談中得知，之前的一、二年，校園裡為數不多的進步學生剛好都畢業，宋東文就成為僅存的傳人。後來我在淡江的四年中，一些已離校的社團學長，如蘇名宇（化學系）、陳正（日語系）、倪振聲（歷史系）諸位，多次返回學

校探訪，關心我們這些學弟妹的成長，並談談他們在軍隊裡、社會上的經驗，雖然彼此相處時間不長，但我們都感覺熟悉和親切。後來吳添財（日語系）退伍，他常和女朋友邱秀嬡（日語系，也是時研社前輩）回到淡江，吳很穩重，邱很聰敏，是一對珠聯璧合的愛人同志。我對「時研社」女同學一向有相當的敬意，在那戒嚴體制下，若非有膽有識的女性是不會來這個社團的。邱比我們大上好幾歲，應該算是學長或師姐了，我們也跟著別人叫她「小邱」，這是不恰當的，不過她好像還聽得蠻高興。四年後輪到我畢業，時研社的主要成員也大多同時離開校園，幸好有李復中、江培昆、王永接過棒子，再向下傳遞。

大一時期，我和其他新社員有時會找宋東文閒談，宋常提起學長們的故事，例如哪幾人在什麼事件中，如何與學校當局、特務分子進行周旋，或被逮捕關押；誰又收集全套的《自由中國》雜誌；某某人致力於研究孫中山，居然發現孫斥責蔣介石的電報……。我們這些後進學子，聽了常有不勝嚮往之感。

宋東文所說的大多數故事，我現今已忘記，印象較深的是關於「保衛釣魚島」。1970 年日本侵占我國釣魚島，台灣及海外均有愛國青年憤怒抗爭[2]，淡江學生除了積極投入外，也串連其他學校[3]，還打算組織「戰鬥隊」堅決抵抗日本入侵者。某學長甚至到台中找廢鐵商人看「貨」，想弄幾件武器裝備，結果他發現，不僅那裡有刀有槍，而且只要鈔票足夠，連

2 　那些參加「保釣」運動的學生，後來有人被逮捕，或被學校退學。

3 　連附近「銘傳商專」（現在的銘傳大學，當年是女子學校）的女同學也參與。

坦克也買得到。這個好消息回報到淡江大學，讓同學們大大興奮一陣子。作為廢品的坦克當然是打不了帝國主義的，只能是代表熱血青年的愛國狂想曲。此類的淡江傳奇，這樣一代代傳下去，每一屆的新進學生也總有幾個人會被感動。

當年我在「時研社」看到一把番刀，就是那段激情歲月留下的紀念，成為我們社團的「鎮社之寶」。後來蔡裕榮擔任社長，這刀由他保管。三十年後，蔡裕榮還問我：「陳正留下的那把番刀到哪裡去了？」

那個時代的年輕人，有一種自發的真實的民族情感，並不是目前台獨所宣稱「虛假的大中國思想」、「外來政權的洗腦」。我想起一件往事。高中時有位張姓同學，是很本土、基層的子弟，平時寡言少語，表現普通。高三上學期，我聽到大家以戲謔的語氣叫他「張匪丁盛」，心裡覺得奇怪。我那時對中共已有若干了解，知道廣州軍區司令員是丁盛[4]，我想不通，丁盛與張同學怎麼會扯上關係。

後來我向別人詢問，才明白事情的緣由。學校圖書館訂有香港《工商日報》，這是反共的右派刊物，它刊登的有關中共的訊息，如果學校的檢查人員認為對國民黨不利，會先把那頁撕去。一天，張同學看到《工商日報》的新聞「丁盛擔任廣州軍區司令員」。報導中所提及丁盛的相關內容，其實只有一句話：「中印戰爭時，丁盛大膽使用尖刀戰術，迂迴穿插大敗印

4 　丁盛（1913-1999），江西于都人，1930 年加入紅軍。解放戰爭時，屬於第四野戰軍，是林彪部下，之後擔任 54 軍軍長。1962 年中印戰爭爆發，丁盛指揮 130 師擊敗印軍主力第 4 軍，被稱為「瓦弄大捷」。1968 年（文化大革命時期），丁盛擔任廣州軍區司令員。後來由於他與「四人幫」的關係，在 1982 年被開除黨籍。

軍。」由於檢查人員的疏忽，這些文字沒被撕掉，很巧的是，這個漏網消息剛好也被我看到。張同學讀了那報紙極為振奮，滿懷沸沸激情，逢人就講丁盛司令員如何捍衛國土，把印度打得落花流水，多麼地了得。這樣引來眾人的調侃，從此他有個新名字——張匪丁盛[5]。

這位同學的例子並不是孤立的。當時有關大陸的一切事物，都被國民黨徹底隔絕和妖魔化，在這麼困難的條件下，台灣青年還是有一分身為中華兒女的責任感：關心民族前途，希望祖國能富強起來，不再受人欺凌。現今台獨勢力對那段歷史做了歪曲和汙衊，這樣必定是徒然的。被顛倒的歷史終究將要再顛倒回來；具備「歷史唯物主義」思考觀點的人，就會有這個信念。

國民黨

1974 至 1975 年是我大學一、二年級，時事研習社的演講座談，多以發揚自由主義、反對國民黨專制為內容，但表現得

5　那時的台灣新聞媒體，每當提及中共人物，都要加個「匪」字，如：周匪恩來、鄧匪小平，或簡稱為周匪、鄧匪。在公開場合，如果有人說「周恩來」，則會引人側目，被認為「思想有問題」。

至於大陸上的知名人士，若不是中共黨員，比方徐悲鴻，則媒體會加一「逆」字——徐逆悲鴻，簡稱「徐逆」。倘若是蘇聯官員，如：伏羅希洛夫，則稱為「伏酋」；但有一例外，稱呼史達林（斯大林）時，則不能用「酋」字，要叫「史魔」。所以國民黨對共產黨那邊的人，分為匪、逆、酋、魔四類，在宣傳上絕對不許弄錯。這種把文字搞成符咒化的做法，係封建時代常有的現象；有人說，蔣家王朝是「封建法西斯」，我看是有道理的。

較為委婉，以免招來學校訓導處的壓力。我對蔣氏父子十分反感，所以不僅參加活動，也喜歡讀一些提倡民主的文章。這類言論很難看到，即使偶爾出現，立刻也就被禁止了。

政府吹捧蔣介石是民族救星、完人、上承堯舜禹湯、德配天地……，從我小學開始，在集會中凡是有人說到「總統」二字，全體人員必須立正。我們在學校練習作文時，如果寫到蔣介石的名諱，必須先空一格，或是另外寫成一行。類似的花樣還真不少，我對這套把戲非常看不起。所謂的蔣公銅像，在台灣更隨處可見，我大學時的願望是，有朝一日，要到他的塑像前小便；但戒嚴下的一般人都很順服，至少表面如此。

國民黨在大陸上被中共擊敗後，它的當權者心理虛弱，幾乎不像正常人。時研社有位同學家在宜蘭，我曾去那裡玩，他家附近有一湖泊，曰「大湖」，周圍分布著農田和聚落。之前當地規劃行政區域時，有人建議依方位命名為：湖東、湖北、湖西、湖南四村，結果「湖南村」被上級否決，因為毛匪澤東是湖南人。[6] 台灣人民被這種病態政權控制，其情況可以想見。那時台灣的荒唐程度，恐怕僅次於斯大林的蘇聯，以及「文化大革命」時的中國大陸。

蔣幫於 1949 年敗逃台灣，為了鞏固自身利益，把來到台灣的外省人當作統治工具，禁止他們與故鄉親人連繫，「匪區」的信息和物品也被封鎖得嚴嚴實實。由於父母親來自大陸，我能體會他們的痛苦。小時候，我們家住在台北火車站旁

6　目前宜蘭縣政府把大湖建設成「大湖風景區」，位於員山鄉。大湖四周分別命名為：湖東村、湖北村、湖西村，以及「逸仙村」——不能稱為「湖南村」。

邊的國民黨「省黨部宿舍」，隔壁是一位外省中年男人，他半夜放火把房子燒掉，到鐵路上臥軌自殺。那個夜裡，父母拉著我們兄弟逃出現場，我至今記得左鄰右舍的驚恐。小學三年級的老師說，她認識的某人，在中秋節晚上也因想家而自殺，這種事件我們時有聽聞。[7]

這個黨的宣傳手法，特別是涉及到中共的，讓人覺得十分荒謬。它把蔣家集團打扮成愛國者，指責中共「漢奸」，又對人民說道，由於蘇聯大力援助共匪，而美國不但對國民黨支援不夠，更扯它的後腿，「中華民國」才會退到台灣，還說「剿匪」之所以失敗，是由於匪諜太多，國民黨因而在台灣大抓匪諜，使得冤獄遍於島內。

蔣政權以為把中共搞臭，就能證明自己是香的，不過，它那日久天長的思想灌輸，確也達到部分的目標。在一般台灣民眾心裡，共產黨萬分邪惡，「他像共產黨！」是最嚴重的罵人的話。國民黨因著私利，不斷散播「仇匪恨匪」觀念，使人們蔑視中國大陸的一切[8]，後來台灣成為全世界最反華、蔑華、辱華的地區，是不令人意外的。

有一天，我母親聽到流傳的故事：總統（蔣介石）在睡午覺，夫人（宋美齡）進去，看見一條龍爬在他身上。母親半疑

7　當時曾有人因向別人訴說思念大陸上的家鄉，被羅織構陷而入獄，且遭處決。

8　例如：中共為了控制人口的快速增長，執行「計劃生育」政策，規定「一對夫妻生育一個孩子」，但大陸有人因觀念落後，為了能得到男孩，甚至做出溺死女嬰的事，這是違反法律的犯罪行為。然而國民黨故意誤導台灣民眾，竟然宣傳「中共殺女嬰」、「大陸人殺女嬰」。再舉一例，國民黨政府的教育部編寫的「國民中學公民課本」，居然寫著：中共在大陸上「奸淫婦女」。

半信，問我有沒有聽過。我氣得把蔣大罵一通。這個刻意編造的鬼話，對於作為國家主人之人民，是莫大侮辱——以奴欺主。母親聽完我的說話，仍不知該不該相信它；我也只有在家裡才敢這麼放肆。對於蔣介石這個反動的封建帝王，我是厭惡痛恨極了。

既然有負面情緒，自然會去尋找出口。台灣每一所大學，規定必讀「國父思想」，這是「掛羊頭，賣狗肉」的課，國民黨一貫利用孫中山的招牌矇騙人民；該科目之內容，實際上是幫蔣介石的權力地位做辯解。每次遇到這個課程，我就穿著塑膠拖鞋去，以示輕慢，而且是品質低劣的那種拖鞋；這太不雅觀。果然有次被老師看到，他很生氣，臉脹得通紅，把我叫到講台邊嚴厲責罵。全班同學吃驚地看著我，他們以為我會覺得丟臉，其實我自己心裡是滿意的，認為做了一件不壞的事。經過許多年以後，才知道我這個做法叫作「自辱辱人法」，古已有之；那時我還以為是我發明的。

之後，在我們班上又有一事；機械系雖屬於工學院，但每個學生都要修「中國近代史」，這是另一個狗屁課程，係為宣揚國民黨與蔣介石的豐功偉業。我對此科目也很有抵觸心理：中國作為二戰的戰勝國，國民黨竟接受列強宰割，讓外蒙古分裂出去，這種賣國政權還有臉皮自我吹噓。某一次上課，老師突然大發雷霆，原因是上星期舉行的期中考，有人偷偷多拿一份試卷，亂塗亂畫，然後利用交卷的混亂場面，把它混入考卷堆中。這是十分張狂的挑釁。那老師極為憤怒，把考卷送到「警總」[9] 做鑑定。老師說，已查出是何人所為，要那挑釁的

9　「台灣警備總司令部」的簡稱；在戒嚴時期，是人人聞之色變的特務

同學於下課後向他報到。我很佩服那位同學的反抗行為，祝願他能平安過關，同時我也有喜悅之感：我們班裡隱藏著反專制的星星之火，吾道不孤也。

蔣家王朝跟大多數右翼獨裁政權一樣，是以民族主義為標榜的。我生長在其統治之下，讀初中時，就是個大漢族的沙文主義分子；本來我對政府和學校的說法，大致沒有什麼懷疑。國民黨說：共匪是賣國賊，它要中國人做蘇俄侵略世界的炮灰；俄國官員伏羅希洛夫訪問大陸時，共匪命令所有的人叫他「爺爺」；共匪宣稱要「血洗台灣」，殺光台灣人；共匪正在把藏族人全部屠殺……。但政府的宣傳也有反作用。老師講，共匪窮兵黷武好戰成性，現正侵犯越南，要奪取它的土地。我當時十三、四歲，沒有國際主義觀念，反而心裡在想：我們國家被列強壓迫那麼久，如今也能夠去打別人了；「中國作為一個侵略者」，這種感覺還真不錯。我居然對中共有一點好印象。

鴨蛋再密也有縫，國民黨的謊言是包不住的。中學一位老師說，共匪意圖破壞中國文字（漢字），又想毒害少數民族，為了便於對他們灌輸「馬列邪說」，所以正在為原本只有口頭語言的苗人、瑤人設計拼音文字。這老師的短短幾句話，卻使國民黨露餡了。我的懷疑是：中共不是要消滅少數民族嗎，怎麼為他們制定文字？我開始不大相信這個黨。

我的這種思想軌跡，同樣可能出現於別人的經驗裡。一位

機關。有報導說：警總辦理的「叛亂案」有 29,407 件，且不包括暗殺之類的「無頭案」。（1984 年「劉宜良」案發生後，情報局高官陳虎門公開承認：情報單位一向有這種「暗殺」任務。）

朋友是念文學院的，他之所以從國民黨的網羅中甦醒，其緣由也很相似。那同學在讀淡江一年級時，正逢蔣介石死亡，國民黨把喪事大操大辦，整個台灣都被攪動。蔣介石信基督教，其家庭牧師周聯華出來吹捧說：「蔣公之偉大，如同彼得。」[10] 在那朋友的頭腦中，蔣已被神格化，因而他非常驚奇：「怎麼，才只是彼得？蔣總統應該是耶穌啊！」這件可悲的事反而成為一個契機，使那位朋友有機會擦亮眼睛。

由於我厭惡蔣氏父子，從而產生對中共的好奇，這毋寧是自然的。隨著年齡增長，我也看到國民黨對美國、日本的奴才性格；在有關民族尊嚴的事情上，它簡直是給中國人丟臉。1974 年，中共和南越[11]的海軍在西沙打了一仗，中國奪回幾個島嶼，這場戰鬥讓我很振奮。我想了解大陸的情況，有時偷聽中共廣播，但電波被台灣政府干擾得太厲害。

家裡有一台笨重的真空管收音機。有一次，我在尋找「匪播」中，聽見一段美妙的音樂，引發了我的無窮想像；不知道它在述說什麼，那應是軍隊的進行曲，帶著民謠風格，情感豐富，流露出中國人的自信。這是我第一次對共匪事物產生感性認識；當時台灣青年只聽美國的流行歌。多年之後，我才曉得那歌曲是〈三大紀律八項注意〉[12]。對於音樂和軍事，我都有

10　彼得是耶穌的大弟子、在世間的接班人。對周聯華而言，耶穌是上帝，所以把蔣介石比喻為彼得，已經崇高到無以復加。

11　那時越南尚未統一，分為北越和南越。南越政權是美國所支持的。

12　1928 年，毛澤東（當時擔任中共湘贛邊界特委書記、中國工農紅軍第四軍黨代表、兼紅四軍軍委書記）在井岡山革命根據地，向工農革命軍頒布了「三大紀律八項注意」。毛為紅軍制定的這個紀律，後來長期實行，成為人民軍隊政治工作的重要內容。

點興趣，所以會注意各國的軍歌。德國、日本、美國的軍歌作品，若單單從音樂來看，均有可取之處，比較之下，台灣的國民黨軍歌就顯得無趣，反映出這個政權缺乏魅力和能力，中華民國前途不妙。後來我又聽到由陝西山歌改編的〈工農生產進行曲〉，也是十分優美，有進取精神。共產黨的新中國，可能真的不一樣了。

我進大學時，中共正處於文化大革命的極左誤區中，形象上很是可怕，而且它也存在「個人崇拜」的封建餘毒，某些方面甚至比國民黨還要糟糕，這與我的自由主義傾向，大不相容；當年的自己就是這麼混亂與矛盾。後來我對中共革命史、社會主義理論發生興趣，是從二年級開始的；那時正好有兩件事，啟動我在思想上的探索：一是陳映真的影響，二是王津平回到淡江任教。

陳映真

從淡水火車站通往學校的馬路，叫作英專路，這條街道車子不多，是淡江學生散步閒逛的地方，路邊有一家「文理書店」。二年級開學後，我在店裡看到新出版的《將軍族》、《第一件差事》，作者是陳映真。我自以為對台灣文學不算陌生，然而卻沒聽過這位作家。為了省錢，我去書店幾次，就把這兩本小說讀完了。

陳的作品，連同書中他自己寫的序言〈試論陳映真〉，給我以新奇的感受。例如小說中會出現一些美好願望的年輕的靈魂，他們帶著憤怒加悲傷的心情，面對嚴酷的現實，陳映真所選擇的題材，以及語言風格、主題意識，是我從未經驗過的，

有著強大的撥動人心的力量。我和一群愛好文藝的同學常有來往，陳映真的出現，引起了這些人的談論。

這位作家是淡江畢業的，當時他與我們學校，仍有若干人脈關係；我們陸續聽聞到他的事情。有同學說，陳映真因叛亂案被判刑，在綠島坐牢多年，前陣子才出獄。也就是這個緣故，這一代的學生幾乎都不知道他。英語系教師王津平和陳映真是好友，當時正擔任「文社」指導老師；王津平說，他正計劃以文社名義，請陳映真來演講。

某天我經過文學院教室，裡面傳出敲打的聲音，很有節奏性。我疑惑地走進去，看到空曠的教室裡坐著一人，三十多歲身體壯碩，他一邊與王津平說話，同時手拿兩支鼓棒，在桌面上敲擊。那人向我點頭示意，我直覺他是陳映真。十幾年後，我和陳在「夏潮聯合會」、「中國統一聯盟」常有接觸。朋友間提到他時，許多人稱之為「大陳」，我則叫他陳大哥；與他熟識且年齡相近的人，有的叫他「大頭仔」。

那次「文社」邀約陳映真的事，訓導處起初沒有同意，但最後還是讓他來了，這可能因為校長張建邦比較開明，而且陳又是在文藝界有名望的校友。聽說其他學校的社團，例如台灣大學，也想找陳映真去演講，然而就不被批准。

演講是在淡江最好的場所──中正紀念堂──舉行。對於這類冷門的話題，我沒想到聽眾有那麼多，有些同學來得太遲，只好站著，可見淡江學生對這位學長的復出江湖是重視的。時研社的朋友們也去聽，宋東文稱讚陳映真口才好。那天演講的題目我已忘了，內容還記得少許；陳使用的材料頗為豐富，而且觀點新穎，很受同學歡迎。有人問及他過去的「事蹟」，他只含蓄地笑笑，這引得全場哄堂大笑。

　　陳在講話中，先敘述三十年來台灣經濟的演變、島內的社會結構，然後指出這些因素對文學創作的影響、各流派產生之原因，並簡單提到他在文藝領域的現實主義主張。用這種方式來談文學，我不曾聽過，因而覺得新鮮，很受啟發。後來才曉得這就是馬克思主義的觀念：經濟基礎決定上層建築[13]，人的社會存在決定他的思想意識。

　　這次陳映真的公開活動，聽說國民黨有所不滿，很快地，《將軍族》被查禁了，然而陳的演講和那篇〈試論陳映真〉，對於我是思想上的啟蒙。儘管在演說中，陳映真很謹慎，發揮得有限，我能體會的也很粗淺，但那「理論連繫實際」，以及從一般人民之角度，觀看世界事物的作風和方法，還是發散出它特別的吸引力。這與我以往所接受的教育，有著根本的不同。

啟發

　　那時人們的認知力被遮蔽，絕大多數同學只能是乖順的，老師們見過世面，知道政治的可怕，往往比學生更循規蹈矩，不敢亂說亂動，因此處處是沉悶的氛圍。大一上學期開始不久，正好是蔣介石的「華誕」，政府大搞祝壽，學校也設置一個壽堂，為了誘騙學生前去朝拜，他們甚至使出小恩小惠的手段。[14] 一年級下學期，又是遇到蔣介石死亡（稱為「崩

13　「上層建築」（superstructure）是指：建立在一定經濟基礎之上的社會意識形態，以及相應的政治法律制度、組織和設施的總和。

14　例如，對於前往「壽堂」鞠躬祝壽的師生，學校方面當場發給一包方便麵，作為獎勵，因此誘使不少人重覆排隊行禮，取回一堆禮品。那

姐」），整個台灣社會又被折騰一番。

在壓迫下的台灣，人們還是要追求美好的。一年之後，蘇慶黎主持的《夏潮》雜誌逐漸在進步學生中擴散影響；民間人士對統治者的反抗，由小而大，風生水起，一浪高過一浪，「黨外」勢力也衝擊到大學。經過十幾年後，國民黨在校園裡的形象，更是低落到被人嘲笑之地步；我讀淡江的那四年，剛好見證到這個轉折。當時「保衛釣魚島」運動已被政府壓制，《大學》雜誌也結束了，全省各學校普遍比較安靜，然而少數的淡江學生卻不太順從，顯得有些特殊。在這些事件中，王津平做出了貢獻。

1975 年 10 月王津平從美國回來，擔任英文教師，他受到校長器重，被任命為《淡江周刊》負責人。王津平原本在淡江英語系就讀，參加學生社團「水瓶社」，結交一批活躍的同學和學長，如陳映真等人，接觸到社會主義思想，留學美國時，海外興起「保釣」運動，使他的信念更堅定了。

王津平給人的印象，與其他為人師表者相比，明顯是個異類。他年紀輕，常穿著短褲運動鞋，其模樣不像教師，倒像是高年級的學長，學生與他相處不會感覺到隔閡。一般老師都相當世故，有的還很滑頭，他們在講話或文章中，若有需要提到政治和現實的問題，就說些不鹹不淡的話，用來敷衍學生，而王津平則敢於表明立場。

他立志要搞左翼的學生運動，在與同學們談話時，會故意引起話題，誘導聽者思考，或小心說出超越尺度的言論：反對專制、批判帝國主義、關心基層民眾、呼籲開放「三十年代文

時在宿舍裡，常看到有學生拿著方便麵，互相炫耀。

學」。[15] 學生中有少數是對國家、社會較關心的，王老師受到這類同學的歡迎。樸毅社、文社、兒童文學社、新聞研習社、時事研習社等團體，常找他聊天，或尋求幫助。王津平也招致國民黨的騷擾和壓迫，包括「特務學生」、「特務老師」的明槍暗箭。

有一次，國民黨的學生社團請郁慕明來演講。郁在講台上大肆攻擊「那個人」（眾人皆知是王津平），他說話的神情、口氣，和街頭流氓沒多大差別。聽眾裡有個物理系教授，坐在台下，跟郁慕明互相呼應，兩人隔空一搭一唱，目中無人。那天我和李復中、一位時研社的化學系同學 Q 到場聽講，我們沒說任何話。郁站在前頭講桌旁，老遠看過來，居然能判定 Q 是反對國民黨的敵對分子。他殺氣騰騰地瞪著 Q 說：「我是學解剖的。我只要看你臉上的肌肉，就知道你心裡在想什麼！」郁慕明身為「教授」，其表現是這麼囂張無狀，讓我印象很深。

大二的一個中午，我在地下室餐廳吃飯，被王津平看到，他拿著餐盤過來。王向我談起在美國的見聞，以及台灣、大陸的事情。那年中共的「文化大革命」雖未結束，但「林彪事件」已經發生，鄧小平也恢復工作。我原本一直有疑問，不知毛澤東為何要打倒劉少奇，於是問王老師：「你覺得劉少奇是怎樣的人？」他想了一下，四平八穩地說：「我在美國的時候，看過劉寫的一本書，裡面還提到孔子、孟子。」我又問：「是不是《論共產黨員的修養》[16]？」我說的這句話，使王津

15　即魯迅、老舍、巴金、曹禺等人的作品。

16　原為 1939 年劉少奇在延安「馬列學院」的演講，之後出版發行。本

平非常意外。

　　沒多久，我搭火車去台北，王津平恰好也在車上。大概王老師已對我做過估計，他說話比上次直白，交談中他提到政治情勢。王說了兩件事：一是，文化大革命有正面意義，它是反官僚主義的運動；第二，當前世界總的情勢是「中國對抗兩霸」[17]。這次談話叫我很受震動，因為在台灣絕不會有這種觀點，對我是一次重大的開啟，從此以後，彷彿有一個巨大的力量，驅策我去探查中國的真相。

　　有一天，我在學校圓環遇見宋東文，他高興地說：「我們招募到一個人才，是歷史系的李筱峰。」我高三的時候，就從《大學》雜誌知道李筱峰，那是個值得佩服的人。他本來在政治大學念書，向《大學》投稿，竟因此被退學。宋告訴我，李筱峰轉學到淡江了。之後時研社的場合，李筱峰常來參加。他個子不高，戴著黑框眼鏡，我幾次向他請教問題。時研社裡的同學原本都是自由主義者，一年後大家不同程度地轉向社會主義，只有李筱峰例外，他始終堅持自由主義路線。

　　在台灣島內，國民黨蔣幫統治術的重點，不外「騙、殺」二字。它先讓少數明白人在殺戮恐怖中噤若寒蟬，再使眾多凡夫俗子陷於蒙昧麻木，成為內在的、被馴服的工具。蔣幫以這種手法鞏固政權，對台灣之傷害是可怕的。許多人受其宣傳影響，認為那些不順服者是出於自私低下的動機，從而造成民眾正義感的淪喪，不相信人類具有一種追求奉獻、利他、高尚的生命之可能。國民黨所掠奪的利益，是以整個社會的道德品質

　　書是中共的重要文獻，是劉在抗日戰爭時期的主要著作。

17　指美國（帝國主義）和蘇聯（社會帝國主義）。

的低劣化為代價。

　　某個晚上，我經過學校後門的牧羊橋，看到草坪上有李復中等幾人，正和一位文學院男生激烈爭辯。他們原先是同學間的愉快閒聊，不料演變成唇槍舌劍，雙方搞得面紅耳赤。那同學說，他去參觀一個與「總統」相關的展覽，場地裡有一把椅子，似乎是從蔣的什麼「官邸」或「行館」借來展出的。解說員向觀眾強調：這是很尊貴的椅子，因為只有「先總統蔣公」能碰它，官邸的其他任何人不得去坐。那位同學看到這個聖物，頓時畢恭畢敬，感受到蔣總統無法仰望的偉大，並覺得當時是非常珍貴、幸福的一刻。他把這美好體驗向時研社眾朋友分享，沒想到我們的人對此嗤之以鼻，兩邊觀點是南轅北轍，誰也說服不了對方，不歡而散。那男生能言善辯，只是如同沒有靈魂的活物，實在可惜了。在戒嚴時期，這類學生居大多數，所以認為自己是正常，而時研社的人不正常。

　　時研社常舉辦活動，用這方式來擴大影響，吸收新的成員。諸位同志中，宋東文比眾人年長，較為老練，有一種豪爽潑辣的作風，社團事務主要由他主持。另外蔡裕榮、周威仲等人，雖然年輕，卻也不帶羞澀地與國民黨周旋抗爭，這是我所不及的。社裡約三十餘人，積極的將近十個，大家白天分散在各系上課，晚間常有空閒，不時會串連聊天；我多次去李復中宿舍找他。

　　李是日語系，晚我一屆，他的住處在「克難坡」下面，由於靠近山壁，室內潮濕而且陰暗，牆上貼著一首俄羅斯的詩：

暴風雨衰竭了
從千百萬矇矓的守望的夜

眼睛裡有亮光一閃

我聽到一個熱情的聲音

伴著鐘聲在高唱

啊，我心愛的人兒，什麼時候

你從遠方歸來

憩息在我哀懇的胸上

我的生活啊不是生活

黎明的玫瑰色曙光

在玻璃冰簾下玩耍

我的茶炊在橡木桌上沸騰了

明亮的爆裂的火花

驚醒了黑暗的屋角

照見了掛著印花布帳的我底眠床

　　詩中氛圍很符合李復中的色調，他生活習慣不大好，房間零亂，一派頹廢的文藝氣息，頗似帝俄時代的那批知識分子。另一面牆壁掛了李的畫作：巴爾札克穿長袍的全身像。簡單的幾筆粗線條，就把巴爾札克畫得甚是傳神。

　　我們也常去宋東文那裡。宋已搬家到英專路，他的寢室窄小，樓頂是個寬敞平台，中間有一段矮牆。當時淡水仍屬鄉下景觀，相當空曠，我們在屋頂上或坐或站，或走動，看滿天星斗，心情暢快，可以盡情地大聲議論，不怕被外人聽見。

　　伙伴們開講的話題，多與蔣氏父子和國民黨有關，這是我們痛恨的對象，一些傳言中綠島監獄的故事也被轉述著。那時我二年級，十九歲。人們都說十多歲的少年人是個有夢想幻想的年齡；我的夢幻想像是，走到蔣介石或蔣經國面前，狠狠打

他兩個耳光。

我們的思想很淺白，不了解美國是代表資產階級利益的階級國家，而國民黨是美國全球霸權結構的一個小機器。現在想來，當年大家的思考不夠深刻，看問題常陷於簡單化，但那種反抗權威的精神確是非常可貴。同志們也說及各自的心願：高談理想，追逐愛情。若要數算蔣政權的惡行醜事，以宋東文最有本領，可以講得源源不絕，生動引人，不知道他是從哪裡聽來的。

求索

由於王津平的影響，我對中共革命的歷史發生興趣。在和社團朋友相處時，覺得他們也帶著類似的念頭，但彼此好像有默契似的，談話中卻很少去碰觸。在這方面不說、不問，對於大家是一種保護。我想盡辦法去找有關中共的消息。報紙、雜誌雖常有分析大陸情勢的文章，但那主要是為國民黨服務，對我沒有用處。

我想讀《匪情月報》等刊物，這是被管制的，一般人不能接觸；後來在台北植物園裡的「中央圖書館」二樓的閱覽室，我找到《匪情研究》月刊，它不對公眾開放，須憑著證件才能借閱。我知道一定有人在監控此事；如果提出申請，對自己不利，然而我壓抑不住好奇心，還是用身分證借出來看。

該雜誌固然脫離不了反共八股，但包含較多信息，給我精神上帶來極大滿足；這種喜悅，現今年輕人是難以領略的。在那年代，有類似追求的人不光是我一個。兩年後，一位女同學剛好有機會去香港，這在當時是十分稀罕的事。她在香港的時

候，哪兒也不去玩，卻買一堆左派雜誌，在旅館裡沒日沒夜拼命讀，儘量把內容塞到頭腦中。

不過，閱讀《匪情研究》這個快樂的經驗，很快就被斷絕。我到中央圖書館兩次，看過兩期《匪情研究》，第三次去時，發現那雜誌已經消失，不准出借了。我很沮喪，憎恨國民黨對人民的禁錮。它把我看作敵人，我也把它當作敵人。

尋尋覓覓，我又找到一個地方，就是台北市「中正紀念堂」圍牆邊的「黎明文化中心」，是屬於「國防部總政治作戰部」。它樓上是《青年戰士報》辦公處；樓下是賣書的場地，但幾乎沒有顧客上門，甚至連附近的騎樓也無人走動，氣氛顯得詭異。那書店面積頗大，各門各類的書籍均有，靠裡面的一個角落，專門陳列著批判「匪黨」的出版品。那時我已學會從反面去看這類刊物，然後提煉出自己需要的資訊。我每次去，先假裝在各處瀏覽，逛到那區域時，才把書刊快速地翻閱。

叫人驚奇的是，店裡有幾本不應出現的書，其內容較為客觀，屬於國民黨內部參考的性質。我懷著不安的心情購買其中之一：蔡孝乾[18]的《江西蘇區和紅軍西竄回憶》；幸好店裡職員沒有質問我。這本書對我幫助很大。後來我還特地到台北泉州街，去看當年蔡孝乾被捕時的那棟房子。

---

18 蔡孝乾（1908-1982），台灣彰化人，是中共「台灣省工作委員會」的領導人。蔡在日據時期參加「台灣文化協會」，擔任公學校代用教員。他前往大陸上海大學就讀，之後回到台灣。1928年蔡又去大陸，經漳州到江西瑞金的「中華蘇維埃共和國」，參加中國共產黨，隨紅軍長征。抗戰勝利後，蔡回台灣發展中共組織，於1950年被國民黨逮捕後投降，並供出中共在台人員，使共產黨地下組織完全瓦解。後來他出任台灣「軍事情報局」研究室副主任（少將）。

　　王津平也托一位同學去那書店買了《劉少奇原始資料彙編》、《文化大革命原始資料彙編》、《批林批孔原始資料彙編》，這些是有價值的工具書。我們很容易想到，書店是有意這麼做的。特務們經由這個窗口，可以窺見台灣社會有什麼人、在想什麼事，必要時可以用來「引蛇出洞」。[19]

　　我又把眼光轉向政治大學。一些分析「匪情」的機構，如：國際關係研究中心、東亞研究所，都與這學校相關，它的圖書館也有不錯的藏書。那時期大家求知欲很強烈。我和朋友到政大旁聽張京育的課，因為據說他是中共問題專家；聽完兩個鐘頭，並未感到張有什麼過人的地方。一個政大學生發現我倆是淡江來的，對我們很友善，他說：「張京育是好老師，因為上課講的都是重點，考試時會很有用。」我和同伴聽了，大為失望。

　　嘗試過種種途徑，意圖突破國民黨的欺矇和封閉，最終被我做到了。我找出一條秘密管道。政治大學的一個偏僻所在，有棟四層樓的建築──「社會科學資料中心」。那裡面有一本《中共人名錄》，是機密性、又厚又重的大部頭，該書登錄了許多中共黨政軍幹部的經歷。我如獲至寶，讀得津津有味。

　　凡是書裡比較重要的資料，我把它們細細讀過，然後交叉比對，串點成線，舖線成面，這樣，整個中共黨史和組織結構，基本就被編織起來了。若有不足，我先以想像做補充，再另尋佐證以檢驗自己的假設，用這種土法煉鋼的笨功夫，居然

19　例如，據知情者說，李慶榮（《中國時報》記者，因主張民主改革，被國民黨迫害，坐牢多年）的被捕，就是中了「引蛇出洞」的圈套。一個特務先創辦《富堡之聲》雜誌，該刊物偽裝進步，誘騙李慶榮與它連繫，然後特務機關找機會羅織李的罪名。

讓我摸索出一套卓有成效的「做學問」的方法。那裡的其他藏書也很重要。有些書刊對別人或許沒多大意義，但我能觸類旁通，發掘出普通讀者看不到的事物。該「中心」三樓轉角處，有個小房間，存放著過期的《人民日報》，有一天門沒關好，我大膽溜進去，結果此計不成，被人趕出來。我裝傻，幸好那人不再追究。

這個機構規定，進入者須被登記個人資料，所以我不便常去。我利用它有數年之久，退伍以後，去得次數更多了。在這過程中使我訝異的，是自己的毅力與潛能，可謂驚人，大大超出我原先的估計。《人名錄》只是材料的堆積，比如某人幾歲時，於何地加入共青團，何時轉為中共黨員、參加紅軍，何時擔任團政委等等。在一般人眼中，這些是乏味死板的文字，但它們之於我卻是鮮活的歷史，生動而有趣；幾百個人物的名字和經歷，我都能搞得過目不忘，如數家珍，並且樂在其中。我的頭腦簡直就是電腦。這些經驗給予我新的體會：一個人在強烈使命感的推動下，可以產生超乎尋常的巨大能量。當年中共創建革命根據地、長征、抗日戰爭、抗美援朝，之所以能在極其艱苦的處境下，取得令人震驚的勝利，緣由就是如此。

時研社其他同志求索真理的旅程也很了不起，比我更藝高膽大，他們找上「東亞研究所」。這單位與情報部門有關，名義上隸屬於政治大學，實際不在學校的行政體系之內，是位於外面的另一地方。研究所還設置門禁，有警衛把守。

朋友們的探險經歷是這樣的。原先，他們去向一位匪情權威老師請教問題，雙方約在東亞研究所附近見面。大家談話時，剛好那教授臨時有事，必須暫行離開，他把同志們帶到研究所的圖書館，要他們在裡面等著；圖書館資料豐富，幾位同

志發現真是寶地，於是偷偷觀察環境。日後他們再次來到這裡，設法弄破圍牆的鐵絲網，混進去偷書。有天，管理影印機的人不在，可能是去吃中飯，同志們自行把《人民日報》複印，夾帶出來。

我經過幾年積累，關於中共組織、人事方面的知識，可算自學成才，甚至讀到一些匪情專家所寫的東西，還能挑出其錯處。有的錯誤實在過分；他們之所以「敢」那樣犯錯，想必是吃定台灣人民沒有分辨的能力。國民黨一定料想不到，是它造就了我的能耐。

有一次，某雜誌登出嚴靈峰的文章，提及中共在廣東地區的黨組織。我看其中一段錯得離譜，於是寫信給那雜誌。我的意見石沉大海，沒被刊登，後來才知道，嚴靈峰是碰不得的。他被人稱為「蔣經國幕後第一高參」，是特務大頭目，擔任「國家安全局辦公室主任」。此人早年的歷史更是嚇人：他曾受中共派遣到莫斯科中山大學，與蔣經國同學，之後又成為托派[20]要角。以嚴靈峰的分量，在那年代是能取我性命的，我這小子竟敢惹他，可謂不知死活。

我觀察中共人事，不由得思索一個現象：在共產黨領導的革命中，怎麼會湧現出這麼多豪傑之士，各地區、各階層、各民族、各年齡、女性男性……，到處均有視死如歸的奉獻者。這顯然預示，我國即將出現一個輝煌的時代。怪不得史沫特

20　「托派」是托洛茨基派（托洛茨基主義者）的簡稱。該主義是托洛茨基（Leon Trotsky，1879-1940，俄國人）提出的馬克思主義理論。他自認為是列寧主義者、正統馬克思主義的擁護者，主張建立先鋒隊政黨、有必要在世界範圍內進行「不斷革命」。托洛茨基主義因為對「國際主義」等原則的堅持，被看作是馬克思主義中的左翼。

萊 [21] 說，這是最偉大的革命，她遺憾沒有參加波瀾壯闊的中國革命。

以「人物」來論斷某個歷史時期，當然不是唯物主義的方法，但由這種特別角度，確實也可觀察到部分歷史的真實。我看過一篇文章，是日本人寫的。他在第二次世界大戰時，還只是中學生，那時全日本的人都說中國必敗，並有眾多學者、政治人士以文章、演說提出佐證。作者當時沒能力指出專家們的不是，心中卻有很深的懷疑，因他喜愛《三國演義》。他想，一個會產生關羽、諸葛亮的國家，怎麼可能那樣差呢？這位先生在文章結尾說，歷史證明他直覺是對的：中華民族是不可征服的。

在過去許多年中，我原本認為中國人真是一個卑微低落的民族，我是無可選擇才做中國人的，正如柏楊宣揚的那套觀念。我雖有愛國情懷，然而沒有民族自信心與自豪感，因此是沉重的、無奈的、憤激的；認識了中共黨史，才體會到身為中國人的榮耀之處。儘管中共有錯誤，甚至是十分嚴重的錯誤，但它依舊是個極其重要的進步力量，不論之於中國、之於全世界。在目前的世紀之交，它更扮演了獨一無二的角色，維繫著世界上受欺凌的諸多國家對公義的期望。

對於這些體認，我應該感謝魯迅和陳映真。因為閱讀了他們，使我能夠掌握到正確的、屬於人民的觀點，得以分清什麼是主幹，什麼是旁枝。他們二位以及毛澤東，都是我人生的引

21　史沫特萊（Agnes Smedley，1892-1950），美國著名記者、作家和社會活動家。1929 年，她作為德國《法蘭克福報》特派記者來到中國，在上海工作、生活了七年。著作有《中國人的命運》、《中國紅軍在前進》、《偉大的道路》等。

路人。

社會主義

對於學校所規定的功課，我跟其他時研社朋友一樣，沒有投入太多心思，只求 60 分及格。1976 年暑假，機械系辦公室把二年級的成績單寄到家裡，我打開一看，十個科目平均分數是 60.24 分。許多人問我：「你這麼厲害呀！你是怎麼考的？」

陳勝王是土木系同學，我們高中時就認識，他很愛打撞球，綽號「球王」，所以成績想必也一定不好。陳勝王曉得我功課不行，大概以為我有挫折感，那天他在路上遇到我，安慰說：「第一流的人才畢業後到美國，去做美國人，第二流到日本，去做日本人。只有我們這種第三流的會留在台灣，是真正為國家做事的。」

那年秋季我升上三年級了。大學生的歷程，似乎可分為兩個階段：一、二年級是幼年期，三、四年級是成年期。社團朋友們在聚會時，很少再那樣痛罵國民黨、嘲笑老蔣小蔣了，大家不約而同逐漸關注到理論思維方面，較多談及帝國主義、社會主義、自由主義等話題。

一些「匪書」的影印本開始出現，被謹慎地流傳著：《共產黨宣言》、《毛澤東思想萬歲》、艾思奇的《思想方法論》、三十年代文學作品，還有哲學、社會主義運動、反帝反修[22]的文章、「匪歌」樂譜，以及文藝批評的著作，例如用歷

22　反修：反對修正主義。主要指當時的蘇聯。

史唯物觀點寫的《紅樓夢》評論文集。影印的人極為小心，讓我們看不出是從哪裡印下來的。「保衛釣魚島」時期在美國發行的《戰報》、大陸上反映「文化大革命」生活的《詩刊》等等雜誌，我也在那時候看到。

我一接觸到左翼書刊，立刻被那獨特的文風、學風所吸引，它們與國民黨的、舊中國式的體裁，從內容到形式，都截然不同。我知道了，蔣家王朝為何要設下重重鐵幕——它怕被比較。知識青年只要有比較的機會，就能產生鑒別力；群眾中的先進分子，一旦掌握到理論上的銳利武器，這個政權就將被摧枯拉朽，走向滅亡。

左翼理論是科學的社會主義，它不是道德主義，不是建立在道德訴求之上。馬克思以恢宏的歷史觀，把整個人類歷史演進做了全景式的展開，他論證出：歷史是由人民所創造，有它內在的發展規律，人們可以通過自身的勞動與鬥爭，使全世界人民共同得到解放。這使我油然生出強大的樂觀和信心：一切反動勢力，不管它怎樣頑抗，不論多麼「貌似強大」，最終必然都要失敗。我們當前所做的努力，與那永恆的崇高的任務是有連結的，我們的生命，如果跟時代的責任連繫在一起，就會永垂不朽。

唯物史觀是符合事實、經得起檢驗的世界觀與歷史觀。物質資料的生產方式，決定了社會的結構和性質，決定了政治生活和精神生活。明白這個道理的人，在痛心於中國及廣大第三世界之落後時，不會以咒罵、鄙棄的態度去對待他們，不會在客觀上加入壓迫者的一方。唯物辯證的方法論，也是那麼卓越高明。馬克思學說既是現實的，又是理想的，展示了科學與公義之完美結合，有一種不可戰勝的真理性。

　　大學時期我愛讀現代詩。我發現革命前輩的論述，也包含有詩的質素，在嚴謹文字之中，帶著知性的美感，呈現出因深邃洞察力、堅定意志而來的睿智與強悍。「批判的武器不能代替武器的批判」（馬克思）。「歷史的災難，必是以歷史的進步為補償的」（恩格斯）。以及列寧所說：「吹牛撒謊是道義上的滅亡，它必將導致政治上的滅亡。」「鷹有時比雞飛得還低，但是雞永遠飛不到鷹那麼高。」「歷史喜歡作弄人，喜歡同人們開玩笑；本來要到這個房間，結果卻走進另一個房間。」這些語句同樣是優美的、富有哲理的詩句，值得細細品味；台灣許多寫現代詩的作家，從此不容易再引起我的興趣了。

　　我也欣賞毛澤東。他有個性，有中國氣派，毛的言語中透露著瀟灑和幽默，顯示出大無畏精神和必勝的信念。他寫道：人不犯我，我不犯人；人若犯我，我必犯人。讀起來虎虎生風，嗅不到絲毫「東亞病夫」的氣味。毛把近代中國人、中國文化裡柔弱衰敗的成分驅逐出去，代之以剛硬的元素。他重新塑造「四分之一人類」的集體性格；僅僅這個，就已是世界史上少有的偉大人物，而這只是他的諸多功績的其中一項。

　　三年級時，蔡裕榮、萬明中住在山下，是水源路邊的四層樓宿舍。屋頂上建有一個閣樓，作為他們二人的住處，房間前面是一大片平台。這地方好極了，我把它叫作「小屋子」；同志們若有空，多數會去那裡。其實，我們除了期中考、期末考，平日很少讀教科書。我的作業是抄別人的，也經常不上課，幾乎可說是天天有空。

　　大家常到小屋子聚集閒談，或交流讀書心得。傍晚時分涼風習習，眾人喜歡站在平台前沿，倚靠女兒牆，看著流過的淡

水河，看落日。太陽隱沒之後，仍不願離開，繼續與觀音山對望；山腰間常有絲絲白雲駐留，每每引得我浮想聯翩。

淡水是個多雨的地方；小屋子在雨季裡，我覺得有種特別的情味，能加重人們心頭的歷史感、時代感。好天氣的晚上，伙伴們買來酒菜，到平台上喝酒、飲茶、辯論、高唱革命歌曲，不愛熱鬧的人就去房間讀禁書。當年留給我的印象是，三更半夜，甚至接近凌晨，我一人或幾人還在路上行走，那是在聚會結束後，我們出來找吃的，或要回到自己住處去休息。[23]我的宿舍在山上，返回的路途，須經過小路和樹林。那時淡江流傳鬧鬼之事，我穿越鬼區時，就唱〈國際歌〉給自己壯膽。

大伙兒都愛唱歌，有幾次宋東文找來吉他，又彈又唱。〈國際歌〉是唱得最多的，它讓我們知道，全世界勞動人民只要團結起來，就力大無窮，必定得勝。〈一條大河波浪寬〉[24]也常唱。我起初感到這首歌平淡無奇，缺少高點和曲折，熟悉以後，才領悟其動人之處。透過它，彷彿看見祖國大地之遼闊、中華民族的堅厚深長。它也使我們懂得，中國儘管存在著諸多問題，但仍是個有泱泱之風、有光明前程的偉大國家，只要她的兒女願意承擔責任。最深最沉的美，往往寄宿在簡單形式之中，那首著名的德國情歌〈Lilli Marlene〉如此，〈一條大河〉亦是。其他歌曲像〈五星紅旗迎風飄揚〉、〈義勇軍進行曲〉也被唱過。這段日子是我們的韶華歲月，流金的時光。

23　當時台灣小鎮的景觀，與現在有很大不同。那時沒有 24 小時營業的便利商店，也不一定有路燈；夜裡往往是漆黑一片，膽小的人甚至不敢出門。

24　這首歌的正式名稱是：〈我的祖國〉，係電影《上甘嶺》的插曲。

　　蔡、萬二人很大方，有一種雍容的豪氣，他們房間的門從不上鎖，任何人可隨意進出，我就經常去那裡睡覺。小屋子好像是個共產主義的實驗區，若叫它「淡江公社」，我認為也蠻合適。同志們都不自私，彼此金錢、物品的使用從不計較，反正是窮學生，沒什麼可以失去的。小屋子是我們的追夢人生的起點，沒有它，可能就沒有我日後的根基和信念；在淡江學生之間，它也稍有名氣，還有人慕名而來。房間裡一個隱密的所在，是大家藏匿「違禁品」書刊的窩點。比較不嚴重的影印文章，則裝入牛皮紙袋，放進專門的抽屜中，我有時如果想讀點新鮮的東西，就會去那裡找找看。我們的社團之寶——抗日番刀，收在床底下的角落。

　　時研社在平台上辦過一次會餐，同志們借來三個大圓桌，宴請淡江主要社團的幹部，約三十餘人；用餐之前進行了談話會，幾乎每個人都發言，我們的人講話頗有氣概。一位女生吳瓊珍（德語系）站起來說：「我現在是有膽、無識。我要努力學習，增強自己的見解，要做到有膽有識。」從聚餐的場面看來，彷彿學校當權派是「在朝」，我們是「在野」，呈現分庭抗禮的架勢。後來有人向我打探會餐的情形；聽說那次聚集，引起了訓導處的猜疑。

　　大四開學後不久，蔡裕榮被「警總」逮捕，那房間只剩萬明中一人居住。萬覺得房租太貴，找我幫他搬家，我們在這小屋的日子就此結束。一年後，時研社被訓導處解散。

左翼青年

　　我們閱讀的非法書刊，多數由王津平供應，他的來源有

二：一是陳鼓應[25]給的。陳在幾年前遭受國民黨整肅，被安排到「國際關係研究中心」，可以接觸一些資料；他做了王老師的「眼線」。二是王津平托外國人偷偷帶進台灣，王老師結交不少這類朋友。國民黨對於洋人向來是客氣三分，所以我們有可乘之機。

那時候，影印機已開始少量地出現，這是一個重大發明，以前王津平讀大學時，他們還須動手抄寫魯迅的作品，而我們就輕鬆多了。同志們有時也把文章再次影印，介紹給其他朋友，將民主思想擴散出去。某一陣子風聲較緊，傳言說，國民黨想要把淡江的影印機全面監管，但隨著它逐漸普及，政府對書刊的封殺，越來越力不從心。依照「唯物史觀」論點，生產力的發展，會改變統治者與被統治者之關係，當年影印機所起的作用，是個有趣的例證。

時研社搞讀書會、傳閱匪書等活動，是非同小可的，我們做得很小心。[26] 我猜測，政府對此不可能全然不知，多年以後，一位研究國民黨的學者也說，這或許是當局刻意為之：政府故意做小範圍的縱放，然而那些活動，照樣在它的掌握之中，這等於是個窗口，使它更容易觀察窺伺。如果國民黨過早地把不滿分子鎮壓，他們就會完全轉入地下，當局就什麼也不

25　陳鼓應，原為台灣大學哲學系教師，因提倡民主改革、反帝愛國，1972 年與王曉波等多人受到國民黨迫害。

26　戒嚴期間，有人拿一本海外雜誌給朋友看，這樣就被判刑七年。《聯合報》2008 年 1 月 2 日第一版登載：「……陳先生帶著兒女和媽媽到『台灣民主紀念館』。他伯父當年在水泥廠做事，只因同事給幾本書，連看都沒看，就被抓去槍斃。」在白色恐怖時代，這種事情是可能的。

讀書會的材料。

知道了。

　　社團的朋友們紛紛克服了自由主義觀點，轉到社會主義方向。我們贊同這樣的發展道路：勞動人民可以不必遭受資本主義之壓迫，又能享用其創造的積極成果。大家也認識到，自由主義固然有進步的一面，但仍是片段的、選擇性的，因為它把人的解放，限制在資本主義所允許的範圍之內。對於那些「不自由現象」的社會與歷史因素，自由主義者不願進一步去追究。台灣島內自由派的代表人物，其思想依舊被外物所挾制，他們並沒有意願去解除自己頭腦中的束縛。

　　這段期間，是由蔡裕榮擔任社長，他找到台北一家工廠，訂製了徽章，分發給社員和朋友們。這也是很有風險。徽章的

時研社的徽章。

時研社在園遊會中的攤位，這次園遊會是「救國團」辦的。蔡裕榮向主辦
單位申請一筆錢，用來製做徽章。

工藝相當精美，圖案是淡水河上的紅太陽，左翼的涵義十分明
顯。蔡還真有本事：用的是國民黨的錢。

　　每個同志都有各自的經歷。周威仲親戚是「二二八事件」
受害者，因此從小不受國民黨的矇騙。宋東文父親是「警總」
士官，宋在國民黨眷村裡長大，有正義感，到台南念高中時，
認識了成功大學的秀異之士，那時的政治主張已很有見地。李
復中爸爸是國民黨基層幹部；李喜愛文藝，他經由法國、俄國
的文學經驗，了解到台灣的現實。

　　簡勝霖生長在嘉義鄉下。我問他為何會走上這條路，他
說，中學時在海邊撿到空飄的匪書，是毛澤東《在延安文藝座
談會上的講話》。書中提出：「我們的文藝，必須是為人民
大眾的，首先是為工農兵的。」簡勝霖被這本書所警醒，開

啟他的階級奮鬥意識。蔡裕榮是中產家庭出身，少年時候，鄰居一位老兵常與他閒聊。老人原屬西北軍[27]，他的部隊受過中央軍[28]的欺壓，對蔣家不滿；這些信息對蔡裕榮產生了啟蒙作用。

對於政治，我很早就關注和思索，其原因自己也不甚了然，或與某些機緣有關。父親是資歷頗深的國民黨幹部，大學畢業後，就在「三民主義青年團」中央團部、立法院工作，擔任過立法院長劉健群的秘書。父親是好人，對他的黨忠心耿耿，1949 年之前他還有政戰少校身分。我小學時，有次父親難過地說起對「老頭子」（蔣介石）的不以為然，那天好像是外國元首（或政黨領導人）來台灣訪問，蔣介石因身體不適，由宋美齡代為會見。父親說，如果總統有事，應該是副手代理，怎麼可以讓「太太」出面，這是破壞體制。他那時心緒低落，可能聯想到國民黨必然衰敗，反攻大陸無望。這事情我記得很清楚；也許是它促使我不像別人那樣迷信老蔣，並討厭看到人們對他的肉麻吹捧。

另一件事叫我印象更加深刻。父母親是隻身逃難，在台灣幾乎沒有親戚，與我家最密切的是表姑丈，他經常來吃飯聊天。表姑丈為人謙和正直，學識豐富，在大陸原本學農業，戰亂中加入國民黨軍隊，擔任政戰中校。我曾問他的工作是什麼，表姑丈說：與導彈有關。現在我回想，他應是辦理思想檢查或人事安全方面的業務，屬於國民黨信得過的人。孩童時的

27 1924 年，馮玉祥發動北京政變，組建「國民軍」，一般稱為「西北軍」。1927 年參加國民黨的北伐，改稱為「國民革命軍第二集團軍」。

28 蔣介石的嫡系部隊。

我，常被他帶進「陸軍總部兵工署」玩耍，每到中午，我和弟弟去餐廳拿不鏽鋼盤子，同軍官們一起吃自助餐，這是我們幼年最快樂的事情。

小時候，家裡來了很多客人，一位長輩問我：「你長大以後要做什麼？」我立刻驕傲地大聲說：「要當軍人！」這是老師和政府給的標準答案。萬萬想不到的是，母親與表姑丈一同轉頭，嚴厲訓斥了我，身為軍官的表姑丈尤其嚴肅，用我從未見過的臉色告誡道：「絕不能有這種念頭！」我那時年紀小，受到驚嚇，隱隱覺得這個世界十分可怕。

如此不經意的幼年小事雖使我思想變得混雜，然而感謝上天眷顧，它們還真的救了我的性命。我以前學習成績不好，社會經驗缺乏，但對於政治，卻是有一點早慧的。

讀初中時，我們家在台北六張犁，靠著山邊，再向上走就是「福德公墓」。某天我推著腳踏車，去找師傅修理，那店門口站了一個喝得半醉的退伍老兵，他手拿酒瓶，口齒不清地跟我說話，亂扯許多七七八八的事。後來他又說，我看起來很聰明，他有別人不會的功夫（或法術），願意教我，要我去他家。我按捺不住好奇心，跟那人走了。

沿著山坡蜿蜒而行，路上沒有其餘人，甚是荒涼，直走到一個孤零零的破舊木頭房子。他打開門先進去，我突然有些遲疑，也可能是什麼力量攔阻了我。他在屋裡招手叫我入內，我立於門邊，不知該不該聽從。一陣子後，他不耐煩，略帶凶狠地罵我：「你這什麼都不懂的小孩，我是很了不起的啊。我比別人厲害呀……。」他伸出右手掌到我面前，高聲說道：「你看看，看看，這個手，這是蔣總統握過的啊！我在××年××事情，上台領獎，總統握我的手。是總統啊……。」

　　我立時意念已決：「什麼蔣總統，算什麼東西。」那年我十四歲，已查覺蔣介石是個嚴重侮辱人民的獨裁者；較為長大後，眼看眾多的精英分子，如張曉風等，撰文對他感恩戴德大唱讚歌，我實在不知道我和他們之間，為什麼有這麼大的差異。

　　當時自己轉身逃離那破爛屋子，下山的路我走得很慢，天色已經昏暗，我心中明白這是多麼恐怖，雙腿發軟，幾乎不大能邁步了。幾十年過去，此事從不向任何人說起，因為只要一開口，可怕的感受即刻回來。由於這個經歷，我不全然排除超自然的存在，雖然同時也認為馬克思主義、毛澤東思想是極寶貴的精神財富。我那些長久友誼的同志們，都是無神論者，他們覺得我的宗教觀點有些難以理解。

　　1970 年代的淡江，受左翼影響的青年約四、五十人，可分為三個群組。一是我們時研社；二是王津平的一批學生，像楊祖珺（英語系）諸位，分布在各社團；還有文理書店「石伯伯」帶領的若干人。這類同學的特點是：支持鄉土文學、讀《夏潮》雜誌、關心勞動階級、厭惡國民黨、反對帝國主義、主張中國統一。

　　王津平有《淡江周刊》作為地盤，又與許多學生團體關係良好，或擔任社團的指導老師，所以他做事最方便，可以和我們分進合擊。有些不適合時研社出頭的事，就由其他友好社團去辦理。王津平在淡江宣揚鄉土文學、推展民歌運動、做社會調查、山地服務、連繫《夏潮》、與黨外勢力掛勾。年輕人喜歡找他說話，王老師的辦公室、宿舍，時時可見學生出入；他精力充沛，又有十足的耐心，很讓人佩服。後來時研社被叛亂案牽連，他以教師身分對我們做了一定的保護。

　　石伯伯的名字叫石滄庚，他兒子是文理書店老闆，也是淡江老師，教過我「大一物理」。我三年級時聽同學說起：「書店裡多了一位阿伯……。」從他們的話語中，這位長輩似乎頗有不凡。後來我去書店，看到一長者坐在櫃台，年約六十，身子不高，精瘦有神，像是樸素的勞動者。那天有幾個客人買書，我聽他跟顧客的應對，發覺其說話得體，顯露大將之風，是經過世面的人物。他係本省籍人士，但以那般年紀，普通話卻相當流利，這十分奇特。

　　書店僱用了若干淡江同學，擔任「工讀生」，我聽說石伯伯常與他們談話，並且付出關懷。後來有人告訴我，他會在工作中訓練人，引導青年們建立正確的世界觀。關於石伯伯其餘的事，我未加留意。

　　畢業以後，有天在朋友家，我又遇見了石伯伯，儘管我們原本並不相識，那天他卻對我說了許多的話。石伯伯生長於日本殖民統治下的台灣，二戰時被強迫編入日軍，派往中國大陸江浙一帶，同時跟國民黨、中共的新四軍[29]作戰。他看到國民黨太不像話，而新四軍英勇抗日，為群眾服務，真正是人民的子弟兵，於是他從日本部隊逃亡，投奔新四軍。[30]石伯伯在抗

29　抗日戰爭時期的人民軍隊，領導人為葉挺、陳毅等。全名為「國民革命軍陸軍新編第四軍」。

30　浙江省樂清市《樂清日報》曾刊出一篇文章：〈兩名日軍翻譯投奔抗日隊伍〉，摘錄於下：……一名是石滄庚。1944 年 10 月 22 日夜，前哨情報站情報員葉進昌、葉阿煥帶著一名身穿青色對襟便裝的男子，到城南南草垟的警四中隊政工室駐地，政工室主任黃中勝接待了他們。原來這名男子是一名日軍翻譯，名叫石滄庚，三十歲，來自台灣。10 月 20 日，石滄庚離開停泊在七里港裡的日艦，脫掉軍裝，換上便裝，一路打聽，尋找抗日部隊，在南岸村被前哨情報人員發現。

日隊伍裡成長，勝利後自願回到故鄉台灣，為中共工作，不幸被蔣政權逮捕。我大三那年他才出獄。

石伯伯講述的故事確實精彩萬分，讓我非常感動。當年是戒嚴時期；一年之後我去找王津平，向他建議：我們應該幫助石伯伯寫出回憶錄，以教育後人、對蔣政權做鬥爭。王津平說，石伯伯為了協助「黨外」搞民主運動，到宜蘭推銷《自立晚報》[31]，前不久因車禍去世。另外也有人告訴我，石伯伯在大陸加入中共，幸虧他是被「單線領導」，國民黨不曉得這一段，所以沒判他死刑。我與石伯伯只有一次短暫的相處，但我很懷念他。

現今，台獨思潮得到了很大的擴張，時研社同志們對重要問題的想法，仍維持當初的方向，是有比較消極的，但沒聽過誰改變了立場；其餘那些受左翼影響的同學則不然，他們多已轉而傾向台獨，有幾位還成為分裂勢力的要角。看來，我們社團確有特別之處。

時研社注重學習，成員具備了基本的理論思維能力，而且不以民族主義為出發點；面對台獨論述的攻擊時，光靠民族主義，是反不了台獨的。一般群眾只是跟風，人云亦云，是「隨

據石滄庚的口述材料和談話筆錄記載，他是一年前被日軍抓到大陸來當翻譯的，因不忍看同胞慘遭日軍殺害，又了解到此地有抗日軍隊，故冒死前來尋找。他家有父母、妻子和兩個孩子。他說，不等到台灣收復我是不想回家的，並說，如果中國軍隊裡頭有工作，無論怎樣的辛苦他也願幹。他還發表了〈告台灣同胞書〉：「我想傳達我喜悅的心情……我把僅有的能力全部貢獻給國家民族，即使我死了，我的精神也不會終止，與國家民族同存……如今我們勝利近在眼前，為使這一勝利早一刻來到，台灣同胞與大陸同胞應該同心協力……。」

31　當時台灣唯一比較同情「黨外」、標舉「本土」的報紙。

大流者」，在當前分裂主張已成多數的情況下，一個沒有中心思想的人，是很難不生疑惑、不被動搖的。同志們一貫有獨立思考精神，敢於捍衛自己的觀點，不怕被誤解，不怕被另眼相看，當年在學校就敢反對專制，如今自然不會被台獨的聲勢所嚇倒。

文化大革命

時事研習社的同學們之所以走上社會主義思想路線，從根源上來看，是受到文化大革命的影響。王津平發揮了很大作用，陳映真的理念、以及《夏潮》雜誌，也在引領我們。對於生命中最重要的兩件事：究竟什麼是真理、要為真理而鬥爭，同志們是真誠對待的。我們雖仍帶著學生的幼稚，但志向和思路，已然成形了。

1966 年由毛澤東發動的「文革」，是近代中國史、世界史的重大事件，被嚴酷密封的台灣島上，僅有極為零星的人，了解這個運動之意義。淡江大學的時研社，是文革在台灣的最後一代，特別的是，這些同學是作為一個群體在發展著。他們受到文革的召喚，密切地生活，共同學習，進行自我教育和社會實踐，於其各自的生命中，留下深深刻痕。其中最認真、走得最遠的是蔡裕榮和宋東文，二人後來走上革命的道路。

有人對文革做出概括：思想是光輝的，實踐是錯誤的，結果是災難的。時研社萬分幸運的是，既吸收它的合理因素，又避免了文革的負面效應。那時已是林彪事件之後，陳若曦的反映文革經驗的小說《尹縣長》也出版了，這場政治運動之荒謬、破壞的一面，業已為人所知。由於海峽兩岸的隔絕，造成

傳播過程中的時間落差：文革思想從大陸到美國，再由留學美國的王津平帶回淡江之時，它的實踐，在其策源地已趨向破產。這使得我們較能讓頭腦保持清醒，少犯錯誤。

如今看來，時研社受文革的吸引，是理所當然。那個年代能夠思考的年輕人，處於不同程度的精神壓力之中：心裡有一股焦慮或憤怒，思想上卻找不著出路，既感到生命力的萌動，又覺得困頓飄蕩。蔣家王朝想收編他們，把活躍分子納入國民黨的軌道，可是該政權太過腐朽反動，因此達不到目的，它自己根本就是進步青年的對立面。法西斯主義原是能鼓動學生的，蔣介石早已抄襲希特勒那一套，但他搞的是殘廢的法西斯，只能用來對付國內人民，不敢向外抗衡強權。從共產黨叛離出來的蔣經國，模仿「共青團」，辦了個「救國團」，也拿不出有水平的東西，只好做所謂的「團康」。我有兩次參加救國團活動，見識過它的團康模式——男生女生一起做遊戲，把場面撐得大大的，外表是熱熱鬧鬧，實際上沒有精神內容。無怪乎台獨勢力興起後，立刻把青年們席捲而去。

大二的一個晚上，我在「松濤館」小路邊遇到宋東文，他眼神渙散，臉部表情怪異，使我驚駭。我問蔡裕榮怎麼回事，他說，宋東文苦悶時，會吸強力膠。我很同情宋的處境，其實我們每個人都是受壓抑的，都被迫帶著精神的枷鎖。

某些同志嘴邊掛了口頭禪，這是心情苦悶的徵兆。宋東文最慣常說的是「他在精神層面上是個妓女！」語氣中帶有憤恨。少數朋友會講粗話，我覺得這現象不好，刻意避免。一天，我發現自己也有口頭禪，只是沒說出聲，而是講在喉嚨裡。國民黨的謊言鋪天蓋地而來，只要看到、聽到那些鬼話，我自然在心裡說：「還在騙！還在騙！」每天不自禁地說上好

多次，約略有蒼涼之感，因為不知道這種日子的盡頭在哪裡。我討厭這種習慣，但怎麼樣也戒除不掉，時間日久，那三個字變成最熟悉的發音，超過我自己的名字。一直到今天，我如果在網路上同別人談論，就用那三個字的諧音作為筆名。

當年我們尋求有高度的、批判性的理論，特別是能呼應青年學生之熱情，並能回答其追問；由王津平介紹進來的文革思想，正好符合需要。毛澤東「為人民服務」、「我們不但善於破壞一個舊世界，我們還將善於建設一個新世界。」等論述，對同志們是人生觀、世界觀很好的教導。他勉勵祖國的少年一代：「世界是你們的，也是我們的，但是歸根結底是你們的。你們年輕人朝氣蓬勃，正在興旺時期，好像早上八九點鐘的太陽。希望寄託在你們身上。」毛自己就是熱烈而浪漫，「為有犧牲多壯志，敢叫日月換新天」。在他的提示下，我們看到一個清清朗朗的人生方向。

毛澤東強調：要除掉頭腦中的剝削階級思想；應由勞動者管理國家、管理上層建築；知識分子要改造自己，到群眾中去，向勞動人民學習。我們對這些觀點十分敬佩。毛是愛國主義者，卻不是民族利己主義者，他盡其所能地援助第三世界；他考慮的許多問題，是為了全人類的解放，並不單單為著中國。毛也受到各國革命者的尊敬。這是很好的國際主義教育，讓我們獲益良多。

因著文化大革命的啟迪，同志們重視「勞動」的意義：是勞動創造了人，是勞動使人區別於其他動物。我們找機會去打工，學習作工人階級的一員。三年級時，正逢王津平結婚，時研社送王老師一個鋤頭作為賀禮。不過，年輕學生難免思慮欠周。某天我們去拜訪李慶榮，他家客廳擺放著莫札特的唱片，

我拿到電唱機播放出來，周威仲或許從階級觀點出發，不能接受我愛聽古典音樂，立刻把它換成台語民謠。諸如此類也是一種教條主義，只是並不嚴重。

儘管文革使人疑慮，毛澤東仍是值得欽佩的，在我們眼裡，他是了不起的偉人。毛始終站在人民大眾一邊，向強權做鬥爭。他立志要消滅一切壓迫與剝削的根源，即使革命成功，中共成為執政黨後，對於他年少時的革命初衷，毛也沒有忘記。當他認為共產黨已腐化變質，就毅然號召人民再次革命，把自己辛苦建立的政權予以打倒。這種徹底的革命精神，是前無古人，也是世界唯一。

毛說過的一些名言，同志們經常引用：「哪裡有壓迫，哪裡就有反抗」、「敢於鬥爭，敢於勝利」等等。毛的話語和事蹟，改善了我的精神素質。原本讀魯迅時，我們見到那個不忍背棄的沉淪的中國，覺得逃避民族責任是羞恥的，但在魯迅身上看不到希望；他讓人沉重。而毛澤東則以出類拔萃的膽略，為全世界受欺壓的人們，指出一條成功之路：面對強大的敵人，要敢於藐視它；一切帝國主義和反動派都是紙老虎；反抗者若僅憑著自身的義憤，固然毫無可能取勝，然而只要依靠人民，就一定能夠勝利。毛親自做了以弱勝強的示範，他教給我們的是信心和勇敢。

時研社成員會被革命理想所啟發，也有其本身條件。我感到，他們具有正義的秉性，對於不合理事物有強烈的反對意識，近似梁啟超所說的「多眼淚、多血質之男子」。我只是中人之資，各個領域皆表現平平，在我的人生價值觀方面，還算有進取之心，是受益於一位高中同學。他給予的教導，是我一直銘記的，我很願意把它寫下來。

　　這位同學是葉××，與我高二同班。我那時成績很差，二年級期末考前，數學和英文已確定不會及格，按規定我將無法升上高三。英文考試的前一天，全班同學專心地埋頭苦讀，我則情緒低沉無心看書。正巧葉××經過我的座位，他見我呆坐，就問為什麼。我回答道：再怎麼讀也沒有用，註定要留級，除非我能考八十分以上，而這是絕不可能的，自己只有二、三十分的程度。葉想了一下，說：「你不要擔心，我有辦法。明天考試時，我在考卷上寫你的名字，你寫我的名字。」我很詫異他會主動義助。葉××品學兼優，與我認識不到一年，並無深交。

　　我照著他的方法做了。那學期我英文勉強過關，就這樣逃過了留級的命運，葉××本來英文很好，但期末考遭我拖累，反倒是不及格。我受他的大恩，因為年輕，不知如何表示心意，並未向他道謝，之後我們依舊是平常的同學關係。葉××原是活潑開朗，那次成績公布後他變得沉默。這件事只有另一個同學知道，他指責我，說我對不起葉××；葉本來可拿到獎學金，被我害了。

　　其實以葉××的付出，相較於擔負的風險，他之失去獎學金，還只算小事一件。葉××向來表現優秀，要以那樣難堪的分數，去面對父母師長的責罵與誤解，是很不容易的，尤為艱難的是，這個舉動風險極大，很可能被嚴厲懲罰。我想，英文老師對我們二人的成績，應該也覺得異常，只是不會想到，學生中居然有如此偉大的心靈，甘願為不相干之他人做出犧牲。我一生中，所遇到的具備高貴氣質的非凡人物，如葉同學者，有若干位。正是由於這些榜樣在自己面前，使我不得不盡力跟隨，以免羞愧。

社團的終結

當年在學校，除了上述數十位受左翼影響的同學，也可見到新生現象的萌芽，這顯示蔣家王朝的控制鬆動了。我認識的幾個「國樂社」朋友，偷偷流傳著民族樂曲的錄音帶〈東海漁歌〉、〈洪湖水，浪打浪〉等，很容易聽得出來，是大陸的「匪樂」。我不懂怎麼會有這些寶貝。經過很多年，詢問王永，才知是由僑生私下帶進台灣的。雖然那只是音樂，但其內容有歌頌勞動、熱愛祖國的意涵，多少會影響到偷聽者的思想。

校園中也有少數特異分子，他們行事風格內斂，不參與人群，不顯山露水；看得出這些人是有思考的，心中藏了另類觀點。我猜不透他們在想什麼。例如我認識的一位同學，當他講到自己時，都是說「草民」如何如何……；這不全是開玩笑的表示。我查覺到，他對於外在的政治社會環境，依稀有著隱晦的憤懣。

我記得一次奇妙的經驗，可能與這類學生有關。大四時，幾位朋友被國民黨捕去。某個夜晚已過零時，我獨自在宿舍窗前，無意識地看著斗轉星移，那房間面對大屯山的方向，是樹林和原野。從相思林吹來一陣風，風中似有極細微的歌聲，我很訝異，仔細去聽，幾乎摒住呼吸，想要確定真的是有人在唱，或是自己心裡的聲音。那歌聲斷斷續續縹縹緲緲，竟是我們喜愛的〈我的祖國〉，而且歌者是位女性。她唱了好多遍。我又驚又喜，倚著窗台，聽得痴痴迷迷。

在戒嚴時代，敢唱愛唱「匪歌」者，肯定不是簡單人物。淡江的志士們我應都認得，想不到還有未知的世外女俠，可見

在惡政暴政之下，新的事物出現了。那時候蔣介石已死，是蔣經國當權時期，島內不受官方掌握的民間資本正逐步壯大，本土資產階級的影響力日漸上升。小蔣在美國遭遇台獨分子的刺殺，是受過台灣人「教訓」的。國民黨對台灣社會之箝制，已開始力不從心。

也有同學主張台獨，約十幾個，以歷史系最多，很容易認出。晚上十點左右，我們有時去飯館吃宵夜、喝酒，常看到這些同學在聚會；他們都是說台語，且帶著刻意性。時研社舉辦的演講、座談，這類學生經常來聽，但不與別人互動。那個年代，只要是反國民黨的人，就代表他有所關心、有勇氣有見解，我喜歡這樣的青年。我們想跟他們交朋友，但對方沒興趣，很冷淡。這些同學認為我們是親中共的，是比國民黨更壞的敵人。

我感到他們有一股堅持和篤定。其實我們也是篤定的。他們的篤定，近似於「種族」概念，其眼中的台灣情勢，是少數外省人欺壓多數本省人；只要耐心等候，拖到蔣經國死掉，局面就會翻轉：本省人將成為統治者，台獨建國必可實現。而我們的篤定是屬於人民概念的，我們相信歷史由人民所創造，中國人民已站起來了，有能力抵禦帝國主義的破壞，完成統一任務。更準確地說，我們是心繫這個世界的人們，不是他們所理解的「愛中國」[32]。中國當然應該統一；一個完整而完善的社會主義中國，是為更公平、更合理的世界之出現，準備了條件。中國若不走社會主義道路，則必然會像美國一樣，形成資本家的帝國主義，禍害世界人民。我們這種高遠志向和博大胸

32　「愛中國」是台獨分子指控別人時，常使用的罪名。

懷，是他們不能懂得的。某些人喜歡講的本省、外省、族群這個、族群那個，其實根本不在我們的思慮之中。從我國革命與反革命的歷史大搏鬥之角度來看，台獨也者，不過小打小鬧而已，這也就是為什麼，我恨惡國民黨，而不恨惡台獨，除了少數者例外。我對台獨，主要是惋惜或憐憫。台獨的世界觀是國民黨教出來的，台獨的社會基礎和思想基礎，是國民黨提供的；國民黨是惡因，台獨只是惡果，惡果不妨體諒，等它回頭，惡因不可原諒。

淡江校園之所以呈現「思想活躍」現象，用目前的流行話說，有小氣候，也有大氣候。在台灣各學校中，淡江算是寬鬆的，校長張建邦相對地開明一些。有一次，他以西餐宴請數十位社團幹部，一邊吃一邊開會，幾個學生趁機大鳴大放；張校長循循善誘，並不以勢壓人，對這些「自由化傾向」表現得很有耐心。我們在大學能過得快意且個性張揚，這與張校長的寬容是分不開的。

這個現象，也關係到當時的歷史環境。1949 年中國革命勝利後，國民黨政權原本應該了結，然而它於美國的卵翼下，在台灣勉強維持著一個場面。蔣家法西斯會讓人民恐懼於一時，卻不可能徹底屈服。不管當局如何狡辯推諉，台灣民眾還是知道國民黨慘敗於共產黨，因此它無法得到尊敬，這個政權必須靠暴力才能存活。

蔣家王朝打著「國父」（孫中山）繼承人之旗號以欺世盜名。孫中山是民主主義革命家，他標舉「天下為公」，而老蔣竟敢無恥地傳位給兒子，小蔣才是中國實質上的末代皇帝，這種封建王朝家天下的做法，叫人如何能看得起。國民黨統治力量的最大憑藉，是美國的支持，以及那個遭美國所挾持的聯合

國之承認。1971 年蔣政權在聯合國被驅逐，中美兩國「關係正常化」是大勢所趨，台灣人看到這個集團正走向窮途末路，國民黨戒嚴體制於是在島內逐步崩解，社會上的反抗力量日漸成長。這些因素影響到大學校園，也是我們社團發展的有利條件。

但到了 1978 年底，中美建立外交關係，國民黨因極度恐懼，收緊了對台灣社會的控制。大約三個月後「時事研習社」被鎮壓，王津平也在 1979 年受迫害，離開淡江。

我們社團的終結，帶著一絲悲壯的顏色。那時我和幾位同志已經畢業，時研社由李復中、王永、江培昆承擔，他們的處境更艱難了。某一次辦「農民問題」座談會，特務學生公然鬧場，之後學校當局叫他們去開會，指責時研社搞叛亂，並且拍桌斥罵，勒令社團必須解散。教官和特務機關甚至個別約見社員，施加壓力，強迫同學們不得參與時研社活動。這幾位可敬的同志仍不屈服。他們把社團轉入檯面下，戲稱是「地下黨」[33]，想方設法繼續維持其存在，以傳遞香火。

非法階段的時研社，依舊有了不起的作為：同志們除了私下召募新成員，又邀請一位「淡專」[34] 老師，系統地為大家講解社會主義理論。李復中、王永去宿舍樓發傳單，號召淡江同學爭取民主、反對專制，這在戒嚴時期是非常勇敢的行動。不到二十分鐘就有特務趕來搜捕，幸好他們逃脫了，可見淡江校園是重點地區，國民黨派有專人以便即時處置。這些反抗暴政的舉動，是延續學長們所開創的光榮傳統。我進入淡江之前，

33　地下黨，原是中共在國民黨統治區進行革命鬥爭時，所使用的概念。
34　「淡水工商專科學校」的簡稱，即現在的真理大學。

林守一、張建章（物理系）諸位，以油漆在學校牆壁書寫標語，批判國民黨，後來他們與成功大學的吳榮元、吳俊宏等同學一起被捕。[35]

「地下黨」在當局壓迫下堅持數年，直到 1984 那批同學畢業。時事研習社這個可貴的左翼愛國傳承，正式在淡江完結了。

四人幫覆滅

1976 年暑假的一天，我走出「中央圖書館」，看到一個年輕男人在雜貨店前駐足，往裡頭觀看；店內有電視機。「也許發生大事了！」我心裡想著，向他詢問，那人說：「毛澤東死了。」我立刻就笑出來，而且是全身輕鬆，心情暢快。

毛澤東給我的感受很複雜。一方面，中國不能沒有毛澤東；沒有他，中華民族還在任人凌辱，還無法在世界民族之林取得正常的「人」的地位。同時我又覺得，老天爺不應再讓他活下去了。之前的一、兩年，文革仍在繼續，但已搞得人心喪盡。批林批孔，批孔揚秦，反擊右傾翻案風，「梁效」[36] 寫作班子、遲群、謝靜宜 [37] 那些人，只叫我感到淒厲恐怖，我不相

35　這事件與「成大共產黨案」有關。1971 年 11 月，成功大學學生若干人組「成大共產黨」，並涉及淡江、輔仁、文化、逢甲諸大學及高雄商校、空軍幼校、海軍官校的同學。他們於 1972 年初被鎮壓，十九人被逮捕判刑，其中吳榮元等二人死刑，又改為無期徒刑。吳榮元後來擔任「勞動黨」主席。

36　「梁效」是在文革時，「北京大學、清華大學大批判組」的筆名。梁效即「兩校」的諧音，它組建於 1973 年，在 1976 年結束活動。

37　此二人主持「梁效」寫作班子，是駐在北京大學、清華大學的「解放

信大陸百姓對它們會有熱情。

那時我對毛澤東、對中國社會主義的認識還很膚淺，雖然自己受到文革的正面教育，但也發現它出現了可怕後果。這不是我們有遠見卓識，而是在被啟蒙的時間點上，占了好運氣。1976 年 4 月 5 日的天安門事件[38]，明顯展示了人民對文革極「左」路線的唾棄態度。事件後不久，我經過淡水中正路，看到對面火車站牆壁貼著大字報，這是從未有過的現象；上面寫道「共匪政治局做出決定：撤銷鄧匪小平黨內外一切職務。」我心裡一片寒意，憂心忡忡。如今，毛澤東總算過去了。

暑假結束，分散在各處的同學們，又集中到淡江這個園地，大家互相打招呼，帶著興奮情緒，我的心境卻是低落的。毛澤東死後，大陸情勢並沒有好轉。我每天去圖書館看報紙，所見到的都是「共匪清華大學貼出大字報，批判翻案風」之類的報導，使人沮喪。

有次我翻閱報紙，忽如一夜春風來，在某個不起眼的版面裡，一條消息說：「北平[39]謠傳江青等人被捕」，它的源頭是英國記者。我很吃驚。如果這是真的，那太好了，天底下不可能有這麼好的事吧。文革時期的大陸，本來就謠言滿天飛，江

軍毛澤東思想宣傳隊」的負責人，在文革後期很出名。他們也是「四人幫」幫派體系的重要成員。

38　1976 年 1 月 8 日，國務院總理周恩來去世。3 月 19 日起，陸續有民眾自發到北京天安門廣場追悼周恩來，並反對江青等人；4 月 5 日達到高潮，當晚群眾被鎮壓。四人幫被逮捕之後，這事件得到平反。許多人認為，這個事件是毛澤東去世後，四人幫迅速失勢的主要原因之一。

39　在國民黨戒嚴時期，台灣當局稱「北京」為「北平」。

青不是說鄧小平是「謠言公司總經理」嗎？我覺得它的真實性不大，然而總是代表著希望：願中共能回歸正軌，不再折騰。我整天在想這件事。

晚上，我要去山下一個同學那裡，用他的收音機聽新聞。我盼望好消息，不料那同學不在，我又想到，英專路、水源街交叉口的冰果店有電視機。報告新聞的時刻即將開始，我在小路上、稻田間奔跑，由於剛吃過晚飯，跑得太急，肚子突然劇痛起來，只好在路邊找地方坐下。一些男女同學三三兩兩從我面前走過，他們愉快談笑，有的好像手裡還拿著冰淇淋。

在休息中，我心裡想：自己與他們一樣是淡江學生，怎麼差距又這麼巨大。時研社唱過〈安息歌〉，歌詞中有句動人的話，「安息吧，同志，不要為祖國擔憂。」此刻的我，這個距離北京如此遙遠的一個台灣青年，正是在為祖國擔憂。我與周遭的同學沒有一點交集，他們心中不承擔我背負的重量，當然是快樂的，但若要我變成他們那樣天真無邪，我肯定不願意，這表示，我所自願的那個負擔，是被我看重的，不容退讓的，換句話說，我之擁有它，也是一種幸福。這種感受，在滔滔濁世，似乎只有時研社的朋友能夠了解。

胡思亂想一陣，我趕到冰果店，電視新聞裡完全沒提到江青被捕之事。我很失望，心想，這傳言大概不是真的。李筱峰的宿舍就在附近，我打算順便去看他。

李筱峰住在中山路，一家西裝店的二樓。我敲門進去坐下，沒說到幾句話，他主動提及北京的謠言，原來他也關心這事。李指著收音機說，剛才聽廣播，消息是英國一家通訊社發出的。李筱峰認為，那個通訊社一向具有口碑，所以傳聞應該是有根據。我想，但願如此。

他突然拿出一本畫冊，是瑪麗蓮夢露的相片集，笑著遞過來。我頗訝異，那是彩色精裝，價格比較貴，普通學生捨不得買的。我其實沒心情看，而且這本書已在「文理書店」翻過，更何況，其內容也沒什麼，裡頭的瑪麗蓮夢露都穿著衣服，只有一頁是上半身沒穿，露出右側及背部。為了不違逆朋友的好意，我接過書隨便看看。李見我太不認真，伸出手來把畫冊翻到那頁，我心裡暗笑，因為李筱峰一向道貌岸然，不過他的確很夠朋友——我以這段文字紀念我們年輕時的友誼。淡江畢業後，曾巧遇李筱峰，當時美麗島事件、林義雄親屬血案已發生，台灣瀰漫肅殺之氣。我問他的近況，李筱峰說：「一片冰心在玉壺。」現今李已是名教授、文化界的台獨旗手之一，我們要再像當初那樣，怕是不容易了。

又過幾天，新聞媒體證實了北京的謠傳，我極為欣喜；遭抓捕的王洪文、張春橋、江青、姚文元諸人，還被套上「四人幫」的綽號。時研社討論過這件事，有的同志贊同，有的不贊同，也有人認為是反革命政變。那時文革的真相尚未充分揭露，一些事情不容易看清楚。

我從淡水搭車去新店，回到家裡。弟弟有個很好的收音機；我偷聽大陸廣播，心裡想：鄧小平是反對文革的標誌，四人幫既已垮台，鄧應該出來工作了吧。

在短波頻道中，我找到大陸電台，剛好北京正舉行慶祝「粉碎四人幫」的群眾大會。先是聽到激動人心的鑼聲、鼓聲，接著是中共中央政治局委員、北京市委第一書記吳德的講話；我希望有振奮的信息。

吳德講的全是枯燥乏味的黨八股，令人失望。突然收音機蹦出一句話：「繼續批鄧，反擊右傾翻案風。」我很驚愕，但

不久就恢復平常。鄧小平是那樣受到人民的擁護，我不相信有人可以阻擋他，奇怪的是，像自己這樣一個台灣青年都明白的道理，吳德那批人會不懂？他們有什麼理由反對鄧呢？除了利益和權位的緣故。看來，中國革命確實是被嚴重腐蝕了，大量的壞分子、以權謀私的人混入黨內。中共需要人民的鞭策。

對於鄧小平的問題，我是樂觀的。台灣媒體也有報導：北平街頭出現大字報，呼籲由鄧來領導國家。從四人幫垮台，到中共十屆三中全會[40]期間，是我非常快樂的一年。我每天上床睡覺，都帶著美麗的希望，每晚都含笑入夢，因為可能第二天早晨醒來，報紙的頭版頭條就是「鄧匪小平復出」的粗黑大字。雖然我一次又一次地，總是沒看到那幾個字，但仍毫不失望。我知道總有一天美夢成真，而且那時刻越來越逼近。

我為什麼要寫這個呢？因為這也是我當下的心情。祖國的崛起，是正在發生的事，儘管還有重重困難與風險，然而幾代中國人的夢想，已經逐步得到實現。我們無數的先輩，付出極大代價，甚至獻出生命，遭受冤屈，沒能看到今天的景象；我這後生小子沒有貢獻，卻讓我看到。我太幸運了。

訓導處

時事研習社規模不大，但在思想上有較強的獨創性、不屈服性，對政治的態度，逐步由反感到抵抗，由自發到自覺。社團從 1976 年起，就面臨學校的刁難，大家知道：時研社是在

40　這次集會於 1977 年 7 月舉行，會議通過「恢復鄧小平黨政軍領導職務」的決議。

當局的監管之下。

　　我們有自己的實踐特色，例如，曾連絡趙春山、黃煌雄等學者前來交談、指導，又在社團內部進行了學習、社會調查和讀書會。同志們不一定讀左翼書籍，某次讀書的材料，是天主教訓練幹部的教材《獻身與領導》。

　　社團辦的公開活動有座談和演講，主題集中於：要求台灣政治的民主化、反帝愛國。那時工人待遇差，經常出現安全事故，企業主卻不願賠償。同志們在集會中多次提出，政府應該改善勞動條件，完善產業方面的法律；希望藉著這些言論，能對淡江同學產生影響，喚起更多人的關注。在活動中，特務學生往往到場監視，或搞個小搗亂。

　　時研社要辦理活動之前，照例先在校園貼出海報，邀請大眾參與，後來發現海報被人惡意地撕去。此事雖小，但影響不小，因為有人看到是教官幹的，這引起伙伴們的反感。我們與學校當局的矛盾升高了，造成幾次風波。

　　同志們改變原本那種比較退讓的態度，不願再忍受，於是有人想出新法子，輪流到校門口做「活廣告」：幾個社員站成一排，每人用雙手把海報張開。這

時事研習社的宣傳海報。

樣十分醒目，既能吸引公眾注意，又絕對保險，沒有任何人能夠破壞。若在現場見到認得的同學，社員們就直接開口宣傳，這樣的效果很好。之後時研社辦了幾次集會，由於參與人數增多，教室已容納不下，需要向學校借用體育館。一位同志在扮演活廣告時，與圍觀者互動良好，他福至心靈，當場發表演說，被傳為美談；在戒嚴時期這很嚴重的，等於是想要造反。

有天我們舉行「青年與國是」座談，來賓包括楊寶琳[41]、南方朔等。開始之前，宋東文諸人帶領同學唱〈熱血滔滔〉，氣氛弄得很活躍。會場上，講員和聽眾的對話尖銳，楊寶琳是國民黨要員，自然成為被詰難的一方。日後一位新聞記者告訴我們，楊寶琳在立法院遇到蔣經國，她說：「主席，淡江學生好兇喔。」據說是這話被旁人聽到，因此傳播出去。

學校當局給我們的束縛更大了，主要來自訓導處。訓導長A是個大官僚，傳言說，他與特務機關有連繫，任務是對付淡江的學生運動。此人品行惡劣。美國某大學派遣研究生來淡江，A把那女生「性侵害」，這事甚至驚動到美國那所學校，可是A的訓導長位子，還是坐得好好的。

同志們對校長張建邦也很有意見。張有好的一面，他提出口號：「建設一個沒有圍牆的大學」，觀念算是開通的；但他熱衷政治。張建邦把學校的職位提供給外面勢力，用來做關係。像A這種人得以進入校園做惡，張可能要負一些責任。

我們社團後來就遭受訓導處的許多干擾，這個不准，那個不准，最不滿的是宋東文和蔡裕榮，他們是前後任社長，與校方交涉的機會多，被壓迫感也大。有一次，他們受到無理待

41　楊寶琳，台灣終身職的立法委員，女性，當時頗出名。

蔡裕榮（左）和宋東文在淡水河的渡船上。

遇，異常氣憤，宋東文提議：既然同訓導處溝通無效，不如乾脆向主管機關申訴。眾人聽了都表示贊成。宋東文草擬陳情書，印成三份，我們分頭找各系同學連署，共有一百多人簽字。蔡裕榮和周威仲帶著陳情書，到監察院、教育部控告訓導長。

　　在表面上，此事被政府封鎖，是否引起什麼效應，我們不得而知，以其性質來講，於當時的戒嚴體制下，是一個挑戰權威的騷亂。消息傳到海外，美國的華人雜誌做出報導，把它看成台灣學生運動的值得重視的事件。據說國民黨認為 A 辦事不力，改由特務教授李子弋負責管束時研社。

　　過不多久，蔡裕榮因叛亂案被捕，他在偵訊時，把 A 也搭進去，可算是神來之筆。特務問蔡裕榮為何造反，他回答說，是受到訓導長的不當作為的刺激，才誘發對政府的不滿；案子在法庭宣判以後，報紙刊載了背景材料，引用蔡裕榮的說

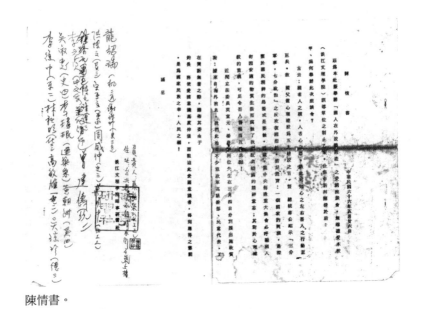

陳情書。

法。我那天看到新聞內容，不由得拍手叫好，蔡這一招真是漂亮的獄中鬥爭。後來 A 下台了，說不定是與被蔡裕榮「陷害」有關。

校外活動

時研社多次拜訪社會人士，向他們請益。那時是蔣經國當權，台灣的黨外勢力逐漸壯大，而且「中華民國」在前幾年已被聯合國趕走。一天，伙伴們去李慶榮家，李向我們分析局勢：「國民黨就像一個快死的人。他的產業多，大房、二房、各方面的親戚，都在準備爭奪遺產，所以未來的台灣將有動盪。」李的比喻很生動，他把國民黨形容為「快死的人」，我

們聽起來尤其滿意。

某些前輩也樂意與時研社交流。陳鼓應、侯立朝幾位，請同學們聚餐談話。有的伙伴多次去陳鼓應家，向他借禁書。陳很謹慎，告訴同志們怎樣保護自己：「如果你們看書，被特務知道，不要說你們向我借書，要說是我忘記帶走的。」後來時研社出事，蔡裕榮、宋東文被關押審訊，他們沒有牽連到陳鼓應；可是獄中一個知情人吳恆海賣友求榮，把我們社團的狀況寫成書面材料，向國民黨告密，因而對陳老師造成不利影響。很久以後我們得知此事，蔡裕榮認為這是他交友不慎所致，他向陳鼓應道歉。

陳老師又有一事，也讓我印象深刻。四年級時，他約大伙兒到一個餐廳，眾人坐定之後，陳才匆匆趕來。他進門還沒坐下，就高興地宣布：成昆鐵路通車了。我在前一晚已從中共廣播裡聽到這新聞，所以心想，陳可能也偷聽「匪播」吧。那年代想做個愛國者真不容易，必須偷偷摸摸、承擔危險。陳映真說過，「愛國是一件拼命的事」。

我們推測別的學校應該也有進步學生，想同他們交流；時研社和輔仁大學「醒新社」接觸過，詳細情形我已忘了。同志們又聽說，政治大學有幾位不錯的同學，要找機會互相認識。李慶榮建議：雙方可以約定同一時間去爬山，在山上偏僻處會合，如此不著痕跡比較安全。我不記得這個設想是否實行。多年後，我聽一位政大畢業的人士說，當時他們也想來淡江看看，但未實現。我們沒有結交到其他學校的朋友，很覺可惜，不過如果搞成各校的大串連，或許早就被抓去坐牢了。

宋東文、蔡裕榮等人和學校「樸毅社」合作，參加他們的山地服務隊。蔡回來後，向我談起他在山上工作的感想。自從

他看到少數民族生活的狀況，以後蔡裕榮吃飯時，一定把飯菜吃得一粒不剩，絕不浪費。

「運用理論，指導實踐」是伙伴們共同的想法，時研社決定建立新團體「工讀生聯誼會」，近期目標是把全校的工讀生予以組織，其實大家在做更美妙的盤算。淡水一帶有不少工廠，我們希望能把當地的勞動者結合進來，再經過一番偷天換日，以「工聯會」的名義，在社會上活動，把它變成工人階級大聯合的群眾集體。

為了取得工讀生的身分，我們去找打工機會。1970 年代服務業不發達，學生打工主要有兩種方式：送報紙，或者到餐廳洗碗。時研社的人經常熬夜，晚睡晚起的夜貓子是不能送報的，只適合做洗碗工。我和蔡裕榮、萬明中持續最久，我一共做了兩年；那時洗碗精品質不好，由於接觸過多，我兩手皮膚都被腐蝕。後來同志們正式向學校申請成立「工聯會」，訓導處似乎知道我們的意圖，全盤否決，絲毫不給討論的餘地。

我們也注重調查研究，這是毛澤東強調的工作方法；毛那句著名的話：「沒有調查，就沒有發言權」，大家早已耳熟能詳了。王津平和李雙澤到淡水舊城區搞社會調查，時研社也去幾個地方，比如金山區的漁村、三芝區的農民家庭。

印象較深的調查有兩次，其中一次到八里。淡江大學位於淡水，對岸是八里；社團十餘位成員坐渡船過河，一起到八里的挖子尾地區，它南面是觀音山，東北面靠著淡水河，西北方向是台灣海峽。挖子尾地形封閉，經濟不發達。我們事先不知如何準備，沒有對社員進行訓練；活動剛開始時興致還好，像是集體出遊，但很快就覺得無趣了。同學們在馬路邊找人說話，有的進入農家，與老人閒聊，都無法深入下去。群眾對我

們也沒興趣。

團體中有兩個大一女生，比較害羞，她們只是跟著隊伍走在最後面，提不起一點勁兒。過了二、三小時，同學到廖添丁廟休息，廟門口有位老人，他前面放著一個大容器，裡頭是一堆沒見過的雜亂物件，說樹枝不像樹枝，說樹葉不像樹葉。我到廟裡逛一圈出來，看到那兩位女生同老人對談得很好，我相當意外，以為時研社出了人才。等她們調查完畢，我問收集到什麼材料，她們不肯講，這更叫我好奇。最後，一位才臉紅地說，那老人是賣中醫藥材的，專治婦科病，她們向他請教幾個問題。這次經驗使我有所體會：要搞好調查，事先須做各項準備和人員培訓；像我們這樣是不行的。

另一次調查做得稍好，但仍屬失敗。大三時，基隆七堵的煤礦發生災變，造成傷亡事件，我們決定去了解情況，看看能否幫工人爭取到更多權益，順便為《夏潮》寫一份調查報告。蔡裕榮先去連絡，煤礦公司表示同意接待。

那天，與我們友好的社團──新聞研習社、樸毅社、慈幼社等，也有熱心的同學一齊參加。眾人坐客運車去，又走了長長的山路，到達煤礦的行政區、生活區一帶，看到環境很髒亂。我們訪問幾個工人，談不出什麼重點。一位自稱是「安全主管」的職員，三十多歲，過來見我們，他的講話內容貧乏，約十分鐘就結束了。

中午時候，到福利社用餐，不少礦工也在那兒，我們利用這個時機做調查、開會（交流經驗）。有一位戴眼鏡的工人特別友善，他相貌斯文，這在煤礦中是少見的。同學們離開時，那工人堅持要送大家出去，並且陪著走很長的路，當我們得知他還要上班，再三勸其不必客氣，他仍不願回去。有人問他為

何要來這裡工作，那工人說，挖煤礦雖然危險，但工資較高，又說他已讀到高中，心裡很想跟我們一樣繼續念大學，然而家境窮困，自己必須犧牲，辛苦賺錢讓弟弟讀書。

　　他一直和我們走出山區。互相道別時，這位工人才說，他之所以全程陪伴，是為了保護大家，因為有一群礦工互相商量，要在路上揍人，被他聽到。他分析說，是由於同學們帶著青少年的慣性，在福利社談笑喧鬧，引起旁人側目的緣故。眾同志非常驚訝；我們全心全意幫助工農，工人老大哥居然要打我們。不過有另一種可能：資方在其中挑撥教唆。由此看來，做社會調查並不容易。毛澤東提示：「要和群眾同吃、同住、同勞動」，這個標準，我們是做不到的。

　　時研社也去政治的場子。那時台灣有一些黨外人士參與地

同學們到煤礦調查，在福利社門口照的，第二排的左起第二人，就是那位保護大家的礦工。因為當時下雨，所以擠在屋簷下拍照。

我們從礦區回來後，所寫的調查報告，由賴明烈執筆。

方選舉，他們敢跟當權派唱不同的調子。幾個同志為郭雨新發傳單，或幫其他人競選，最遠有到高雄的。周威仲膽子大，他站在台上向民眾演說，言論尖銳，衝撞國民黨；台下的老人們誇獎他勇敢。

　　1977年底的縣市長選舉完畢之時，「國立藝專」音樂科在「國父紀念館」演出。那個晚上，淡江「國樂社」呼朋引

伴，大伙人坐火車去台北捧場。表演結束後，我獨自在昏黑的街道旁等公車回家，機械系同學陳勇柱突然靠近我，低聲道：「前天投票的時候，國民黨作弊，中壢發生動亂，老百姓放火燒警察局。」他平時喜歡玩胡琴，那天臉上表情卻透露著興奮，再三保證說這是可靠的。我不大相信，認為應屬謠言，但心裡還是受到波動，有所期待。

　　過幾天，意義重大的「中壢事件」被證實，我們的人民不再容忍蔣幫撒野了。這顯然是個標誌，台灣將進入風雲激盪的新時期。我特地蹺課，老遠跑去中壢，看那個被燒的警察局。

　　大家預見台灣將出現民主化的高潮，李復中向我談起他的構想：「將來台灣人民總起義時，國民黨頭目一定像阮文紹[42]一樣，帶著財物跑到國外。我們絕不能讓他們逃走。貪汙來的金錢要沒收，人要扣下來審判。」我覺得李復中說的不錯，然而這種事很不好辦；國民黨是有武力的，在那節骨眼上，若有人敢攔阻他們，一定會被射殺。對於我的質疑，李說他想好了：時研社可以組織「請願團」、「哭求團」，到時候動員眾多老弱婦孺，在通往飛機場的要道上，攔路跪倒，哭聲震天：「總統啊！將軍啊！不能丟下我們哪。」李復中估計，這樣一來國民黨比較下不了手，或許被纏得無法脫身，我們就能達到目的。

　　李復中的建議十分有趣，幸好台灣局勢沒有走到那一步。1984 年的「劉宜良命案」[43]，意外地促成蔣家王朝走向終結，

42　阮文紹（1923-2001），曾擔任南越政權的總統。1975 年越南即將統一時，他逃到台灣，之後去英國流亡。

43　劉宜良（1932-1984），筆名「江南」，1949 年隨國民黨到台灣，進入國防部政幹班學習。1967 年以《台灣日報》特派員身分駐美國，並

蔣三世（蔣孝武）沒能掌權[44]，也使島內的民主化變得順利。

加入美國籍，後來寫作《蔣經國傳》。1984 年 10 月 15 日，劉在美國家中被殺。有證據顯示，蔣孝武（蔣經國次子，當時被蔣經國重點培養，控制了台灣的特務系統）涉及此案。

44　劉宜良案發生後，蔣家政權面臨很大壓力。1985 年 8 月 16 日，蔣經國在接受美國《時代》雜誌訪談時，明白表示：未來台灣的領導人，將不會由蔣家的人擔任。許多人認為，劉案是壓垮蔣家王朝的最後一根稻草。

鄉土文學

風潮

　　大一時，由於沒有考試的壓力，我對文學產生興趣，讀過一些作品後，隱約覺得這方面有不同的主張，自己也困惑起來。

　　那時多數人的文藝觀是：現實環境是俗氣、缺陷、甚至醜陋，而文學藝術屬於另一世界，它是追求美的，帶給人們超然的想像，可以避開煩惱，彌補人生的不圓滿……。這就是文藝的價值。但我偶爾看見極少數另類的詩歌和小說，描寫生活的不公與困苦，閱讀之後感到缺少優雅，心情也受影響。我不喜歡這種不愉快的作品，然而如果摒棄它們，好像又不對。

　　淡江有幾個文藝性的學生團體，不時於晚間向訓導處借了教室，舉辦活動。我剛進學校時，因為好奇，經常去旁聽他們的聚會，時日稍久就查覺有一小群人很特別，他們愛談文學藝術，老是把文藝講得既玄且虛，似乎處處藏著什麼隱密幽微。這些同學喜歡擺弄文字，做出風雅之狀，且在公眾場合互稱「四哥」、「三弟」和其他外號，故意要引人側目。

　　某個晚上，我去聽他們的演講，散會後走出教室，看到宋東文站在門口。他恨恨地說：「風氣太壞了。」我不懂他的意思。宋提到這些人裝神弄鬼，以及他們私底下做的事情，包括把文學作為攀附工具、文人的玩物和炫耀物。宋又說：「我要

改變校園風氣！」宋東文不齒其人品，唾棄那種自私虛假的花樣。我當時中心思想尚未建立，心無主見，分不清楚誰是誰非。

有天我讀到一篇文章，大意為：「世界上的不公不義，是客觀存在；人們應該經由努力奮鬥，將其改善，人類社會就是這樣發展過來的。文學必須面對它們，不可逃避。每個人都有良心，如果我們故意壓抑良知的作用，對黑暗現象視而不見，那不等於自我閹割嗎？」這篇短文如同醍醐灌頂，尤其是最後一句話，廓清我的許多迷障。

這兩種文學觀的矛盾，隨著台灣情勢發展，逐漸在社會上激化了。我發覺其差異往往根源於階級的分野。上述幾個舞文弄墨者，他們的出身或情感，接近於統治階級權貴集團，而時研社的同志則反是。

1976 年起，陳映真、尉天驄、王拓陸續發表多篇文章，提倡現實主義文學。這條文藝路線是針對既有的弊病而提出，強調文學應該真實地反映社會、說出人民的心聲。它具備了理論和道義上的高度，進步作家們也的確寫出了好作品，因此很快就在讀者中產生效應。這類文學與之前流行的無病呻吟，以及國民黨的「反共文藝」，有著明顯不同，一般人叫它「鄉土文學」[1]。

第二年 8 月，國民黨布置一群拿筆桿的爪牙，對上述人士發動攻擊，這事件延續半年之久，被稱作「鄉土文學論戰」，是台灣文學史上的大事。其實這並非一般意義的論戰，它不僅

---

1 有人把這個文藝路線概括為：建立民族風格，勇敢反映現實，為民眾服務，推動歷史前進。

是文藝路線的爭論，也是政治鬥爭，原來官方是要搞成文字獄
的，只不過它最後沒有辦到。淡江大學是事件的現場之一，王
津平涉入頗深。

王老師自從 1975 年回國任教，於淡江大學呼應陳映真等
作家、評論家，利用他在課堂、校內刊物、學生社團中的話語
權、行政權之優勢，大力推廣鄉土文學，並主張開放三十年代
的作品。王津平在文藝界、新聞界有一批新銳進取的朋友。他
常以不同社團的名義，邀請他們到學校演講，或與同學們交
流；來過淡江的約二十人，有的還不只一次。這個方式很有效
果。我明顯感到，校園中出現一股清新健康的風氣，鄉土文學
的影響在擴散，來聽講的人逐漸增多，一些原本不接觸文藝的
同學，也看起課外書了。

大三時，王津平把楊逵[2]請到淡江，這是一件盛事。楊逵
在日本殖民時代已是著名的作家、社會活動家和抗日志士，
後來受到國民黨長期迫害。在台灣島內，像楊逵這類左翼人士
與事蹟，均被蔣政權抹去，一般人受到層層遮蔽，沒有機會認
識，同學們之所以知道楊逵的名字，主要是《夏潮》的緣故。
這份雜誌自從蘇慶黎擔任總編輯，就帶著社會主義色彩，內容
有評論、創作，也介紹台灣歷史，在那樣的政治環境中是很勇
敢的。《夏潮》立場鮮明，吸引了好學深思的人們之注意。它

2　楊逵（1905-1985），台灣台南人。楊在 1924 年到日本半工半讀，進
　　入日本大學夜間部文學藝術科，因參與社會運動而被捕入獄。1927 年
　　回到台灣，參加「農民組合」與「台灣文化協會」的活動。1932 年發
　　表日文小說〈送報伕〉，一般認為是其代表作。楊逵也把不少中國新
　　文學的小說，翻譯為日文，如魯迅的〈阿 Q 正傳〉。1949 年，楊因
　　寫作〈和平宣言〉遭國民黨判刑十二年。

每期製做一位台灣作家的專題，並以他的木刻頭像作為封面圖案，包括有楊逵、吳新榮、呂赫若、張文環……。每個月份的開始，我都去文理書店瞧瞧，期盼能趕快看到新的《夏潮》。王津平是雜誌社的重要成員，時研社透過王老師，與《夏潮》建立關係，多次到街頭、各個學校、人群中去推銷，也有同志為它做發行工作。我兩次和周威仲、宋東文、王津平的妹妹等七、八人，到台北市區賣《夏潮》。我們沒有拿工資，只是在外面吃飯的錢，由雜誌社負擔。

那次楊逵的演講很成功；他身子瘦小，言語平實，受到同學愛戴。除了談文學，他也巧妙傳達出社會主義觀點，如強調「勞動」的重要性。楊說他原本不夠強健，有肺病，但因堅持勞動，每天拿鋤頭挖土整地，從而使精神與身體狀況都改善許多。他依據親身體驗，說得很深刻。楊逵又講到台灣人民反殖反帝的故事：他的父祖輩為了抵抗日本侵略者，把菜刀綁在竹竿上，當作武器。楊逵並說，噍吧哖事件 [3] 爆發，日軍的砲車就從他家門前經過 [4]，幼年的他緊張地躲到門後，從隙縫中向外張望。楊逵說到這些事情，同時做出模擬動作，表情活潑。大家反應很熱烈，屢屢發出笑聲。

其他來淡江的講員也受歡迎。王津平所邀請的對象，多數

3　噍吧哖事件是 1907 年至 1915 年間，台灣民眾抗日鬥爭中，範圍最廣、規模最大、犧牲最為慘烈的一次起義。組織這次起義的領導人是余清芳、羅俊、江定等，範圍包括台南等地。1915 年 7 月 6 日，起義軍與日軍在台南的噍吧哖首次交鋒，此後多次交戰，由於寡不敵眾，隊伍退入山林，遭到日軍的圍攻。8 月 22 日余清芳被捕，起義失敗。日軍為了消滅抗日力量，對民眾進行誘捕，把許多人殺害。

4　楊逵家在台南縣新化鎮（現在的台南市新化區）。

是懷抱社會主義理念，如唐文標[5]，還有日後成為鐵桿台獨分
子的陳永興、楊青矗等。到場聽講的，不少是帶著疑惑、主動
思索的同學，他們經由這個渠道，能獲得不同的知識。那些宣
揚鄉土文學的人，其理想不僅止於文學之改良。我們與演說者
有默契：同志在現場提出事先設計的問題，為他們創造條件，
讓講員容易藉題發揮。

有時在集會結束後，王津平、演講人和我們走到山下，
吃過宵夜，再找地方繼續對談。這種小範圍的「第二攤」交
流，內容更為深入，收益也更多，例如王拓告訴同學們，人類
歷史的演化是有階段性的：奴隸社會、封建社會、資本主義
社會……。這是我第一次接觸「歷史唯物主義」概念。又有
一次，是陳鼓應來淡江。陳聽說「時研社」為了籌組「工聯
會」，社員們去做洗碗工，以擴大社會實踐之事；他很高興，
連連給予讚揚和鼓勵。

那個年代被禁錮得太厲害，存心上進的年輕人會非常渴求
外面的信息，即使是很小的事物，或不經意的話語，也可能啟
發我們。有個晚上施善繼來分享現代詩，散會後去吃點心時，
我看他拿著一張文件，就借來瞧瞧，那是大陸在香港舉辦「中
國少數民族文物展覽」的廣告單。這類物件在台灣屬於違禁
品，它開頭寫道：「我國是一個多民族的國家……」我受到
這句話的衝擊。國民黨一向是漢族沙文主義，沒有民族平等觀

5　唐文標（1936-1985），數學教授、作家、文學評論家。1973 年，唐
　　發表〈什麼時候什麼地方什麼人──論傳統詩與現代詩〉、〈詩的沒
　　落──台港新詩的歷史批判〉、〈僵化的現代詩〉三篇文章，認為詩
　　歌應該對社會起正面作用，並批判周夢蝶、余光中等人對現實的逃
　　避。這些文章引起論戰，被稱為「唐文標事件」。

念，它從未明白承認「中國是多民族國家」；僅僅那幾個字，好像把我內心打開了一扇窗子。

時研社原本就有讀書與學習，再加上和校外人士的對話，大家思想更為活躍。我們逐漸掌握「科學社會主義」的方法論，思考社會問題時，懂得從物質基礎、經濟關係去切入，也能看到在世界資本主義體系下的繁榮、民主、人道、慈善之另一側面，宛如是一場人吃人的筵席。

國民黨作為掌權者，對危害自己地位之事物是敏感的，「現實主義文學」概念一出現，就被它當成敵人。它知道順著這觀點發展下去，人們一定會對現實環境做出反省批判，如此必將動搖其統治。蔣政權很清楚《夏潮》與王津平的意圖。淡江有個教授李子弋，是政府安插在校園的特務，李子弋親口對王老師說，他看過王的「安全資料」，上面寫著：「藉由提倡鄉土文學，真正目的是搞學生運動。」國民黨情報是準確的。王津平希望屬於人民的文藝路線能夠獲勝，並且帶動社會的變革。時研社同志也是這樣想；我們和王津平配合良好。

政府對校園這類現象採取反制措施，安排尹雪曼、周伯乃等御用作家來淡江活動，談論文學。有一天我聽尹雪曼講話，他主動提到「開放三十年代作品」的問題，似是針對王津平而來。尹說：「那些不好，你們不要看。」我正專心要聽聽他的說法，不料話題就這樣結束了。尹雪曼沒有做出任何解釋，就繼續去講其他事情。我沒想到國民黨的打手對於最基本的群眾工作，竟做得如此拙劣。他這種表現，不但學生認為沒說服力，也感覺不被尊重，反而更想去看禁書。

打擊

　　王津平提倡鄉土文學，前後將近兩年，儼然成為淡江校園文藝思維的主流。國民黨那套八股節節敗退，只有它的筆桿子朱西甯等少數人，仍影響著一部分青年。[6]

　　鄉土陣營把運動擴大到其他領域，《夏潮》、《雄獅美術》（蔣勳主編）開始討論繪畫、舞蹈和電影。王津平藉此東風，結合李雙澤（數學系）、楊祖珺，推動中國現代民歌。他們在學校舉行幾次大型集會，更連絡校外朋友，將潮流引向公眾，時研社在側翼協助。李雙澤提倡民歌所掀起的風波，實際上是他與時研社在演唱會上搞雙簧，彼此事先套好招式以製造話題。[7]宋東文喜愛音樂，他參與李雙澤的〈紅毛城〉等民歌

6　朱西甯（1926-1998），山東臨朐人，作家。他在抗日戰爭勝利後，進入杭州國立藝專學習，之後參加國民黨軍隊，1949 年隨軍到台灣。朱在他的書《將軍令》中，提到淡江文理學院的一些情況。他以國民黨的角度寫道：「……便有一回我受邀至一處被喻為『鄉土老巢』的學院演講，以世界大同倫理的民族文學，破偏狹藐小的地域文學和墮落卑下的物慾文學，梯式大教室座無虛席，走道梯階和周圍空間都告客滿，反應至為熱烈，相信於絕多數的青年朋友大有提醒和開豁作用——我不好說能夠給予他們什麼。而果然是要了命的給那幾位心懷不軌的職業學生狠狠一記沉重打擊，據確息，那一小撮歹徒於我演講結束後，立即召開緊急會議，一以挽救彌補其日積月累辛苦經營的一點績業，一以想盡方法謀求報復，置此悍敵於死地……。」
　朱所說的職業學生、歹徒，就是我們時研社的同學，但我不記得有「召開緊急會議」之事，那應是錯誤消息。又，朱天心《二十二歲之前・三三行》中，也以她的觀點，提及了這些事情。

7　音樂團體「野火樂集」2008 年製作的李雙澤唱片中，有篇文章〈一雙穿起民歌草鞋的腳〉記述淡江該事件。摘錄如下：

創作。

學校裡謠言多了起來，可以聞到不尋常的氣氛，甚至傳言說，王津平思想有問題，這在戒嚴時期是可怕的罪名。我們沒有真正見識過政府的整肅手段，因此對將來的演變並未太過擔憂。作為學生，上面有「大人」頂著，又看到國民黨的狼狽相，我對可能來臨的進步與反動之較量，還有一種莫名的興奮。

1976 年 12 月 3 日，他（李雙澤）代替胡德夫在淡江一場號稱「民謠」歌曲的校內演唱會中演出，而前面演出的樂團，幾乎都演唱當時流行的西洋樂曲，輪到他上台時，他問觀眾，在這樣一個民謠演唱會裡面，都唱美國流行歌，大家會不會覺得奇怪？他舉著一支可口可樂的瓶子說：「在國外我喝可口可樂，回到台灣我也喝可口可樂，在國外我聽西洋歌，回到台灣我們也在聽西洋歌，難道我們就沒有別的歌可以唱了嗎？」於是，他唱起台灣民謠〈思想起〉，引來一些噓聲，接著他唱〈國父紀念歌〉引起更強烈的叫罵，最後他問觀眾，你們要聽西洋歌曲是嗎？他演唱 Bob Dylan 的〈Blowing in the Wind〉，此舉讓全場噓聲與掌聲對陣。下台後，他走出演唱會會場，走向淡江牧羊草坪，當晚他開始發憤，開始自己寫歌，決定唱自己的歌。

「淡江可口可樂事件」造成了一連串校園內的抨擊與自覺反省的強大思潮，這是七○年代民歌發聲的初始，李雙澤當場率先提出「唱自己的歌」，開始將「大聲說話‧用力敲鐘」的精神用在音樂上，也引發當時大學生風起雲湧的創作風氣，影響後來擁有更多的校園民歌作品……

這個事件的真相是，上述演唱會中的騷亂，其實是李雙澤和時研社蔡裕榮、周威仲等人，於事先就設計好的。時研社的一些同學在現場發出斥責、噓聲、摔椅子……，以製造對立和緊張。其後校內刊物上的爭論文章，很多也是精心組織的。

這些刻意的安排，推動了民歌運動。儘管目標正確，但李雙澤、時研社等人使用了操弄群眾的手法，有一點不夠光明正大。

　　1977 年 5 月，王津平以「文社」名義舉辦座談，邀請來的有陳鼓應、尉天驄、李慶榮等五、六位。活動在晚上舉行，「會文館」樓下大廳坐滿了學生，座談由王老師主持。事先他向我們打招呼：如果討論時太過冷清，時研社的人就要發表意見，把場子炒熱。

　　幾位來賓說了「文藝應該走入人群、關懷社會」之類，聽眾的反應算是普通。同志們舉手發言，與講員對話，現場氣氛變得比較活絡。這時，一個年輕人問尉天驄：鄉土文學是不是「工農兵文學」？我很詫異；此人似乎另有圖謀。因為那年代民眾對中共十分無知，除了時研社這種異類，一般同學根本不懂什麼「工農兵」，而且我們在校園從未見過這個人。

　　尉天驄回答的大意是：「工農兵文學並沒有什麼不好。我們之中許多人是農人出身。農人唱唱歌，工人寫寫東西，當兵的提倡軍中文學，又有什麼不對呢？」我聽了覺得不安。「工農兵」是毛澤東使用的概念，毛主張「文藝為工農兵服務」，尉天驄沒有在言語中，刻意明確地同它劃清界線，日後很容易被栽贓。我們那時已有敵情觀念，曉得學校裡窩藏著特務分子、職業學生。後來王津平也對我說，發問的那人非常可疑；王老師認為是特務。尉天驄是政治大學中文系教師，他或許不知道淡江校園有這般複雜。

　　那年暑假我參加社會服務，在屏東山地部落過了一個多月不通訊息的日子。工作結束後，順便到台南一位同學家裡去玩；他拿出為我收集的報紙，說：「國民黨圍剿鄉土文學。」

　　我趕緊閱讀這些文章，它們大多登在《聯合報》上。彭歌寫了幾篇，矛頭指向陳映真、尉天驄、王拓，其他筆桿子也上陣叫罵，明顯是組織性的行動。讓人意外的是，余光中居然自

願墮落，甘作鷹犬，他以前都擺出作家學者的姿態。余說：工農兵的文藝，台灣已經有人在提倡。他聳動地喊「狼來了」，宣稱要「抓頭」[8]，話語粗鄙。其餘打手也扣住「工農兵」三個字展開攻擊，並且胡亂解釋，擴大株連；看來，三個月前淡江那場集會裡，他們是蓄意做了陷阱。

國民黨會有動作，早在大家意料之中；它要維護自身的利益，政治本來就如此。只不過原先我們太天真，認定論戰將以文藝為範疇，屬於意識形態領域的鬥爭，也以為雙方的分歧若能公開化，對人民是有好處，然而國民黨一出手就露出凶相，未免太過下作。他們如同指控陳、尉、王三人是共產黨，簡直要置於死地。[9]

四年級開學後，論戰仍繼續著。國民黨的爪牙如響斯應，蜂擁而出，有的言語接近下流，所寫的東西多是潑灑汙泥濁水，意在陷人於罪，對於「現實主義文學」的論點，連邊角也沒摸到。《中央日報》汙蔑顏元叔：「頭上歪戴著五角星帽」、「上竄下跳」。其實顏元叔與鄉土文學牽涉不大，那幾

8　余光中在《聯合報》副刊發表了有「血滴子」之稱的〈狼來了〉一文，表示：「回國半個月，見到許多文友，大家最驚心的一個話題是：工農兵的文藝，台灣已經有人在公然提倡了！」他點名批判陳映真、尉天驄、王拓等人，並主張：「不是戴帽子，是抓頭！」、「那些工農兵文藝工作者立刻會嚷起來：這是戴帽子！問題不在帽子，在頭。……那些工農兵文藝工作者，還是先檢查檢查自己的頭吧。」

9　2000 年，陳映真在《聯合文學》雜誌九月號發表〈關於「台灣社會性質」的進一步討論〉一文透露：余光中寫信給當局，檢舉陳映真有馬克思主義的思想。這在戒嚴下的台灣，是「必死之罪」。陳說：「……余光中這一份精心羅織的材料，當時是直接寄給了其時權傾一時，人人聞之色變的王將軍（王昇）手上。」

李復中在《夏潮》發表的論戰文章。

年他還在贊賞資本主義，因此讓人懷疑這是另有恩怨，藉機迫害。幾乎所有媒體都成為蔣幫的鬥爭工具，尤其《聯合報》、《中央日報》表現最惡質。進步作家抵抗的陣地是《夏潮》。我們只是學生，文藝理論的修養不足，只能焦慮地在一旁關心；時研社裡唯有李復中程度好，他在《夏潮》撰文，參與論戰。

　　《夏潮》陣營是弱勢，只有弱者才試圖說理，國民黨無理可說，也根本不講道理。情勢越來越險惡，已出現相當明確的跡象，政府將有逮捕行動。一些人士受到特務逼迫[10]，有的

10　1997 年 10 月，在「鄉土文學論戰二十週年紀念」座談會上，高準說：「我自從被余光中這狼咬了以後，始終就找不到工作，到現在還在流浪中。1984 年，東海大學請我去當教授，結果安全單位一個黑函

作家整理好書籍物品，做了被捕的準備，或去南部鄉下躲避風頭，某人的妻子被嚇得要求離婚。國民黨辯論是無能的，但它有政權在手；我感到政權的威力與可怕，儘管我厭惡它。它可以壓倒一切，抓人、關人、毀人名譽，均不是難事。[11]

　　有一天，我遇到德語系的吳瑪莉。吳頗有才華，在《明日世界》雜誌做編輯。她說，《明日世界》邀約論戰的各個關係人，請他們當面對談，等到她把發言內容整理成文字後，將於下一期刊出。我聽她這麼說，很有興趣；以那時的氛圍，能把聚會辦成就已經不容易。我向吳瑪莉借座談的錄音帶，她雖與我並不熟識，還是大方地給我了。

　　我又向人借到錄音機，在宿舍仔細聆聽。那座談會時間很長，約三個多小時，參與者有國民黨方面的，有《夏潮》的，也有中間派、調和主義者。我現今只記得兩個人的發言：王拓和陳映真。

　　王拓的講話是在做委婉的解釋，大意為：這些人提倡鄉土文學，是想讓我們國家更好，並非意圖反對政府，希望國民黨不要誤解。我聽了頗為難過，因為那是被壓迫者的無奈。我這樣說，絲毫沒有輕視他的意思。我佩服當時的王拓是一個戰士。

　　接著是陳映真。一開始，陳的發言就使人震撼，他堂堂正

發過去，雖然課表都已經排好了，仍然撤銷。」（《夏潮通訊》2007年11月號）

11　據高準透露，作家溫瑞安、李慶榮之所以被捕，是受到論戰的牽連。溫瑞安與鄉土文學陣營並沒有關係，但遭國民黨羅織陷害。又，政府當時準備逮捕陳映真；此事之消息來源是鄭學稼。（《夏潮通訊》2007年11月號）

正宣講「現實主義文學」的主張，對於工農兵問題，也沒有迴避。陳映真說：「這個世界已經走向民主化了，那麼，文學上的民主化是什麼？就是讓那些世世代代未能接觸文學的工農群眾，也能從文學中得到力量和安慰。」他控訴統治者的不義，甚至不迴避談及分離主義。[12] 陳斥責國民黨：你們這樣的做法，已經傷害到台灣人心。他還向政府發出適度的警告。

陳映真說了約二十分鐘。這是前所未有的，它讓我見到什麼是「正氣凜然」。陳的說話明晰堅定，有強大的感染力量，而且邏輯清楚，結構嚴謹，我沒有聽見一個多餘的字。從錄音帶中，彷彿可看到現場的屏息動容，如果鷹爪們會感到少許不安，那代表還有殘餘良知，我不知道他們有沒有。我想起法國作家左拉那篇著名的〈我控訴〉。陳映真的講話，其價值不低於左拉的，而陳的處境更為艱難。

我邀同學來聽錄音。有人聽過，又介紹朋友來，也有同學把帶子借去，再播放給其他人。我因為陪伴聽了許多遍，全部內容幾乎都能背誦。真理畢竟是壓制不住的，然而我覺得，面對不公不義的事，有正義感的人是少數，很多人無動於衷，他們不認為別人遭受冤屈，這類事與他自己何干。某些人稍有義憤，但也只是一時。我不禁懷疑，人的這種差異或許是天性。

那錄音帶也叫我為難。我有信心，國民黨這個犯大罪的，未來必受到人民的清算，屆時這帶子甚有價值，是歷史文物，如果還給吳瑪莉就太可惜了，這樣等於毀掉它。以《明日世界》的背景，不會刊登陳映真的發言，可是，又怎能不還呢？

12　當時，「台灣獨立」話題在社會上是禁忌，沒有人敢在公開場合談論。

吳瑪莉多次催促，我總是推託。她一定看我是莫名其妙的人，對我印象極壞。

錄音帶是雜誌社的財物，我沒理由霸占著。眼看拖不下去了，那時吳添財和小邱恰好來淡江找我，我把這個難處告訴學長。吳添財聽完事情原委，果斷地說：「不要還給她。」我接受吳的意見，當下橫了心，決定這一次要做壞人了。至於吳瑪莉，我在心裡向她說對不起。

如今回想，這事情實在可笑：錄音帶是很容易處理的，copy 就是了。偏偏我想不到，幾個朋友也沒想到；當時錄音機還不普遍，我們窮學生都沒有。這印證了唯物主義的觀點：人的思維受到現實環境之制約；一個人怎樣生活，他就怎樣思考。幸好後來有人點撥，我趕緊 copy 一份，把原件歸還。

陳映真的錄音我保存有十多年，最終仍是丟失，非常遺憾。當時一位朋友說，他經常遇到陳映真，我就託他把帶子交給陳。不料那朋友太過輕忽，把它弄丟了。

鄉土文學的鬥爭持續約四個月，最後國民黨搞得稀稀拉拉，顯得難以為繼。1978 年 1 月的「國軍文藝大會」，由王昇 [13] 宣讀一篇下台階式的講話，「論戰」草草收兵。《夏潮》陣營挺了過來，沒有被打倒，可算是獲勝。[14] 這個事件反而加

13　王昇，大權在握的「國防部總政治作戰部」主任，蔣經國的重要幹將。當時他的地位，如同東廠頭子。

14　關於論戰結束的原因，有不同說法。楊青矗在《楊青矗與美麗島事件》（國史館，2007 年 7 月）中說道：「……但後來國民黨為什麼會害怕呢？鄉土文學論戰一直戰，不是台灣在戰而已，連所有華人地區的華人報紙，都參與這場論戰。海外的華人報紙及台灣同鄉的刊物，多數為鄉土文學作家辯護，並嚴厲批判國民黨迫害鄉土作家。國民黨

速人民的覺醒，鄉土文學成為文化界的主流。

國民黨和余光中們猖狂一跳，枉費機心，下了一盤臭棋。統治者保衛花花江山的本能，並不讓人訝異，我難以理解的，是它的蠢：他們手法粗暴，使得很多原本不關心的人也同感厭惡。這個黨是低級的，且又毫不慚愧地展示其低級水平。蔣政權不僅被憎恨，也被覺悟的人民所蔑視；在日後風起雲湧的反抗運動中，可以清楚看出，即使它製造了劉宜良、陳文成、林義雄家屬等血案，但已嚇不倒無所畏懼的台灣民眾了。

關於國民黨文化打手的素質，我有一次近距離的體會，只是不知代表性為何，姑且記在下面。

過了三年左右，我和一位朋友在台北博愛路附近吃飯，那餐廳離總統府、國防部、警備總部不遠。我們使用靠牆的小桌子，左邊一張大圓桌，坐著八、九個人。他們吃菜喝酒聊天，言語中夾帶著官僚口氣和江湖味，話題是有關鄉土文學論戰的事，提到瘂弦等一些軍中作家，講了不少內幕。我判斷這些人地位不低，可能是國民黨管控文藝的官員，或者媒體、刊物的總編輯，有政戰背景。

在他們飯局中，有個人手拿著一本書，站起身子，表示要

一看火燒到全世界去了，就要收了。不然，再戰下去要抓人是不是？抓了人就更不好收拾了。……國民黨王昇那邊開始驚惶了，下令不要再戰了。台灣的報紙就收兵了。」
蘇慶黎在《珍藏美麗島》裡，說到這段鄉土文學論戰。她表示：到了論戰後期，她刻意把戰線拉長，就找胡秋原、鄭學稼出來，參與一場在耕莘文教院的座談，跟余光中、王文興對談。她把國民黨左派都拉進來，包括嚴靈峰等人，讓國民黨不好出手抓人。結果雙方收兵，平靜落幕。

先離開。那人臉上似笑非笑、我難以形容的一種什麼表情；他把手裡的書本打開，向同伙晃晃，馬上又闔起。我剛好抬頭向他一瞥，書中所夾的，是一張色情照片。

朱西甯

雙方論戰的時候，朱西甯屬於國民黨陣營。他是陸軍軍官，寫過不少小說，且與司馬中原、段彩華一道，被稱為「軍中文藝三劍客」。朱的幾個作品還不錯，可是我們對他很有意見。朱西甯雖與那群「反共作家」同樣為蔣幫統治及特務勾當做辯護，然而在形象上，他與眾多的痞子型、棍子型打手略為不同。他不但發動正面攻擊，也善長搞迂迴側擊，一些同志覺得他危害更大。

時研社裡，以李復中最為熱愛文藝，他對朱西甯十分痛恨，有一時期，每逢我們提到此人，李復中就情緒激動，連罵「無恥」，久久不停。起先我很不解，後來才問個明白。原來是朱西甯寫文章諂媚王昇[15]，大搞阿諛奉承，把王昇比擬為蔣介石；當時王昇被一些人看好，有希望成為蔣經國的接班者。文學被拿來作這種出賣，真是糟蹋到了極致，李復中是藝術的真誠追求者，難怪會受不了。

朱西甯具有影響力，造成不好的作用。他是中等個子，滿頭白髮，說話細聲細氣，頗為文雅，沒有丘八老粗的味道，對

15　這是《將軍令》中的一篇文章，那時相當出名；《將軍令》是一本「馬屁文學」的書。朱西甯寫道：「……半生憂勞，軍已是頰生壽霜而童山濯濯，神采氣度愈似老元首……。」讀者們很自然地把此文與王昇連結。朱家的人辯解說，所指涉的不是王昇。

於那些一知半解尋求「氣質」的大學生們，有欺騙性。我看到朱西甯，就想起《天龍八部》的「星宿老怪」丁春秋。朱西甯聚攏一群文藝青年，搞出個《三三集刊》，裡面的文字好似寫得風韻流動，內容則多造作而空洞。年輕人厭煩國民黨反共八股的轟炸，容易被這類虛謊的美感所引誘，如此將使青少年更難認清台灣和台灣人民之處境，而這結果，當然為政府所樂見——如此應是朱西甯與當權者的合謀關係：國民黨對他分配了任務，或是二者的默契。

像朱西甯這類鷹犬作家，在其公開發表的文章中，也做了部分的自我暴露。[16] 或許他們認定國民黨政權可以千秋萬世，故以這種方式向蔣家王朝表示效忠，因此才不以為意，不以為羞恥。叫大家感到特別的是，朱西甯們還喜歡談論三民主義和中國，可是他們把孫中山最重要的革命思想扒皮去骨，又將「主義」與「中國」說得玄乎神乎，不知所云。[17] 朱西甯所搞的，其實是一種輕浮的歷史唯心主義。

他的女兒朱××是淡江英語系學生，能夠寫作，當時已小有名氣。朱××與我同屆，常在校園中遇見；我們也是帶著缺

16　朱西甯在《將軍令》中，也透露出他和國民黨高層的關係，例如：「而據我獲知尚未公開的可靠消息，是那位情治機關朋友相告，那一小撮歹徒中，一位主要策動的領導人蔡某（按：指蔡裕榮）已因涉嫌恐嚇外商驅之離境和散發反動傳單的共諜案，於將軍這邀宴的前一日被捕。我將此消息也順便與將軍報告了，也算是又一印證吧。不想將軍聞之甚為動容，顯見將軍尚未得知前一日所發生的這個案件的偵破和處理。隨即將軍現出一種放心和寬慰，重又靠回椅背，安然諦聽我繼續報告。」

17　《三三集刊》的名稱，就有指涉「三民主義」的意思。當時有人指出，朱西甯把三民主義「玄學化」了。

點，年青氣盛，對她都不予理睬，覺得是個「討厭的女人」，因為朱××是國民黨洗腦成功的範例。她會把不喜歡的人寫入小說裡，編排似真似假的情節，用來貶損對方。王津平、李元貞等人被她影射過，寫得很不堪，登在《聯合報》上。這是不應該的。王津平的反國民黨和社會主義色彩，人盡皆知，那個黨又是「殺人如割草」的法西斯集團，朱××這樣等於協助蔣政權迫害人。在那種政治氣氛下，被她攻擊的人，除了隱忍，根本無法反駁或辯白。[18]

鄉土文學論戰尚未爆發，但已山雨欲來之時，朱西甯幹了一件壞事。那是關於抗日戰爭中一個出名的民族叛徒——胡蘭成[19]；胡後來逃往日本，於 1975 年到台灣。有傳言說，胡蘭成住在朱家隔壁，由其供養，朱西甯張羅一批年輕人，要他們聽胡蘭成授課。胡宣講那一套說法，歪曲抗戰之意義，他的兩本書也在台灣出版了。朱西甯被邀請至淡江，談及戰爭時期中國人與日本人的「友好」往來，朱的一個親信，亦即朱××的男朋友，他到學生社團座談時，肯定了汪精衛的「用心良苦」。這兩次呼應胡蘭成，我都在現場。

朱西甯、胡蘭成的行徑，引起鄉土文學陣營和愛國人士的嚴厲批評，余光中也提出反對。胡秋原辦的《中華雜誌》發表聲討文章〈漢奸胡蘭成，速回日本去！〉。時研社朋友們同感氣憤，思考著要如何討伐胡、朱，以伸張正義。

有人提議用「胡蘭成事件」為題目，舉辦演講會，請司馬

18　這裡提及朱西甯等人，是記錄當時「時研社」的主觀感想，可能他們有值得肯定的事情，而我們不知道。

19　胡蘭成（1906-1981），浙江嵊縣人，曾擔任汪精衛政權的教育部長。

中原來；司馬與朱西甯有矛盾，我們可以借力使力。因我與司馬中原勉強拉得上關係，這事由我去連繫。我是贊同這個設想的。我認為司馬中原比朱西甯好，司馬似乎較有愛國心，應該會反對胡蘭成，而且，如果能連帶教訓到朱西甯，那就更好。於是我寫信給司馬中原，推崇一番，請他來講話。司馬派兒子（也是淡江同學）告訴我：他願意來，但不想演講，希望改成小範圍的談話會。

我按照司馬中原的意思辦理，在「學人宿舍」借了一個不錯的房間；民族敗類人人唾棄，我期待大伙和司馬之間，會有相談甚得的局面。那天晚上到場有二十多人，圍坐成一圈。我先講一段開場白後，司馬開口了。他甩開主題，沒談胡蘭成，反而說起張愛玲。[20] 他說：張愛玲在上海出名時，朱西甯是個中學生，在朱的頭腦裡，覺得自己與張愛玲是「神仙眷屬」。

聽到這裡，我正在想：「司馬說這個是何用意？」突然他話鋒一轉，破口大罵中國共產黨，好像罵了很久。司馬說：「共產黨的壞啊，就算是白紙上只有一個黑點，他也要把它抹掉。」我至今記得司馬罵得嘴角歪到一邊、臉部肌肉扭曲的樣子。如此一來，形勢清楚了，我們與司馬中原根本不對盤。他閉上嘴巴後，諸同志也不方便接過話題，談話會就草草結束。我們本想利用他去做好事，但被司馬中原抽了冷子，反打一記；同志們畢竟年輕，不是這種老奸巨滑的對手，我有挫折之感。司馬中原後來得意地把我和這件事，寫進了他的書裡。

同志們在黑夜中走下山來，到小屋子休息談天。宋東文一進門，就哈哈大笑，高聲說道：「什麼神仙眷屬，根本就是意

20　胡蘭成是張愛玲的第一任丈夫。

淫嘛！」眾伙伴說說笑笑很是熱鬧。事情的發展雖不符合我們
的期望，畢竟朱西甯被打了一槍，可見那些國民黨筆桿子之
間，彼此也是勾心鬥角。在這次談話會裡，同志們之所以退
讓，主要是對方仗恃著擁有武力之國民黨的勢頭，司馬中原滿
意於這小小的勝利，是大可不必的。時研社也不是沒有收獲，
它使我們觀察到官方文藝部隊的情況，司馬之有備而來，顯示
這類作家有一個組織網絡，是國民黨統治機器的一環。[21] 不久
後爆發的鄉土文學論戰，人們就看得更分明了。

---

21 朱西甯在《將軍令》中也提到此事：「……不久有我好友馬氏，亦應
    邀至那家學院演講。那一小撮歹徒不知哪裡打聽得我與馬氏曾有過
    節，低估了我們將近三十年的深交和馬氏的警覺，乃極力諂媚，力圖
    說服馬氏，誓願受其領導指使，對我進行圍剿誅討。我的罪名依舊，
    略加徵信憑據，即私通漢奸與港九老共，決定移民日本，鼓吹世界革
    命和台獨思想，並且治安單位早有我的十大罪狀在案云云。事後馬氏
    笑談中說與我聽他們的幼稚可憫。……馬氏向以名嘴飲譽文壇，由他
    描寫形容，妙語妙趣倒為這場餐會出色助興不少。」
    朱西甯說我們幼稚，那是事實，但時研社並沒有「力圖說服馬氏，誓
    願受其領導指使」、「世界革命」等事情。朱西甯的描述是錯誤的，
    也可能是司馬中原在吹牛。

台灣人民解放陣線

新朋友

　　1977 年的一天，我和宋東文、李復中到公館附近辦事，宋說：「我有朋友住在附近，咱們去那裡坐坐。」我們走到師範大學後面，是個很安靜的住宅區，周圍有很多舊式的四層樓公寓。在某棟房子三樓，一個戴眼鏡的青年來開門，他穿著汗衫，中等體型，外表很樸素。宋介紹道：「這位是賴明烈。」

　　屋內陳設簡單，賴明烈獨自在這裡租房子住。大家坐下後，很快就熟悉了，談得頗為深入，賴對宋東文原本已經了解，所以認為我和李復中可以信任。他講話速度慢，思考能力強，有那種在白區[1]做地下工作的無產階級革命家之形象。我問他名字中的「明烈」是哪兩個字，他說：「弄得明明白白，幹得轟轟烈烈。」後來李復中好幾次開玩笑說，賴明烈像「四人幫」的張春橋，其實二人完全不能類比。張是陰沉，而賴是誠懇、深思而謹慎。

　　賴明烈當時已從文化大學建築系畢業，留在學校做助教，這是我第一次認識淡江之外、有共同理念的新朋友。這顯示了別的學校也存在著希望，儘管環境嚴酷，各地仍有自覺的熱血青年，台灣人的火種不息。幾天後我回到淡江，與蔡裕榮談起

1　在新民主主義革命時期，國民黨所統治的地區。

賴明烈，蔡也欣賞他，並告訴我一件事：賴明烈大學畢業時，班上同學每人在紀念冊上留下一句話，賴明烈寫的是：「絕不做思想上的孝子賢孫！」我一直記得。我今年已五十三歲，還不時想到它，每次讓我回味再三，很受激勵。

當天我們在客廳說話。賴明烈因有別的工作要處理，他拿出幾本書，就進房間去，那些書包括《七十年代》[2] 雜誌、小冊子《評新編歷史劇〈海瑞罷官〉》[3] 等，都是違禁品。我和李復中認真讀起來，宋東文有事先離開。

過了很久，進來一個漢子，身材高而壯，步伐跨得很大，顯得英氣勃勃，將近三十歲，面部輪廓明顯，一臉的落腮鬍子。[4] 他見屋內有陌生者，發怔了一下，又看到我們在讀書，曉得是自己人，就放鬆下來。他是戴華光，向我打招呼：「你們在看這個啊？」我正專心於書本，隨意說道：「思想武裝嘛。」戴華光聽我這樣回答，高興地露出笑容，連聲說：「對對對！思想武裝，思想要武裝。」

這時賴明烈從房間出來，同戴華光談事情，說著說著就吵架了，兩人臉都發紅，越來越大聲。我聽了一會兒，了解事情的梗概。他們前一天從淡水騎機車回台北，在路上摔倒，戴華光受傷，車子損壞。兩人把機車送到店裡修理，師傅開的價錢

2　月刊，在香港出版。當時它是著名的左派雜誌，但後來倒戈轉向，甚至在「劉宜良案」中幫助國民黨脫困，因此被人懷疑它與國民黨有特殊關係。

3　1965 年 11 月 10 日，上海《文匯報》刊出由江青、張春橋策劃，姚文元執筆的批判文章〈評新編歷史劇《海瑞罷官》〉，掀起「文化大革命」風暴。

4　戴華光是河北省滄州的回族。

較貴，明顯想要多收點錢。他們中的一人（我忘記是誰）說：師傅是勞動階級，工作很辛苦，讓他多賺些也無妨，可能其生活上還有困難。另一人則認為，這是買賣不誠實的行為，是個人道德問題；我們既要追求階級的解放，也要每個人品德提昇，所以不應縱容。

爭吵一陣，戴華光氣呼呼走了，我看賴明烈有些傷心的樣子，可見他們是好朋友。賴明烈道歉說：「真不好意思，咱們第一次見面，就讓你們看到我跟戴華光吵架。」我說沒什麼。他們只是思維角度不同，又不是為了利益而矛盾；這兩個新朋友，均有俠義之風，我都佩服。

戴華光是國民黨軍官的家屬，海專畢業，在遠洋輪船實習時，從國外接觸到不一樣的書刊和信息；當他明白了歷史政治的真相，再也無法忍受國民黨的欺騙和控制，決心推翻蔣家王朝。後來蔡裕榮告訴我，戴華光對中國現代史很有研究。戴華光和賴明烈經常在街頭擺地攤，賣《夏潮》雜誌。有天宋東文、蔡裕榮到台北推銷《夏潮》，剛好從那裡經過，四人結為好友。

當天我和李復中讀得廢寢忘食，晚上也沒回去。第二天我們仍是看書，賴明烈在讀郭華倫[5]的《中共史論》，這是國民黨內部書刊，外面買不到的。大家談話時，我提到在中國革命的過程裡，有許多粗暴醜陋的事。賴明烈是坐著，身旁桌上有一杯開水，他拿起那玻璃杯，對我說：「革命是千千萬萬群眾參與的事業，有各式各樣的人混雜在裡面，不會像一杯水這麼

5　郭華倫是中共「紅一方面軍」幹部，抗戰期間擔任「南方工委」領導職務，1942 年被國民黨逮捕後投降。1949 年跟隨蔣家政權逃到台灣，其後擔任「軍事情報局」副局長。

純淨。」他能立刻回應我的問題，思考得很準確。

將近中午，賴明烈說：「我請你們吃飯。」他帶我們到師大旁一個很小的自助餐廳，他拿的菜不多，而且是便宜的，我想，可能這家飯館比較低檔吧，他大概把錢全花在革命事業了。我們側後方的小桌子那邊有個男人；賴很機警，當李復中說話音量稍大，或內容快要出格時，他會用眼神提醒。

認識了賴、戴二位，我的心情大好，充滿樂觀的感覺。他們是最優秀的青年，卻自願去做國民黨最頑強的敵人，在台灣，這樣的人肯定越來越多，如此清楚地證明了，國民黨正在製造它自己的掘墓人。縱然時日還很長，但方向是明確的，蔣政權一步步走向歷史的垃圾堆。

後來聽同志說，常與他們二人來往的，有一位劉國基，在輔仁大學研究所。劉國基我無緣結識，直到三十年後才偶爾遇到，那時他體態略胖，鬢已星星也。我向他自我介紹，提到「台灣人民解放陣線」和賴明烈、蔡裕榮等人，他馬上親切地稱呼我的名字「紹瑞，紹瑞」，再三邀我到北京去玩（劉在那裡工作），他在北京買的房子，也要讓我住。年少時的熱情是一輩子的財富，只要一談起當時，彷彿立刻回到青春時代。

逮捕

四年級上學期的一天，我和蔡裕榮走向學校，準備去聽課；經過山坡下的稻田，他說：「我和一個組織連絡上了。」我感到這事情不簡單，擔心他的安全，因為顯然是個與國民黨為敵的秘密團體。在戒嚴時期，連參加讀書會的人都被逮捕判刑，何況是秘密組織，如果他們還計劃有所行動，那就更嚴

重。但我沒有繼續問他。

　　大約一個月後，那天是「機械設計」期中考，考試前幾分鐘我正忙著抱佛腳，李復中突然出現在教室門口，把我叫到走廊，臉色凝重地說：「小蔡被抓了！」

　　李復中說道，下午兩點左右，他和六、七個同學正在小屋子談得興高采烈，四樓有人喊蔡裕榮，蔡於是下去。當他再回到房間，後面跟上來兩個精壯的幹員。蔡偷偷做出「警總」的手勢[6]，穿上皮鞋，被那兩人帶走。

　　由於考試就要開始，李復中沒多講什麼，但彼此心裡有數，我們也可能被捕，這一刻終於來臨。我擔心自己的房間，說不定有人侵入；那年我住山上，是學校側門外的一棟樓房，下課後我匆忙趕回去。

　　屋裡看起來沒有異樣，我檢查書籍和紙張，撕掉某些東西。有兩樣物件會出問題，一是幾本日記，以及向賴明烈借的《斯大林選集》。我把它們拿到一位信得過的朋友——西語系的 D——那裡，請他保管。

　　後來我才聽說，蔡裕榮被帶下樓後，他們並沒有離開當地，而是在路旁轎車裡等待，直到小屋子的同學散去，那兩人又回來，在房間裡全面翻找證物。

　　當天黃昏時候，同志們回去探視，知道房間已被搜過，我們的番刀居然還在原處，沒被警總發現。有人認為這樣有風險，就把它丟在一樓的隱蔽處，不料那同學過度緊張，弄出聲響被房東聽到。房東是個中年男人，他出來，沒見到人，卻看到番刀，把刀拿走了。

6　雙手各以食指與姆指，圍成圓圈。

這下子反而更加糟糕。房東是親自見到警總來抓人的，大家擔心他把番刀交給警察局，國民黨如果拿到這個「物證」，就更容易收拾我們。

晚上，我決定去小屋子一趟，把那裡仔細做個檢查。我先在附近觀看，因為可能有特務監視，幸好蔡裕榮宿舍樓下是熱鬧的撞球店，不斷有人進進出出，這形同為我提供掩護。我小心走進房間，翻開床板，那是藏匿禁書的所在，裡面沒有東西。我拉開蔡的抽屜，裡頭空空的，物品全被警總拿走，只留著一張他大姐的相片。

站在冷清的屋子裡，我很有感觸。僅僅半天以前，這房間多麼熱鬧啊，這是我大學生活中，獲得知識和友情的地方，這些朋友是我真正的老師，從今天起，我們要面對無情的政治壓迫了；賴明烈肯定已出事，宋東文、簡勝霖在服兵役，不知他們會怎樣。我當時還不曉得，宋東文遭逢危險，王津平等人正設法營救他。

第二天我回家處理掉一些物品，把事情告訴弟弟，囑咐他先對爸媽保密，並要有最壞的心理準備。

蔡裕榮家在台北五分埔，傍晚我坐車去那裡，為的是向他父母報告情況，以便兩位能應付這個變故。我在樓下按門鈴，蔡媽媽從對講機發問，然後開了遙控鎖讓我上去；進了門走到客廳，我發現萬明中也在座，他同樣是來通報的。萬明中和蔡伯伯、蔡媽媽看見進來的是我，三人都大大放鬆，顯出非常慶幸的樣子。蔡媽媽說，當天特務已找上門，把全家內外翻個徹底；剛才她與我通話，誤以為我是警總。蔡媽媽害怕地告訴他們：「特務又來了！」三個人飽受驚嚇。

大約過了一、兩天，我接到朋友的通知，晚上於某處和伙

伴們碰頭。那是個小房子，氣氛有點緊張，我看見李復中也在內，他告訴我，賴明烈被捕後，特務就住在賴的宿舍裡，所有來那房間的人一律抓走。李復中說，昨天是宋東文部隊的休假日，宋一定會去賴明烈那裡，因此必須採取措施，防止宋自投羅網。他和幾個人於營救行動的中途，出現複雜情況，整個過程十分驚險。我這時才明白是自己命大。賴明烈出事第二天，我和弟弟在附近看電影《單車失竊記》，其主題剛好是「時研社」平日所關心的社會現象。我想同賴明烈談談，邀弟弟一起去賴的住處；弟弟是台大機械系的，我原先就想介紹他與賴明烈認識。兩人走到半路，弟弟突然說想回家，我只好依他，心裡還很遺憾。自己就這樣避開了危險。

　　不久宋東文來到，大家互相說明各自的情況，又做了討論。現在已忘記談話的內容，按照常理推想，應該是在研究「串證」吧。眾同志都知道，宋回到部隊一定是被捕的；那場面頗有燕太子丹送荊軻、風蕭蕭易水寒的氣氛，我們其餘人也難逃劫數，所以心情沉重。這次好友聚集，我興起一股同氣連枝的感覺，也是難得的體驗。宋東文提議，大伙兒去北海岸找個地方住下，把煩惱全部丟開，痛快玩兩天。可能他有「就義」前的感受，才會如此想法，不過別人均沒興趣。

　　宋東文擔心一件事：白天他到台北重慶南路使用公共電話，把一個小記事本遺留在機子上方，裡面寫了賴明烈、戴華光，也有其他朋友的資料。這物件如果落入國民黨手中，勢必牽連更廣。宋東文估計，小本子應已被人撿走，至於有沒有交給政府，那就要看我們的運氣了。[7]

7　這案子當天已在媒體上公開，是轟動社會的大事。賴明烈、戴華光諸

　　會面結束回到宿舍，我把這件事左思右想，仍是很不放心，決定去台北一趟，最好能僥倖取回那本子。這樣做也有風險。重慶南路是國民黨的重點區域，總統府就在這條路上，或許有特務守株待兔，等我們回頭去找那個物件。[8]

　　來到宋東文遺失的所在，已接近深夜，路上不見行人。我有些緊張，儘量小心，把附近察看一遍，果然小本子被人拿走了。

　　那天晚上，我雖然未達目的，但是行在黑暗的馬路上，有很深刻的感受；像我們這樣以個人去抵制蔣家王朝，實在太艱難了，對方是那樣強大的凶暴集團，國民黨若要撲滅一個不聽話者，簡直如同對付螻蟻。我很期待人民能夠醒悟，團結起來，奪回原本屬於自己的民主權利；叫人意外的是，僅僅一個星期後，「中壢事件」爆發，抗議群眾放火燒掉警察局。這個石破天驚的變故，極大撼動了蔣家的統治。

　　很多年後，我和宋東文談起此事，才知道另有插曲。宋東文是上午遺失的，我是晚間去找，而李復中也在附近。當天下午，李復中走到那個地方緊張兮兮，因為正盤算著如何營救宋東文，還要注意躲避特務的跟蹤。他想打電話，剛好看到那機子上的記事本，順手翻開，不料跳進眼睛的卻是他的名字——李復中。李以為是特務的布局，趕緊把本子扔下，逃之夭夭跑了。

　　人的名字，一般大眾都已知道。

8　國民黨在一些地方，會派特務監看馬路上有無可疑的人。李慶榮告訴我們，在中山北路××號的茶葉商店就是一個據點，特務從那裡注意街道的情況。也有一朋友說，他家從前在宜蘭開設文具店；這是受到某機關的指派，負責監視人民，特務並提示他們要留意哪些人。

漏網之魚

校園已在流傳蔡裕榮被捕之事。再過幾天，耳語開始增多，都是不利的消息，這一定是國民黨故意放出的，我們的壓力更大了。蔡伯伯、蔡媽媽也來學校，不曉得他們是辦理什麼事情；二位看起來很憂愁。

我有一件事還沒處理，心裡著急，那就是應該儘快同王津平連繫。時研社讀的匪書，多半是王老師供應的，我想要跟他商量，將來面對特務審訊時，哪些必須承認，哪些又不能承認。這事不宜拖延，但我不適合去找他，王老師的教室、辦公室、宿舍，肯定有人監視或竊聽。

一天我得到通知，王津平約我在某處碰頭。見面之時已過了午夜，我們從淡江走很遠的路，直走到紅毛城附近，在王的朋友家休息約個把小時，再走回來。可能他認為這時候是特務睡覺的時間，對我們安全一些，唯有在馬路上說話，才不會被監聽。午夜的淡水小鎮，街道和郊外清冷蕭瑟，整條長街沒有一個行人，我們的精神處於警戒狀態，隨時留意是否被跟監，偶爾經過的空計程車均使我懷疑戒備。三十多年後，王老師也清楚記得當時的情景。

與王津平「統一口徑」完畢，能做的損害管制都做了，我想起那幾位出事的朋友。蔡裕榮相對有利，因為他是學生，說不定能從輕發落，罪不至死；我更擔心賴明烈、宋東文、戴華光，他們已是社會青年，若被認定是叛亂罪，會被判死刑的。[9] 因此我考慮到，該如何處理賴明烈的書《斯大林選

9　戒嚴時期的〈懲治叛亂條例〉規定：叛亂者「唯一死刑」。

集》，那是國民黨內部參考用的，封面印有「機密」和警告性文字。留著這本書，對我當然是很危險，可是如果賴明烈被處決，這就是亡友留下的唯一遺物，我捨不得把它銷毀，究竟要不要燒了它，一時難下決定。

剛好這時水利系的張添福來訪，他也是我高中同學，知道我朝不保夕的心情。張問我，想不想和他去爬山，散散心。我於是把《斯大林選集》帶著，準備到山上找個地方，先把那書讀完，再決定如何處置它。

張添福和我從陽明山的山仔后開始，一面說話一面走路，不管方向隨意而行，走了很久，穿過大片樹林，我抬頭一看，發現十分不妙。這條山路的前方左邊，距離我們很近的，是一個軍事或情報單位，警戒森然。陽明山是國民黨重要地區，它的頭子就住在那裡。我們闖到鬼門關了；如果退回去也不好，這樣更像是來窺探的。張添福沒做壞事，他不怕，但我很緊張，別無他法，只好硬起頭皮向前行去，擔心背包裡的《斯大林選集》被發現。幸好門口兩個軍人只是盯著看，沒有叫我們停下來接受盤查。

這個意外事件幫助我下了決心：把《斯大林選集》和日記燒掉。我從此不寫日記，使得目前我寫這篇回憶文章時，發現自己很會遺忘，好多事情都模糊了。

我還是常和江培昆、萬明中等人談天說地，大家感到壓力仍在，我們也不能做什麼，只能等待事情的發生。蟑螂[10]們的動作似乎多了起來。負責監視我的土木系同學 S 到我房間，他看看書架、桌子，發現一本《不完美的社會》，高興得喊出

10　在戒嚴時期，用來指國民黨特務，以及為特務提供消息的線民。

聲來。我想，他已找到所需要的，可向上級交差了。S以為這是我對政府心懷不滿的佐證，其實他程度不夠，那書是一本著名的反共作品，是被南共[11]開除黨籍的吉拉斯寫的，一般書店可以買到。

有天，機械系的教官突然來我宿舍，他察看房間各處，問一些瑣碎小事，停留約十多分鐘。我不知道事態是否有新的發展，又想到好久沒去上課了，決定明天到班裡看看。

次日上午是「電工實驗」。我正在操作儀器，一位同學靠過來：「你要小心。前天導師來我們班，告訴大家，學校開了會，提到最近發生的事。總教官向老師們打招呼：事情並沒結束，另外三個學生也會被捕，一個是機械系的，還有化工系和日語系。」果然情勢已經更加明朗，他們要抓的，是我、萬明中和李復中。國民黨搞特務果然有一套，我們三人的確是情節比較嚴重。

我與這位同學不熟，現今已想不起他是誰。因為經常蹺課，班上辦的郊遊、烤肉等活動，我從未參加，連本班的導師也不認識；全班同學中，我熟悉的只有三個，自己能夠在淡江畢業，就靠這三位朋友，有的人我和他們同班四年，還沒說過一句話。在1970年代，絕大多數學生是不管國家大事的，這次導師講話以後，只有少數敏感同學猜想那個「機械系的」應該就是我。現在回想，使我感念的，是班裡三、四位同學的關懷。他們平日對政治並不了解，我想，是國民黨這個集團的惡劣作風，讓人本能地不喜歡、不舒服，當他們看到我被政府逼迫，雖不明白誰是誰非，但自然把同情心放在我這一邊。

11　正式名稱為「南斯拉夫共產主義者聯盟」。

　　此類朋友中，我只記得一個人——陳阿雄，其餘都忘記了，為著感謝這位同學，我想多說他一些。我跟阿雄沒什麼交往，他的長相，一看就知是鄉下來的，連普通話也不太會說。兩個多月之後，媒體公布「台灣人民解放陣線」的審判結果，有六人被判刑。阿雄鄭重地告誡我：「你不可以去看他們。」他是在為我設想。

　　還有一件事。我們男生在畢業後要服兵役，所以大四時開始準備「預備軍官」考試，考上了可做少尉軍官，否則就要當兵。班上同學在苦讀，我也有準備，可是很不帶勁。我心想，自己是黑名單的人，不論當官或當兵，反正不會有好日子，考得好壞其實無所謂。阿雄看我太散漫，替我著急，他督促說：「要讀哇，要讀哇。」他為我這麼熱心，我只好認真念書了。那年頭考上預官的人，將按照成績被分發到各兵種，分數高的到步兵科，低的到砲兵科。大家都希望成為砲兵，因為可以坐車，又與數學、機械有關連，適合我們，而當步兵是苦差事，一無是處。不過若想去砲兵科，須有狗屎運：不能考太好，那樣要去做步兵，也不能考太差，那會落榜。預官考試結果，我上榜了，但衝得過頭，要當步兵，阿雄則恰到好處，是砲兵。他為此十分歉疚，向我不住地說：「對不起，對不起。」

　　後來賴明烈、戴華光在綠島坐牢，蔡裕榮被關在土城。我去看望蔡裕榮。我沒聽阿雄的話是對的。二十年後，我的妻子（她是淡江歷史系）才告訴我，當年她就是看見我仍去探視，才決定嫁給我的。

　　學校放出這個擴大逮捕的風聲，氣氛又緊張起來。我把房裡的物品，能丟的都丟掉，免得以後麻煩別人。其他朋友也得到類似消息；這次是逃不過了。我感覺最沉重的是想到父

母親，一旦最壞的事情發生，他們受的打擊，我簡直不敢想下去。

那時我們等著被捕。不用去上課了，已有最堅強的蹺課的理由。我多聽音樂，常去郊外，貪看明月清風，把美好的事物記在心裡，以便日後在監獄可以回味。在這沉悶氛圍中有一件好笑的事，是我去李復中房間所遇到的。

李復中從不鎖門，原因之一是不必鎖，他是窮人，不怕被偷，二來，如果上了鎖，萬一特務強行進去把門或鎖弄壞，還要害他花錢去修。那天我去找李復中，逕自推門進入，赫然看到在門口很明顯的位置，端端正正供著他的「中國國民黨黨證」。對照於當時的氣氛，這太突兀了，我聯想到神桌上的神主牌位。李顯然是預備給侵入的特務看的，但我不知他是何用意，要讓那些蟑螂認為李是自己人，為了輸誠、嘲諷，還是示威、揶揄……？我搞不懂他的名堂；這是李復中的苦中作樂嗎？後來另一位朋友去那房間，看到這樣景象，也是大笑不止，並對我做了生動的描述。

我這時才曉得李復中是國民黨員。他和宋東文以前家住台中，是初中同學，他們十四歲就組織秘密團體，要搞革命，又製做旗幟、印章。不料事蹟敗露，二人趕緊銷毀物證，準備逃亡，結果學校訓導處把他們捉住，嚴厲訓斥了這兩個胡鬧的小毛頭。國民黨在大學裡強迫性地發展組織，把李復中這種造反派也硬拉進去。它真是個令人啼笑皆非的黨；這樣子來擴大成員，簡直近乎邪教。

一天深夜約近十二點，我離開住處，想去山下的同學那裡住宿。我參加了「樸毅社」山地服務隊，次日清晨要從淡水火

車站出發，預備到南澳[12]的部落裡，為孩子們建立圖書館。

　　走在下山的公路上，不知為什麼，路燈全都熄滅，也沒有月光，四周漆黑一片，不見任何人車。我留意腳步，免得失足掉落山坡。突然從後面駛近一輛汽車，黑忽忽的，兩個頭燈非常刺眼，它的速度很慢，慢得太不正常，好像有意跟著我。我心底發毛：「終於來了！」那山路是抓捕要犯的理想地方，因為不驚動任何人。我繼續走，感覺時間好長，車子慢慢跟上來，我故意不看它。它又緩緩與我並行，然後逐漸超越，往前走了。這真是一次驚悚的經驗，不知到底怎麼回事；或許是誤會一場，也可能特務刻意要懲罰或戲弄我。

關押

　　然而日子一天天過去，我們所等待的始終沒有來臨。兩個多月後，報紙刊登「台灣人民解放陣線」成員被判刑的新聞，以及法庭現場的照片，我又看到那幾位久違的朋友了。

　　比起早期叛亂案的動輒處決，他們算是幸運的。戴華光是無期徒刑，賴明烈要坐牢十五年，我們今生還有見面的機會；蔡裕榮感化三年，鄭道君[13]也是，劉國基被判十二年。案子中有一位某學校的吳恆海，我不認識。我在這時候，才知道他們那組織的名稱。它的目標是：喚醒民眾，推翻蔣家王朝的封建法西斯專制，使台灣人民當家作主，然後與大陸商議統一，抵

12　宜蘭縣的泰雅族地區。
13　鄭道君原是淡江數學系，與我同屆，也是時研社成員，後來轉學到師範大學。

抗帝國主義，一起推進中國的社會主義事業，為全人類的共同
解放做出貢獻。

「解放陣線」成立，他們在台北散發傳單〈此路不通〉，
又為了未來武裝鬥爭的需要，也進行了相關準備。賴明烈等人
多次騎摩托車，到各處察看地形，蔡裕榮透過關係，去瑞芳煤
礦試著購買炸藥，並用他的化工專業，研究做炸藥的方法。六
個人當中，賴明烈最先出事，之後特務就住在賴的房間，來訪
的人全都逮捕。鄭道君是這樣被抓的，隨即他被開釋；特務暗
中跟蹤鄭道君，看他與何人接觸。鄭道君到淡水向蔡裕榮通
報。蔡去八斗子找熟人，想利用漁船偷渡出境，但不成功。一
星期後，鄭道君再度被捕。

宋東文情況比較特別。他在部隊接到這些朋友寄來的明信
片，裡面提到想去釣魚，宋曉得他們的意思是準備成立革命團
體，就利用外出休假的機會，要到賴明烈住處加入組織。當他
那天上午離開營區，還不知道此時已有人被捕，幸好在路途中
被同志攔截。他是軍人身分，沒有列入這案子，而是後來被軍
方自行審訊、關押一段期間。

案子宣判的第二天，我買了一瓶烏梅酒，放在書架上。我
是不喝酒的，但這次例外：三年後蔡裕榮歸來之時，大家可以
喝一杯。以往同志們聚會喜歡喝酒，唱台語飲酒歌〈杯底不可
飼金魚〉，他們喝的是烏梅，因為最便宜。

烏梅酒擺在那兒幾個月，有天被李復中看見，李責怪我太
沒常識，說這種酒是不能久存的；他拿去喝掉了。難道瓶裝酒
連三年都不能保存嗎？我到現在仍懷疑李復中是騙我。

一些關心案件的朋友，常與我們議論這個審判：為什麼賴
明烈他們沒被判死刑？又為什麼放過其餘人呢？我們當然不認

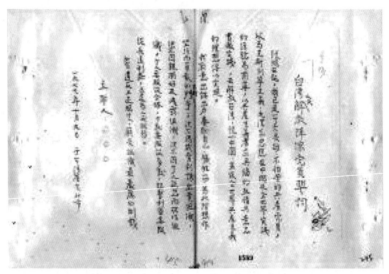

「台灣人民解放陣線」黨員誓詞。

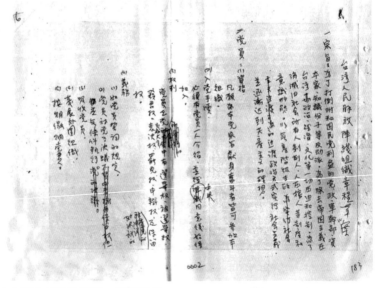

「台灣人民解放陣線」組織章程。

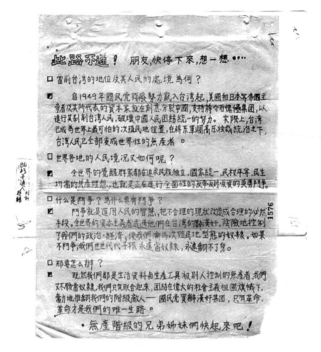

傳單〈此路不通〉。

為國民黨有「愛護迷途青年」之心；一致的看法是，那時美國
與大陸正準備建立外交關係，國民黨對「被拋棄」的命運是恐
懼的，而當時美國總統卡特在標榜「人權」。蔣經國怕抵觸到
卡特，所以放我們一馬。

　　蔡裕榮被關在土城的「仁愛教育實驗所」，接受感化教
育，國民黨把那地方作為寬大為懷的展示，我猜想是學中共
「戰犯改造」的做法。它既像學校，又像軍營，我去探望時，
蔡裕榮帶我參觀教室和校園，在餐廳請我吃過一頓「牢飯」。
教育實驗所裡面環境還不錯，只是我見到的那些「同學」，個
個面無表情。在蔣家統治下，會被關進去的，幾乎都是有勇有

謀、思想獨立的好男好女。蔡裕榮說，以國民黨那個破破爛爛的所謂理論，要想改造他們，根本就是可笑之至。

利用我探監機會，蔡裕榮透露這案子的情況。他被捕後，先被送到警備總部保安處 [14] 偵訊一個多月，然後轉移到國防部軍法處的看守所 [15] 等待判決。蔡裕榮在被審問時，其前方一直架設了攝影機。他去廁所，跟隨的士官 [16] 偷偷告訴他：樓上房間裡有美國人，他們觀看提審的全過程。在一次「放風」中，某審訊人員隱密地提醒蔡裕榮：你回答問題，不要說「不清楚」，要說「不知道」；還以手臂摟著蔡的肩膀，要傳達之訊息相當明顯。這顯示，個別良心未泯的幹員也看得出，「叛亂分子」其實是可敬的勇士，絕不是國民黨所宣稱的壞分子。

我大學畢業去服兵役，這兩年不適合探望蔡裕榮，退伍後又去土城看他。我們走在草坪間的小路上，蔡指著前方問道：「看到沒有？」我說看到了。那是一個男人，坐在路旁椅子上晒太陽，大約五、六十歲，略為發胖。接下來蔡裕榮所說的，著實令我驚異。

那人叫戴廣武，原是調查局的處長 [17]，解放陣線這案子，就是他辦的。之後調查局內部發生權力鬥爭，戴的對手誣陷他「匪諜」，國民黨了解戴廣武當然不是匪諜，所以沒把他槍斃，只是送到土城關起來。戴廣武變成蔡的「同學」——真是現世報，活生生的荒誕劇。他曾嚴厲審訊過蔡裕榮；兩人又再

14　在台北市博愛路。

15　在台北縣的新店鎮（現在的新北市新店區）。因為位於景美溪附近，
　　一般人稱為「景美看守所」。

16　在被審訊期間，任何時候都有人亦步亦趨地監管。

17　據說處長的階級，等同於少將。

遇見時，戴很尷尬。

　　戴廣武告訴蔡裕榮，這案件六個人的刑期，是蔣經國親自決定的。調查局本來要搞得很大，準備抓捕淡江學生一百餘人，並且廣泛株連社會人士。他呈報上去，蔣經國指示「縮小打擊面」，因此案子被做成後來這樣。戴廣武所透露的諸多內情中，有一件事最有意思。蔣經國的真正意圖，不是顯示在該公文的批示裡，而是他寫在一張紙條上，那紙條沒有任何簽名和蓋章，是由一位人員來到戴的面前，讓戴廣武觀看紙條後，立即收回。這個故事可以叫我們知道，掌權者如何偽造歷史。現在有些學者研究蔣介石日記，宣稱發現了蔣的崇高偉大，他們是不是太小看統治者的智能了呢？

　　蔡裕榮出獄後，有幾次對我說，他運氣是不壞的。在受偵訊期間，特務沒有對他用刑，被關到土城還結交了好朋友，認識一些資深的政治犯，彼此常偷偷切磋，他覺得在那裡受益不少。蔡裕榮被捕之初，特務向他詢問其餘同學的情況，他為了保護同志，想方設法幫大家開脫，把我描述成一個生活糜爛的人。蔡裕榮開玩笑說，早知道在土城是那種情形，他就不用維護別人，不妨讓大伙都進去坐牢，體驗一番。

　　自從 1980 年代國民黨被台獨打敗，黨組織經過多次分裂和內鬥，若干原本不可告人的秘密，就有機會洩露出來。某個原特務單位的人告訴王津平，當時政府認定王老師已涉案，但根據情報，推測王與 CIA 有關係，因此不大敢「動」他。王津平是「歸國學人」，有很多外國朋友，包括記者、學者。國民黨看美國，有如奴才看主子，即便王老師只是「可能」為 CIA 做事，國民黨也會自我約束不敢造次。或許，這也是個原因，一併使得時研社諸人躲過了牢獄之災。

　　早先我覺得這案子讓人惋惜，現在則認為，那幾位朋友的付出，並非沒有價值，我們這些平凡大眾對之應有感謝的心。滄海橫流，方顯英雄本色。他們是在國民黨控制下成長的，還屬於不無青澀的年齡，卻能以如此瀟灑傲然的姿勢答覆獨裁者，這對蔣經國心理上之打擊，一定不小。[18] 蔣經國還算是有點頭腦；如果當真抓了淡江學生一百多人，那更是給他自己以極大的羞辱。我想，蔣經國應該有考慮其政權的未來，他心中是不安的；蔣之所以重視經濟建設，並刻意討好本省人士，有一個重要緣故：他希望將來台灣人民清算蔣家王朝時，能夠下手輕一點。

18　據蔡裕榮說，戴華光、鄭道君的父親都是政戰上校軍官。此事對蔣經國之震撼，可想而知。

校園特務

大小蟑螂

生活在蔣家統治下，除了愚人蠢人，莫不知有特務、線民這檔事情，而且他們多如牛毛無孔不入。我還沒讀小學，就常聽見人們互相告誡「說話要小心」，也聽過「火燒島」這可怕的地方。我對幹特務的那種人，有很大好奇心，然而他們如同細菌病毒，明明知道各處都有，就是看不到。[1] 當蔣家集團終結，台灣開始了資本主義的民主化進程後，政府宣布：每個人在戒嚴時期的「安全資料」均要銷毀。對此我是不贊同的，但台灣的所有政黨、派系和頭面人物，無一反對。

這些安全資料是寶貴的歷史記錄，不該毀掉。台灣應當學習某些國家，在反民主的政權垮台後，新政府把原先監視人民的檔案全部封存，留待將來做研究之用。我從前在垃圾焚化廠工作，政府機關常送來需要銷毀的文件，那時曾起心動念，如果特務機關也送文件來銷毀，我要試著把它偷出，為人民留下一些專制時代的記錄。但我始終沒看到這類東西，也許是因茲事體大，特務們不放心假手別人，就自行處理了。台灣不把檔案保存起來，那批政客（國民黨、民進黨、×××）本身就有

---

1 我有位朋友，他父親從前是做「保防」工作。朋友說，每一條巷子，特務機關都安排了眼線。這個說法應是接近事實的。

嫌疑：大家都幹過醜事。

我第一次見到「特務」是在大二時，那天宋東文約我一起去擺攤子。我們把桌椅放在宮燈路的網球場旁，坐著閒談，看看能不能招來新社員；附近有許多社團的攤位。

宋要我注意一個人，在右前方斜對面。那人塊頭結實，皮膚黑，是航空系的，也坐在攤位的後面，眼光向我們這邊掃過來。我知道這傢伙，他正在追一個法語系女生，而那女孩很討厭他。他確實叫人嫌惡：比我們大幾歲的樣子，總是一副牛氣沖天的驕盈，與普通學生「涉世未深」模樣很不相同。他是這學期才在校園出現，一進淡江就念三年級。宋東文說，已打聽過了，此人是從空軍官校轉過來的。宋認為他是蟑螂。

此後，我也留意哪些同學有做蟑螂的嫌疑，時間久了就能看出眉目，學生兼差當特務，總不是那麼老練。時研社的好友們，曾經互相通報信息，彼此提醒，每個同志都可以說出若干名字，也就是負責監視自己的幾個蟑螂。我們與特務之間，有對壘，也有交流，慢慢地見怪不怪，照樣與他們做朋友。能被我們查覺到的，只是很小的、不重要的蟑螂；有幾個蟑螂本質並不壞，他們只是糊塗，自以為忠黨愛國，被國民黨利用了。

對於蟑螂們，與我交手最多的，是土木系的 S，他不但親自同我接觸，還會吸收別人，要他們監視我的行動，然後向他報告。我心裡叫他「大特務」，叫他的「下線」為「小特務」。那時我與電子系的 M 做鄰居，門對門。S 先安排前置作業，設法與 M 交上朋友，時機成熟後，要求 M 監視我。這一次 S 砸鍋了；M 與我有交情，他把內幕向我全盤托出。

S 常找我聊天，我也陪他，不知情的同學看來，以為他是我的好友，不知我倆各有各的心思。因著蟑螂背後的惡勢力，

我們對它只能智取，不可力敵。在淡江我與 S 關係密切，他可能對我有矛盾心態。S 是國民黨的死忠分子，對蔣介石、蔣經國這兩個皇帝服服貼貼，所以把我看成敵人。他頗具藝術天分，跟我有一些共同興趣；S 同我交往，並非都是要對我不利。他和學校當局、國民黨黨部、軍訓教官靠得很近，於是利用這些方便，申請到一筆經費，以某社團的名義辦個刊物。S 找我寫稿子，不管我寫得多爛，他都會刊登。我賺了幾次稿費，這對窮學生也是不錯的外快，不知 S 是否想用這種方式，來彌補他「對不起朋友」的歉疚感。

　　比較奇特的是，有一次 S 收集我們材料，竟然用搶的，或許他「長官」催逼太緊，S 為了交差，不得不拉下臉來。那天我在山下遇見 S，我有兩個包包，肩上揹一個，手上提一個，他要幫我揹，我說不必，他非常堅持。由於 S 表現得太不尋常，引起我的警覺，因為包包裡頭沒有違禁品，我就讓他揹了。兩人經過一棟樓房，S 突然衝進去，我知道他要幹什麼，也不驚訝，站在外面等他；再過幾分鐘，S 出來，我們繼續前行，我沒問，他也沒說。在蔣家王朝淫威之下，特務是絕對的強勢，我們是絕對的弱勢，人為刀俎，我為魚肉，不得不低頭。

　　校園特務幹的事情，不只是探聽消息而已，有時也使出下三濫的所謂「賤招」，就是造謠、恐嚇、栽贓等勾當。中共召開「十一大」後不久，一個蟑螂來對我說，淡江校園裡出現寫著「祝賀華國鋒同志擔任中共中央主席、中央軍委主席」的大字報。這根本是子虛烏有。那蟑螂並暗示，這個「為匪宣傳」案件，就是我們時研社幹的。

　　對於這一類攪擾，我的遭遇算是普通，一些朋友的經歷更

特別。國民黨在校園搞特務，居然有利用「女色」，這不是我的臆測，是真有其事。一位中文系男同學後來告訴王津平，他之奉命監視王老師，是因特務以他的父親為質，逼得他不得不從。另一個銀行系女同學與我們常有往來，她不願接受特務的指派，又不敢得罪他們，心中壓力很大。她一畢業，就利用海外關係，移民出去了。

特務的習性是躲在暗處，見不得人，但也有少數例外；時研社辦活動，幾次遇到蟑螂前來「踢館」。我們請王拓演講「台灣漁民問題」，特務學生在場搗亂，那蟑螂舉手發言：「說到漁民，不要老是講他們有多苦，應該多談什麼樣的海鮮才好吃。」王拓是見過風雨的人，沒有顯出訝異的表情。也許有的蟑螂覺得，把身分公開化，他有較大的利益；對於這種流氓惡人，一般人是不敢惹的。我畢業後，工作單位有個同事，就公開宣布自己兼差當特務。他經常多占便宜，欺負別人，特別是騷擾一位女職員，連總經理也不敢管他。

以上提到的都是小蟑螂，我見過一個大隻的，就是淡江教授李子弋。學校當局認為我們不聽話，派他來做時研社「指導老師」，他是中年人，不苟言笑，個頭短小，架子卻端得很大。李子弋還對王津平亮出底牌，透露他以前和黑社會幫派有勾搭。李在檯面下的事，我們當然不知，只曉得他與政府很密切，但他向學生講課時，卻常擺出清高姿態，跟國民黨拉開距離。李子弋擔任過《自立晚報》總編輯，並以這個職務作為炫耀的資本。他的弟弟李行，是台灣著名導演；李子弋在課堂上，也說了李行的一些事情。

有個時期，台灣社會喜歡開玩笑地把「教授」寫成「叫獸」——會叫的野獸。若將李子弋稱作叫獸，那是絕對合適

的。第一，他很會叫。李子弋講課時，聲震屋瓦，坐在前排的同學簡直受不了，我沒見過嗓門比他更大的人。同學說，李喜歡唱京戲，唱的是大花臉。

第二，李子弋真是禽獸。我們社團有位中文系女同學，人很單純，李設下圈套，把她「性侵害」。那女生投水自殺，恰巧被我朋友的朋友所救。這件事造成她精神失常。又過一、兩年，大家陸續畢業離校，不知這位女同學後來如何；現在她也五十歲了。願她一生平安幸福。

禽獸李子弋其實沒有內涵，都是些唬人的東西。他又到別的學校教書，退休之後擔任某大學名譽教授，同時去做道德事業。他父親創立一個宗教──TD 教，在台灣各地設有道場。父死子繼，李就做了教主，大力提倡「正心修身，積功累德，救世度人」，喊出的口號是「感恩‧知足‧惜福」，更把死掉的蔣介石供奉為神，稱它為「中正真人」。我畢業後住在新店，每天下班回家，會經過 TD 教的一個總部。我在它門口看到大幅照片：教主李子弋宏揚道德，接受眾信徒擁戴等等。人世間最汙穢醜惡的，莫過於此。

他搞上 TD 教，我們認為絕不單純，這顯示國民黨對台灣社會的滲透，是全面性地，甚至，TD 教究竟是不是這個黨設計出來的東西，令人好奇。李子弋後來多次去大陸，跟中共官方、學術界搞交流，建立溝通渠道。

李子弋在機械系開講「國際關係」課程，他不指定作業，每個人都及格，且分數不低，同學們視之為「營養學分」，沒有人不選他的課。李子弋講課根本是東拉西扯，但我大二時被愚弄，以為他有學問。一天，他大談「文革」，說到田漢寫的戲劇《海瑞罷官》如何如何。我出於好意，下課後私下提

醒他:「劇本的作者是吳晗,不是田漢。」特地說得非常委婉,很注意禮貌。沒想到,李忽然發怒,把我嚇了一跳。他粗魯地大聲說:「是田漢!是田漢!」我正要解釋,他卻扭頭走了。那個肥短身材、急忙快閃、用力划手的樣子,從背後看,甚是滑稽好笑。當時國民黨封閉大陸的信息,人們對中共全然無知,李子弋沒想到學生中竟有能人,恐怕我也讓他嚇了一跳。

這個特務教授,搞權謀詭計很在行,比起那批特務學生們,明顯地要專業化,高水平。他練就兩副面孔,有時嚴厲凶惡,有時溫情感人,操作起來熟練自如。三年級時,在「活動中心」一個大型座談會上,李子弋暴戾地鎮壓宋東文;細節我已忘了,只記得他狂吼數聲,震攝全場聽眾。

然而李子弋又有另一張臉皮。他對同志 K 關懷備至,拉交情,套近乎,講心裡話;李子弋表演得十分動情,他還把身上的外套脫下來,披在 K 的肩上。李子弋那次演出是要騙取 K 的信任,為他做工作。他曾以指導老師的名義請我們吃飯,意圖拉攏。因事先有「知情者」提醒時研社:「李子弋是有來頭的,負責淡江的特務工作。」所以大家沒有上當。

對於校園裡的特務,別的同志較為了解,其經歷比我精彩得多。希望他們能寫成文章,把所知的公開,特別是李子弋的惡行,不要把他放過了。

李筱峰有陣子也在懷疑,他的住處被安裝竊聽器。當局企圖取得時研社的材料,肯定下了不少功夫;它們搞過一次烏龍。文學院的同學 G,是國民黨幹部家庭出身,他哥哥與特務機關的人常來往,有次他們聚會,一人說,想向淡江校園進行滲透,但沒找到門路。G 的哥哥主動表示,可介紹其弟來做工

作。特務於是找上 G，要求他承擔任務。G 無法拒絕。

　　G 告訴我們，正牌特務在吸收線民時，是有技巧的。他們對 G 的說法是：「現在國家面臨困難。淡江的學生很可愛，只可惜太純潔，容易被惡勢力利用。為了防止年輕人誤入歧途，政府有責任時時注意其動向，這樣做是愛護青年……。」這個論調，可以使那些做蟑螂的同學減輕良心上的不安。G 與我們是好朋友，也有正義感，他知道我們和統治集團之間，誰是真愛國，誰是偽君子。G 每次要向特務機關做匯報前，會事先和同志們商量報告的內容。G 應付得很好。

畢業之後

　　1978 年 7 月，我離開淡江去服兵役；作為預備軍官，要先到高雄的步兵學校受訓半年。在步校似乎有被監視的跡象，對於這令人不悅的陰影，自己也還算習慣，並不擔心。我只是小人物；我是不敢造反的。

　　步校畢業時，每個學生都要抽籤，以決定服役的單位；我抽到衛戍師，即防衛台北市的重裝步兵師。報到後，被分發在陽明山的一個秘密軍營，也就是現在「國家安全局」的位址。那營區環境優美，簡直是高級渡假村，裡面的地形高高低低曲折有致，又設置假山園林，花樹很多，大草坪上養了兔子；營區門口掛一個牌子，寫著「龍寓」二字，偽裝成富豪人家的深宅大院，實際上是步兵旅的本部。我擔任旅部連絡官。陽明山一帶是國民黨的重要地區，有許多軍事、情報單位，負責保護「領袖」安全。

　　連絡官是敏感職務；步校同學羨慕我分發在好單位，不必

流汗幹活，我則認為不妥。這對我不是好事。之所以出現這樣情況，是因為我的「安全資料」沒有及時送達，部隊不知我的底細，才陰錯陽差地重用我，有幾次甚至派我去「戰情室」值班，負責跟「警總」通報。旅長是山東人，高頭大馬，有軍人氣質，不怒而威。他看來像行伍出身，可是不粗魯，說話也有水準，很多人怕他。

沒多久，人事官告知：我將被調去基層當排長。他們發現我是危險分子了。到新單位之後，我時常留意，想知道有什麼人被「布建」來監視我；他們躲在暗處，雖有若干蛛絲馬跡，但難以抓到證據。被我發現的蟑螂之一，是我手下的班長，他會偷我的物品，例如我寫的札記；我則利用排長職權，找機會翻他的箱子，再偷回來。我們天天相處，彼此心照不宣，不把臉皮撕破。

部隊來了一個新兵 H，人很老實。老實人在軍中容易吃虧；我留意其情況，照顧他一下。後來營部把他調過去，準備培養為「政戰士」[2]。有一天，營區路上沒別的人，H 快步靠近我，低聲說：「龍排長，我看了你的安全資料，他們把你寫得很壞。」我聽到這話，覺得真是好笑。鬼使神差，H 變成我的線民了，被我布建到營輔導長身邊。

有一次，H 把他看到的檔案偷偷告訴我，那是他們攔截到我寫的信。H 向我背誦信的摘要。我一聽，感到蟑螂們實在可惡：這全是捏造的。特務一定常幹這些事；他們編造得越多，拿到的獎賞也就越多。

對於 H 這件事，我要感謝簡勝霖；他比我早一年離校，

2　該職務相當於營輔導長的文書助理。

在憲兵部隊當兵。我大學畢業前不久，簡勝霖來淡江看我。他講了軍隊情況，以及士兵遭受忽視、不被尊重的例子，最後還提醒我：「你以後去當軍官，要多注意士兵們的感受。」我記住他的話。

在服役的兩年裡，讓我最不愉快的，其實並非被窺伺，而是「讀訓」。王昇在軍中搞了「莒光日」制度：每星期四上午，各部隊所有事務一概放下，士官兵上政治課，軍官則到營部集合，讀「蔣公訓詞」。我們圍著會議桌而坐，手執書本，其內容是蔣介石文章的摘錄，當然不可能是他自己寫的。讀那東西，對我這習慣於嚴謹的左翼文風的人，簡直是難以忍受的折磨：冗長無比，枯燥至極。它既非文言亦非白話，說不出是什麼風格。書中的任何篇章，翻來覆去只講兩件事：共匪邪惡、蔣介石國民黨偉大；然而它不做論證，沒提出具體材料，也沒有邏輯上的脈絡。更折磨人的是，「讀訓」無法打混，它是以隨機抽樣方式，輪流誦念；被輔導長點到名字的人，立即要站起來接續捧讀，在這種壓力之下，每個人逼著把那根筋繃得很緊。我參加讀訓，有一種被反覆羞辱的感覺，儘管心裡實在厭惡，同時卻不得不佩服，這種爛文章不知是怎麼寫的？能夠製造出這類垃圾的人，也算特異功能吧。我相信未來一定會有陳列館，展示蔣政權的荒謬年月；我很想把那本書拿回家收藏，以備將來征集文物之所需，可惜上級規定必須「列入移交」，不准帶出。

快要退伍時，營輔導長找我談話，他主動說到我的淡江同學和叛亂事件，我才知道他一直都弄錯了。輔導長沒有用心去研究情況，只看到檔案中有「台灣人民解放陣線」的「台灣」二字，以為那是台獨組織。國民黨幹部的素質真是不行。在這

個黨的眼裡，搞台獨沒什麼大不了，「台獨」和「獨台」[3]是互相溫存，而致力於統一，為社會主義、反帝反霸權奮鬥的，才是它真正的敵人。我沒受到他的過分刁難，這誤會或許是原因之一。

說到國民黨特務的水平，我認為是由這個黨的落後性所決定的，若不是趨炎附勢、渾渾噩噩的人，恐怕很難留在那體系中。我聽過兩個故事，值得記下來，傳於後世。

一是林書揚[4]講的。1976 年，林的同志陳明忠[5]第二次被捕，家裡遭徹底搜索。警總人員看到桌上有本書，封面印著「資本論」三個大字；現場的另一個特務說：「那是經營公司的書，不必拿。」這個重要證物就被放過了。幹「檢肅匪諜」這一行的，連馬克思的經典都沒聽說。林書揚談起這故事時，還搖頭苦笑。

第二個故事是我聽朋友 N 說的。1990 年左右，台獨向國民黨奪權，力量逐漸擴張。他們藉由選舉活動，以「悲情牌」為訴求，宣傳「身為台灣人的悲哀」、「台灣人出頭天」、「中國豬滾回去」。有人把中國普通話（國語）稱為「豬話」；說豬話者，往往受到他們不文明的對待。我那時在某

3　國民黨是「不願統，不敢獨」，有人稱它是「B 型台獨」或「獨台」。

4　林書揚，1927 年出生，台灣台南人，馬克思主義者。1950 年台灣發生「麻豆案」，林書揚被捕，判處無期徒刑，直到 1984 年才釋放。他是台灣政治受難者中，坐牢時間最長的一位（三十四年七個月），後來擔任「中國統一聯盟」主席、「勞動人權協會」會長、「勞動黨」榮譽主席。

5　陳明忠，1929 年出生，台灣高雄人，馬克思主義者。曾經兩次被捕，坐牢共計二十一年。

公司工作，與 N 共用一個辦公室，N 的姑丈是警總副參謀長
（或副總司令）。在一次公職人員競選期間，這位副參謀長
對 N 說：「你陪我到台獨的場子，我要聽聽看，他們為什麼
反對我們國民黨。」N 騎著摩托車，帶姑丈到民進黨地盤。副
參謀長聽了一會兒，完全不懂，大惑不解地問 N：「他們怎麼
都說台灣話？為什麼不用國語？」特務頭目是這種無知之徒，
對台灣社會如此不了解，想必 N 也十分驚奇，否則他不會告
訴我。

　　國民黨蟑螂固然要騷擾我，中共特務同樣找上門來。我曾
帶領三十多個部下，到桃園牛角坡山區去建造營房，前後約半
年，大家住在樹林邊，沒水沒電，也未配備武器和通訊器材。
一天，士兵緊張地跑來報告：「樹叢裡有共匪的東西！」竟是
被人放置的傳單。當我拿著那疊東西，心情複雜，第一次感到
祖國大陸是這麼接近。傳單內容有兩種：總理周恩來接見外
賓、黑龍江邊防部隊在保衛祖國。它們是彩色印刷，圖片、文
字均不吸引人，可見中共的宣傳工作也很糟糕。台灣被蔣政權
恐怖肅清幾十年，仍有中共人員潛伏，而且在這麼危險的條件
下，還努力做出行動，令我不得不佩服。他們這麼做太冒險，
又是沒效果的。我不知這些人的內心想法，於是假設他跟「時
研社」同志一樣，是基於愛國心和理想主義的勇者，我既掛念
其安全，也擔心他會進一步對我們攻擊或破壞。我心裡想：
「老兄，千萬別做傻事啊！」我原打算把傳單各留一份，但考
慮在戒嚴時期這樣風險太大，只好全部上繳了。之後那樹林發
生火災，從山坡向上延燒，火焰接近到我們營地，林口區的消
防車都趕來滅火。

　　退伍後，我和朋友談及這個共匪傳單事件，那朋友認為我

頭腦簡單，不了解國民黨的詭詐。他以自身的經歷分析說，這是上級長官故意布置的。

好玩的是，我在部隊裡多少還遇到一些麻煩，作為叛亂正犯的蔡裕榮卻不。照理說，他應受壓迫才對，然而各級首長怕他再鬧事，影響自己前途，反而把蔡裕榮當大爺「養」起來。蔡沒資格做軍官，必須當士兵，但他比我這個預官要舒服得多。保防官私下向他敬酒。蔡裕榮在一次衝突中，揍了一位少尉排長，然後回到房間生悶氣，連長不僅不處理，還派人請蔡出來吃飯。不只軍官對蔡裕榮客氣，士兵對他更好。蔡裕榮的連隊裡，有幾個人混過黑道；一般士兵不敢惹流氓兵，而流氓兵對蔡更是恭敬，把他服侍得好好的，蔡的洗澡水，都有人自動替他安排。因為蔡是叛亂犯，這代表他更敢玩命，比黑幫流氓高一等。蔡裕榮這樣上下通吃；我與他相比，果真是小巫不如大巫。

在軍中有一件無法解釋的奇事，就是前頭說到的那位旅長。我去基層後，他對我很好，這太不尋常，我想不出任何理由，心裡做了許多揣測。旅長對下級統御嚴格，營長尤其怕他。我在旅部時間很短，與他接觸極少；他是上校，我只是個小少尉，級別相差甚遠。我被調走後，他應該對我沒印象。

這件事很怪異。旅長絕無可能是因我的表現而欣賞我；自己不但被部隊看作是「有軍事安全顧慮」的人，而且在職務上做得很差。我是故意的。軍隊是國民黨統治的最重要支柱，我希望它爛，不希望它好，蔣軍越是糟糕，台灣的民主化就越容易。我帶頭混日子，對長官陽奉陰違，在士兵面前亂發牢騷，官兵把這些都看入眼裡。我不在乎被人看輕，心中甚至期望別人也有樣學樣，大家一起把蔣政權搞垮。從某個角度來說，我

真的很壞。不過有一樣例外：我禁止士兵偷東西。部隊的偷竊風氣很盛行，上級則根本不管。我向一些軍官反映；他們覺得那種小拿小摸，無須理會，我則認為這個才是大事。國民黨軍隊可以讓它爛，台灣人民的素質不應低落。

有一次，全體官兵到大屯山進行「營測驗」，這是重要的演習。我因故沒有參加，被指派率領一支小隊伍，負責看守空蕩蕩的營區。測驗結束後，旅長在山上召集部隊，對演習中的諸多缺點予以嚴厲批評。他最後居然說一句：「但是有龍紹瑞做營區指揮官，這我就放心了。」我後來聽到別人轉述旅長的話，驚訝得不能相信。日後回憶這件事，我認為可能的原因是：旅長在保護我。究竟其中的奧秘為何，恐怕我永遠也不會知道了。[6]

（2007 年）

---

[6] 按：雖然我寫了這些左翼青年的事情，但我自己不能算是社會主義者，而只是個「受到社會主義影響」的人。我聽過這樣的故事：1980年代後期，有位政治犯出獄，親友們準備請他吃大餐作為慶祝，但被他拒絕了。理由是，由於他長久被監禁，沒有為社會從事生產，因此自己所能享用的，不應超過本身的基本需求，否則就有剝削的性質。這才是真正的社會主義者。

附記：關於龍應台、李雙澤

　　台灣知名作家龍應台的著作《傾聽》裡，有一篇〈文明的力量：從鄉愁到美麗島〉，談到台灣人面對「中國夢」的破滅與轉折，文章也提及淡江大學、李雙澤和歌曲〈美麗島〉。

　　龍應台的意思是，台灣人本來以為自己是中國人，後來發現事實與想像有落差，終於體認到應該認同台灣。她為了強調其論點，拿從前淡江大學的李雙澤為例。龍應台說道：

> ……但是今天想跟大家分享的，還有一首我稱之為「里程碑」的歌，叫〈美麗島〉。
>
> 一位淡江大學的年輕人，李雙澤，跟很多台灣年輕人一樣，七〇年代發現台灣不能代表中國，而且逐漸被國際推到邊緣，在危機感和孤獨感中，年輕人開始檢視自己：為什麼我們從小被教要愛長江、愛黃河、歌頌長城的偉大——那都是我眼睛沒見過，腳板沒踩過的土地，而我住在淡水河邊，怎麼就從來不唱淡水河，怎麼我們就不知道自己村子裡頭小山小河的名字？台灣也不是沒有大江大海呀？
>
> 青年人開始推動「唱我們的歌」，開始自己寫歌。那個「中國夢」顯得那麼虛無飄渺，是不是該看看腳下踩的泥土是什麼樣？他寫了〈美麗島〉，改編於一首詩，一下子就流行起來，大家都喜歡唱。

〈美麗島〉真的是代表了從中國夢慢慢地轉型到「站在這片泥土上看見什麼、想什麼」的「台灣夢」里程碑：

我們搖籃的美麗島
是母親溫暖的懷抱
驕傲的祖先正視著
正視著我們的腳步
他們一再重覆地叮嚀
不要忘記，不要忘記
他們一再重覆地叮嚀
蓽路藍縷，以啟山林
婆娑無邊的太平洋
懷抱著自由的土地
溫暖的陽光照耀著
照耀著高山和田園
我們這裡有勇敢的人民
蓽路藍縷，以啟山林
我們這裡有無窮的生命
水牛、稻米、香蕉、玉蘭花……

龍應台是這麼說的，但是，她對李雙澤所做的解釋，是她自己臆測的、不正確的。

1970 年代我於淡江就讀時，與李雙澤相識，有幾次在大伙聚會中互相交談，但私下無來往。我的幾位朋友同李雙澤很熟，大家對李的狀況相當了解，王津平老師和李雙澤，更是無所不談的好友兼同志。李雙澤的思想，與王津平是一致的，主

淡江大學的李雙澤紀念碑。

張社會主義、愛國主義，贊成中共領導的革命，反對美國霸權、蔣家王朝和台獨。他認為大陸與台灣均是祖國的土地，這也是所有左翼愛國者的立場。李雙澤的觀點，和龍應台大大不同，他沒有龍應台所說的那種危機感和孤獨感。他發起「唱我們的歌」運動的目標之一，是把「民歌」當作社會革命的催化劑。

　　時研社同志和李雙澤都住在學校附近，生活圈子彼此重疊，我經常從伙伴口中聽到關於他的信息，至今許多情節早已淡忘，唯有一事印象深刻。

　　1977 年「台灣人民解放陣線」案子判決之後，一個晚上，我到北投山區的王津平家裡，可能是為了要商量什麼事情。兩人談到不久前去世的李雙澤。王老師說，李雙澤多次帶著水壺到「後山」健行，鍛鍊體格。

　　後山是淡江學生對「小坪頂」、「向天山」那一帶地區的

稱呼。從淡江大學後門出去，沿水源路向上前行，也就是現今
「登輝大道」方向，是屬於大屯山的西面坡地。當時這些山區
被人開挖，露出一片片黃土，好像在做什麼工程。至於王津平
說李雙澤去健行，我覺得很自然。李的身量算是高的，黑黝
黝，一看就知道常常運動，雖然是胖子，體力卻很好。李雙澤
似乎對他的肥胖頗為在意。曾經有次同學們聊天，李講起他在
菲律賓的長途步行，說自己感覺吃不消。我開玩笑地說：「也
許你太胖。」他當場生氣了。

　　那天王津平告訴我李雙澤的想法。原來他爬山的意圖，不
是做運動，而是暗中去勘查：國民黨是否在該處有軍事部署。
當時大陸的「文革」已結束，兩岸局勢出現緩和契機，而蔣經
國仍堅持敵視大陸、島內獨裁、研製核子武器，甚至培植兒子
蔣孝武掌握權力。因此在一些對政治敏感的人們中間，有耳語
流傳說：「中共以武力統一台灣的機率頗大；國民黨在大屯山
計劃建造砲兵陣地，如果解放軍選擇北海岸（三芝、石門、金
山等地）登陸，蔣家政權面臨滅頂危機時，將指使大屯山砲兵
發射小型核武，不惜讓海邊的居民與解放軍同歸於盡。」依蔣
介石、蔣經國過去的殘忍記錄，某些人相信，上述設想是有可
能性的。

　　王老師透露，李雙澤裝做登山客的模樣，前往山區窺探；
假若將來戰爭情勢真的惡化到那種地步，他願意犧牲自己，設
法爆破蔣軍的火砲設施，挽救北海岸的百姓。

　　那時是白色恐怖期間，聽到李雙澤這般事蹟，夠勁爆的；
我還記得當時與王老師在黑夜裡悄聲說話，房間掛著一盞昏暗
的燈，頗有一些緊張詭異的氣氛。平日邋邋遢遢的李雙澤竟是
勇敢而高尚，淡江同學中出現此等人物，令我肅然起敬。不

過我心裡想：「老王（我們都這麼稱呼王老師），你最好別告訴我這些。」因為我們未必能永遠躲得過蔣政權的魔掌，萬一被抓捕進去，面臨可怕的酷刑，我對自己並無十足把握，這類事情當然是知道越少越好。

李雙澤是在北海岸「興化店」游泳時溺斃的。他的幾位好友起疑，不排除李雙澤遭特務陷害

興化店海邊的李雙澤紀念碑。

致死；李是游泳好手，而興化店是他熟悉的地方，不應發生這種意外。那時李的友人曾向其家屬表達此疑慮，家屬（似乎是李的父親）不想追究。直到現在，部分李雙澤好友仍認為或許事有蹊蹺。

國家圖書館出版品預行編目資料

白色台灣下的紅色記憶 / 龍紹瑞編著.
-- 初版. -- 臺北市：人間出版社, 2024.07
496面；14.8×21公分

ISBN 978-986-98721-8-8(平裝)

1. 賴丁旺　2. 回憶錄　3. 言論集

783.3886　　　　　　　　　113006712

白色台灣下的紅色記憶

編 著 者	龍紹瑞
發 行 人	呂正惠
社　　長	陳麗娜
總 編 輯	林一明
執行編輯	曾莙筑
封面設計	仲雅筠
出　　版	人間出版社

台北市萬華區長泰街59巷7號

（02）2337-0566

郵政劃撥	11746473・人間出版社
電　　郵	renjianpublic@gmail.com
排版印刷	龍虎電腦排版股份有限公司
總 經 銷	聯合發行股份有限公司

新北市新店區寶橋路235巷6弄6號2樓

（02）2917-8022

初版一刷	2024年7月
I S B N	978-986-98721-8-8
定　　價	520元